乡村振兴书系

"十四五"时期国家重点出版物
出版专项规划项目

◎ 叶宽 主编

乡村振兴领导干部工作指南

中国农业科学技术出版社

图书在版编目(CIP)数据

乡村振兴领导干部工作指南／叶宽主编. --北京：中国农业科学技术出版社，2023.7
ISBN 978-7-5116-6338-2

Ⅰ.①乡… Ⅱ.①叶… Ⅲ.①农村-社会主义建设-中国-干部教育-指南 Ⅳ.①F320.3-62

中国国家版本馆 CIP 数据核字(2023)第 116875 号

责任编辑	朱　绯	
责任校对	马广洋	
责任印制	姜义伟　王思文	

出 版 者	中国农业科学技术出版社	
	北京市中关村南大街 12 号　邮编：100081	
电　　话	(010) 82109707 (编辑室)　(010) 82109702 (发行部)	
	(010) 82109709 (读者服务部)	
网　　址	https://castp.caas.cn	
经 销 者	各地新华书店	
印 刷 者	北京建宏印刷有限公司	
开　　本	170 mm×240 mm　1/16	
印　　张	31.25	
字　　数	387 千字	
版　　次	2023 年 7 月第 1 版　2023 年 7 月第 1 次印刷	
定　　价	96.00 元	

◆版权所有·翻印必究◆

《乡村振兴领导干部工作指南》编委会

主　　编：叶　宽
副 主 编：陈勃夫　张红旗　刘廷轩　高振强
　　　　　苏亭忠　张文平　王　梁
顾　　问：高云龙　尹成杰　王小兵　徐祥林
　　　　　边保华　周　琪　孙高敏　吴　戈
　　　　　杨振海　陈　富　汪学军　魏　琦
　　　　　刘欣堂
编　　委：叶　宽　陈勃夫　张红旗　田跃平
　　　　　刘廷轩　苏亭忠　张文平　梁永胜
　　　　　张宝才　徐祥林　丁立江　周　琪
　　　　　张旭东　俞　峰　高　杰　姜小三
　　　　　高振强　杨兆波　李　凯　任铭锋
　　　　　曾庆华　李建革　张雪梅　李希信
　　　　　汪学军　魏　琦　史建峰　杨德勇
　　　　　王　梁　王小兵　赵健雄　孙高敏

作者简介

叶宽（笔名：安定先生/安定居士），男，汉族，宁夏彭阳人，1975年5月生，中共党员，法学博士、工学博士，研究员，现任职某部委机关。兼任吉林师范大学特聘教授、临沂大学乡村振兴学院特聘教授、南京农业大学泰州研究院乡村振兴战略研究中心客座教授、中国青年博士联盟副秘书长。乡村振兴战略专家，中国城市联盟安全评审  组专家，全国绿色基地长三角地区工作委员会高级专家组副组长，中关村产融合作与转型促进会乡村振兴战略研究中心副主任，中国轨道交通协会PPP项目组专家，全国农产品加工产业发展联盟示范基地标准化建设管理办公室专家，农业农村部绿色农业论坛专家组专家。农村研究院院长，中国乡村振兴课题组组长。

主编《丝绸之路详解》《特色小镇简论》《明德国学摘要》《政府和社会资本合作（PPP）政策法规实用大全》《马克思主义与中国共产党的革命实践——变革与坚持》《投资哲学概论》《新时期马克思主义中国化的意义》《论语白话文注解》，《治国理政在郡县》《法学中国》《新时代平安中国建设》编委，执笔《2020年中国经济形势分析与预测》《新一轮改革的战略和路径》。

推荐序

此书教你如何读懂乡村振兴

实施乡村振兴战略是以习近平同志为核心的党中央对"三农"工作作出的重大决策部署。

乡村振兴的实施在于解决新时代中国社会主要矛盾,就是人民对于美好生活需要的增长和不平衡不充分的发展之间的矛盾,对实现党的执政宗旨和社会主义的本质要求具有重大理论和现实意义。乡村振兴关系到农业农村现代化的实现、国家现代化的实现、社会主义现代化的全面实现,以及第二个百年奋斗目标的实现。

中国乡村振兴课题组(简称课题组,全书同)致力于推动乡村经济、文化、生态研究和发展,在课题组组长叶宽研究员的带领下,《乡村振兴领导干部工作指南》编委会历时一年之久,潜心编写,完成6个篇章、近39万字的书稿。此书是乡村振兴理论与实践相结合的高层次学术研究成果。

借此机会我想谈谈乡村振兴的目的与意义。

一、实施乡村振兴战略的本质是回归并超越乡土中国

中国本质上是一个乡土性的农业国,其文化的根基就在于乡土,而村落则是乡土文化的重要载体。振兴乡村的本质,便是回归乡土中国,同时在现代化和全球化背景下超越乡土中国。

二、实施乡村振兴战略，本身是对近代以来充满爱国情怀的仁人志士们理想的再实践、再创造

20世纪30年代，兴起了由晏阳初、梁漱溟、卢作孚等为代表发起的"乡村建设运动"。诚如梁漱溟所言："乡村建设运动，是由于近些年来的乡村破坏而激起来的救济乡村运动。"

三、实施乡村振兴战略，核心是从根本上解决"三农"问题

中央制定实施乡村振兴战略，是要从根本上解决目前我国农业不发达、农村不兴旺、农民不富裕的"三农"问题。通过牢固树立创新、协调、绿色、开放、共享的新发展理念，达到生产、生活、生态的"三生"协调，促进农业、加工业、现代服务业的"三业"融合发展，真正实现农业发展、农村变样、农民受惠，最终建成"看得见山，望得见水，记得住乡愁"、留得住人的美丽乡村、美丽中国。

四、实施乡村振兴战略，有利于弘扬中华优秀传统文化

中国文化本质上是乡土文化，中华文化的根脉在乡村，我们常说乡土、乡景、乡情、乡音、乡邻、乡德，等等，构成中国乡土文化，也使其成为中华优秀传统文化的基本内核。实施乡村振兴战略，也就是重构中国乡土文化的重大举措，也就是弘扬中华优秀传统文化的重大战略。

五、实施乡村振兴战略，是把中国人的饭碗牢牢端在自己手中的有力抓手

"天下粮仓，国运所系。"粮食不仅仅是餐桌上的食物，也

与一个国家的政治、经济、社会、人文等因素密切相关，粮食安全是国家安全的根本，历来都受到各国政府的高度重视与关注。我国目前仍是人口大国，同时也是农业自然资源人均较为稀缺的国家。当前形势下，我国目前粮食不管是从产量红线还是从库存来看，供给都是有保障的，但从长远来看，确保我国粮食安全和重要农产品供给的任务仍然十分艰巨，必须紧抓粮食安全这根弦不放松。虽然我国粮食产量不断迈上新台阶，但这些成绩的取得，也使我们付出了资源和环境的代价，这必将给粮食持续增长带来很大的压力，导致资源和环境无法在粮食增产方面发挥积极作用，甚至会给粮食的质量与数量带来负面影响。习近平总书记曾反复强调，要把中国人的饭碗牢牢端在自己手中，这就要求强化科技兴农，提倡生态农业、智慧农业，对我国耕地红线要严防死守，确保 18 亿亩耕地红线。保障国家粮食安全是一项具有长期性的国家战略，只有把饭碗牢牢掌握在自己手中，中国推进改革才能有底气、有定力！

纵观人类社会文明史，乡村衰落是城市化与工业化共同驱动的结果，是一个全球性的问题。从中国社会文明史来看，中国乡村社会的鼎盛时期是以乡村农民自给自足的自然经济为主要特征、以孔孟之道和程朱理学为核心价值的社会思想深入人心的唐宋时期。中国乡村社会在明清时期走向衰落，特别是 1840 年鸦片战争以后，随着西方列强的不断入侵，加剧了中国乡村社会衰落的步伐。20 世纪 90 年代以来，我国乡村又经历了一场激烈的变化，近 3 亿农民进城务工，极大改变了中国社会的结构，空巢村、老人村、留守儿童等现象的出现，留给人们的不仅仅是乡愁，而是名副其实的"乡衰"。乡村不发展，中国就不可能真正发展。

现如今，党的十九大报告把乡村振兴战略作为国家战略提到国家重要议事日程上来，这不仅符合我国现阶段乡村发展的实际需要，也是中国特色社会主义进入新的历史时期的必然要求。农业强不强，决定着我国社会主义现代化的质量，没有农业的现代化，也就没有国家的现代化，因此，乡村能否振兴发展，直接关乎我国能否建设成为社会主义现代化强国。因此，推动乡村振兴发展对实现中华民族伟大复兴的中国梦具有十分重要的意义。

陈 富

2022 年 2 月 21 日

开篇序

乡村振兴战略是中国共产党在十九大报告中提出的国家重大战略。党的十九大报告指出，农业农村农民问题是关系国计民生的根本性问题，必须始终把解决好"三农"问题作为全党工作的重中之重，实施乡村振兴战略。

《乡村振兴领导干部工作指南》采用理论与案例相结合的方式，通过大量的乡村建设经典案例，对乡村振兴从理论探索和实践应用等方面进行深入分析和探讨。课题组从乡村振兴政策及乡村发展现状研究、乡村振兴规划与行动纲领、现代农业与休闲规划、村庄规划与乡村旅游、乡村综合开发与田园综合体5篇进行深入研究与分析，在乡村的相关概念、建设背景与模式、经典案例、政策机遇、国家扶持、顶层设计、策划创意、规划设计、产业导入、落地要点、盈利及运营模式等多个维度进行了分享。同时通过专业的分析预测模型，对行业的发展进行了科学预测。为政府、研究人员和企业决策人员从更全面的角度解读乡村振兴，提供了重要参考。

中国自古以来就是一个农业大国，政府也一直把农业发展放在极其重要的位置，因为农业的稳定与发展直接关系国家的稳定与发展，没有农业农村的现代化，也就没有整个国家的现代化。中华人民共和国成立之后，始终把加快推进农业现代化作为"三农"工作的重中之重,经过几代领导人的不懈奋斗,中国农村发生了翻天覆地的变化,农业农村现代化水平迈上了新台阶。实现农业农村现代化,是乡村振兴和城乡全面融合发展的重要组成部分。党的十九届五中全会就曾提出:"优先发展农业农村,全面推进乡村振兴。""坚持把解决好'三农'问题作为全党工作重中之重,走中国特色社会主义乡村振兴道路,全面实施乡村振兴战略……加快农业农村现代化。"这充分体现了以习近平同志为核心的党中央对农业农村现代化的高度重视。

中国在社会主义现代化的进程中,必须妥善处理好工农关系、城乡关系。中国从低收入国家发展到中等收入国家,最为关键的是随着改革开放的不断深入,工业与服务业得以飞速发展,进而农村大量廉价劳动力涌入城市,这些劳动力在为城市创造经济价值的同时也导致农业逐渐淡出经济发展的舞台。为了防止陷入"中等收入陷阱",就必须平衡城乡发展关系。一方面要进行经济转型,由低端制造业转型升级为掌握关键核心技术的科技创新型制造业;另一方面要巩固农业的基础地位,努力探索出一条符合中国国情的乡村振兴之路,实现乡村振兴。

中华人民共和国成立以来,为了解决人民吃饭问题,花了很大精力改善工农关系、城乡关系,并取得了卓越成效。目前,主要农作物耕种收综合机械化水平超过65%,主要农产品人均占有量超过世界平均水平。近年来,农业连年丰产,农村和谐稳定，这表明，国家对工农关系、城乡关系的把握不仅是完全正确的，也是富有成效的。不过，我们同时也要看到，农业与快速推进的工业化、城镇化相比，其发展步伐还跟不上，并且有些问题还比较突出。在实际工作中要彻底扭转"三农"工作"说起来重要、干起来次要、忙起来不要"的倾向，要采取强有力的措施，补齐农业发展短板，让农业成为有活力与希望的产业，让农民成为有吸引力与成就感的职业，让农村成为安居乐业的美丽家园。中国是农业大国，重农固本既是安民之基，也是治国之要。党的十八大以来，习近平总书记一再强调，亿万农民的获得感和幸福感决定着中国全面小康社会的成色和社会主义现代化的质量，与此同时，党和政府大力调整了工农关系与城乡关系，并采取了一系列有力措施推动"城市支持农村"。党的十九大在认真总结改革开放的成就和经验，准确把握"三农"工作新的历史方位的基础上，提出实施乡村振兴战略，正是着眼于"两个一百年"奋斗目标作出的重大决策。

民族要复兴，乡村必振兴。实施乡村振兴战略，是决胜全面建成小康社会、全面建成社会主义现代化强国的重大历史任务。总结我国农业农村发展历程，实施乡村振兴战略要处理好以下四组关系。

第一，夯实基础与长远谋划的关系。夯实基础，补齐短板；谋划长远，创新发展。所谓夯实基础，就是要巩固来之不易的脱贫攻坚成果，脱贫攻坚是硬仗中的硬仗，必须付出百倍努力,坚决打赢脱贫攻坚战。所谓长远谋划,要以习近平新时代中国特色社会主义思想为指导,从经济、政治、文化、社会、生态文明等体制机制上全面发力,推进城乡融合发展,构建新型城乡关系,促进农业全面升级、农村全面进步、农民全面发展。要注意将巩固脱贫攻坚成果与构建新型城乡关系相融合,优化调整农业产业结构,加快构建现代农业产业体系、现代农业生产体系、现代农业经营体系,推进农业现代化,提高农业供给体系的整体质量和效率,不断提升农村创新创业活力,夯实农村长远发展基础,为乡村振兴发展注入不竭动力。

第二,顶层设计与基层探索的关系。我国地域辽阔,各地区位条件各不相同。这就要求充分认识乡村振兴的艰巨性与复杂性,遵循发展规律,加强顶层设计,既坚持一张蓝图干到底,又允许和鼓励基层因地制宜大胆创新。一方面,国家加强宏观指导,以县域为基本单元,综合考虑域内人口、产业、土地、交通、生态、公共服务、村庄格局等发展需要,科学编制乡村振兴规划体系,确保形成整体顶层合力;另一方面,顶层设计应区分不同地区的自然条件、发展基础,加强分类指导,为基层探索实践预留出空间。无论是乡村振兴规划设计、时序安排,还是主导产业、发展模式选择,都要符合客观实际,避免千村一面。

第三,整体推进与重点突破的关系。实施乡村振兴战略,是解决我国当前城乡发展不平衡等突出矛盾的需要,不可能一蹴而就,必须努力做到治本和治标相结合,实现整体推进和重点突破相统一。一方面,要科学统筹和增强各方面措施的关联度、耦合度,防止畸重畸轻、顾此失彼;另一方面,要寻求重点领域薄弱环节的突破,采取有针对性的措施补短板、强弱项、打基础,以重点突破带动整体发展。

第四,经济发展与生态保护的关系。生态环境与经济发展是绿水青山与金山银山的关系,相互间不是矛盾对立的,而是辩证统一于绿色发展之中。一方面,要遵循经济规律,科学开发自然资源、生态资源,将资源优势转化为经济发展优势,夯实乡村振兴物质基础;另一方面,要遵循生态规律,将生态优先、绿色发展要求贯穿乡村振兴全过程,大力调整农村产业结构,实现农产品全产业链生态化、无害化和绿色化,形成农业绿色生产方式,实现经济发展和生态环境保护双赢。

中国要强,农业必须强;中国要美,农村必须美;中国要富,农民必须富。协调推进乡村振兴战略是实现农业强、农村美、农民富的重要实践,是推进"四化同步""五大振兴"发展的重要战略举措,是加快推进美丽中国、全面推进乡村振兴战略,实现中华民族伟大复兴中国梦的重要内容。

《乡村振兴领导干部工作指南》一书在深刻理解自党的十九大以来习近平总书记有关乡村振兴重要讲话精神及中央一号文件精神的同时,对我国当前乡村振兴政策进行了归纳梳理。本书通过"乡村振兴政策及乡村发展现状研究"一篇提出了乡村振兴的本质;在"乡村振兴规划与行动纲领"中深度解析了中央相关政策,并给领导干部提供了解决乡村振兴具体问题的实施细节，通过"现代农业与休闲规划""村庄规划与乡村旅游""乡村综合开发与田园综合体"3个篇章，对当前乡村振兴中的实际案例项目进行了深入浅出的分析，为地方领导干部如何从规划、文旅、三产融合等方面实现乡村振兴提供了决策依据及参照。

习近平总书记在党的二十大报告中提出"全面推进乡村振兴"，强调"建设宜居宜业和美乡村"。这是以习近平同志为核心的党中央统筹国内国际两个大局、坚持以中国式现代化全面推进中华民族伟大复兴，对正确处理好工农城乡关系作出的重大战略部署，必将为新时代新征程全面推进乡村振兴、加快农业农村现代化指明前进方向。

《乡村振兴领导干部工作指南》一书编写于国家乡村振兴战略实施元年，定稿于党的二十大胜利召开之后，是坚定不移认识学习党的二十大报告的重要学术成果，为广大干部深入理解乡村振兴战略提供了极其有益的参考，为理论与实践相结合打开了一个美好的局面，是目前出版的极有价值的参考书籍。当然，因为乡村振兴战略是我国的长远规划，是中国实现共同富裕的核心抓手，我们还需要不断学习、不断实践、不断总结出更多、更好的经验，为广大读者提供更多、更好、更有价值的借鉴，也希望大家对本书提出宝贵意见，供编者不断完善。

叶 宽

2022. 2. 18

目 录

第一篇 乡村振兴政策及乡村发展现状研究

第一章 乡村振兴与乡村现代化建设 ……………………… 3
一、乡村是当前我国最大的不平衡不充分发展区域 ……… 3
二、乡村振兴的根本就是解决"三农"问题 ……………… 7
三、乡村振兴战略的实施本质是提升和改善乡村人居环境 …… 10
四、乡村振兴战略的实施助推经济内循环发展和升级 ……… 14

第二章 当前中国乡村存在的问题与解决路径 …………… 18
一、消费层面攀比严重 ……………………………………… 18
二、受八大问题影响的乡村成长 …………………………… 23
三、实现乡村提升路径 ……………………………………… 31
四、关于乡村振兴策略的一些设想与看法 ………………… 37
五、乡村与都市 ……………………………………………… 37
六、乡村振兴与城镇化 ……………………………………… 38
七、农业与产业 ……………………………………………… 40
八、农民与村镇居民 ………………………………………… 41

第二篇 乡村振兴规划与行动纲领

第三章 乡村振兴的筹谋与策略 …………………………… 45
一、从房屋修筑扩充至村镇建造领域的初具雏形时期
（1978—1988） …………………………………………… 45

二、在都市规划形势下探究村镇规划体系的探究施行时期
（1989—2013）·· 46

三、建设村镇（乡村振兴）视角下县域村镇体系的建设
完备时期（2014年至今）··· 47

四、区域乡村振兴规划方法·· 48

五、构建乡村振兴战略规划新格局·· 61

第四章 产业繁盛是村镇产业发展的核心·································· 67

一、创意农业带动一二三产业融合·· 69

二、电商推动一二三产业融合··· 70

三、产业融合的六大路径·· 72

四、农村一二三产业融合下"1+2+3=6""1×2×3=6"的体系
构建·· 74

第五章 生态安居是村镇地区的核心·· 96

一、乡村将成为人们"心灵的栖息地"······································ 98

二、当代化乡村之"形""神""魂"的打造与创设····················· 99

三、当代村镇生活形式的刻画将被旅游所推动······················· 109

第六章 新式村镇人员与社群组成新的村镇村民······················ 113

一、乡村振兴下的新时期农民体系构建··································· 114

二、三产交融在旅游指引下推动当代农民体系构建··············· 119

三、乡村振兴呼唤新乡贤的出现··· 121

第七章 土地：深化土地改革，激活市场·································· 130

一、国家建立国土空间规划体系··· 130

二、进一步界定设施农用地范围··· 135

三、用心守护农户转包权，提速放活土地经营权的农村土地
    承包运营权革新 ………………………………………… 136
四、保障农户宅基地应用物权的农村宅基地规制革新 ……… 137
五、全方位保护农民利益的农村土地征集管理办法 ………… 138
六、乡村土地获取的策略分析：设施农用地监督管理 ……… 140
七、如何获取农用地 …………………………………………… 144

第八章　开拓通道，巩固加入担保的金融体系 …………… 149
一、中国农村金融的发展现状 ………………………………… 150
二、乡村振兴战略助推村镇金融多样化发展 ………………… 154
三、中国村镇金融的五大创新生长形势 ……………………… 154

第九章　乡村的管理及公共服务构建安全的村镇社会 …… 169
一、乡村治理必须要面对的实质难题 ………………………… 171
二、把握乡村发展规律，创新完善乡村治理工作方式方法 … 173
三、中国式现代化的乡村治理 ………………………………… 178

第十章　承载着乡村文明传承与创新的村镇文化 ………… 187
一、乡村文化的构造及特质 …………………………………… 188
二、中国乡村文化发展与复兴目标 …………………………… 196
三、用乡村文化复兴来实现民族文化复兴的根及脉 ………… 201
四、从乡村自身农耕文化着手推动文化复兴 ………………… 211

第十一章　巩固脱贫攻坚成果　加快全面推进乡村振兴 … 223
一、巩固拓展脱贫攻坚成果 …………………………………… 228
二、全面推进乡村振兴落地见实效 …………………………… 228
三、旅游精准帮扶政策助推乡村振兴战略实施 ……………… 231
四、乡村旅游带动共同富裕 …………………………………… 234

五、乡村振兴举措解析 ……………………………………… 236

　　六、实施乡村振兴战略路径 …………………………………… 239

　　七、行动计划 …………………………………………………… 262

第三篇　现代农业与休闲规划

第十二章　现代农业开发要点 …………………………………… 267

　　一、关于什么是现代农业的内蕴解析 ………………………… 267

　　二、现代农业开发模式 ………………………………………… 272

第十三章　休闲农业开发理念 …………………………………… 278

　　一、发展休闲农业开发意义 …………………………………… 279

　　二、休闲农业未来发展趋势 …………………………………… 279

　　三、连片开发休闲聚集型模式 ………………………………… 280

第四篇　村庄规划与乡村旅游

第十四章　乡村振兴视阈下的村庄发展规划 …………………… 289

　　一、乡村振兴与村庄发展 ……………………………………… 290

　　二、村庄的成长标的与达成路径 ……………………………… 296

　　三、村庄规划的方法与内容 …………………………………… 305

第十五章　乡村旅游规划：乡村旅游的逻辑关系和步骤 ……… 310

　　一、乡村旅游的本质 …………………………………………… 310

　　二、乡村旅游规划的基本内容 ………………………………… 311

　　三、关于乡村旅游规划的相关注意事项 ……………………… 311

　　四、乡村旅游规划发展状况与未来策略 ……………………… 312

　　五、乡村旅游规划"五最"基色 ……………………………… 314

  六、乡村旅游筹措具体要点 ………………………………………… 317

第十六章　新田园城市农旅科技融合发展模式 ……………………… 329
  一、新田园城市的概念 …………………………………………… 330
  二、新田园城市的发展 …………………………………………… 332

第五篇　乡村综合开发与田园综合体

第十七章　乡村区域整合开发的模式探索 …………………………… 339
  一、乡村综合体开发模式 ………………………………………… 340
  二、乡村综合体农业产业链系统建设 …………………………… 347

案例篇

研究案例一　国际慢城及国内运营方式 ………………………………… 359
研究案例二　共享经济衍生共享农庄发展模式 ………………………… 368
研究案例三　江西上饶生态农业小镇规划项目 ………………………… 382
研究案例四　国学诗经小镇文化院落里的故居情怀
     ——诗经小镇民宿设计 ……………………………… 395
研究案例五　以"产业互联网"为代表的"农业产业链统一
     大市场的云农业" …………………………………… 406
研究案例六　以"运城苹果"助推"经济内循环"的产业
     模式 …………………………………………………… 415
研究案例七　以"竹泉村"为代表的"外部资金撬动模式" ………… 423

附　录

附录 1　国家乡村振兴重点政策扶持项目与文件一览表 ……………… 431

附录2　专家解读《中华人民共和国乡村振兴促进法》 …………… 447

附录3　23个中央一号文件概要（1982—2021） ………………… 462

我为乡村振兴立言 ……………………………………………… 474

第一篇

乡村振兴政策及乡村发展现状研究

第一章 乡村振兴与乡村现代化建设

一、乡村是当前我国最大的不平衡不充分发展区域

现代化是人类社会不可抗拒的历史大趋势,中国共产党对于现代化的认识横跨了半个多世纪。在20世纪中期前后,中国共产党逐步地形成了"工业、农业、国防和科学技术的现代化"即"四个现代化"的认识。从"四化"到"五化"——国家治理现代化。

毛泽东同志从1945年的《论联合政府》开始提出工业、农业现代化的问题,到1959年末至1960年初在读苏联《政治经济学教科书》笔记中,提出了"工业现代化,农业现代化,科学文化现代化,国防现代化"的"四化"。1964年,周恩来同志在第三届全国人民代表大会第一次会议上作政府工作报告,提出"把我国建设成为一个具有现代农业、现代工业、现代国防和现代科学技术的社会主义强国"。1975年1月四届全国人大一次会议上政府工作报告正式地把"四化"表述为"全面实现农业、工业、国防和科学技术的现代化"。1978年进入改革开放新时期后,邓小平同志更加重视"四化"建设问题,"四化"也更为深入人心,成为奋斗目标。

在"四化"提出50多年之后，2013年中国共产党十八届三中全会在《中共中央关于全面深化改革若干重大问题的决定》中明确地提出要"推进国家治理体系和治理能力现代化"。对此，理论界有学者认为："可以把推进国家治理体系和治理能力现代化，看成是我们党继提出工业、农业、国防、科技这'四个现代化'之后，提出的'第五个现代化'。"

但是，如果把"国家治理体系和治理能力现代化"作为"第五化"，会出现一个问题，因为"推进国家治理体系和治理能力现代化"从字面上看，无疑是"两化"，而不是"一化"，这就是"国家治理体系现代化"和"国家治理能力现代化"。其中，治理体系是指国家治理组织系统结构的现代化；治理能力是指国家治理者素质和方法方式的现代化。两者既有区别、又有联系。因此，我们不能简单地把国家治理体系和国家治理能力现代化算作"第五化"，而应该进一步归纳提炼。①

编者以为，应该把国家治理体系和治理能力现代化归结统称为"国家治理现代化"。只有"国家治理现代化"，才能确定为"第五化"。这是因为，其一，"国家治理现代化"是最大公约数，具有最大的涵容量，它既包含了国家治理体系的现代化，也包含了国家治理能力的现代化；其二，国家治理是指一国范围内的所有治理，它既包含了经济、政治、文化、社会、生态文明、国防军队和党的建设等各个领域的治理，也包含了政府治理、政党治理、市场治理、社会治理、小区治理、第三方治理、源头治理等各个方面的治理。总之，把国家治理现代化确定为"第五化"，才是与"四化"相适应、相匹

---

① 许耀桐. 应提"国家治理现代化"[N]. 北京日报, 2014-6-30.

配的。

乡村是具有自然、社会、经济特征的地域综合体，兼具生产、生活、生态、文化等多重功能，与城镇互促互进、共生共存，共同构成人类活动的主要空间。乡村兴则国家兴，乡村衰则国家衰。我国人民日益增长的美好生活需要和不平衡不充分的发展之间的矛盾在乡村最为突出，中国社会主义仍然处于并将长期处于社会主义初级阶段的特征很大程度上表现在乡村。全面建成小康社会和全面建成社会主义现代化强国，最艰巨最繁重的任务在农村，最广泛最深厚的基础在农村，最大的潜力和后劲也在农村。实施乡村振兴战略，是解决新时代我国社会主要矛盾、实现"两个一百年"奋斗目标和中华民族伟大复兴中国梦的必然要求，具有重大现实意义和深远历史意义。

实施乡村振兴战略是建设现代化经济体系的重要基础。农业是国民经济的基础，农村经济是现代化经济体系的重要组成部分。乡村振兴，产业兴旺是重点。实施乡村振兴战略，深化农业供给侧结构性改革，构建现代农业产业体系、生产体系、经营体系，实现农村一二三产业深度融合发展，有利于推动农业从增产导向转向提质导向，增强我国农业创新力和竞争力，为建设现代化经济体系奠定坚实基础。

实施乡村振兴战略是建设美丽中国的关键举措。农业是生态产品的重要供给者，乡村是生态涵养的主体区，生态是乡村最大的发展优势。乡村振兴，生态宜居是关键。实施乡村振兴战略，统筹山水林田湖草系统治理，加快推行乡村绿色发展方式，加强农村人居环境整治，有利于构建人与自然和谐共生的乡村发展新格局，实现百姓富、生态美的统一。

实施乡村振兴战略是传承中华优秀传统文化的有效途径。中华文明根植于农耕文化,乡村是中华文明的基本载体。乡村振兴,乡风文明是保障。实施乡村振兴战略,深入挖掘农耕文化蕴含的优秀思想观念、人文精神、道德规范,结合时代要求在保护传承的基础上创造性转化、创新性发展,有利于在新时代焕发出乡风文明的新气象,进一步丰富和传承中华优秀传统文化。

实施乡村振兴战略是健全现代社会治理格局的固本之策。社会治理的基础在基层,薄弱环节在乡村。乡村振兴,治理有效是基础。实施乡村振兴战略,加强农村基层基础工作,健全乡村治理体系,确保广大农民安居乐业、农村社会安定有序,有利于打造共建共治共享的现代社会治理格局,推进国家治理体系和治理能力现代化。

实施乡村振兴战略是实现全体人民共同富裕的必然选择。农业强不强、农村美不美、农民富不富,关乎亿万农民的获得感、幸福感、安全感,关乎全面建成小康社会全局。乡村振兴,生活富裕是根本。实施乡村振兴战略,不断拓宽农民增收渠道,全面改善农村生产生活条件,促进社会公平正义,有利于增进农民福祉,让亿万农民走上共同富裕的道路,汇聚起全面建成社会主义现代化强国的磅礴力量。

乡村振兴:万众关注的重大战略

2018—2019年是乡村振兴的跨越之年,国家相继发布了《乡村振兴战略规划(2018—2022年)》《中华人民共和国电子商务法》等重磅文件助推农村发展,同时正式确定"中国农民丰收节",乡村地区即将迎来跨越式发展。也是实施乡村振兴战略的开局之年。

党的十九大报告,首次提出实施乡村振兴战略。2018年的中央

> 一号文件，全面部署实施乡村振兴战略。国家有关部门正在编制《乡村振兴战略规划》。
>
> 2018年政府工作报告，再次提出要抓好决胜全面建成小康社会三大攻坚战，大力实施乡村振兴战略。
>
> 2018年两会期间，习近平总书记在参加山东代表团审议时提出"五个振兴"的科学论断，对实施乡村振兴战略目标和路径，作了明确指示。
>
> 乡村振兴，成为万众关注的重大战略！

二、乡村振兴的根本就是解决"三农"问题

为迎接乡村振兴元年到来，乡村工作更需要重新审视乡村产业、乡村居民及乡村社会的发展。

但是就"三农"谈"三农"，仅基于农业产业、农民身份、农村社会下功夫，不能真正解决"三农"问题，新中国成立以来几十年的乡村发展实践就是明证。必须跳出"三农"看乡村，跳出"三农"出方案，才能真正解决"三农"问题！乡村振兴不是农村振兴！

乡村产业不等于农业。这意味着乡村不仅要实施现代化建设，更要推进一二三产业融合，形成产业创新融合、产居创新融合，重构乡村产业结构。

最重要的是，乡村发展几十年来的实践证明，城镇化虽能部分带动乡村发展，但更多的是间接转移了乡镇与农村的人才和劳动力，使得农村陷入了不可持续发展的困境。

中共中央提出了乡村振兴战略，是决胜全面建成小康社会、全面

建设社会主义现代化国家的重大历史任务，是新时代"三农"工作的总抓手。是一个非常伟大的战略！是现代乡村与城市新的相互促进发展理念的关系说明。

现代化乡村包括了现代化产业模式、现代化生活方式、现代化文化概念、现代化治理水平。

现代化乡村发展是一个综合性课题，涉及乡村的政治、经济、文化、教育、科技、心理、观念、社会生活等各个领域、各个方面的变革与发展的整体性、全面性、系统性的社会变迁过程。具体来看，主要体现在以下四个方面。

1. 现代化产业模式

现代化农业是指由传统农业转变为现代农业，把农业建立在现代科学的基础上，用现代科学技术和现代工业来装备农业，用现代经济科学来管理农业，创造一个高产、优质、低耗的农业生产体系和一个合理利用资源、保护环境、有较高转化效率的农业生态系统。这是一个牵涉面很广、综合性很强的技术改造和经济发展的历史过程，既是一个历史性概念，也是一个世界性概念。农业现代化的目标是建立发达农业、建设富庶农村和创造良好环境。

2. 现代化生活方式

现代化生活方式是指人民生活现代化的实现，与民众的日常生活最是息息相关。全民富裕让民众物质生活有所保障，公共服务水平的全面提升关乎民众的老有所养、病有所治、居有定所等。

3. 现代化文化概念

现代文化不是一个时间概念，而是一个性质判断。现代文化是指人们适应现代化本质要求的文化，就是实现文化的现代转型并建设现代价值、形成现代认同、弘扬现代精神，进而建设共同信仰的文化。现代文化的主要内核与社会主义核心价值体系和社会主义价值观体系存在着一致性和耦合性。现代社会的现代价值、现代认同、现代精神和文化的现代转型是现代文化及其建设的核心内容和主要任务。

现代价值是现代文化的基础，其价值理念包括："仁爱、富强、正义、文明、和谐、自主"这六个价值范畴；现代认同是现代文化的支撑，即"诚信、法治、公正、理性、科学、人文"构成了现代认同的主要方面；现代精神是现代文化的动力，即"爱国、团结、勤俭、互助、开放、进取"的精神就是我们的现代精神风貌；文化现代转型的途径选择：其一，观念变革是实现文化现代转型的关键；其二，交往交融是实现文化现代转型的有效方法，包括是非观、交往观、语言观、婚姻观、终极观的转型；其三，"五阶梯"是实现文化现代转型的主要途径，"五阶梯"即"包容之心，感恩之情，学习之途，反思之态，变通之道"，正是我们建设现代文化的有效途径；其四，建设现代文化的目标就是建设信仰共同体。现代文化这四个要素相互依存、相互补充、相互作用、紧密联系。对传统文化批判、继承和不断创新进步以适应社会现代化的过程。既是现代文化的形成、发展、转型和国际互动的过程，又是文化要素的创新、选择、传播和退出交互进行的过程。包括从农业文化向工业文化、从工业文化向知识文化的两次转型，文化创造力和文化生活质量的持续提高，文化民主化和人的全面发展，等等。亦指文化产业、文化设施、文化生活、文化形式等的现代化。

4. 现代化治理水平

现代化乡村治理水平和治理体系是我国乡村发展的制度完备程度和执行能力的集中体现。乡村治理实现了社会安定有序、群众生活改善，顺应了农村经济社会发展的规律，丰富了中国特色社会主义治理理论和治理体系，对于新时代加快构建中国特色乡村治理体系、开创乡村振兴新局面，具有重要意义。在乡村振兴的背景下，着力打造共建共治共享的乡村现代化治理新格局。以党建为统领，以"共商共建共享"为原则，健全农村矛盾预防化解机制，为乡村治理"减震"；完善乡村公共安全体系，为乡村治理"护航"；完善农村社会治安综合治理体系，为乡村治理"聚力"。

三、乡村振兴战略的实施本质是提升和改善乡村人居环境

乡村建设是实施乡村振兴战略的重要任务，也是国家现代化建设的重要内容。把公共基础设施建设重点放在农村，持续改善农村生产生活条件，乡村面貌发生巨大变化。同时，我国农村基础设施和公共服务体系还不健全，部分领域还存在一些突出短板和薄弱环节，与农民群众日益增长的美好生活需要还有差距。要扎实推进乡村建设行动，进一步提升乡村宜居宜业水平。

合理安排村庄建设时序，保持足够的历史耐心，久久为功、从容建设。把保障和改善民生建立在财力可持续和农民可承受的基础之上，防止刮风搞运动，防止超越发展阶段搞大融资、大拆建、大开发，牢牢守住防范化解债务风险底线。乡村建设要同地方经济发展水平相适应、同当地文化和风土人情相协调，不搞齐步走、"一刀切"，避免在"空心村"无效投入、造成浪费。保留具有本土特色和乡土

气息的乡村风貌，防止机械照搬城镇建设模式。不搞大包大揽、强迫命令，不代替农民选择。防止重建轻管、重建轻用。严格保护农业生产空间和乡村生态空间，牢牢守住18亿亩耕地红线。严禁随意撤并村庄搞大社区、违背农民意愿大拆大建。积极有序推进村庄规划编制，确保一张蓝图绘到底。到2025年，乡村建设取得实质性进展，农村人居环境持续改善，农村公共基础设施往村覆盖、往户延伸取得积极进展，农村基本公共服务水平稳步提升，农村精神文明建设显著加强，农民获得感、幸福感、安全感进一步增强。发挥村庄规划指导约束作用，确保各项建设依规有序开展。建立政府组织领导、村民发挥主体作用、专业人员开展技术指导的村庄规划编制机制，组织实施乡村规划建设提升改造系列工程，共建共治共享美好家园。

1. **实施农村道路畅通工程**

继续开展"四好农村路"示范创建，推动农村公路建设项目更多向进村入户倾斜。以县域为单元，加快构建便捷高效的农村公路骨干网络，推进乡镇对外快速骨干公路建设，加强乡村产业路、旅游路、资源路建设，促进农村公路与乡村产业深度融合发展。

2. **强化农村防汛抗旱和供水保障**

加强防汛抗旱基础设施建设，防范水库垮坝、中小河流洪水、山洪灾害等风险，充分发挥骨干水利工程防灾减灾作用，完善抗旱水源工程体系。稳步推进农村饮水安全向农村供水保障转变。强化水源保护和水质保障，推进划定千人以上规模饮用水水源保护区或保护范围，配套完善农村千人以上供水工程净化消毒设施设备，健全水质检测监测体系。

3. 实施乡村清洁能源建设工程

巩固提升农村电力保障水平，推进城乡配电网建设，提高边远地区供电保障能力。发展太阳能、风能、水能、地热能、生物质能等清洁能源，在条件适宜地区探索建设多能互补的分布式低碳综合能源网络。

4. 实施农产品仓储保鲜冷链物流设施建设工程

加快农产品仓储保鲜冷链物流设施建设，推进鲜活农产品低温处理和产后减损。依托家庭农场、农民合作社等农业经营主体，发展产地冷藏保鲜，建设通风贮藏库、机械冷库、气调贮藏库、预冷及配套设施设备等农产品冷藏保鲜设施。

5. 实施数字乡村建设发展工程

推进数字技术与农村生产生活深度融合，持续开展数字乡村试点。加强农村信息基础设施建设，深化农村光纤网络、移动通信网络、数字电视和下一代互联网覆盖，进一步提升农村通信网络质量和覆盖水平。加快建设农业农村遥感卫星等天基设施。建立农业农村大数据体系，推进重要农产品全产业链大数据建设。发展智慧农业，深入实施"互联网+"农产品出村进城工程和"数商兴农"行动，构建智慧农业气象平台。推进乡村管理服务数字化，推进农村集体经济、集体资产、农村产权流转交易数字化管理。推动"互联网+"服务向农村延伸覆盖，推进涉农事项在线办理，加快城乡灾害监测预警信息共享。深入实施"雪亮工程"。深化乡村地名信息服务提升行动。

6. 实施村级综合服务设施提升工程

推进"一站式"便民服务，整合利用现有设施和场地，完善村级综合服务站点，支持党务服务、基本公共服务和公共事业服务就近或线上办理。加强村级综合服务设施建设，进一步提高村级综合服务设施覆盖率。加强农村全民健身场地设施建设。推进公共照明设施与村内道路、公共场所一体规划建设，加强行政村村内主干道路灯建设。加快推进完善革命老区、民族地区、边疆地区、欠发达地区基层应急广播体系。因地制宜建设农村应急避难场所，开展农村公共服务设施无障碍建设和改造。

7. 实施农房质量安全提升工程

推进农村低收入群体等重点对象危房改造和地震高烈度设防地区农房抗震改造，逐步建立健全农村低收入群体住房安全保障长效机制。加强农房周边地质灾害综合治理。深入开展农村房屋安全隐患排查整治，以用作经营的农村自建房为重点，对排查发现存在安全隐患的房屋进行整治。新建农房要避开自然灾害易发地段，顺应地形地貌，不随意切坡填方弃渣，不挖山填湖、不破坏水系、不砍老树，形成自然、紧凑、有序的农房群落。农房建设要满足质量安全和抗震设防要求，推动配置水暖厨卫等设施。因地制宜推广装配式钢结构、木竹结构等安全可靠的新型建造方式。

8. 实施农村人居环境整治提升五年行动

推进农村厕所革命，加快研发干旱、寒冷等地区卫生厕所适用技术和产品，因地制宜选择改厕技术模式，引导新改户用厕所基本入院入室，合理规划布局公共厕所，稳步提高卫生厕所普及率。统筹农村改厕和生活污水、黑臭水体治理，因地制宜建设污水处理设施，基本消除较大面积的农村黑臭水体。健全农村生活垃圾收运处置体系，完善县乡村三级设施和服务，推动农村生活垃圾分类减量与资源化处理利用建设。

四、乡村振兴战略的实施助推经济内循环发展和升级

经济内循环是指国内的供给和需求形成循环,可以说是自产自销。以国内的各个企业为主体,产品国内生产,产品国内销售,产品国内消费。产品从生产到销售到消费整个流程都在国内完成,这就是内循环经济。所谓经济内循环,就是"内循环为主,外循环为辅"。主要是指扩大内需、扩大消费。因为,在未来出口预期不好的情况下,我国可以通过内需动力、不靠外力来拉动经济增长。也就是说,过去生产在国内,销售到国外,现在是产供销都在国内完成。

比如说一笔钱,民众买了国内的产品,厂家用这笔钱去国内的上游企业购买原材料,上游企业拿到这笔钱后给工人支付工资,工人拿到这个钱又在国内消费,这就是经济的内循环。

这种内循环一直都有,但是以前推动我国经济增长的主力不是消费,而是出口,简单来说,我国生产的产品,大部分被国外买走了,也就是外循环,这就是我国一直在国际上处于贸易顺差的原因。

近年来,我国农村公共服务和社会事业不断发展进步,农村基础设施建设不断加强,人居环境整治加快推进,农村社会焕发新气象。同时,我们也清楚看到,当前我国农村基础差、底子薄、发展滞后的状况未根本改变,因此,实施乡村振兴战略既是国家经济发展的需要,也是提高农民生活水平、助推国内大循环的发展和升级的必然选择,乡村振兴将是未来投资和拉动内需的重要方向。由此可见乡村振兴是内循环的重要有机组成。

乡村振兴战略是一个系统工程,想贯彻落实和深入实施乡村振

兴战略，要全面准确把握"产业兴旺、生态宜居、乡风文明、治理有效、生活富裕"的总要求和新内涵。

1. 产业兴旺是内循环稳定供给的关键

产业是推进农业农村现代化的原动力，产业兴旺了，农村才能发展，农民才能富裕，产业兴旺是乡村振兴的重点。习近平总书记强调："在一些地区率先实现农业现代化，突出抓好加快建设现代农业产业体系、现代农业生产体系、现代农业经营体系3个重点。"实现产业兴旺，就要调动广大农民的积极性、创造性，保持农业农村经济发展的旺盛活力。

2. 生态宜居是内循环可持续发展的保障

建成山清水秀、生态宜居的美丽乡村，农村才更有吸引力、农民才更有归属感、农业才能可持续发展。生态宜居，就是要加强农村资源环境保护，大力改善水电路气房信等基础设施，统筹山水林田湖草保护建设，保护好绿水青山和清新清净的田园风光。必须把生态文明建设放在突出地位，形成节约资源和保护环境的空间格局、产业结构、生产方式和生活方式，构建科学合理的城镇化格局、农业发展格局和生态安全格局，让广大农民群众在良好生态环境中生产生活。

3. 乡风文明是内循环和谐有序的基础

习近平总书记指出："乡村文明是中华民族文明史的主体，村庄是这种文明的载体，耕读文明是我们的软实力。"要保留乡村风貌，坚持传承文化。乡风文明，就是要促进农村文化教育、医疗卫生等事业发展，推进移风易俗、文明进步，实现物质文明与精神文明的对接，倡导现代文明理念和生活方式，注重培育良好生活习惯和文明乡风，使农民综合素质进一步提升、农村文明程度进一步提高，为农村经济社会持续发展提供安定团结、和谐有序的文化氛围和精神引领。

4. 治理有效是内循环健全法治的要求

乡村治理是国家治理的基础，乡村治理水平关系党和国家的政策能否有效落实，也关系农民的切身利益。习近平总书记指出，农村稳定是广大农民的切身利益。治理有效，就是要加强和创新农村社会治理，加强基层民主和法治建设，通过不断健全和完善自治、法治、德治相结合的乡村治理体系，推动社会治理重心向基层下移，让社会正气得到弘扬、违法行为得到惩治，使农村更加和谐、安定有序，使人民获得感、幸福感、安全感更加充实、更有保障、更可持续。

5. 生活富裕是内循环得以实现的根本

习近平总书记指出："人民对美好生活的向往，就是我们的奋斗目标。"中国要富裕，农民必须富裕；中国要富强，农村必须富强。在社会主义制度条件下，解放和发展生产力是手段，最终目的是要达到共同富裕。生活富裕，就是要让农民有持续稳定的收入来源，经济宽裕，衣食无忧。必须把人民对美好生活的向往作为奋斗目标，坚持在发展中保障和改善民生，多谋民生之利、多解民生之忧，保证农民在共建共享发展中有更多获得感，促进人的全面发展，实现全体人民共同富裕。

目前，我国农业现代生产要素和手段已成为农业发展的主要驱动力，比如科技进步贡献率达到 58.3%，主要农作物耕种收综合机械化水平超过 67%。然而，我国经济发展最明显的短板仍然在"三农"，比如城乡居民收入，1978—2018 年，农民收入从 134 元增长到 14 617 元，城镇居民收入从 343 元增长到 39 251 元，绝对差距从 209

元扩大到 24 634 元，相对差距从 2.56∶1 扩大到 2.69∶1。现阶段，农村、城市仍是两个天地。实施乡村振兴战略，就是要从根本上解决城乡发展不平衡、乡村发展不充分的问题，更好满足农民群众对建设美好家园的需要。

从社会经济发展看，改革开放以来，我国综合国力显著增强，我们现在有能力加大对"三农"的投入力度，同时，乡村的多种功能价值日趋凸显，比如化解当前一些大城市病，满足城市居民在环境、健康等方面的需要，因此，越来越多的人把目光投向乡村。可以说，乡村振兴将是未来内循环投资和拉动内需的广阔天地。希望：未来农业能成为有奔头的产业，农民能成为有吸引力的职业，农村能成为安居乐业的美丽家园。

第二章 当前中国乡村存在的问题与解决路径

当前我国农村普遍存在的主要问题不是农民收入太低、劳动太重，而是消费不合理、闲暇无意义，是农村社会关系的失衡，是农村人口基本价值的失准，是农村文化的失调。下面列举若干当前农村存在的问题。

一、消费层面攀比严重

当前农村存在的一个严重问题是消费的快速增长，尤其是各种不合理、不理性消费快速增长。某种意义上，农民收入增长速度远远赶不上消费增长速度。编者发现，在一些贫困山区，农民收入约1/4要用于人情开支，一个普通农户家庭一年的人情开支就要上万元，人均达到3 000元左右，人情仪式支出的同时，事主方也要办酒席，酒席的铺张浪费情况也很惊人。浙江农村办酒席，一桌酒席花三四千元很正常，条件稍好的家庭办酒席，三四十桌的情况也很普遍，婚丧嫁娶办一次酒席就要花费10万余元。

（一）在都市与村镇之间来回摆动的工业与产业线

我国是在20世纪80年代早期开始，以中共十一届三中全会为标志让乡村进入推行家庭联产承包制的、把生产经营自主权还给农民的、新的成长阶段。这令农民的主动性大大提升，为推进非农产业提供了剩余劳动力，村镇的经济体制改革也因此迈出了第一步。乡镇企业在这一前提下带动了农村经济，成为国家经济发展引擎，开始蓬勃发展。

乡镇企业在1984—1997年开始在我国遍地开花，达到了爆发式发展，运营的领域以服装、制酒、农产品加工等为代表的轻工业，同时触及了建筑、化工等重工业。乡镇企业工业增加值在1984—1997年这14年间增加了近30倍，其间，1984年、1987年、1992年、1993年的增长速率皆越过了50%；据统计，1996年，农村工业化共提供1.3亿个就业机会，占村镇就业的1/3，农业盈余劳动力达成了"进厂不进城、离土不离乡"的蜕变。这一时段的乡镇企业在以国有企业为引领的双轨制经济轨制下，成为我国工业成长的重要促进力量，成为市场经济发展的重要标志，乡村曾支撑国家经济发展的半壁山河。

民营企业在20世纪90年代的中末期开始崛起，我国以市场经济为引领的改革步伐也在此期间加大。短缺经济的终了、集体所有制的制约导致乡村工业面临愈来愈艰难的发展局面。政府引领的21世纪大城市政策中，各种社会资源不断向城市汇聚，重工业、高科技在城市工业中欣欣向荣，各色的科技园区、工业园区如雨后春笋般迅速发展。工业企业开始着手往那些配套老练、资源富集、拥有产业发展专长的地域汇集。乡村在国家经济发展中慢慢离开核心位置，都市的发展与乡村发展的间距渐渐拉大，本来在村镇遍地开花的加工企业、小微企业，在规模、成本、精英等不具备角逐专长的情景下走向凋敝，要么面临倒闭，要么面临改制。

(二) 同工业化相伴而行的村镇"城镇化"

城乡结构在城镇化的步调下显出极大的转变，在工业化推进的速度下逐步提速，而城镇化比例也自1978年的17.9%增长至2017年的58.2%。领先开放的东部沿海地区在政策优势、港口优势及"三来一补"企业贸易策略促进下，招引着大规模农业盈余劳动力，产生了大范围出口工业。到2006年，东部沿海地区一二三产的产业结构也从1978年的22.9∶57.7∶19.4蜕变至8∶51.4∶40.6。农业占比逐渐低至个位数，是源于"二一三"的产业构造向"二三一"转变。而农民的收入也自农业经营收成向二三产业财产性收入、薪资收入等多样化构造进行转变，原本的农田大多都建造了厂房，这一产业构造形态在村镇有极为鲜明的反响，农民的生活习性亦呈现出"城市化"表露，农村本质上已然向泛城市化转变。

然而，"花无百日红"。在东部经济推进至某些时段后，在人口红利的逐步消逝、资源成本升级以及产业转型晋级的重压下，部分劳作繁重的产业开始从交通口岸型城市向资源型城市、大都市向中心城市、从沿海向内地迁移，进而对这些地区的城镇化给予了支援。不同于未享受到城镇化的红利，远离枢纽区、城市核心区、城市群的部分村镇，距都市较近的乡村在城镇化达成主流形式的前提下得以较快发展。

"进厂又进城、离土又离乡"成为这一时段城镇化的异地化特质，此时都市超强的虹吸效应把农村里青壮年劳动力与人才聚集过来，举家搬迁进城、打工进城、读书进城形成了农民进城的三条重要路径。然而，这却形成了新的问题：因城镇缺乏良好的统筹、一流的基础措施和完备的公共服务构建，导致"农民工"问题与农村的"空心化"。这些问题加快了农村凋敝的脚步。

（三）都市及村镇的携手发展形成的逆城镇化

因生态恶化、交通拥塞、城市污染等大都市病在人员、资源向都市汇聚、快速发展导致其快速发作，人民对逆城镇化的健康、自然、绿色的生活形式愈来愈向往。村镇也正是因为这一优异的生态基础、绿色生活环境变成都市人首选的流向地。

在"逆城镇化"的历程中，我国同已步入成熟期的发达国家恰好相反，是同城镇化历程携手共存的。其具备以下几个特质。

1. 周末游、黄金周游、城郊游流行而带动起来的乡村旅游及度假养生

时光相对短促的乡村游为参与旅行活动的人员提供了短暂活动。短途旅游逐步发展，变成流行趋向后，到农村旅游的需求便日益强烈起来，游客停留的时间愈来愈长，乡居意图愈来愈强烈。到乡下休闲养生随着时间的推移慢慢变成潮流走向，游客的乡居生活随之呈现规模化发展。

2. 城里人开始流行到乡村去养老

2017年，我国65岁以上的老年人已经达到了15 831万，占总人口数的11.4%，从2000年后便一直持续增长。三五成群的老年人喜欢去气候适宜、生态良好的乡村度假小住并在那里养老。

3. 因追寻桑梓情调的城市人到来而被激起的乡村生机

有钱又有闲的城市人厌倦了大城市的灯红酒绿，他们愈来愈喜欢逍遥的、富有创意的生活。是以，他们逐步把目光移向乡村，到农村寻觅他们梦想中的逍遥生活。

4. 下乡创业的城市人与回乡创业的农民携手成为乡村繁荣的推手

在乡村优越政策的吸引下，这批人来到乡村开辟的休闲农场、电商网购、民宿等新兴产业成为了乡村成长的新动力。在农业农村部的调查数据中，这部分在乡村活动的人员已经超过700万人，目前还在急速扩充。

2017年，在总人口中占比41.5%的是逾5亿的村镇常住人员。城市人员的逆城镇化与乡镇人员的需要在未来会同步发酵，进而达成城乡元素并行，都市与村镇互助成长。乡镇的独立构造也会在逆城镇化进程里慢慢成长。

（四）多层次的村镇扶助和成长与政府推动的关联

1982—1986年，中共中央连续5年下达的一号文件都是以支持农业农村成长的"三农"为主旨。但是，在2000年前后，"三农"问题慢慢暴露，推动村镇成长的策略也接连出台。主要策略体现在以下三个层面。

（1）贫困人口补助、教育医疗补助、农事补助等形式是中央财政直接支持乡村发展的手段，而预算中有关农林水的业务开销亦在逐年增多（图2-1）。

（2）"村村通"工程的推动让大部分村镇的有线电视、水、电、电话、路皆畅通，基础设施建设给乡村发展打好了基础。

（3）党的十九大提出的乡村振兴政策为乡村形成了一系列的抵偿以及支撑：如乡村扶贫、美丽乡村构建、新农村构建等。这些政策引领皆为村镇植入资源、构建和成长构造予以极大支持。

纵然多维度的政府补贴及支撑在乡村基础设施构建、乡村扶持

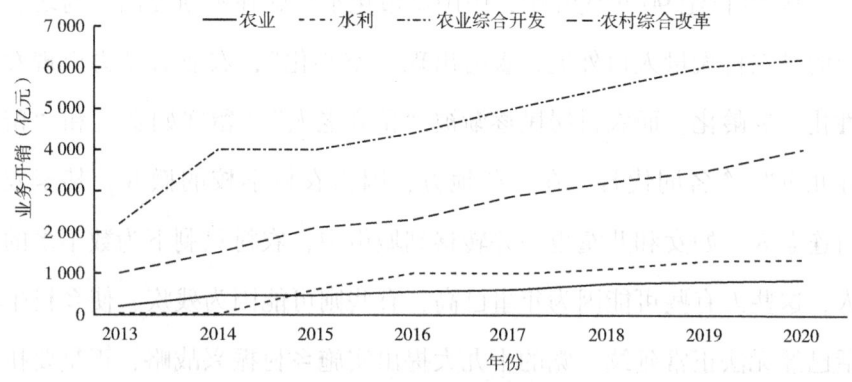

图 2-1　财政农林水业务开销

数据来源：国家发展改革委农村经济司原副司长方言演讲材料

构造、乡村风貌、扶贫等层面起到紧要作用，使乡村在政府的支撑下，以市场逆城镇化走向与三产交融及村镇旅行获取新的能量，可乡村却在基础设施、当代化水准、产业发展等方面，在教学、诊疗等现实服务层面，与都市的差异并没有缩小半分，更别提能与都市互助成长的前提与支撑了。

二、受八大问题影响的乡村成长

（一）"空心村"在农村愈演愈烈

新城镇化与工业化的推进让大批的青壮年村民出去务工，导致农村"留守儿童""留守老人"越来越多，农村田地荒芜，房屋空置，资源、公共服务显出落魄情景，乡村正在一点一点失去它的生机。城镇化的背景下，以中西部偏僻村镇为最，"空心村"在大部分省份随处可见，更有急剧扩增的趋势，这也损害了我国经济社会发展与国家粮食安全。

从 20 世纪 90 年代开始，中国城市化水平就在不断提高，与之相应的是农村大量人口外流，农村出现"空心化"，农业劳动力出现女性化、老龄化，而农村居民逐渐被"留守老人""留守妇女"和"留守儿童"等名词代替。在一些地方，因为农村学校的撤并，甚至农村连老人、妇女和儿童也一并转移到城市中，农村只剩下为数不多的人，这些人有些可能因为年事已高，有些则可能因为残疾，使乡村生活已经无法正常延续。党的十九大提出实施乡村振兴战略，正是要扭转这种态势。重建乡村生活是乡村振兴的核心。乡村振兴不同于农村振兴，乡村与农村不同之处在于乡村是有人生活的地方，强调的是人，如果没有了人，乡村肯定不存在了。所以乡村振兴的目标在于使乡村重新成为有人生活的空间。

随着越来越多的人口流向城市，特别是流向中心城市，大量乡村的房屋被废弃，道路损毁，学校关闭，商店倒闭。乡村的文化、社会组织和规范也很难再发挥作用。城市吸引人的不仅仅是能够提供就业机会，更多的是作为生活空间和消费空间，进入城市意味着现代的生活，而留在乡村则意味着封闭、传统和落后的生活。

乡村之所以衰落，从马克思的观点看，其原因在于城乡的产业分工，或者说是农业经济的脱嵌，乡村不仅不再是人们生活的场所，甚至连多样的产业也逐渐消失，作为生活空间的乡村被单纯的农业生产空间所替代。

一部分人口流失大省因大量人员流失导致乡村耕地荒芜比例临近1/4，全国选择进城务工的农民更是达到了2.8亿人之多。第三次农业普查的数据明显告诉大家，在农村留守的人员比例降至新低。未来，当不会耕种也不想耕种的农村年轻人变成社会发展主体的时候，

"空心村"的情势会愈演愈烈。

从20世纪80年代开始，中国用了40年时间迅速提高了城市化水平，也遭遇了农村衰落的过程。在农村改革以后，农民的生产积极性得到迅速提高，作为生活空间的农村得到改善。农村的道路、用电得到普遍改善，农村住房更新换代，即使有大量农民外出打工，但是其生活的重心仍然是在乡村。但是在后20年期间，越来越多的农民的生活重心已经转移到城镇，全家外出的现象越来越普遍，被废弃的房屋和被抛荒的土地越来越多，村庄"空心化"的速度不断加快。有些学者曾希望"农民年轻时候在城市打工，年老了回家种地"的社会分工越来越难以维持。农村人口外流是一个加速度的过程，人口越少，留在乡村生活越困难，就会更加向往城市生活。

（二）产业生产经营模式落后

就算是政府在近几年一直引领乡村产业晋级，推进多种经营，可大多数乡村的生产、经营形式还在成长初期不断徘徊。

乡村的首要产业是农业，但是在农业之外有许多服务于当地人生活的产业，如农村的匠人为乡村居民提供了生活所需要的各种工具，乡村知识分子则为乡村居民提供教育和文化等智力支持，老人或精英则维持了乡村秩序。而且农业生产也主要是为了满足乡村居民的需求。因为村民的需求是多样化的，所以农业也具有多样性。农民选择的作物品种首先要适合当地自然条件，如旱作区域的小麦、水田的水稻和山地的薯类作物。其次是规避风险的需求，村民会选择在不同的地块种植不同的作物以规避经常发生的旱涝灾害。而且农民要考虑家庭的需求，从而种植多种作物以满足生活的不同需求，比如要种植蔬菜、粮食，甚至粮食也要有不同的品种以满足不同的需求。

农业生产欠缺农林牧副渔等多样化、区域化的生产结构，栽植作物种类单一。订单农业、"实业+合作社+乡民"等模式的普及度不足，全产业链未能完备，农户依然以过去老式的经营模式为主，详见图2-2。

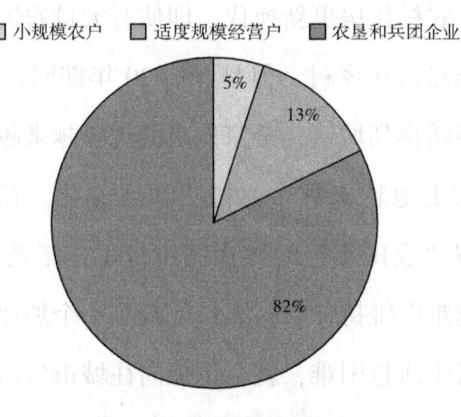

图2-2　各经营模式占比

数据来源：农业农村部2019年数据

工业上粗放的生产运营形式，技术含量低下，不易顺应消费升级的乡村实业。在当前生态治国的前提下，因产能不足、污染情况极其严重而导致崩溃、停摆，造成了村镇工业成长迂缓的情形。但是工业革命以后，特别是"二战"以后城市的发展带来了城乡的分工，乡村被赋予了农业生产的责任，所有非农的产业都被转移进入城市，随着人口的流动，乡村也不再是村民生活的空间，而成了农业车间，以生产农产品为目标。当乡村成为单纯的农业生产空间以后，乡村不足以吸引人，由此导致人口外流，并最终导致乡村的衰落。

虽然急速成长的村镇旅游行业推动了乡村经济的发展，但大部分村镇旅游行业情景相对单一、毫无创新力，兼之服务水准的良莠不齐，难以产生一二三产业交融进步的产业链结构，转型提高迫在眉睫。

(三) 还未完备的基础设施与公共服务设施

缘于资金投入短缺、集资途径不畅等，诚然在美丽乡村建设推动下农村基础设施与公共服务已有大大改观，却还是不能达成产业提升、生活质量升级的需要。

虽然有线电视、乡村饮用水、网络等在 2015 年开始的村镇公共服务设施建设情况看来较好，但垃圾、污水的处理总量依旧短缺，只有 14.20%的村镇设立有污水集中处理设施，详见图 2-3。

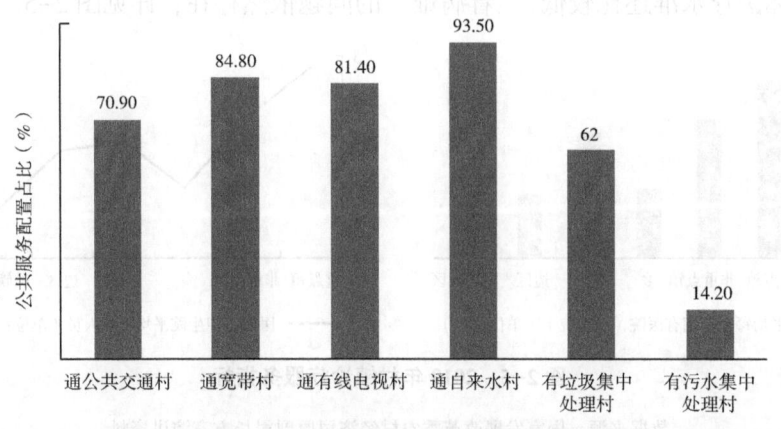

图 2-3　2019 年农村公共服务配置情况

数据来源：国家发展改革委农村经济司原副司长方言演讲资料

在垃圾与污水的集中治理层面，普及率高的核心镇较普及率低的民族区域分别超过 25 个百分点及 13 个百分点。垃圾、污水集中处理存在极大的地域差距，详见图 2-4。

医疗水准虽然大为改善，但在老区、边区、少数民族区域的农村，

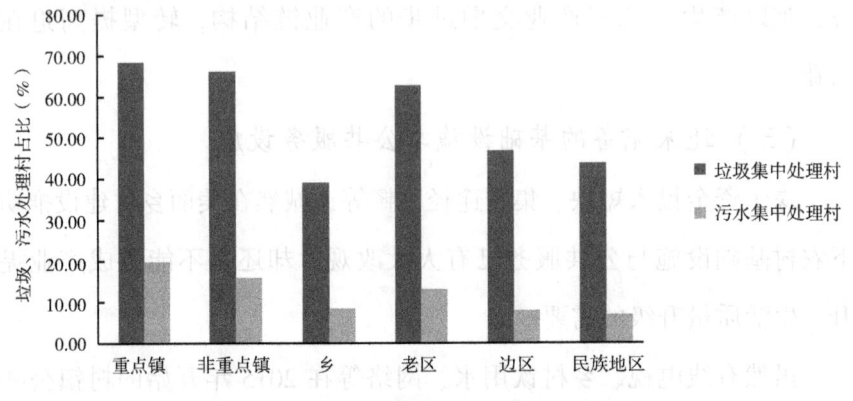

图 2-4　2019 年村级垃圾、污水处置指标

数据来源：国家发展改革委农村经济司原副司长方言演讲资料

整体医疗水准还比较低，"看病难"的问题依然存在，详见图 2-5。

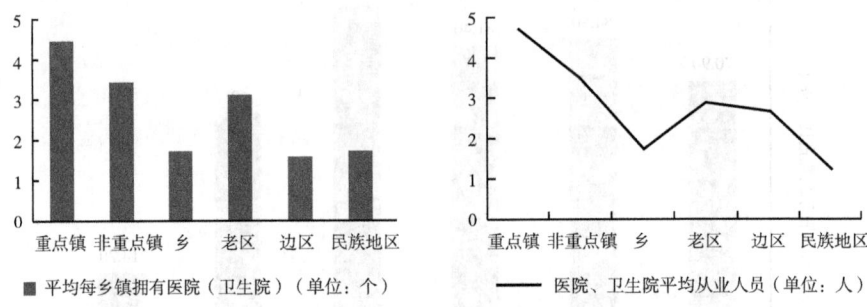

图 2-5　2019 年村镇诊疗服务指标

数据来源：国家发展改革委农村经济司原副司长方言演讲资料

虽然在乡村基础设施与公共服务的品质方面尚有极大的进步空间，但也存在着难以供给较高品质的居住环境的问题。道路初期建造水准低，后期养护艰难，需要大中修的道路路程量大；用电成本远超城镇，遭遇恶劣天气断电情况尤为严重，有时能达到将近半个月电力设施都没有维修好，例如 2021 年冬季北方农村突遭大暴雪，造成道路封闭、电线被压断的现象，某乡镇断电高达 11 天；集中供水的比

例与及格率较低,即便是沿海发达的广东省,日常饮用水水质的及格率尚且不足 90%;据中央人民广播电台中国乡村调查项目组公布的《中国农村公共服务现状报告》显示,大多数农民在诊疗大病时,首选的依然是县、市级或更高层级的医院,甚至不远万里奔赴北京、上海等地的著名医院;大多数村民都认为现有的垃圾治理设备无法达成日常生活需要,有的村镇居民还反映他们所住的村子根本就没有修建污水治理设备或站点;多数村子的电商服务站根本就没有或形同虚设。村镇的繁荣受到极大约束。

(四)乡村缺乏可让其繁荣的英才

乡村振兴需要大批各行各业的人才来辅助。可以说,如果没有人才存在,不管下拨多少钱、房子修得再好,乡村振兴也不过是镜花水月而已。依现在的情况来看,村镇里的人才及青壮年劳力要么通过升学、要么通过务工的形式向都市流入。人才的缺失导致乡村成长缺少内生支持,乡村凋敝难以从本源上进行订正。

(五)亟待打造的新型乡村价值体系

乡村的价值体系在本有的社会构造瓦解与人员大幅流失的前提下遭受巨大打击,"耕读传家"的传统礼仪标准和人生观崩塌,新一代不赞同老一辈树立的社会规则,"物质性"的倾向在农村弥漫开来。村镇的年轻人有的幻想着一朝暴富,也有的沉醉于赌博以期实现自己不用辛苦劳作就能做到"日进斗金"的美梦;双亲外出打工的留守儿童在老人的"看好孩子,只要不出意外事故就行""我也不会,让老师教就行了,不磕不碰,让孩子吃饱饭就成"等观念下,考入重点大学的比例越来越低。固然乡村教学资源逊色于都市,但歪曲的价值观也放大了城乡居民素质水准的差距。

在"物质性"的价值观渗透下,村镇再建能力正被推向都市或坐享其成、不劳而获的虚幻之中,新的人生观、价值观缔造已迫在眉睫。

（六）农村面源污染的情势严重

农村的面源污染主要涉及两个层面:①农业面源污染。我国对化肥、农药的使用全球第一:1公顷耕地化肥使用量是全球平均水平的4倍;一年使用180万吨农药的利用率却不到30%。遗留在土地、水体中的化肥、农药严重影响着村镇环境与食品安全。更雪上加霜的是,牲畜粪便、麦秸和农膜等的大量运用又给村镇的空气、水、环境带来了严重的污染;②生活脏水、垃圾给村镇带来的污染。大部分村镇的脏水未经处理便直接排放,已落成且有效运营的污水治理措施不到10%;而50%左右的垃圾处理率在我国村镇1年1.5亿吨的垃圾产量面前也不过是杯水车薪。这给乡村的自然环境、居住环境带来了严重危害,成为乡村振兴路上必须处理的绊脚石。

（七）社会进程的新需要在呼唤新的乡村治理体系

社会、经济、人才、文化等层面在乡村变革与新城镇化的推进下也产生了极大的变化,农民与村委会、村集体的联系也产生了变化。缺少以人为本的家长式治理的村领导干部在传统的、极强的行政色调下,缺乏服务于民的意识。自身素质的匮乏、对新概念、新政策不能正确解读,对新技术应用束手无策,这让村镇的管理形式难与当代联通,治理功效大幅减弱,中央农业策略在村镇的推进也被大幅削弱。以上因素严重制约着村镇经济社会发展,村民、村团体、村"两委"的新式服务联系也不易缔造。

（八）"三农"投资艰难

农村信用社等财经单位对资金的提供相对匮乏，集资方法也相对单调。而融资艰难却是以资金为根源的村镇成长所面临的极大障碍。中国社会科学院公布的《"三农"互联网金融蓝皮书》显示，我国"三农"经济自2014年以后欠缺超过3万亿元。纵然有2016年中央一号文件在强调"引导互联网金融、移动金融在农村规范发展"来处理资金缺陷，可"三农"随着出资总数的扩大，出资数额并没有显著增长，以中国普惠金融研究院发布的《中国普惠金融发展报告（2016）》，效劳于"三农"及小微实业的借贷仅占8%左右。农业汇兑期限长、不够稳定、利率低，农民与涉农的小微企业没有能够典质的产业导致从正规渠道借贷有着极大难度。资本的不达标严重阻碍了村镇成长的脚步。依《"三农"互联网金融蓝皮书》的调查，村镇能从正规途径得到借贷的农民少之又少，大部分有资金需要的农户难以借款。

三、实现乡村提升路径

想要把村镇日趋衰减的吸引力在新一代的身上重新找回来，乡村需得缩减城乡差异，在社会、经济、文化、生态等各层面深化工作，提高吸引力，以示社会公正。

（一）农业收益提高

在市场境况下，作为乡村中心产业的农业面临着与其余产业行动相较，产出少、投资大、获利低、本金高，无法达到对村镇成长的有力鞭策。习近平总书记指出，提高农业综合效益和竞争力，是当前和今后一段时期我国农业农村政策改革和完善的主要方向。所以，乡村振兴的本源与成长动力便是提升农业整体效益。

农业收益提高的三个关键点。

1. 经济收益的提高

如何提高农业现代化水准、变更守旧的垦殖形式，运用田地集约化生产经营，达成低收储、高产出是现代农业须要面对的问题：在自然环境的限制下，守旧的农业生产运营措施相对低效。还可同步运用一二三产业协调成长，提升农产品附加值，减少农业与其余产业间的对比效果差距。

2. 社会收益的提高

村镇与都市间稳定优良的互助成长结构，离不开以农业经济效益提高为本源的社会结构、人员结构的完善。

3. 生态收益的提高

因长久以来使用农药化肥的缘故，我国的土壤构造遭到损毁，当代人渴望的绿色、安全的饮食需要也得不到满足。是以，想要保障农业健康、持续的发展，就要大力推进、发展绿色农业，改善土壤状况以及村镇生活环境。

（二）农民整体素质与文化水平的提高

农民收入的增加是推进村镇成长、推进城乡均等化的首要条件。想要农民收入增长，就要将农民的整体能力在以下三个层面进行提高。

1. 提升经济基础

务农、务工是农民现今收入的重点，结构相对单一。运用惠农政策，推动承包地、宅基地等财产权益的达成来提升农民资产性收益，充裕其收入水平。

2. 提升知识及才能

文化水平不高、知识结构相对单一、欠缺参与市场角逐的能力是现代农民的短板。政府应当敦促农民研习更多的适用知识，运用策略引领、教学集训等形式来提升他们的就业技能，扭转固有认知，与当代社会接轨。

3. 提升社会地位

农民的社会地位在乡村振兴的缓步兑现下慢慢提高，他们以现代科技为武装、以市场为指导，变成人人艳羡的新的职业群体。

（三）提升与改善乡村人居环境

想要乡村振兴，就需要农村扭转垃圾废物围绕工业污染"上山下乡"的情况。兴办美丽宜居村镇，缔造整齐、幽雅的乡村环境，才能吸引来各方人才"凤栖梧桐"。

村镇人居境况的提高主要在以下四个层面体现。

1. 提高废弃物处置能力

生活废物垃圾四处乱丢、生活污水到处乱排产生了垃圾山、废水沟，没有污水、生活垃圾、粪便的处理设备及规制是大多数乡村的现状。建造适应乡村境况的废弃物处置设备，提高处置废弃物的能力已刻不容缓。

2. 提高村容村貌水准

遵循原本村庄的建筑面貌及传统文化来提高村容村貌，除了建路灯、整饬胡乱堆放、修整道路等硬环境，尤为主要的是村镇建筑面貌及乡土特性等软环境的承袭，凸显乡土特色与地域民族风采。

3. 提高生态环境

这一代都市人的梦想是"看得见山，望得见水，记得住乡愁"，虽然在政府的大力推进下，村镇的环境有了很大改观。可是，部分乡村的蛙鸣鸟叫、青山绿水的生态系统依然是有破坏与污染的，尚且处于"重伤未愈"的状态。整治被污染的环境、注重村镇本有的山水格局、缔造优异的生态环境就成了重中之重。

4. 创设管护长效体系

运动式的乡村建设是近些年乡村建设的实际境况，基础措施的修筑、村容村貌的整饬后续跟踪维护与管束难以为继。相关部门应当把责任落实到人头，运用多种形式来提高村民的积极性，最终形成乡村人居环境的持久管护体系。

（四）提高公共服务水准的建设

想要作为人们向往的生活之处、寓居之地，乡村就一定要提升高质量的公共服务水准，展现乡村美好生活，在文化、诊疗、教学、科技等公共事业层面予以量与质兼备的服务。

乡村公众服务水准提高在以下四个层面有所体现。

1. 完善公众服务策略

偏向于推动短期内出政绩的基础设施等公共设施建设，基层乡村的公共服务起效慢、投入大，导致乡村的公共服务供给严重匮乏。政府亟须从基层考核制度、公共服务提供规范等层面促进乡村公共服务水准的提高。

2. 提高乡村教学水准

"寒门再难出贵子"。近年来因乡村与城市的教育水平基础不同，且城市对优质教育资源的虹吸效应提升，造成乡村与城市教育距离不断拉大。想要解决这种问题，就需要在乡村教育服务上狠抓品质，缩减城乡教育差距，吸引更多的人才在乡村安居。

3. 提高基本医疗服务

农村同都市医疗差距在医生水准、资源散布、诊疗投入等层面体现得极为明显。农民一直面对着诊病贵、诊病难的问题。乡村应当在提升诊疗服务总量、追加医疗配置的投入、运用薪资和住房等形式招揽更多的优秀医疗人才上下功夫，解决乡村医疗资源匮乏的问题。

4. 完善社会保障体系

在近些年打造城乡一体化社会保障体系的呼声越来越高，各地乡镇的养老保障、医疗保障、失业保障等社会保障体系的主要组成在国家总方针的引导下都有长足的进步。但乡村保障多数情况下是由区县整体管束，地域的差异性极大，大部分农村难以在本源上解决医疗、养老等社会问题。乡镇的保障体系须在公平性、延展性等层面进一步提高。

（五）提高文化世界观

乡村固有的文化价值观在改革开放后的市场经济浪潮冲击下遭到年轻人的抛弃，新的现代文化世界观又未曾树立，乡村价值空泛，后继乏人。而外出的村民又带回了时兴于都市的"物质化"世界观，这在某些方面上阻碍了乡村精神文明的接续。

乡村文化价值观的提高展现在以下两个层面。

1. 修缮传统世界观

几千年以来的华夏文明于乡村介质中的浓缩形成了传统的乡村价值观，并对个体的社会职责、人与自然的联系、人与人的联系、乡村的互助保障体系等进行了定义。纵然以现代的眼光来审视这些内容，我们仍然能从中发现许多具有传承、发扬价值的观点。提高乡村文化世界观，我们不妨从固有世界观的修缮及重建入手，把乡村的

"根"立住，转化民风民俗，自孩童起树立正确的价值观，并伴着村镇规制的完备而持续完善。

2. 创设当代价值体系

现代化并非单一的物质上的现代化，更是精神上的当代化。用现代概念将村镇固有的文化价值本源进行重塑，形成新的文化价值体系，充分展示村镇的自然价值、生存价值，进而激起村镇的生机，成为乡村振兴策略的保障。

（六）提高治理水准

源于改革开放后的城乡流动加剧，乡村这个国家最基础的治理单元在村民见解、人口组成、社会构造等层面都产生了极大改变。固有的一元化治理体系难以适应新的发展局势，这让乡村管理水准的提高成为乡村发展的先决要求。党的十九大报告中进一步指出"推动社会治理重心向基层下移"，这会加快村镇管理的现代化进程。

完备法治、自治、德治相联合的村镇管理体系是乡村治理水准提高的主旨。具体在以下三个层面提高。

1. 增强自治组织能力缔造

流于表面的村民自治是因村民对村干部本就没有实质的监督权，是以村民对议政、参与自治极为淡漠，甚至毫无兴趣。想要解决这个问题，须得增强村民自治才能的培养，提升其自治的认知，并运用政策引导自治机构在乡村治理中展现积极效用。

2. 将乡村自治组织、社会组织、基层政府、村民等普遍遵行的典型体系进行缔造

在各类经济组织、乡镇政府、村民构造等经过多年成长后，产生的变化也是极大的。不过，各个能量之间不曾用法律条款划定、明晰

其权益及职责，导致当前的村镇管理紊乱无序，工作上相互推诿，亟须政府对其一元化的管理结构同多元化社会组织进行联合，推进乡村管理的现代化缔造。

3. 在乡村管理中与德治交融

道德的规范在我国乡村以熟人社会为基本特质的发挥有着不可替代的作用。用道德来约束村民的精神、举止，对其进行教化将会有效推动村镇管理。

想要乡村振兴，就要提升农村各方面的水准，提升村民的素质。村镇各层面的提高会让农业变成有奔头的产业、让农民成为有吸引力的行业、把农村变成安家乐业的美丽家园。

四、关于乡村振兴策略的一些设想与看法

厘清乡村振兴策略的内蕴，掌握策略的突破性元素是乡村筹划设想、建设实践的前提。编者以为，从多重角度达成当代化才是乡村振兴的内蕴。本书就这一基本概念，以乡村在国家成长中的位置、乡村产业的构造、乡村成长的实质以及人口构造等核心题目进行大胆探求，以期站在未来趋势之上，掌控政策与执行导向。

五、乡村与都市

城市与村镇将会成为携手同行的独立生长布局。

中国村镇的建造在近代史演变中几经起落，很长一段时间，乡村都是都市反哺的目标，在国家繁荣中的角色也缓缓由经济、文化的源头沦为都市的负担。

即便有财政连年的转移支付援助以及乡村城镇化推行，乡村依

旧远远逊色于城市的发展，成长模式亟须更新。党的十九大建设性地提出了乡村振兴战略，这一战略意味着村镇繁荣新时代的来临，需要每一位参与者重新思索"乡"同"城"的联系。党的十九大报告中不再强调"城乡统筹发展"，而是"城乡融合发展"，这预示着"乡"再不是城市的附庸，而是同"城"彼此独立、并行生长构造的一个重要的蜕变。身为一个独立成长的体系，村镇当有新式的居民、经济、社会，完善一系列涵盖管理、策略、财税规制、成长模式等中心因素的创新，进而推动乡村变为中国经济发展的有效支柱，承担其在中国新进程成长中的首要职守及使命，与都市协同推进城乡交融的成长体制措施，详见图2-6。

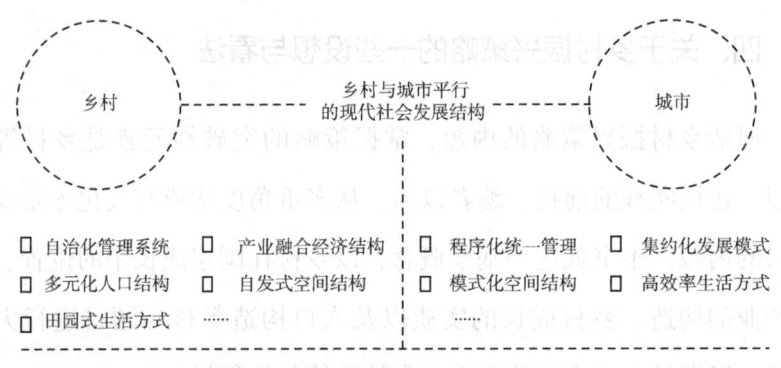

图2-6 乡村与城市的并行成长构造

六、乡村振兴与城镇化

乡村振兴是村镇的当代化，而不是城镇化。

当前城市急剧扩张与大城市病引起了各方的注意，单从城镇化率来推断乡村发展在编者看来似乎行不通。所有的村镇都可以拆村并点、集体安顿吗？让愈来愈多的农民变成市民会更好吗？身为前车之鉴的拉丁美洲城镇化圈套犹在眼前，乡村振兴要的从来不是高城区化的贫民窟，而是符合本身秩序的当代化。

村镇的城镇化是不是就是现代化？两者之间存在差异吗？真正的村镇当代化又是什么？

现代化是因工业化发端，触及各个社会畛域、层面的变革，涵盖了教育、政治、经济、观念、文化、社会生活、心理、科技，乃至人自己，是社会全局的、整体的、系统的、长远的社会演变历程。

中国学者独创出了城镇化这个新词目，是人类劳作及生存形式从乡村型向城市型转化的历程，呈现为乡村人口朝城市人口蜕变及都市持续成长及完备的历程，这是建设部给城镇化的界定。这大体上象征了近年来我国城镇化的内蕴。显然，乡村振兴不是村镇人员朝都市高度汇聚，也不是乡村劳作、生活形势整体向都市化转变，其实质的内蕴是乡村的当代化（乡村城镇化同当代化的差异，详见图2-7）囊括四个层面。

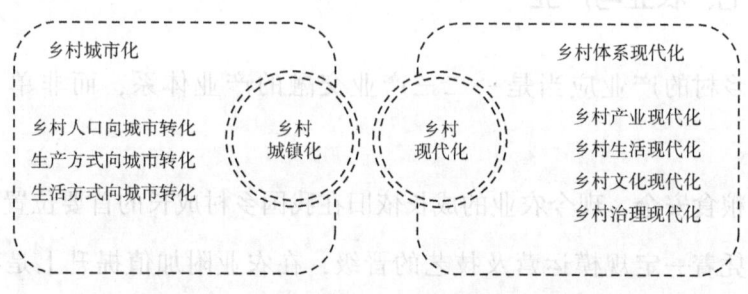

图2-7 乡村城镇化同村镇现代化的差异

1. 现代化的乡村产业

休闲产业、文创产业及智能化产业等新兴产业的现代化不仅靠科技发展，在农业中有效植入才是能够达成新型经济、新型资产之间的有效组合。

2. 现代化的乡村生活

缔造宜居的生活空间，让村镇人享用与都市人对等的公共服务，完善基础设施，提升服务品质，治理生态环境，让乡村真真正正地变成大家心目中理想的乐土。

3. 现代化的乡村文化

与当代文化相冲击，复兴、延续村镇传统文化，达成贴合当代需要的新型文化体系。

4. 现代化的乡村治理

不再对乡村治理手法简单、管理人才匮乏、社会近况庞杂及人员构造紊乱的近况进行回避、避重就轻，有序的联合乡贤，更新形成小区化、社群化、网格化的管理构造，达到村镇自组合、自管理的能力。

七、农业与产业

乡村的产业应当是一二三产业交融的产业体系，而非单一的农业。

粮食安全、现今农业的成长依旧在我国乡村成长的首要位置。可是只凭着一定规模运营及技艺的晋级，在农业附加值提升上是有其局限性的。近似美国的大范围经营是我国不可能达成的客观前提。只有二三产业的引入与体验化、品牌化、原产地形势的联动乃至市场主体的充沛加入，才能冲破制约，达成较强的资产盈余能力。现今，在大部分村镇，尤其东部沿海区域，村镇的繁荣首选已不单是依靠农业。乡村振兴策略中所提及的"产业兴旺"也是以一二三产业交融发展的村镇经济产业体系的兴旺。

一二三产业的交融,既能够是以农业为核心的产业形态,又能够是以加工业为核心的"二一三""二三一"产业,乃至外来的消费支配的"三二一"产业形势。而乡村振兴是要源于村镇成长的秩序,寻出一二三产业交融生产的途径与模板,这对我国大部分村镇来说相对繁难,以旅游产业为核心的"三二一"倒装式成长反倒带来一本万利的效用。发掘本地的优势资源,运用对资源的特质化、产品化挖掘形成旅游形象与品牌,利用荟聚人气达成消费的汇集,推进以旅游产业为中心的三产成长,带动加工产业,引领原产地农业转型,提高农产品的附加值,进而确保产业发展的可持续。

八、农民与村镇居民

村镇居民已然不再是农民的专属,仅仅作为一个地理释义上的居住观点而已。

产业的衰败与人员流散成为乡村日趋衰败的主要原因。这两者彼此增强,形成负面回馈:产业衰败导致人员流散;人员流散则产业衰败。乡村振兴策略在缔造一二三产业交融生长的同时,还会带来人员回流,为产业和人员带来正面回馈。在逆城镇化潮流日趋明晰的时代背景下,户籍制度、土地制度缓步放开,乡村振兴带来的村镇人口构造重建将会引领村镇走向新的繁荣。

如今,村镇居民已然不再是农民的专属名词,而仅仅作为一个地理释义上的居住观点而已。其不复以村镇守旧的户籍、土地划分为凭证,是以,村镇居民除具有本地户籍、土地的老人,还涵盖了诸多新农民与新乡民。他们可以是各行各业的创业人员,也可以是来村镇养生、养老的村居人员，还可以是想要突破创作瓶颈的文艺居民和追寻田园梦想、享受田园惬意、绿色生活的生活居民等，详见图2-8。

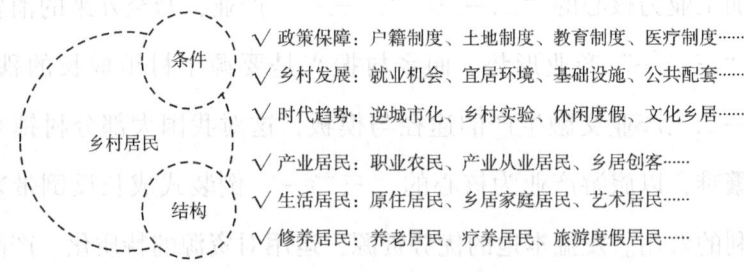

图2-8　新乡镇住户回流的前提及人员构造

乡村更容易荟聚梦想主义者的缘由，是来自乡村的诗韵以及文化传统的本源，这些人的知识层次较高，社会责任感较重，在孤立于都市人同农村人概念的乡村住户中，更能展现出他们社会成长的中心力量。他们的荟聚将达成村镇新的文化根基及自治构造，会变为支持新时期乡村社会成长的再生能量。

在乡村振兴战略下，当代乡镇正以其独到的内蕴凌驾于从前任何时期的效用及意义。只是，这一战略的施行是系统工程，需要国家宏观政策的全面支持；需要政府在各个管理体系上的支持；还需要村镇在规划构造等方面的革新，同时也要每个乡村振兴的参与者在概念上的争鸣与举措上的奋进。"百花齐放""多管齐下"，这才是乡村振兴应有的局面。

第二篇

乡村振兴规划与行动纲领

第三章 乡村振兴的筹谋与策略

开拓、建造与管理是村镇筹谋的首要凭据,为村镇以后一段时间内的成长作出整体的布置及统筹安排,在改革开放后,华夏真正意义上的村镇规划开始起步,经历了初具雏形、探索施行、调试完备等起步阶段。

一、从房屋修筑扩充至村镇建造领域的初具雏形时期
(1978—1988)

1981年国务院下达《国务院关于制止农村建房侵占耕地的紧急通知》,同年"全面规划、正确引导、依靠群众、自力更生、因地制宜、逐步建设"的农村建房总目标也被提出。当年的第二次全国农村房屋建设工作会议把村镇房屋修筑扩充至乡村建设领域,村镇规划进入了国家经济社会成长规划范围。国家建委与国家农委1982年联合颁发《村镇规划原则》,对村镇规划的职责、实质内容作出了准则性的划定。此时,村镇规划从无到有,乡村稳步迈向有策可依、有规划可循的成长路径。

二、在都市规划形势下探究村镇规划体系的探究施行时期
（1989—2013）

以都市为界限的《中华人民共和国城市规划法》自1989年公布，不曾给村镇规划的范例与准绳施行界定，致使城乡规划分裂，村镇规划系统无法可依、编制不规范的问题比比皆是。可乡村规划系统的探索并未因此而停驻，村镇建设司在1988—1990年分三批施行全国范围内的试点，探求村镇规划的轨制。成为后来乡村规划编制的重要标准与指南的《村庄和集镇规划建设管理条例》与《村镇规划标准》相继在1993年颁布。在试点的实践与多方论证的基础上，建设部将界定编制村镇规划的整体规划与修筑规划两个时段的《村镇规划编制办法》于2000年进行颁布，以现状解析图、村镇修筑规划、整体规划等层面规范了村镇规划的体系。提出镇规划的尺度与指引的《镇规划标准》自2007年颁布以来，对核心镇附近的乡村区域却侧重不足。

使用十几年的《中华人民共和国城市规划法》在2008年被《中华人民共和国城乡规划法》（以下简称《城乡规划法》）取代。城乡一体化被写进法律，深化了对村镇规划系统与施行的监督及查验。后来，"村庄集镇规划"被"村镇体系规划"渐渐取代，镇、乡、村的村镇规划体系初具雏形。

纵然深受都市规划形式的浸染，然村镇规划已于这一时段深入施行、渐成体系。适宜乡村成长需要、以村镇视角着眼的规划概念已然成为共识，村镇规划逐步自成体系。

三、建设村镇（乡村振兴）视角下县域村镇体系的建设完备时期（2014年至今）

住建部颁布的《关于做好2014年村庄规划、镇规划和县域村镇体系规划试点工作的通知》提议："通过试点工作进一步探索符合新型城镇化和新农村建设要求、符合村镇实际、具有较强指导性和实施性的村庄规划、镇规划理念和编制方法，以及'多规合一'的县域村镇体系规划编制方法。"中共中央办公厅、国务院办公厅2015年下达的《深化农村改革综合性实施方案》指出，"完善城乡发展一体化的规划体制，要求构建适应我国城乡统筹发展的规划编制体系"。同年，住建部颁发的《关于改革创新、全面有效推进乡村规划工作的指导意见》提议，"到2020年全国所有县（市、区）都要编制或修编县域乡村建设规划"。住建部总经济师赵晖在2017年7月的"传统村落保护发展国际大会"上表示，《乡村规划建设管理条例》正在拟定。

村镇规划自这一时段着手以城乡统筹的视角来探究规划的体系，县域村镇修筑规划涵盖了城乡兼并、县域村镇体系规划的基本服务措施与公众服务措施的筹划、村庄管理指点三大中心内容。

一是，纵然《城乡规划法》将村庄规划并入，我国规划体系的重心却依然偏向于都市（镇）的规划上，不曾给村庄形成完备的体系。在住建部提议修订的《乡村规划建设管理条例》一直不曾出台的前提下，编者认为，在乡村振兴大潮兴起的趋势下，乡村振兴规划体系同编制导言亟须出台。

二是，未来村镇是源于产业交融、产居交融思想下村镇空间的重组，是人们梦想中的桑梓安居之处。村镇规划体系本有的"镇乡村结构模式"依然不能满足新时代乡村旅行、共享农庄等产居交融新体系及桑梓安居形势的规划要求。

三是，在集约化运用土地和资源，有效整合基础措施配置和公众措施的合理构造本源上，围绕一二三产业交融的产业园区、产居整体化等联合元素，打破固有的村镇构造，不单单是环绕村落施行建构，进而达到同产业成长、市场相连接的全新构造。

正是源于以上的解析内容，编者构建了"乡村振兴战略规划的新体系"，编撰了《县城乡村振兴规划导则》，期待这种革新可以在未来的乡村振兴规划编制中达到探究和试点作用，进而推动、实现真正的乡村振兴。

四、区域乡村振兴规划方法

党的十九大提出实施乡村振兴战略，是以习近平同志为核心的党中央着眼党和国家事业全局，深刻把握现代化建设规律和城乡关系变化特征，顺应亿万农民对美好生活的向往，对"三农"工作作出的重大决策部署，是决胜全面建成小康社会、全面建设社会主义现代化国家的重大历史任务，是新时代做好"三农"工作的总抓手。从党的十九大到党的二十大，是"两个一百年"奋斗目标的历史交汇期，既要全面建成小康社会、实现第一个百年奋斗目标，又要乘势而上开启全面建设社会主义现代化国家新征程，向第二个百年奋斗目标进军。为贯彻落实党的十九大、中央经济工作会议、中央农村工作会议精神和政府工作报告要求，描绘好战略蓝图，强化规划引领，科学有序推动乡村产业、人才、文化、生态和组织振兴，根据《中

共中央 国务院关于实施乡村振兴战略的意见》，特编制《乡村振兴战略规划（2018—2022年）》（以下简称《规划》）。

《规划》以习近平总书记关于"三农"工作的重要论述为指导，按照产业兴旺、生态宜居、乡风文明、治理有效、生活富裕的总要求，对实施乡村振兴战略作出阶段性谋划，分别明确至2020年全面建成小康社会和2022年召开党的二十大时的目标任务，细化实化工作重点和政策措施，部署重大工程、重大计划、重大行动，确保乡村振兴战略落实落地，是指导各地区各部门分类有序推进乡村振兴的重要依据。

乡村振兴并非一个面子工程，也不是一个轻率的举动，而是一件关乎整体，着眼于长期的历史职责。习近平总书记提出，要推动乡村振兴健康有序进行，应规划先行、精准施策、分类推进。《规划》的出台，围绕着乡村整体的进步、农村整体晋级、农民整体成长等方面统筹建议了此后五年内村镇在各方面建树的核心职责与策略途径。重心在缔造乡村振兴新形势、推动村镇整体振兴、深化维持与保障重心要点等内容，详见图3-1。

确保财政投入持续增长	拓宽资金筹集渠道	提高金融服务水平
□ 公共财政更大力度向"三农"倾斜 □ 建立涉农资金统筹整合长效机制 □ 加大对新型农业经营主体支持力度 □ 建立国家融资担保基金 □ 支持地方政府发行一般债券用于乡村建设	□ 调整完善土地出让收入使用范围 □ 改进耕地占补平衡管理方法，将所得收益全部用于脱贫攻坚和乡村振兴 □ 推广一事一议、以奖代补等方式，鼓励农民参与基础设施建设管护	□ 强化金融服务方式创新 □ 出台金融服务乡村振兴的指导意见 □ 加大各类银行对乡村振兴的信贷支持 □ 稳步扩大"保险+期货"试点，探索"订单农业+保险+期货（权）"试点

图3-1 乡村振兴规划主旨重点

源于对乡村振兴的更新解析与人们对梦想中的桑梓安居生计的求索，源于对产业交融、产居交融的探究与执行，编者以为，乡村振兴的规划应当以市场化配备资源为先决条件，以产业为主体，以产居交融、产业交融为渠道，突破固有的村镇构造，达成新的规划形式与构造。是以，乡村振兴的规划不仅是战略的规划，更是经济社会成长规划与区域构建主体规划的一体化统筹谋划，是多轨合一的统筹谋划。

编者作为乡村振兴规划的研究者，在国家政策方针指引下，结合县、乡、村实际情况，根据规划为乡村振兴规划的举措引领以及格局构造，为了乡村振兴当前的规范工作，予以中国特色的村镇成长有效的举措与规范，促使村镇地域上的种种环境元素配备与交融。在乡村振兴规划方面提出几点建议。

（一）规划的制定基础

党的十九大作出中国特色社会主义进入新时代的科学论断，提出实施乡村振兴战略的重大历史任务，在我国"三农"发展进程中具有划时代的里程碑意义，必须深入贯彻习近平新时代中国特色社会主义思想和党的十九大精神，在认真总结农业、农村发展历史性成就和历史性变革的基础上，准确研判经济社会发展趋势和乡村演变发展态势，切实抓住历史机遇，增强责任感、使命感、紧迫感，把乡村振兴战略实施好。

乡村振兴战略规划是一部可以指导未来30余年乡村发展的战略性规划和软性规划，涵盖范围非常广泛，既需要从产业、人才、生态、文化、组织等方面进行创新，又需要统筹特色小镇、田园综合体、全域旅游、村庄等重大项目的实施。因此，编者认为，乡村振兴规划的制定首先须厘清五大关系，即二十字方针与"五个振兴"的关系；"五个振兴"之间的内在逻辑关系；特色小镇、田园综合体与乡村振兴的关系；全域旅游与乡村振兴的关系；城镇化与乡村振兴的关系。

（二）什么是二十字方针，与"五个振兴"的关系

"产业兴旺、生态宜居、乡风文明、治理有效、生活富裕"这二十字的方针是乡村振兴首要目标，习近平总书记提出来的文化振兴、产业振兴、生态振兴、人才振兴、组织振兴是达成乡村振兴的策略理论，亦为乡村振兴的二十字方针必须达成的"五个振兴"的稳定推动。

源于生态境况、农业生产同固有文化等的开发根本，探寻特质优势并依此来预测产业发展形势，构筑以生产营运主体（产业）、产业营运商为双核心的繁育模板，打造完备的产业保障体系，是乡村产业振兴着手的三个重心。其涵盖了金融服务体系、社会化服务体系、营销服务体系等。

"英才是孵育出来的，并非集训出来"的核心概念，是村镇人才振兴的主旨，着重解决英才需求同供给间的冲突，重点孵育创业的核心骨干人才、农业实业人才及村干部、返乡务工人员、科技革新人才等诸多种类的、在乡村振兴中必不可少的人才。

循环农业的普及是乡村生态振兴的有效路径。在守护农业生态环境及充分运用高新技术的根本上，调度与完备农业生态系统内里的结构及产业的构造，达成清洁生产及质效双增的双重目的。在农业面源污染上施行控制、村镇污染防控管理等层面着重推进，有效施行也是生态振兴的核心目标之一。

村镇文化振兴有以下三个层面的实施路径。

一是发掘与提炼乡村的农耕文化、地域文化、民俗文化。

二是文化振兴的关键是村镇文明在村镇旅行中的交融运用。

三是实现文化的经济价值与战略价值是文化推进地方品牌的缔造。

大力推进整体经济，将资金问题落实并解决，充分运用村镇机构在乡村振兴中的动员效力；村镇应当从这两个层面来推动乡村组织的振兴。这就需要有关机构集思广益、锐意变革、联合推动。

(三) 五大振兴之间的内在逻辑关系

协同形成乡村振兴首要元素的是人才振兴、产业振兴、组织振兴、文化振兴、生态振兴。产业振兴是乡村振兴的中枢，而产业振兴的核心又在于人才，以产业振兴和人才振兴为重点，五个振兴互为依靠、相互影响的内在联系，详见图3-2。

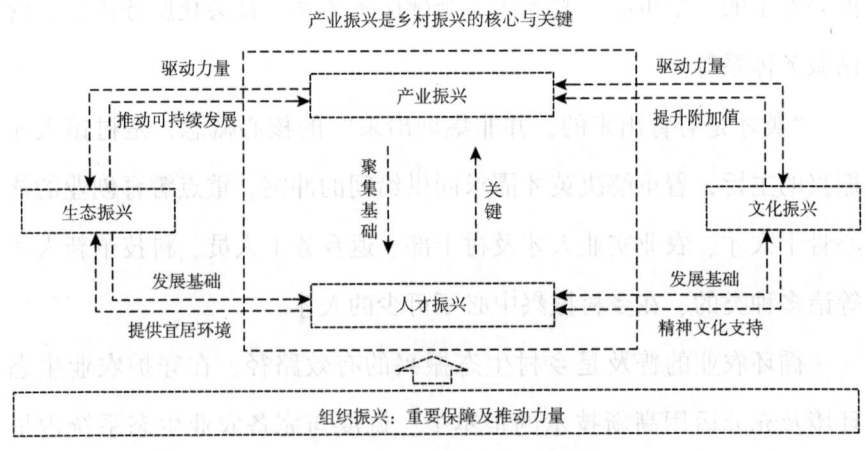

图3-2 五大振兴间的内在联系

乡村振兴首要动力与经济保障就是产业振兴。产业的成长带来就业契机，就业契机推动人才荟聚，同期，产业的生长还带来了经济的提高，给生态改进和文化承续予以增进方面的支撑。面对乡村人才的匮乏，想要产业振兴，只能在从外埠引援专职英才、招揽回乡立业的人才、提高村镇本有的英才水平这三种途径的加成上，去达成村镇产业及社会生长的突破。生态振兴既为产业可持续发展的重心，又给人才予以安居的生态境况。文化振兴在提升产业附加值的同时，又打造了村镇的中心吸引力与软实力。组织振兴则是给其他四类振兴的施行予以重要保障，并以此持续实现自我完善，提升组织成效。

（四）乡村振兴与特色小镇、田园整合体之间的联系

党的十八大以来，面对我国经济发展进入新常态带来的深刻变化，以习近平同志为核心的党中央推动"三农"工作理论创新、实践创新、制度创新，坚持把解决好"三农"问题作为全党工作重中之重，切实把农业农村优先发展落到实处；坚持立足国内保证自给的方针，牢牢把握国家粮食安全主动权；坚持不断深化农村改革，激发农村发展新活力；坚持把推进农业供给侧结构性改革作为主线，加快提高农业供给质量；坚持绿色生态导向，推动农业农村可持续发展；坚持在发展中保障和改善民生，让广大农民有更多获得感；坚持遵循乡村发展规律，扎实推进生态宜居的美丽乡村建设；坚持加强和改善党对农村工作的领导，为"三农"发展提供坚强政治保障。这些重大举措和开创性工作，推动农业农村发展取得历史性成就、发生历史性变革，为党和国家事业全面开创新局面提供了有力支撑。

农业供给侧结构性改革取得新进展，农业综合生产能力明显增强，全国粮食总产量连续5年保持在1.2万亿斤（1斤=500克）以

上，农业结构不断优化，农村新产业新业态新模式蓬勃发展，农业生态环境恶化问题得到初步遏制，农业生产经营方式发生重大变化。农村改革取得新突破，农村土地制度、农村集体产权制度改革稳步推进，重要农产品收储制度改革取得实质性成效，农村创新创业和投资兴业蔚然成风，农村发展新动能加快成长。城乡发展一体化迈出新步伐，5年间8 000多万农业转移人口成为城镇居民，城乡居民收入相对差距缩小，农村消费持续增长，农民收入和生活水平明显提高。脱贫攻坚开创新局面，贫困地区农民收入增速持续快于全国平均水平，集中连片特困地区内生发展动力明显增强，过去5年累计6 800多万贫困人口脱贫。农村公共服务和社会事业达到新水平，农村基础设施建设不断加强，人居环境整治加快推进，教育、医疗卫生、文化等社会事业快速发展，农村社会焕发新气象。

同时，应当清醒看到，当前我国农业农村基础差、底子薄、发展滞后的状况尚未根本改变，经济社会发展中最明显的短板仍然在"三农"，现代化建设中最薄弱的环节仍然是农业农村。主要表现在：农产品阶段性供过于求和供给不足并存，农村一二三产业融合发展深度不够，农业供给质量和效益亟待提高；农民适应生产力发展和市场竞争的能力不足，农村人才匮乏；农村基础设施建设仍然滞后，农村环境和生态问题比较突出，乡村发展整体水平亟待提升；农村民生领域欠账较多，城乡基本公共服务和收入水平差距仍然较大，脱贫攻坚任务依然艰巨；国家支农体系相对薄弱，农村金融改革任务繁重，城乡之间要素合理流动机制亟待健全；农村基层基础工作存在薄弱环节，乡村治理体系和治理能力亟待强化。

依托现代农业产业园、农业科技园区、农产品加工园、农村产业融合发展示范园等,打造农村产业融合发展的平台载体,促进农业内部融合、延伸农业产业链、拓展农业多种功能、发展农业新型业态等多模式融合发展。加快培育农商产业联盟、农业产业化联合体等新型产业链主体,打造一批产加销一体的全产业链企业集群。推进农业循环经济试点示范和田园综合体试点建设。加快培育一批"农字号"特色小镇,在有条件的地区建设培育特色商贸小镇,推动农村产业发展与新型城镇化相结合。

(五)全域旅游同乡村振兴的联系

"旅游"与"农业"在我国农村成长条件与状况中成为乡村振兴的主要介入点。施行以"旅游"为特色产业的地区全方位的完善晋级的全域旅游是乡村振兴的强力抓手。其同步触及地区的经济、文明、生态、基础设备与公众服务设备等层面的构建与施行,利用"旅游+"的形式,在处置"三农"难题、开阔农事产业链、辅助脱贫攻坚等层面展现关键作用。另外,通过对村镇的产业晋级、产品研发、品牌革新、配置完备等各层面的修筑,全域旅游缔造了村镇的安居境况及浓重的文化气氛,令村镇可以达成人们对完美生计的探寻,进而修筑乡村振兴绿色生态的优良成长形势。

(六)城镇化与乡村振兴的关系

以城市群为主体构建大中小城市和小城镇协调发展的城镇格局,增强城镇地区对乡村的带动能力。加快发展中小城市,完善县城综合服务功能,推动农业转移人口就地就近城镇化。因地制宜发展特色鲜明、产城融合、充满魅力的特色小镇和小城镇,加强以乡镇政府驻地为中心的农民生活圈建设,以镇带村、以村促镇,推动镇村联动发展。建设生态宜居的美丽乡村,发挥多重功能,提供优质产品,传承乡村文化，留住乡愁记忆，满足人民日益增长的美好生活需要。

（七）乡村振兴战略规划实施"双八"原则

1. 坚持党管农村工作原则

毫不动摇和加强党对农村工作的领导，健全党管农村工作方面的领导体制机制和党内法规，确保党在农村工作中始终总揽全局、协调各方，为乡村振兴提供坚强有力的政治保障。

2. 坚持农业农村优先发展原则

把实现乡村振兴作为全党的共同意志、共同行动，做到认识统一、步调一致，在干部配备上优先考虑，在要素配置上优先满足，在资金投入上优先保障，在公共服务上优先安排，加快补齐农业农村短板。

3. 坚持农民主体地位原则

充分尊重农民意愿，切实发挥农民在乡村振兴中的主体作用，调动亿万农民的积极性、主动性、创造性，把维护农民群众根本利益、促进农民共同富裕作为出发点和落脚点，促进农民持续增收，不断提升农民的获得感、幸福感、安全感。

4. 坚持乡村全面振兴原则

准确把握乡村振兴的科学内涵，挖掘乡村多种功能和价值，统筹谋划农村经济建设、政治建设、文化建设、社会建设、生态文明建设和党的建设，注重协同性、关联性，整体部署，协调推进。

5. 坚持城乡融合发展原则

坚决破除体制机制弊端，使市场在资源配置中起决定性作用，更好发挥政府作用，推动城乡要素自由流动、平等交换，推动新型工业化、信息化、城镇化、农业现代化同步发展，加快形成工农互促、城乡互补、全面融合、共同繁荣的新型工农城乡关系。

6. 坚持人与自然和谐共生原则

牢固树立和践行"绿水青山就是金山银山"的理念，落实节约优先、保护优先、自然恢复为主的方针，统筹山水林田湖草系统治理，严守生态保护红线，以绿色发展引领乡村振兴。

7. 坚持改革创新、激发活力原则

不断深化农村改革，扩大农业对外开放，激活主体、激活要素、激活市场，调动各方力量投身乡村振兴。以科技创新引领和支撑乡村振兴，以人才荟聚推动和保障乡村振兴，增强农业农村自我发展动力。

8. 坚持因地制宜、循序渐进原则

科学把握乡村的差异性和发展走势分化特征，做好顶层设计，注重规划先行、因势利导、分类施策、突出重点、体现特色、丰富多彩。既尽力而为，又量力而行，不搞层层加码，不搞"一刀切"，不搞形式主义和形象工程，久久为功，扎实推进。实施好科学规划从以下8点入手。

①坚持走城乡融合发展战略。充分发挥市场在要素配置中的决定作用和政府在公共服务中的作用，推进城乡要素平等交换、合理配置，城乡居民基本权益平等化、基本公共服务均等化，产业发展融合化。

②坚持走农业产业发展战略。坚持一二三产业全面融合，加强农业结构调整，发展壮大优势特色产业，构建"接二连三"的农村全产业体系。

③坚持走优势品牌产品优化战略。立足资源优势，围绕区域优势

主导品种和产业，打造一批优势农产品知名品牌。

④坚持走基础设施与公共服务设施优化战略。结合农业生产与居民生活，从空间布局、供给模式、融资模式、经营管理等方面，提升市政基础设施与公共服务配套设施建设。

⑤坚持走农村社区提升与布局优化战略。以社区化发展为目标，统筹考虑生产、生活、生态三大功能，就农村社区的布局原则、布局形式、建设标准、配套标准、实施时序等给出解决方案。

⑥坚持走农业农村信息化战略。在完善信息基础设施建设的基础上，推动信息技术与农业生产、农产品销售、农业政务管理、农业服务等的全面融合。

⑦坚持走社区治理体制战略。根据农村社会结构的新变化，健全自治、法治、德治相结合的乡村治理体系，实现治理体系和治理能力现代化。

⑧坚持走文化复兴战略。梳理乡村文化脉络，进行产业化、产品化、体验化打造，实现乡村文脉的传承与创新。

（八）乡村振兴的新手法

实施乡村振兴战略坚持城乡融合发展。坚决破除体制机制弊端，使市场在资源配置中起决定性作用，更好发挥政府作用，推动城乡要素自由流动、平等交换，推动新型工业化、信息化、城镇化、绿色化、农业现代化同步发展，加快形成工农互促、城乡互补、全面融合、共同繁荣的新型工农城乡关系。

1. 数字化

党的十九大报告中明确提出实施乡村振兴战略，此后在2018—2022年的中央一号文件及政府工作报告中都明确提出进一步推进乡村振兴战略，其中发挥数字化的赋能效应，全面推进乡村振兴成为国家决策的重要聚焦点。随着现代信息技术的发展变革，数字化已成为时代潮流趋势，并逐渐渗透到"三农"领域，助力农业农村的全面发展。以数字化建设为新起点，推动农业农村产业转型，是实现农业农村现代化的重要途径，也是全面推进乡村振兴的应然之举，有助于完善农村基础信息设施建设，推动城乡间资源和基本公共服务的均等化，加快构建农村现代治理体系，提升农业农村信息化智慧化水平。

2. 智慧化

加快数字中国建设，走中国特色的乡村发展道路，加快互联网、大数据、人工智能与农业农村的发展深度融合。建成大数据服务平台以围绕农村、农业、农民为核心。建立本地特色农村政务管理服务中心围绕生产、生活、生态相匹配的乡村发展模式实现农业经济提质增效充分激发农村经济的内生动力。稳步推进现代化乡村治理能力，激发乡村经济发展循环能力，为农民提供智慧化生活服务，融合美丽乡村与智慧城市同步发展格局。

3. 绿色化

也称为生态化。2015年3月24日首次在中央政治局会议上提出，更深一层的意义在于，这是党的十八大提出的"新四化"概念的提升——在"新型工业化、城镇化、信息化、农业现代化"之外，又加入了"绿色化"，并且将其定性为"政治任务"。换句话说，这是"四化"变"五化"。

农业农村本身的绿色发展问题。现在面临着很多的挑战，比如农作物收割以后，秸秆焚烧污染大气环境问题；农业生产过程中农药化肥的使用问题；过度种植，像东北地区黑土地里面的有机质下降问题，或者说农田的可持续能力在下降。解决这些问题，需要从中国国情出发，人口多，土地资源少，还要守住18亿亩（1亩约合667平方米，15亩=1公顷）耕地红线。

农业的绿色发展需要调整农作物结构，改变农业发展方式，减少农药化肥使用，改良土壤，从农业的第一产业向第二、第三产业协调发展这个角度来推进可持续发展。把一二三产业协调起来，使农民真正能够提高收入水平，它背后有一个很重要的问题，就是如果增加农业投入，农作物产量增加，但是农产品价格下降，农民就提高不了收入水平。

乡村振兴战略跟绿色发展是密切相关的，或者说，绿色发展是乡村振兴战略的一个很重要方面。如何理解乡村振兴中的绿色发展。是乡村实现可持续发展的标尺。统筹山水林田湖草，进行统一保护、统一修复，构建生态系统；针对农业产业，大力发展生态农业、绿色农业，提供安全绿色农产品；针对人居环境，加大整治力度，营造宜居环境。

4. 城镇化

也称为城市化，是指随着一个国家或地区社会生产力的发展、科学技术的进步以及产业结构的调整，其社会由以农业为主的传统乡村型社会向以工业（第二产业）和服务业（第三产业）等非农产业为主的现代城市型社会逐渐转变的历史过程。

城市化的概念也不尽相同。人口学把城市化定义为农村人口转化为城镇人口的过程，地理学角度来看城市化是农村地区或者自然区域转变为城市地区的过程，经济学上从经济模式和生产方式的角度来定义城市化，生态学认为城市化过程就是生态系统的演变过程，社会学家从社会关系与组织变迁的角度定义城市化。

城市化是多维的概念，城市化内涵包括人口城市化、经济城市化（主要是产业结构的城市化）、地理空间城市化和社会文明城市化（包括生活方式、思想文化和社会组织关系等的城市化）。

城镇化与乡村振兴从根本上在很多方面具有一致性。

①它们都是通往现代化的必由之路。乡村振兴也是实现小康，建设强国的必由之路。

②它们都是以人为本，特别强调以农民为本。

③它们都是强调破除现有城乡关系中，特别是二元结构制度存在的问题。

④它们都强调用改革的办法来推动城镇化，推动乡村振兴。我们要看到它本质的相同，在这个过程中协调他们之间的关系。

当然我们必须承认，城镇化和乡村振兴存在一些不一致的地方。

首先，城镇化更多关心中心城市、城市群、城市的竞争力，乡村振兴关注美丽乡村，也关注小镇，两者关注的载体不一样。

其次，两者关注的资源流动方向也不完全一样，在讨论城镇化时，我们更多关注资源要素等向城镇流动，向城镇集中，更好发挥它的集聚作用。但是我们讨论乡村振兴时，又希望很多资源要素流向乡村、留在乡村，所以考虑的方向也不完全一致。

城镇化发展与乡村振兴和而不同，如果找不到两者的"和"和"不同"，我们在认识上就可能出现很多矛盾和迷惑、冲突。

五、构建乡村振兴战略规划新格局

坚持乡村振兴和新型城镇化双轮驱动，统筹城乡国土空间开发格局，优化乡村生产生活生态空间，分类推进乡村振兴，打造各具特色的现代版"富春山居图"。

一是，按照主体功能定位，对国土空间的开发、保护和整治进行全面安排和总体布局，推进"多规合一"，加快形成城乡融合发展的空间格局。

通盘考虑城镇和乡村发展，统筹谋划产业发展、基础设施、公共服务、资源能源、生态环境保护等主要布局，形成田园乡村与现代城镇各具特色、交相辉映的城乡发展形态。强化县域空间规划和各类专项规划引导约束作用，科学安排县域乡村布局、资源利用、设施配置和村庄整治，推动村庄规划管理全覆盖。综合考虑村庄演变规律、集聚特点和现状分布，结合农民生产生活半径，合理确定县域村庄布局和规模，避免随意撤并村庄搞大社区、违背农民意愿大拆大建。加强乡村风貌整体管控，注重农房单体个性设计，建设立足乡土社会、富有地域特色、承载田园乡愁、体现现代文明的升级版乡村，避免千村一面，防止乡村景观城市化。

二是，县域乡村振兴是国家乡村振兴战略推进与实施的核心与关键，是经济社会发展规划和区域建设总体规划的一体化规划。

县域乡村振兴是国家乡村振兴战略推进与实施的核心与关键，应该以国家战略为引导，以市场需求为依托，突破传统村镇结构，在城镇规划体系基础上，构建既区别于城市，又与城市相互衔接、相互融合的"乡村规划新体系"，进行科学系统的规划编制，保证乡村振兴战略的有效实施。

县域乡村振兴规划是经济社会发展规划和区域建设总体规划的一体化规划，是多规合一的规划。绿维文旅提出乡村振兴规划编制应厘清五大关系，遵循八大战略和六化手法，并创新构建了"五位一体"的县域乡村振兴规划体系,将战略规划、乡村全域总体规划、专项规划、重点区域及重点项目规划相结合,将乡村振兴近期目标与乡村现代化、就地城镇化长期目标相结合,并制订3~5年行动计划。

(一)"五位一体"的规划体系

党的十八大报告指出,建设中国特色社会主义,总依据是社会主义初级阶段,总体布局是"五位一体",总任务是实现社会主义现代化和中华民族伟大复兴。报告对"五位一体"总体布局的阐述是,全面推进经济建设、政治建设、文化建设、社会建设、生态文明建设,实现以人为本、全面协调可持续的科学发展。2012年11月17日,习近平总书记在十八届中共中央政治局第一次集体学习中指出,党的十八大把生态文明建设纳入中国特色社会主义事业总体布局,使生态文明建设的战略地位更加明确,有利于把生态文明建设融入经济建设、政治建设、文化建设、社会建设各方面和全过程。

2012年11月17—23日,党的十八大站在历史和全局的战略高度,对推进新时代"五位一体"总体布局作了全面部署。从经济、政治、文化、社会、生态文明五个方面,制定了新时代统筹推进"五位一体"总体布局的战略目标。

"五位一体"总体布局是指经济建设、政治建设、文化建设、社会建设和生态文明建设"五位一体",全面推进。

乡村振兴工作要坚持规划先行原则,以规划来统领、指导、验收乡村振兴工作。乡村振兴规划要遵循以下基本思路:坚持党的领导、以国策实施为导向;生态为本、空间规划为基础;产业为核、现代产业体系构建为关键;乡建特色、生态和谐宜居宜业;文化繁荣、传统复兴现代创新并举;人才驱动、开放共享思维激活;组织保障、法治德治自治相得益彰；以人为本、村民生活幸福为根本追求；可持续发展、发挥内外动力系统的长效机制；跟踪服务、强化规划的稳定性和实施的可操作性。

(二) 落实首个乡村振兴五年计划

乡村振兴实施了很久，但是其效果不佳，这是为什么呢？主要的原因在于农村人才不足、农村缺钱及土地得不到好好利用，近几年虽然国家大力支持发展农村，实施了各种政策，但是都没有从根本上促使农村振兴、现如今国家为了加速乡村振兴的发展，出台了乡村振兴战略首个五年规划，其中每一个规划都是重点解决目前乡村振兴存在的问题。首先，制度框架和政策体系基本形成，确定行动目标。其次，分解行动任务，包括深入推进农村土地综合整治，加快推进农业经营和产业体系建设，农村一二三产业融合提升，产业融合项目落地计划，农村人居环境整治等。同时制定政策支持、金融支持、土地支持等保障措施，最后安排近期工作。

1. 全面落实乡村振兴战略二十字总要求

①在促进产业兴旺方面，部署了一系列重要举措，构建现代化农业产业体系，完善农业支持保障制度。同时，通过发展壮大乡村产业，激发农村创新活力。

②在促进乡村生态宜居方面，提出强化资源保护与节约利用，推进农业清洁生产，实现农业绿色发展，并持续改善农村人居环境。

③在促进乡村乡风文明方面，提出传承发展乡村优秀传统文化，建设文明乡村，推动乡村文化振兴。

④在促进乡村治理有效方面，建立健全现代乡村社会治理体制，打造充满活力、和谐有序的乡村。

⑤在促进乡村生活富裕方面，提出加快补齐农村生活短板，如在改善农村交通物流设施条件、加强农村水利基础设施网络建设、拓宽转移就业渠道，以加强农村社会保障体系建设等方面都出台了一系列措施。

2. 系统解决乡村"人、地、钱"难题

围绕乡村振兴"人、地、钱"等要素供给，规划部署了加快农业人口市民化、强化乡村振兴人才支撑，健全多元投入保障机制、加大金融支农力度等方面的具体任务。

解决"人"的问题，关键要推动两类人在城乡之间双向自由流动，主要措施：一是农业转移人口，让有意愿、有能力的农业转移人口在城镇落户。二是乡村人才，培育新型职业农民、培养一大批乡村本土人才，也要在"引"上做文章，鼓励社会人才投身乡村建设。

壮大乡村产业，促进农民增收。乡村振兴，产业兴旺是重点。所以重点规划设置了粮食综合生产能力、农业科技进步贡献率、农业劳动生产率、农产品加工产值与农业总产值之比和休闲农业和乡村旅游接待人次等5个指标。

①粮食综合生产能力。要求未来一段时期粮食综合生产能力仍需要保持在6亿吨以上。

②农业科技进步贡献率。要求到2022年达到61.5%。

③农业劳动生产率。要求2022年增至5.5万元。

④农产品加工产值与农业总产值比。要求到2022年提高到2.5。

⑤休闲农业和乡村旅游接待人次。要求到2022年增至32亿人次。

总的来说就是要按照农业高质量发展要求，继续深入推荐农业供给侧结构性改革，加快发展农产品精深加工、乡村旅游等新产业，要坚持将乡村产业放在乡镇和村，把产生的效益、解决的就业、获得的收入留在农村，真正让农业就地增值、农民就近增收。

第四章　产业繁盛是村镇产业发展的核心

农业农村农民问题是关系国计民生的根本性问题。党的十九大报告提出，要实施乡村振兴战略，促进农村一二三产业融合发展。2022年中央一号文件发布《中共中央 国务院关于做好2022年全面推进乡村振兴重点工作的意见》，这是21世纪以来第19个指导"三农"工作的中央一号文件。文件指出，持续推进农村一二三产业融合发展。鼓励各地拓展农业多种功能、挖掘乡村多元价值，重点发展农产品加工、乡村休闲旅游、农村电商等产业。支持农业大县聚焦农产品加工业，引导企业到产地发展粮油加工、食品制造。

做好2022年"三农"工作，要以习近平新时代中国特色社会主义思想为指导，全面贯彻党的十九大和十九届历次全会精神，深入贯彻中央经济工作会议精神，坚持稳中求进工作总基调，立足新发展阶段、贯彻新发展理念、构建新发展格局、推动高质量发展，促进共同富裕，坚持和加强党对"三农"工作的全面领导，牢牢守住保障国家粮食安全和不发生规模性返贫两条底线，突出年度性任务、针对性举措、实效性导向，充分发挥农村基层党组织领导作用，扎实有序做好乡村发展、乡村建设、乡村治理重点工作，推动乡村振兴取得新进展、农业农村现代化迈出新步伐。

以完善利益联结机制为核心，以制度、技术和商业模式创新为动力，推进农村一二三产业交叉融合，加快发展根植于农业农村、由当地农民主办、彰显地域特色和乡村价值的产业体系，推动乡村产业全面振兴。

把握城乡发展格局发生重要变化的机遇，培育农业农村新产业新业态，打造农村产业融合发展新载体新模式，推动要素跨界配置和产业有机融合，让农村一二三产业在融合发展中同步升级、同步增值、同步受益。

顺应城乡居民消费拓展升级趋势，结合各地资源禀赋，深入发掘农业农村的生态涵养、休闲观光、文化体验、健康养老等多种功能和多重价值。遵循市场规律，推动乡村资源全域化整合、多元化增值，增强地方特色产品时代感和竞争力，形成新的消费热点，增加乡村生态产品和服务供给。实施农产品加工业提升行动，支持开展农产品生产加工、综合利用关键技术研究与示范，推动初加工、精深加工、综合利用加工和主食加工协调发展，实现农产品多层次、多环节转化增值。

"农村一二三产业融合，是以农业为基本依托，通过产业链条延伸、产业融合、技术渗透、体制创新等方式，将资本、技术以及资源要素进行跨界集约化配置，拓宽农民增收渠道、构建现代农业产业体系，加快转变农业发展方式，坚持产前产中产后有机衔接和一二三产业融合发展，达到一产、二产和三产的全面融合发展。"

以高科技转化渗透引领产业融合，运用现代生物技术、杂交技术、物联网技术、智能机械自动化技术、新型作物栽培技术等手段进行农业生产，都可以称为高科技农业（图4-1）。

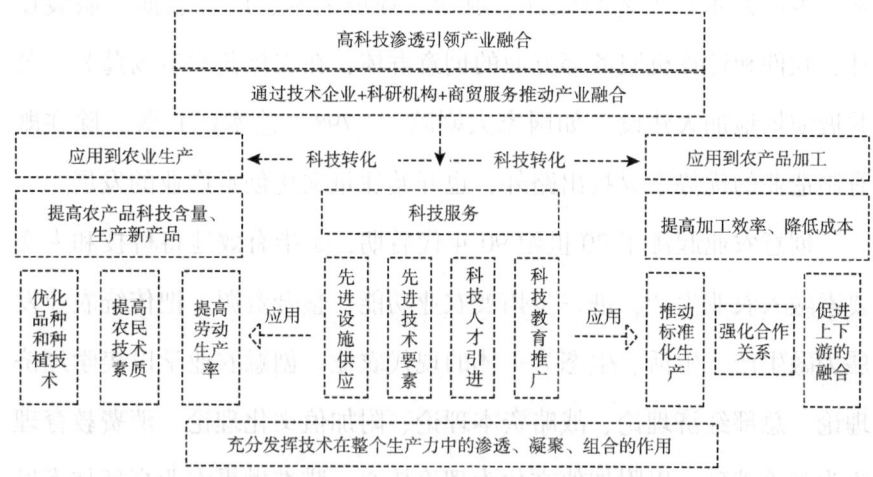

图4-1 以高科技转化渗透引领产业融合

生物技术：微观层面，从植物的遗传信息、微生物等方面对植物进行基因的改良，如进行杂交育种、太空育种、基因优选等。

物联网技术：利用先进的传感器设备，对植物生长的各个环境因子进行精准监测，并实时控制环境变量，达到作物所需要的最佳环境状态，如植物工厂。

智能机械自动化：机械化作业、农业机器人、果蔬自动采摘等。

新型作物栽培技术：无土栽培、雾化栽培、立体农业等。

一、创意农业带动一二三产业融合

文化创意产业，是一种在经济全球化背景下产生的以创造力为核心的新兴产业，强调一种主体文化或文化因素依靠个人（团队）通过技术、创意和产业化的方式开发、营销知识产权的行业。

文化创意产业，主要包括广播影视、动漫、音像、传媒、视觉艺术、表演艺术、工艺与设计、雕塑、环境艺术、广告装潢、服装设计、软件和计算机服务等方面的创意群体，在文化艺术市场蓬勃、公共展演场地加大建设（如国家大剧院、"798"艺术区）等，除在既有制造业的优势下寻找出路外，也开始注重文化创意产业的发展。

创意农业起源于 20 世纪 90 年代后期，是指有效地将科技和人文要素融入农业生产，进一步拓展农业功能、整合资源，把传统农业发展为融生产、生活、生态为一体的现代农业。创意农业学以美学经济理论、总部经济理论、战略资本理论、附加值文化理论、消费教育理论为理论基础，以附加值文化为理论核心，瞄准世界农业高新技术发展前沿，着力构建创意农业理论创新体系，为形成城乡经济社会发展一体化新格局提供有力支撑，推进社会主义新创意农业农村建设。附加值文化理论的出发点和着眼点是充分调动广大农民的积极性、主动性、创造性，大力培育农产品附加值文化，改善农村生活方式，改善农村生态环境，统筹城乡产业发展，不断发展农村社会生产力，达到农业增产、农民增收、农村繁荣，推动农村经济社会全面发展的目标（图 4-2）。

二、电商推动一二三产业融合

电子商务物流是一整套的电子物流解决方案，就是俗话说的 ERP 系统，电子上的物流显示及相关操作，物流还是需要机器和人搬运的。电子商务物流还要从传统物流做起。国内外的各种物流配送虽然大都跨越了简单送货上门的阶段，但在层次上仍是传统意义上的物流配送，因此，在经营中存在着传统物流配送无法克服的种种弊

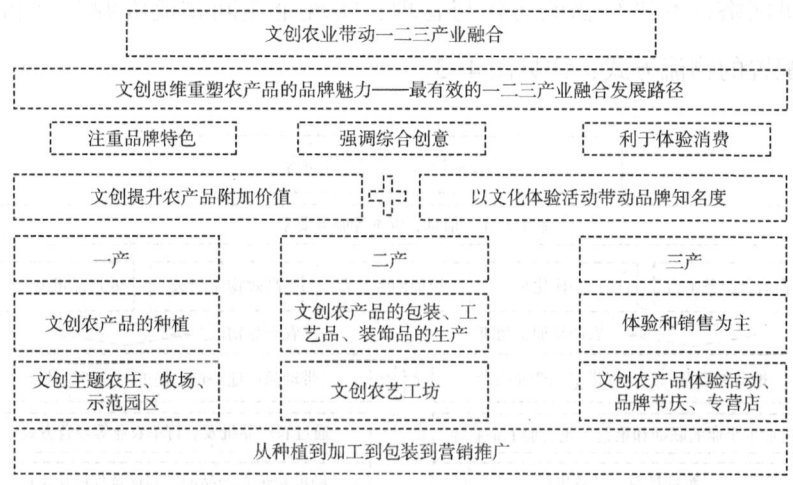

图4-2　文创农业带动一二三产业融合

端和问题,尚不具备或基本不具备信息化、现代化、社会化的新型物流配送的特征。

电子商务作为一种新的数字化商务方式,代表未来的贸易、消费和服务方式,因此,要完善整体商务环境,就需要打破原有工业的传统体系,发展建立以商品代理和配送为主要特征,物流、商流、信息流有机结合的社会化物流配送体系。电子商务物流的概念是伴随电子商务技术和社会需求的发展而出现的,它是电子商务真正的经济价值,实现不可或缺的重要组成部分。

物流:也有人理解为是物流企业的电子商务化。其实,可以从更广义的角度去理解这一个概念,既可以理解为"电子商务时代的物流",即电子商务对物流管理提出的新要求,也可以理解为"物流管理电子化",即利用电子商务技术(主要是计算机技术和信息技术)对传统物流管理的改造。因此，有人称其为虚拟物流，即以计算机网络技术进行物流运作与管理，实现企业间物流资源共享和优化配置的物流方式，详见图4-3。

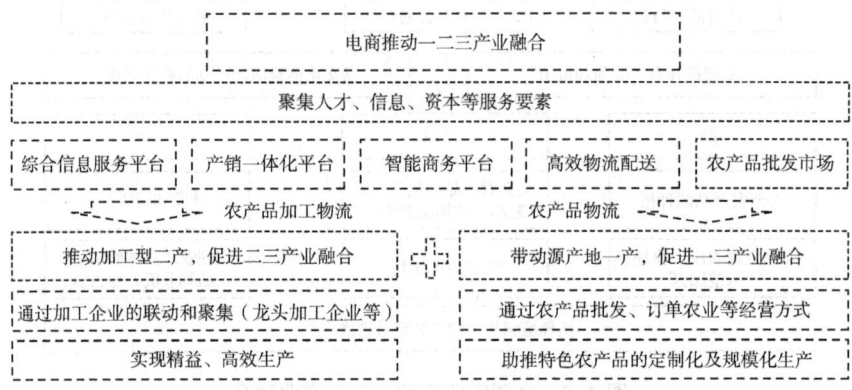

图4-3 电商推动一二三产业融合

凭借云计算、互联网、O2O形式等智能措施的电商快运服务，可以达到例如电子商业范例区、农业龙头产业、农产品批发商场等多个市场的主体，运用如"政府部门+产业""龙头产业+农户""特色农产品+网络推销""电商助推扶植"等多种多样的形式，达成诸如整合信息服务、产销统一化、商务智能、快捷物流运送等多样化的整合服务平台的构建，辅助订单农业、精益生产，达成源于互联网及物流运送的一二三产业交融成长。

三、产业融合的六大路径

编者以为，利用产业交融的渠道能够达成一二三产业的充分交融，详见图4-4。

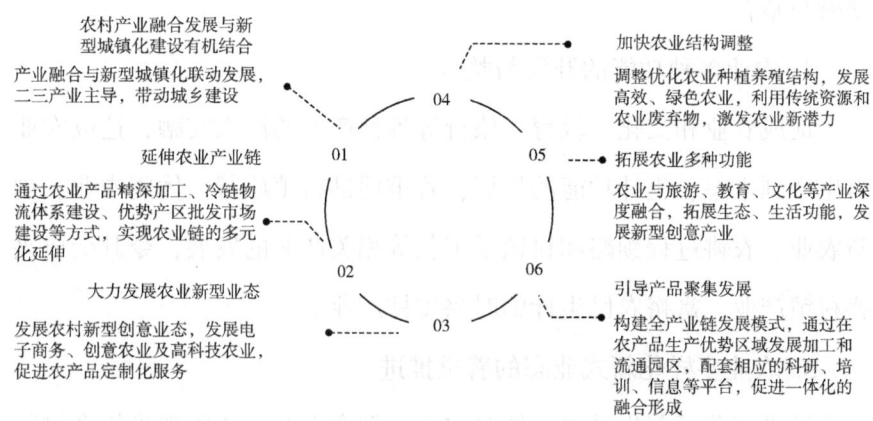

图 4-4　产业交融路径

1. 新型城镇化构建与二三产业的有机联合

引领村镇二三产业朝县城、核心村镇与产业园区的汇聚；发挥对人口荟聚与城乡修建的启发效用，促成农产品加工、商贸快运等特性专长小镇是促进乡村产业交融与新型村镇化携手成长的关键。

2. 加速农业构造整合

优化农事栽植养殖架构，利用农林整合、农牧整合、往复成长做指向，推动快捷、绿色的农事；增强以首要内质为新技能、新种类、高效率、新形势的"一高三新"农业进展，乃至将一些固有资源、农事弃置物进行整合运用，激发农业潜质。

3. 拓展农业资产链

利用与冷链快运体系修建、农产品精深制作、特质产区团购市场构建等市场相关形势的构造，达成产业融合的六大路径产业与市场流动、保管的承接，创设一二产和三产间的枢纽，推动"农业+加工业""农业+服务业"交融，达成一二产、一三产、一二三产的相互交融与整合。

4. 农业多种功能的开发与整合

促成农业和文化、教育、旅行等各种产业的深入交融，达成农业自生产到生态、生计功能的扩展；着重促进村镇旅行、休闲农业、创新农业、农耕过程领略和村镇手工艺等相关产业的发展，令其变成兴盛村镇产业、富裕农民生计的时兴支柱产业。

5. 农业多样化新式业态的着重推进

推进涵盖了养生养老、体验农业、创意农业、休闲观光等乡村新式创意旅游业态，在构建优质蔬菜林果、中药材栽植、草食畜牧等村镇特性业态，农产品专营、乡村电商等"互联网+"等新业态的基础上，推进"制造业+服务业""农业+制造业+服务业"交融，达成一二三产业交融成长。

6. 产业聚拢式成长的引领

村镇应打造"建设种植基地—农产品加工制作—仓储智能管理—市场营销体系"的全产业链聚拢式成长形势，依赖一二三产业在空间中的叠联成长，利用农产品生产专长地域开展加工制作及流通园区，匹配相对应的进修、科研、讯息等平台，达成生产—制作—流通统一化的交融形势，达成一二三产业交融发展。

四、农村一二三产业融合下"1+2+3=6""1×2×3=6"的体系构建

时任江西省委书记强卫同志在2015年提出要对农业再认识、促农业再出发，加快建设现代产业体系、生产体系、经营体系，为江西省加快现代农业发展指明了方向，提出了新的更高要求。在推进发展

升级过程中，要按照习近平总书记提出的"一个希望、三个着力"重要要求，对农业再认识、促农业再出发，加快建设现代农业产业体系、生产体系、经营体系，推动现代农业强省建设，努力取得现代农业的新发展、新跨越、新成效。

在发展升级过程中，需要对农业有再认识、新认识，树立现代农业发展意识。近年来，随着工业化的深入推进，农业占 GDP 的比重在逐步降低，部分地区和领导干部认为农业不重要了，耻于讲农业，这个观念是没有与时俱进的。我们要深刻认识到，在经济发展的任何阶段都不能忽视农业。现代农业是一个综合性产业，既离不开种养，也离不开农产品精深加工，同样也离不开市场营销，是一个拉动一二三产业融合发展的全方位产业体系，不能简单地把农业理解为面朝黄土背朝天的种养业。2015 年中央经济工作会议提出推动一二三产业深度互动，将农业升级为"$1+2+3=6$""$1\times2\times3=6$"的"第六产业"，就是要发挥一产"接二连三"的作用，把现代农业放到重中之重的位置来抓。

因为"$1+2+3$""$1\times2\times3$"都等于 6，所以农村一二三产业融合发展又被称为发展"第六产业"。一二三产业的融合互动（$1+2+3=6$），是农业发展的一大趋势，也是未来我国农业产业发展的新方向，体现我国发展"第六产业"能够延伸农业产业链条，形成农村经济新增长点；它通过鼓励农户搞多种经营，如种植农作物（第一产业），从事农产品加工（第二产业）与销售农产品及其加工产品（第三产业），以获得更多的增值价值。此举将能发展第六产业实现农村一二三产业融合发展，这会形成农工贸一体化的全产业链结构。加快完成产业发展的相关政策和市场营商环境，发挥市场资源配置中的决定性作用，加快改造提升传统产业，推动服务业大发展，促进产业转型升级。要推进供给侧结构性改革，积极开拓市场，坚持创新驱动，改善发展环境，着力去产能、降消耗、减排放、补短板、调布局、保安全，推动产业提质增效、转型升级和健康发展。

（一）明确产业融合内容

发展现代农业、建设现代农业，必须明确现代农业的主要内容和根本路径，做到心中有数。现代农业的主要内容，就是习近平总书记在参加广西代表团审议时所讲的"三个体系"：产业体系、生产体系和经营体系。编者认为所谓产业体系，就是农业生产延伸产业链条，形成农产品生产、营销、服务综合体系；所谓生产体系，就是要加快转变农业生产方式，推动农业科技化、水利化、规模化、标准化、机械化；所谓经营体系，就是要加快推动农村承包土地经营权规范有序流转，培育种养大户、家庭农场、农民合作社、龙头企业等新型经营主体。如何构建三个体系？需要大家在推进现代农业的过程中去研究、去实践、去摸索。此外，还要强调一项重点工作，就是农村土地承包权流转交易市场建设，这是农村改革的重要内容，也是发展现代农业的重要基础。要加快建立统一、连通、规范、透明、功能完备的土地交易运转体系，推动土地这一农业最重要的生产资料更加高效、合理地流转。

1. 培育农业专用原料基地

保证谷物基本自给、口粮绝对安全的前提下，建设农业专用原料基地，包括特色水稻、小麦、玉米、棉花等作物种植基地，畜牧业、林业、渔业等苗木、鱼苗、花卉原料基地，实现农产品生产标准化建设。

2. 培育农产品加工转型升级示范中心

主要包括初加工、精深加工技术集成、副产物综合利用、主食加工、质量品牌提升、加工园区建设等示范项目，旨在实现农产品加工业转型升级，促进农产品加工业与其他产业交叉融合发展。

3. 培育集收储、烘干、加工、配送、销售等于一体的粮食服务中心

主要建设粮食产后服务中心，包括粮食（湿粮）接收设施、快检设备、配套仓房、加工厂房、分散式储粮等设施，从而完善粮食储存及转运技术，推进粮食基础性服务建设。

4. 建设休闲农业和乡村旅游提升改造

拓展农业多种功能，建设旅游配套基础设施、展示场所、农耕文化体验产品、特色产品展示及服务等项目，引导和支持社会资本开发农民参与度高、受益面广的休闲旅游项目，推动休闲农业和乡村旅游提档升级。

5. 培育农村产业融合孵化园区

促进产业集聚发展，围绕农业内部融合、产业链延伸、功能拓展、新技术渗透、产城融合、多业态复合6种类型，有针对性地创建农村产业融合发展示范园，发展休闲农业、田园综合体和农村电商等新业态，打造一批以农民为主体的农家乐、林家乐和渔家乐，培育农村经济新的增长点。

6. 扶持农村产业化龙头企业

打造产业链条长、商业模式新、带动能力强的农业产业化龙头企业，为开展双创提供空间，在带动农村产业规模化发展的基础上，促进社会资本更多、更好地进入农村产业发展。

7. 完善基础设施

包括乡村路网完善、道路整治、地下综合管理、垃圾综合处置、给排水设施、通信网络、集中供暖、电力电信设施建设、卫生环境整治等内容。

8. 设立农村现代化金融支农惠农服务

支持农业保险发展，鼓励农业投融资模式创新。农业保险支农模式主要包括收入保险、指数保险、"保险+期货"、保险资金支农融资、农业风险区划及应用等；农业投融资模式主要包括农业信贷担保体系、农村普惠金融建设、投贷结合、订单融资、应收账款融资、大型农机具和农业生产设施抵押贷款融资等农业信贷产品和模式创新等。

9. 培育农村产业融合试点

培育融合发展载体、探索融合发展模式、完善融合发展机制等，引导产业融合示范点和先导区建设，形成产业融合发展的新技术、新业态、新模式。

（二）农村产业融合体系

以农业为基础，农村产业融合主要分为第一产业主导、第二产业主导、由人流带动的旅游产业主导、商贸物流主导、科技主导融合产品五大类别，详见图4-5。

1. 第一产业主导的融合

第一产业主导的融合产品是农林牧渔产品通过产前科研、生产、产后销售整个产业链条的延伸，以及与科研、物流、休闲、教育、旅游等产业的充分融合，在农业林牧渔功能基础上，具有多样化功能的产品形态。其核心是通过产业融合，提高农林牧渔等第一产业产品附

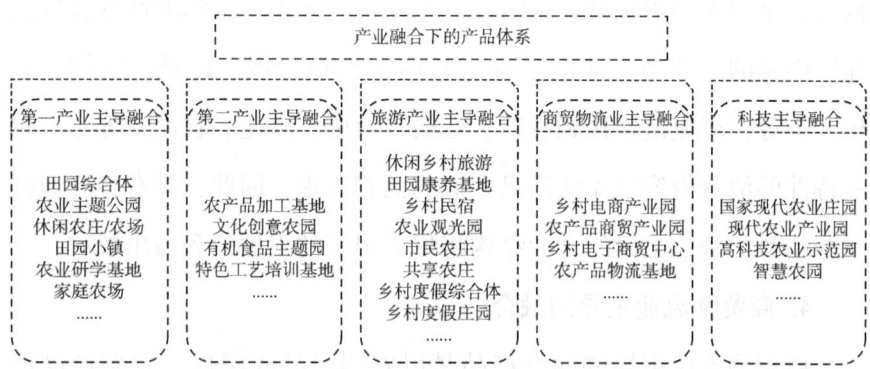

图 4-5　农村一二三产业融合下的产品体系

加价值。

2. 第二产业主导的融合

第二产业主导的融合产品以农产品加工制作为主要形式。这类产品通过将农村传统手工制品、农产品加工食品等的制作过程与技艺传承、教育培训、文化体验、休闲旅游、特色商品等相结合，提供复合功能的融合产品形态。其核心是将农产品加工品遗产化、文化化、体验化、品牌化。

3. 由人流带动的旅游产业主导的融合

由人流带动的旅游产业主导的融合是以农业、农村等资源为核心，以旅游目标为导向，在对资源深度挖掘基础上，通过休闲、旅游、医疗、文化、体育、会展等有较多人流的旅游产业的植入，开发的具有观光、休闲、度假、医疗、教育等多种功能的产品形态。这类产品更易形成人才、市场、资金、技术等的创新开发与聚集，从而奠定乡村良性发展机制。

指超出观光、休闲、度假等传统旅游概念的更加宽泛的旅游产业概念，是为人们提供具备趣味性、艺术性、知识性、刺激性等特性的体验消费的一系列产业的总称，其内容包括会展、运动、康体、娱乐，等等，产业链连接到餐饮、运输、酒店、商业、农业，等等。单一特性的消费内容已无法满足人们的消费需求，因此，具有各产业强融合趋势，融合之后的产业结构将形成很高的附加值和溢出效应。

4. 商贸物流业主导的融合

商贸物流业主导的融合产品是以农副产品或深加工农副产品的末端销售为核心，通过电商、休闲购物、会议会展、品牌营销等在销售环节的介入而打造的产品形态。品牌打造是这类产品的核心，从目前发展来看，农产品电子商务成为这类产品的重要发展方向。

5. 科技主导的融合产品

科技主导的融合产品是指在农业育种、培育、管理等环节，通过现代农业科技、新能源技术、新材料技术、生物技术等高科技的介入，推出的具有科研、教育、休闲、旅游等多种功能的产品形态。这类产品的核心是高新技术在农业中的合理运用。

(三) 构建多渠道的产业融合服务体系

根据2015年国务院办公厅发布的《关于推进农村一二三产业融合发展的指导意见》，产业融合需要完善多渠道的服务体系，主要包括如下内容。

1. 搭建公共服务平台

公共服务平台是为了区域经济和文化的发展，针对某类用户群体一定时期的公共需求，通过组织整合、集成优化各类资源，提供可共享共用的基础设施、设备和信息资源共享的各类渠道，以期为此类用户群体的公共需求提供统一的辅助解决方案，达到减少重复投入、提高资源效率、加强信息共享的目的。

公共服务平台，就是在产业集中度较高或具有一定产业优势的地区，构建为中小企业提供技术开发、试验、推广及产品设计、加工、检测、信息资源、公共服务、公共设施、公共技术支持系统，为公众提供就业、创业、创新等环境。它是一个开放的支持和服务系统，通过这个平台，可以为本地区的工业园区、高等院校、科研机构、科技企业、政府部门以及社会公众提供系统、全面、方便、高效的相关公共服务，从而提高效率，促进当地经济发展、营造和谐氛围。

公共产品的生产由于具有非竞争性，企业生产没有积极性，导致市场提供不足，形成市场失灵，为了协调个人利益和社会利益，需要政府来提供。政府提出加快公共服务平台建设，不仅可以促进各类公共资源的开放和共享，降低企业发展的成本与风险，提升研究开发和产业化的能级和水平，进一步提高各类社会公共资源的使用效率。更主要的是可以推动政府管理模式的根本转变，加速工业园区的发展。

①构建农村综合信息化服务平台，提供电子商务、乡村旅游、农业物联网、价格信息、公共营销等服务。

②创建农村创业孵化平台，提供在线技术支持、定制化解决方案、创业服务。

③打造农村产权流转交易市场。

④由科研机构、行业协会、龙头企业等提供社会化公共服务。

2. 创新农业金融服务

贯彻落实党中央、国务院有关决策部署，近年来各地、各部门、各机构积极推进农村金融组织创新、产品创新和服务创新，探索形成了一批符合农业农村特点的金融服务模式，对促进解决农业贷款难、贷款贵、风险高等问题起到了重要作用，为推动农业现代化建设、促进农民增收提供了有力支撑。为更好地总结农村金融创新经验，宣传推广贴近农民、服务农业的有效做法，农业农村部推荐一批金融支农创新模式。

① "政银担"是指政府、银行、担保机构充分发挥各自优势，密切分工协作，政府扶持或直接出资设立担保公司，对符合条件的农业信贷项目予以担保，银行再发放贷款。

该模式的创新点主要体现在：一是促进金融资本落地。将量大面广、额度小的农业信贷需求汇集起来，将银行与农户"一对多"的关系变成与担保公司的"一对一"，拉近了供求双方的距离，降低交易成本。二是充分发挥财政资金的杠杆作用。政府通过对担保公司的资本金注入，担保公司能够放大实现其净资产最高15倍的杠杆效应。三是农业信贷风险可控。将信贷风险从银行部分转移到了担保公司，分散了农业信贷风险，调动了金融机构的积极性。同时政府对政策性农业担保公司给"政银担"模式予持续的担保费用补助和风险代偿补助，确保了可持续运营。

② "银行贷款+风险补偿金"是指由财政资金建立风险补偿金，合作银行向新型农业经营主体提供无担保、无抵押、低成本、简便快捷的贷款，当出现不良贷款时，按约定程序和比例从财政风险补偿金中予以补偿。

该模式的创新点主要体现在：一是弱化了对农民财产抵押物的要求，调动了银行积极性，有效提升了贷款可得性。二是发挥了财政资金"小钱撬大钱"的作用，可按照政府风险补偿金最高10倍的杠杆撬动银行贷款。

③"政银保"是指保险公司为贷款主体提供保证保险，银行提供贷款，政府提供保费补贴、贴息补贴和风险补偿支持，通过财政、信贷、保险三轮驱动，共同扶持新型农业经营主体发展。

该模式的创新点主要体现在：一是发挥了保证保险的增信作用。二是弱化了对抵质押物的要求，农民可以获得快捷优惠的贷款。三是实现了政府、银行、保险机构风险共担。

④"两权抵押贷款"是指农村承包土地的经营权抵押贷款和农民住房财产权抵押贷款。其中，农村承包土地的经营权抵押贷款，是以承包土地的经营权作抵押、由银行向农户或农业经营主体发放贷款。农民住房财产权抵押贷款，是在不改变宅基地所有权性质的前提下，以农民住房所有权及所占宅基地使用权作为抵押、由银行向住房所有人发放贷款。

该模式的创新点主要体现在：一是赋予了"两权"抵押融资功能，创新了"两权"抵押贷款产品和服务，有利于盘活农村存量资产、提高农村土地资源利用效率、促进农村经济和农村金融发展。二是试点地区政府承担主体责任，有效推进农村承包土地经营权的确权登记颁证、农村产权流转交易平台搭建、集体建设用地基准地价制定、抵押物价值评估、抵押物处置等工作。三是注重保障农民合法权益，坚持不改变公有制性质、不突破耕地红线、不层层下达规模指标，用于抵押的承包土地没有权属争议，且不能超过农民承包土地的剩余年限。

⑤"农村信用社小额信贷"是指农村信用社以农户的信誉为基础，在核定的额度和期限内向农户发放的无须抵押、担保的贷款。

该模式的创新点主要体现在：一是贷款受益者多为量大面广、贷款金额较小的普通农户。二是贷款主要靠信用，不需要抵押物。三是实行一次核定、余额控制、随用随贷、周转使用，期限灵活，手续简便。

⑥"农产品价格指数保险"是对农业生产经营者因市场价格大幅波动、农产品价格低于目标价格造成的损失给予经济赔偿的一种产品模式创新。

该模式的创新点主要体现在：一是将农产品生产的市场风险纳入农业保险保障范畴，拓宽了保险服务领域，促进了农业生产和农产品市场价格基本稳定，保障了农民利益，对当前农业生产自然风险保障形成了有益补充。二是通过探索推广农产品价格指数保险，可以逐步向收入保险过渡，有助于实现农业保险从保成本向保收入的转变。

⑦"农机融资租赁"是指融资（金融）租赁公司以租赁综合服务商的角色将承租人、银行、经销商以及政府的各种资源实施链接和整合，承租人（农机大户、农机合作社）交纳一定的首付金（一般为总金额的30%）就可独立使用机械设备，剩余租金与利息分期偿付，全款付清后农机具所有权再转移到承租人。

该模式的创新点主要体现在，让农民由"直接购买"变为"先租后买"，大幅度减轻一次性投入压力，缓解大型农机具购机难问题。

⑧"双基联动合作贷款"是指基层银行业机构与农牧社区基层党组织发挥各自优势，加强合作，共同完成对农牧户和城镇居民的信用评级、贷款发放及贷款管理。

该模式的创新点主要体现在：一是搭建了一个平台，即通过依托基层党组织，搭建为农牧户提供基础金融服务的新平台。二是发挥了双重优势，即发挥基层党组织的信息、组织、行政资源优势与基层银行乡镇机构的资金、技术和风险管理优势，促进优势对接和整合。三是实现了多方共赢，即通过"双基联动"，使基层党组织服务农牧民有了新抓手，银行开展基层金融服务有了新平台，农村基础金融服务有了新突破，实现了加强基层党组织建设、发展普惠金融、振兴农村经济、增加农民收入多方共赢。

⑨"互联网+农村金融"是指金融机构、产业资本等以互联网为载体，利用大数据、云计算、物联网等新技术，打破传统金融模式的时间、空间与成本约束，提升农户信贷可得性。

该模式的创新点主要体现在：一是覆盖面广。互联网金融克服了传统金融机构展业成本高昂的弊端，投入成本少。二是门槛较低。互联网金融不需要农民的抵押物，农民省去了繁琐的贷款程序。三是快捷灵活。互联网金融可以使农民足不出户，只需要智能手机就可以选择办理相关金融业务，节省了大量时间。

⑩"农业领域PPP"是指通过政府与社会资本合作，发挥财政杠杆作用，引导社会资本积极参与农业农村公共服务项目的投资、建设、运营。

该模式的创新点主要体现在：一是开辟了农业投融资新渠道，政府通过投入小部分资金起到方向性、指导性作用，并提供制度、法律等配套政策保障，提升了社会资本投资农业的积极性和主动性。二是提升了政府投资效率，既发挥了财政资金"四两拨千斤"的作用，也发挥了市场机制的决定性作用，探索了农业领域投资项目长效利用的机制。三是实现了引资和引智相结合，将先进的管理理念、高效的市场机制引入农业领域,打破了农业传统思维限制,为我国农业产业发展注入新活力,详见图4-6。

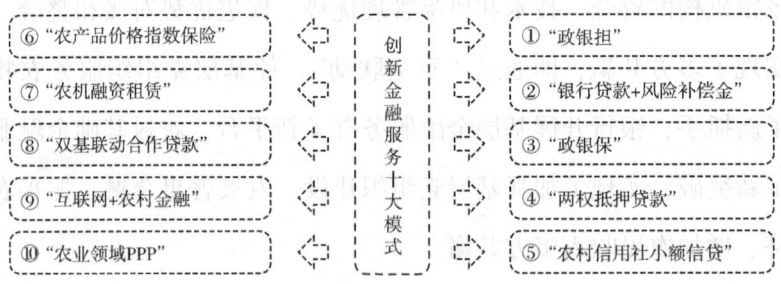

图4-6 创新金融服务十大模式

推广普惠金融和产业链金融模式,对粮食生产经营主体营销实施贷款试点、融资租赁,形成多种方式融资、农信贷与保险合作的农业多元化金融服务机制。

3. 促进人才与科技的支撑

对农民的职业教育进修必不可少,增强他们的职业教育,引领多样化的主体在乡村立业,推动科技人才来乡村兼职,促进乡村企业、科研单位的科技创新。

4. 对农业农村基础配置条件的改进与配套

推动乡村水田水利设备、市政本源设备修筑及改良,增强对村镇田地的整饬,加强对乡村环境的整治与生态环境保护,搭建三级快运网络体系,完善种种相关设施的匹配,推进村镇安居环境的构建与修筑。

(四)多边化与多样化的农业运营主体培植

培植涵盖了农民合作社、家庭农场、龙头企业、行业协会、村镇社会化服务单位及工商产业联盟等多边化与多元化的农事运营主体,引领各色各类的社会资本向农村倾斜，形成产业化运营、领域化成长的农业现代化，详见图4-7。

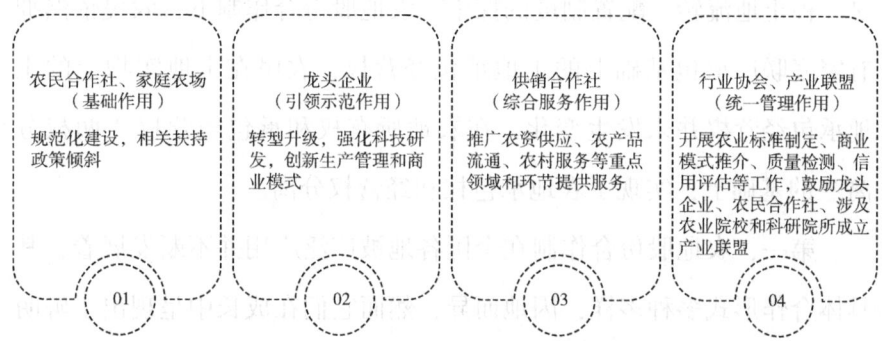

图4-7 培植多边农事运营主体

（五）利益共同体体系的缔造形式

习近平人类命运共同体思想，充分体现了全球治理的中国智慧和中国方案。习近平总书记在构思人类命运共同体时，从三个维度创立了利益共同体、责任共同体和命运共同体概念，反映了客观现实的要求，体现了客观规律的走向，是客观性、必要性和必然性的有机结合，具有相互依存、层层递进的内在逻辑。理顺三者之间的逻辑关系，有利于更好地把握人类命运共同体的整体思路。创新发展契约农业，鼓励发展股份合作。强化工商企业社会责任，健全风险防范机制。

1. 发展股份合作

农地股份合作制又称农村土地股份合作制或者土地股份合作制，是指农地承包方自愿联合起来，用土地承包经营权入股，农民全部或者部分放弃土地经营，由集体经济组织或者专业的土地经营者统一支配土地从事农业合作生产，农民分享土地股权收益的经营制度。农地股份合作制是在实践中探索出的一种土地流转方式，一种以价值形态的股份代替实物形态的土地进行农地流转的制度安排，因而又是一种土地流转、配置制度的探索。农地股份合作制下，农民依然拥有家庭联产承包基础上的土地承包经营权，农民在土地实物上的土地承包经营权并未发生变化，在农地所有权和承包经营权"两权分离"的基础上，实现了农地承包权和经营权分离。

第一，农地股份合作制在全国各地被广泛应用并不断发展着，其具体合作形式多种多样，因地而异，然而它们在成长中呈现出了鲜明的共同特征。

①坚持农村土地集体所有制和家庭联产承包责任制不变。中央明确表示，毫不动摇地坚持以家庭承包经营为基础、统分结合的双层经营体制，保持现有土地承包关系稳定并长久不变。土地股份合作形式是在农村土地集体所有制和家庭联产承包责任制的框架下进行的，它是顺应社会主义市场经济发展，按照自愿有偿原则，建立起的合理、灵活、有效的农村土地经营权流转机制，发展了农村二三产业，提高了土地利用率，实现了土地资源真正的优化配置。

②保障农民土地承包权益。农民手中的土地可以自己耕种，也可以完全根据农民意愿作价入股到合作化组织中，这意味着土地不仅是一种生产性要素，而且可以是一种财产性要素。土地股份制的推行，使农民的土地转变为农业产业资本，农民由此成为了市场经济的主体。农民入股合作组织，一方面保证了农民"离土不弃土"，解除了其务工的后顾之忧，保障农民土地承包权益；另一方面，农民享有股红分配的权益，增加了其收益来源，让农民拥有了根本的福利保障。

③农业生产经营规模化。土地股份合作组织在不改变土地性质和用途的前提下,将集中起来的土地统一处置、规划、管理、经营等,有效地调解了农地供求平衡,推进了农地适度规模经营、专业化生产及农业一体化服务的新型生产经营模式发展。它还建立起包含土地、劳动力、资金、技术等要素的农村企业管理体系和经营系统,农业产业结构不断调整,实现了农民和企业双赢的目标。

④农业合作组织运作规范化。从2005年3月施行的《农村土地承包经营权流转管理办法》,规范农地流转,到2007年的《中华人民共和国农民专业合作社法》对农民合作组织合法地位的确立,再到2008年9月山东枣庄成立全国第一家土地抵押使用产权交易所,首批农民获得土地使用产权证,再到2009年3月浙江省全国首张由土地承包经营权作价出资合作社营业执照的诞生,以及全国首份《农村土地承包经营权流转合同示范文本》正式启用,都在使我国农村土地流转程序规范化,使农村土地流转有序进入市场化经营渠道。

第二,主要做法。

在农地股份合作的实践中,各地区根据自己的特点,股份合作形式有所不同,但是农地以及其他生产资料及资产的股份化过程一般都依照如下思路。

①土地折股。采取两种方式:其一是将土地作价折股,即按征地价。在价格已明朗化的地方以政府规定的征地补偿费为依据;在土地价格初步明朗化的地方,以政府规定的征地补偿费和当地土地纯收益为依据,采用加权平均法计算,在土地价格尚未明朗化的地方,以各类土地的农业纯收入为依据。其二是通过土地不作价的方式,即按土地的实物形态。通过对集体土地重新测量,由村民委员会或专门的

土地评估机构对土地的价值进行评价折股。

②设置股权。农地股份合作制下，通过股权设置，形成集体股和个人股并存的基本股权结构。集体股由原社区集体资产折价入股形成，归社区集体经济组织所有，持有者为村委会或经济联合社，其股份所得红利用于集体扩大再生产和集体福利事业；个人股指由社员个人持有的股份。对于个人股份的确认，比较典型的方案是由三种股权构成，即基本股、承包权股和贡献股。基本股以一定时间户口所在地为标准，固定若干年，期满后随人口增减而调整，所占的比例最低；承包权股，根据农民承包土地的多少来确定；贡献股，根据农民劳动年龄和对集体的贡献大小来定。许多地方实行农民股权"生不增，死不减"的原则，对新增人口实行配售股，一来解决了因人口变动而引起的频繁的股权调整，二来解决了新增人口的生活保障和利益分配问题。在土地股份合作制的运行过程中，集体股和个人股比例不一，各自然村根据自身的情况，对土地价值进行股份化，或分设集体股和社员股，或只设社员股，按公平兼顾贡献原则分到社员个人，由行政村向社员个人颁发土地股份证书。

③产权界定。土地的所有权归集体经济组织所有，土地的承包经营权归农民个人所有，土地的使用权全部收归社区集体经济组织，由农民或者专业队投标、承包和适度规模经营，社员享有的股权不能流转，只能分红。

④分配方式。股份合作制采取按劳分配与按股分配相结合的方式。按劳分配是指承包者在承包经营后所取得的收入以及社员在集体经济组织中劳动的工资收入。按股分红指农户依据自己所持股份的数量在集体提取必要的公积金后参与股份分红或与集体一起分红，

股权平等,同股同利。按股分配通常又分为按股取息和按股分红两种,现金股按股取息,土地股或劳动积累股按股分红。

⑤组织管理。土地股份合作制下,农民作为股份持有者不仅要行使收益权,还要行使监督权,因此,在组织机构上,实行股东代表大会、董事会、监事会管理制度。股东代表大会是股份合作组织的最高权力机构,实行一人一票表决制,定期召开,审议董事会工作报告、财务预决算报告,选举或罢免董事和监事,决定发展规划、投资计划和主要人事安排等。董事会是股份合作组织的领导决策和管理机构,接受股东代表大会和监事会的监督,董事会执行股东会决议,制定经营方针和发展计划,审查财务预决算和利润分配方案,任免经理等。

第三,注意事项。

①鼓励有条件的地区,开展土地和集体资产股份制改革,将农村集体建设用地、承包地和集体资产确认分股到户。

②支持农户与多维经营主体开展股份制或合作股份制,实现"保底收益+按股分红"。

③完善以农户承包土地经营权入股的股份合作社、股份合作制企业利润分配机制等。

2. 发展契约农业

契约农业又称合同农业、订单农业,是近年来出现的一种新型农业生产经营模式,农户根据其本身或其所在的乡村组织同农产品的购买者之间所签订的订单,组织安排农产品生产的一种农业产销模式。订单农业很好地适应了市场需要,避免了盲目生产。

订购合同中的一方为企业或中介组织包括经纪人和运销户,另一方为农民或农民群体代表。订单农业具有市场性、契约性、预期性和风险性。订单中规定的农产品收购数量、质量和最低保护价,使双方享有相应的权利、义务和约束力,不能单方面毁约。因为订单是在农产品种养前签订,是一种期货贸易,所以也叫期货农业。农民说:"手中有订单,种养心不慌。"不过,订单履约有一段生产过程,双方都可能碰上市场、自然和人为因素等影响,也有一定的风险性。但比起计划经济和传统农业先生产后找市场的做法,订单农业则为先找市场后生产,可谓市场经济的产物,也是一种进步。

第一,常见以下五种形式。

①农户与科研、种子生产单位签订合同,依托科研技术服务部门或种子企业发展订单农业。

②农户与农业产业化龙头企业或加工企业签订农产品购销合同,依托龙头企业或加工企业发展订单农业。

③农户与专业批发市场签订合同,依托大市场发展订单农业。

④农户与专业合作经济组织、专业协会签订合同,发展订单农业。

⑤农户通过经销公司、经纪人、客商签订合同,依托流通组织发展订单农业。

第二,主要特征。

①具备较高的综合生产率。包括较高的土地产出率和劳动生产率,农业成为一个有较高经济效益和市场竞争力的产业,这是衡量现代农业发展水平的最重要标志。

②农业成为可持续发展产业。农业发展本身是可持续的,而且具有良好的区域生态环境。广泛采用生态农业、有机农业、绿色农业等生产技术和生产模式,实现淡水、土地等农业资源的可持续利用,达

到区域生态的良性循环，农业本身成为一个良好的可循环的生态系统。

③农业成为高度商业化的产业。农业主要为市场而生产，具有很高的商品率，通过市场机制来配置资源。商业化是以市场体系为基础的，现代农业要求建立非常完善的市场体系，包括农产品现代流通体系。离开了发达的市场体系，就不可能有真正的现代农业。农业现代化水平较高的国家，农产品商品率一般都在90%以上，有的产业商品率可达到100%。

④实现农业生产物质条件的现代化。以比较完善的生产条件，基础设施和现代化的物质装备为基础，集约化、高效率地使用各种现代生产投入要素，包括水、电力、农膜、肥料、农药、良种、农业机械等物质投入和农业劳动力投入，从而达到提高农业生产率的目的。

⑤实现农业科学技术的现代化。广泛采用先进适用的农业科学技术、生物技术和生产模式，改善农产品的品质、降低生产成本，以适应市场对农产品需求优质化、多样化、标准化的发展趋势。现代农业的发展过程，实质上是先进科学技术在农业领域广泛应用的过程，是用现代科技改造传统农业的过程。

⑥实现管理方式的现代化。广泛采用先进的经营方式，管理技术和管理手段，从农业生产的产前、产中、产后形成比较完整的紧密联系、有机衔接的产业链条，具有很高的组织化程度。有相对稳定、高效的农产品销售和加工转化渠道，有高效率地把分散的农民组织起来的组织体系，有高效率的现代农业管理体系。

⑦实现农民素质的现代化。具有较高素质的农业经营管理人才和劳动力，是建设现代农业的前提条件，也是现代农业的突出特征。

⑧实现生产的规模化、专业化、区域化。通过实现农业生产经营的规模化、专业化、区域化，降低公共成本和外部成本，提高农业的效益和竞争力。

⑨建立与现代农业相适应的政府宏观调控机制。建立完善的农业支持保护体系，包括法律体系和政策体系。

第三，注意事项。

①对农户同龙头实业契约的内容实施规范化要求，激励支持新型营运主体与一般农户缔结市场价格维护合同。

②对利率的退还或二次清算应依照收购量来施行。

③由政府出面，支持龙头企业给家庭牧场、农户、农民协作社予以借贷保障，资助下单农户参与农业保险。

④实行农产品的产销协作，构建、打造生产尺度、技艺研发、品质溯源的体系，打造协同营销基金。

订单农业作为以销定产的重要手段，对稳定农产品价格、确保农民合理收益、抵御市场价格风险具有一定的作用（如大蒜、葱、姜、猪肉等生产与销售）。然而，订单农业在实际运行过程中却因为部分农民契约意识差、恶意违约而变得难以推行，这反过来又伤害了商户和其他农民。只有让农民处于更为紧密的人际网络和利益结构内，他们才会更为重视个人诚信的价值。

3. 多方合作建立产业联结机制

①产业链各环节连接的模式创新，推进产学研多元利益机制，打造农业产业技术创新和增值提升战略联盟。

②农商双向合作，强化"农超对接"，引导新型经营主体和农民，利用"互联网+"、金融创新建立利益共同体。

总而言之，各方休戚与共，一荣俱荣、一损俱损，拥有经济、安全、文化、生态、治理等共同利益，拥有和平、发展、公平、正义、民主、自由等共同价值，形成了名副其实的利益共同体。共同利益是形成利益共同体和命运共同体的逻辑起点，共同利益的客观性、真实性决定着构建良好的农业营商环境，给农业提质增效的可能性、可行性。

第五章　生态安居是村镇地区的核心

习近平总书记强调：建设好生态宜居的美丽乡村，让广大农民在乡村振兴中有更多获得感、幸福感。建设生态宜居的美丽乡村，是实施乡村振兴战略的一项重要任务。自觉践行绿水青山就是金山银山的理念，厚植生态底色，突出发展特色，彰显乡村本色。

强化生态理念。良好生态环境是最公平的公共产品，是最普惠的民生福祉，是乡村发展的宝贵财富和最大优势。我们以创建国家生态文明建设示范区为抓手，推动建设生产、生活、生态和谐共生的美丽乡村，进一步增强生态文明建设的思想自觉和行动自觉。强化生态保护红线刚性约束，坚决把环境保护、安全生产和产业政策的门槛立起来，严守生态保护红线、环境质量底线、资源利用上线，制定生态环境准入清单，把好绿色关口。探索生态环境损害责任终身追究制度和损害赔偿制度，开展以绿色 GDP 为导向的政绩考核。坚持高标准、高质量建设生态走廊、村庄绿化示范村和经济林果基地等绿色工程，林木覆盖率提高到 25.6%，实现省级生态镇、市级生态村创建全覆盖，让生态绿成为亮丽的发展底色。

发展生态经济。经济发展不应是对资源和生态环境的竭泽而渔，生态环境保护也不应是舍弃经济发展的缘木求鱼，而是要坚持在发展中保护、在保护中发展。我们以绿色发展理念为引领，摒弃损害和破坏生态环境的经济增长模式，依托自然优势发展特色产业，培育绿色发展新动能，探索形成"生态+"复合型经济发展模式，推动乡村生态建设与经济发展比翼双飞、相得益彰。

①发展"生态+工业"，坚持产业导向、项目准入、节能减排的前置把关，发展壮大节能环保、清洁生产、清洁能源产业，鼓励企业实施技术改造，淘汰落后产能，降低资源消耗。

②发展"生态+农业"，建立农产品质量保障与溯源体系，推广林下养鸡等生态循环农业模式，着力打造安全优质农产品生产示范基地。

③发展"生态+旅游"，突破传统产业边界，促进农旅要素融合，鼓励发展林果采摘等农家乐项目，推进文旅小镇等项目建设，实现乡村发展"含绿量"和"含金量"同步提升。

随着城市生活节奏的不断加快，越来越多的城市居民产生了回归田园、追求内心宁静的精神需求。乡村地区拥有旖旎的田园风光、浓郁的乡土文化和原生态的生产生活方式，与城市嘈杂喧嚣的生活形成鲜明对比，是体验现代田园生活方式的最佳场所，成为了城市居民休闲度假、亲近自然的理想目的地。

抓实生态治理。改善农村人居环境，让居民看得见山、望得见水、记得住乡愁，是建设生态宜居的美丽乡村题中应有之义。我们牢牢把握人民群众对美好生活的向往，以解决损害群众健康的突出环境问题为重点，相关职能部门协同发力，加大污染防治力度，增加优质生态产品供给。以钉钉子的精神和壮士断腕的决心打好蓝天、碧水、净土保卫战，大气污染防治紧扣 PM2.5 和臭氧浓度"双控双减"，突出抓好控煤、减排、降尘、管车等污染源治理，继续推进燃煤锅炉整治，严查重处工业废气排放，完成餐饮油烟和"散乱污"企业整治；严格落实"河长制""断面长制"，按照保好水、治污水、供优水的系统治水要求，开展农业面源污染治理，着力改善水环境质量，为人们提供良好的亲水环境；以耕地和建设用地土壤污染防治为重点，实施土壤环境安全保障工程，提升国土资源治理实效，促进土壤环境质量持续稳定改善。积极推行农村河道、道路交通、绿化美化、环境保洁、公共设施"五位一体"长效综合管护，着力打造一批乡村旅游型、生态自然型特色田园乡村，努力留住乡土韵味、彰显乡村本色。

2018年中央一号文件提出乡村振兴总的安排部署，生态宜居正是其中的核心内容之一：到2022年，农村基本设备配置深入推进，农村人居境况显著改善，美丽宜居乡村建设扎实推动；到2035年，农村生态境况根本好转，美丽安居乡村基本达成；到2050年，农村美全面达成。生态宜居是"农村美"的重要表现，来乡村安居繁荣的路径和渠道由山水林田湖的生态抵偿机制、生态系统、农业生态的产品及服务、农村突出境况问题的整饬来形成。可以说，实际上乡村振兴的目的就是达成和谐成长的村镇发展形式，未来村镇的繁荣重心，是缔造展示当代化桑梓生计模式的产居融合区。

一、乡村将成为人们"心灵的栖息地"

在乡村振兴战略背景下，对绿色生态桑梓生计模式的探求是村镇生长主旨，更是对乡愁、乡谊、乡韵情愫的神往。新桑梓都市理论提出了"以人为主体、城乡一体化、推行社会改革"的新桑梓主义思想概论体系，在这一概念里，为村镇产业、村镇筹划、村镇文化、村镇修筑等诸多产业、措施层面提出见地，注重人同社区、环境等核心之间的彼此干系，呼吁人们积极把控经济、环境、社会等的秩序，鼓舞人们实行村镇的可接续成长的观点。在固有中国文化陶染下的国人几乎都有一个自己心目中的桑梓生活梦。东西方文化分别拥护下的桑梓梦想，昭示了世界领域内对梦想生活形式的广泛探寻。是以，可以推论出，逆城镇化的走向下，人们对绿色的、梓乡的生活形式的希冀，会是中国村镇未来成长的最大前行力。

乡村的构建要在以农为主的根本之上，聚合新的桑梓主义理念，仰仗于优良的生态自然条件与优美绿色的环境，特质桑梓格调的融合，创建具备独特田园风情的景致景观。推崇低碳节能的绿色环保生活，引入养生健体的匹配设备，用原生态、绿色的休闲养生观点，创设人们"心灵的栖身之所"与梦想中的优美家园。

二、当代化乡村之"形""神""魂"的打造与创设

仅仅是栖身环境的提高已经不能够满足乡村安居的要求了，须要以生活条件的整体提高、生活与生态聚合的完整体系创设相结合来满足。乡村的生态宜居、桑梓寓居同产业的发展极度相连。若是失去作为后援的产业，都市人仅仅是拿村民的家宅来作为城市人的别墅用，那会背离社会的成长规则。类似于美国的城郊别墅化，并非适应我国的村镇成长路线。只有联合了农创、当代产业、文创、广泛化寓居（养老栖居、旅居、休闲栖居）等多种形式的产居整体化的成长构造才是适合我国的生态安居重心。

以产居交融为本源，当代化的乡村以生态境况之美为形、以传统

知识之美做神、以当代生活之美当魂，展现出它与众不同的美丽来。想要"三美并收"，须得硬软件双晋级来支撑才行。什么是硬软件双晋级呢？硬件是指在供电、供水、垃圾处置、网络通信、道路交通等可提升生活水准的本源配置的修建，乃至健身器材、图书馆、公共绿地等能昭示生活品格的大众服务配置的修筑；软件是指在社会文化、社会秩序、小区管理等软性整治同服务的供给上的完善。两者扎根于村镇，适用于现代化的村镇成长和生活需要，彼此推动，携手勾画出村镇当代化的美妙蓝图。

（一）村镇的环境之美为村镇的"形"

达成村镇美的基本条件是环境美。是村镇环境治理的中心内蕴，涵盖了建筑风格的改进改良、村镇空间构造的重组、村景的美化与改善、夜景的亮化与构建等。

1. 提升新型乡村生活空间

乡村生活主体是指生活于乡村地域的居民，乡村居民的日常生活既是乡村生活空间的利用和消费过程，也是乡村生活空间再生产的过程。当代西方乡村世界的突出特征之一是乡村居民的多元化和乡村空间的异质化，乡村地域已成为一个混合的网络化空间，乡村居民与迁入者、农业工人、休闲游客、旅行者、土地所有者、政策制定者、媒体以及学术研究者等不同参与者共同体验与表现塑造了全新的乡村性。

乡村空间的本质是一种关系空间，正是乡村居民之间及乡村与外部世界的相互作用，推动了乡村空间的演变。

首先，城市迁居群体的嵌入打破了乡村空间主体的均质化格局。城市迁居群体由于具有相对雄厚的经济资本和文化资本，能够按照自身需求和想象在自然环境、住房和服务等领域对乡村空间进行系统消费，不仅重构了乡村经济关系及发展模式（从农业经济到消费经济），还通过乡村空间的文化建构将乡村弱势群体身份他者化和社会及空间边缘化；乡村绅士化还可形成本地的人口置换，从而引发乡村社会生活的矛盾冲突。

其次，城市阶层的乡村空间消费重塑了乡村地区的边缘化地位。城市迁居群体及乡村旅游者等具有有别于乡村居民的社会身份和文化品位，其在乡村地区的空间实践映射出一种新的城乡关系：通过经济资本和文化资本的投资在带来乡村地区经济繁荣的同时，将乡村塑造成为城市社会的消费空间——乡村空间的边缘化地位没有改变，改变的只是被边缘化的机制。

最后，全球化成为当代乡村空间变化的重要驱动力量。全球食品体系的建立曾经引发了著名的"国际性农场危机"，从而直接推动了生产主义乡村的衰落；跨国公司对乡村地区的渗透和控制也是现阶段乡村转型的重要驱动力，而且粮食安全和能源短缺等全球性问题催生"新生产主义"思潮，乡村可持续性被赋予新的期望，也可能由此产生新的矛盾。

按功能划分，乡村空间分为寓居空间、生活空间、信仰空间、沟通空间、生产空间、商业空间等类型，无一不与人们的生产生计密切相关。高品质的乡村空间锻造，既给村镇住户以优良的生活境遇，又联合了村镇景象随笔的设想与缔造。给乡村旅游、休闲农业、康体养生等第三产业的成长搭建了舒心的环境根本。

2. 建筑风貌的恢复蜕变与改良重构

乡村建筑风貌改造，是一种传承，是一种延续，是一种协调，更是一种创新。其中，不仅需要设计的智慧，也需要时代的智慧，还需要历史的智慧。

①尽量尊重历史。在乡村之中，不同年代的房子，代表着不同时期的历史变革，有不可言喻的文化底蕴，更是一个家族兴衰成败的象征，它是老祖宗留给子子孙孙的基业。不同年代的老房子可以保留，但在乡村整体的建筑风貌上要协调好到一个尺度，要自然无隔阂。比如前段时期考察时所遇见位于山西省祁县乔家堡村、始建于清代乾隆年间的乔家大院，虽然建筑风貌很现代，但与周围的建筑很协调。另外，要反对单纯符号化的东西，不仅使乡村整体的建筑风貌呆板无趣，还使原本的特色被掩盖了。

②赋予新功能。随着时代的发展，传统建筑的功能要多元化，以满足现在人们的需求，比如将一座200多年前的祠堂改造成了舒适的度假场所，使这座原本废弃衰败的祠堂焕然一新，既拯救了这座祠堂，又为人们休闲提供了好去处。

③增加一些软性装饰。乡村建筑风貌改造，可以增加一些软性装饰，营造一种农村的生活场景、劳动场景的氛围。比如劳动工具的展示、墙头的红辣椒、屋顶的玉米棒子、墙角的牵牛花……

④强化现代感。乡村的建筑也不能一味地遵循传统甚至是模仿传统，要推陈出新，强化建筑本身的设计感。要在尊重传统的基础上，增加一些新元素、新符号、新功能……比如玻璃的外墙增加了建筑的透光性和质感，传统元素和现代元素的结合，使得这座传统的建筑更加具有设计感。

⑤与生活方式相协调。建筑风貌是生活方式空间化的呈现。在乡村开发的过程中，要尊重老百姓的意愿，在合理要求的范围内，不要

一味地"上楼"。对于现在农村普遍"脏乱差"的现象，可以去学习那些日本的农村，去学习如何在乡村开发时，保持与农村的生活方式相协调。

源于乡村建筑的特性悬殊，在环境治理中，要为村庄建筑的质量进行重组、预估，对于排查出不契合住宅要求的建筑施行整饬、再建。对村庄里独具一格的建筑要施行保护与开发，必要时进行维护修缮，独具一格的建筑不单单可以彰显本地文化特性，还可以作为村镇民宿非遗探究特性建筑的研讨学习本部，亦是能招揽旅客度假观光的首要资源。

3. 基础设备的升级与改造

当前我国农业农村基础差、底子薄、发展滞后的状况尚未根本改变，经济社会发展中最明显的短板仍然在"三农"，现代化建设中最薄弱的环节仍然是农业农村。《规划》继续把农业农村基础设施建设作为重点支持方向，推动农村基础设施提档升级。此外，农业农村部正在全面摸底包括农村基础设施建设在内的乡村振兴投资需求，旨在为谋划乡村振兴重大工程奠定基础。多地已启动农村公路提升改造计划，拟投千亿提升改造农村公路。未来3年内，保守估计乡村基建规模将达4.52万亿元，今年乡村基建至少需要完成1.5万亿元规模。未来应建立农村基础设施经营管理的长效机制。加快农村基础设施产权制度改革，充分调动各方面投资建设和管好农村小型基础设施的积极性。

涵盖了生态设施、生活设施及生产性设施的乡村基础设备构建匹配的推动，要以住户的生产生计为根基，以第三产业成长为能源，两者相辅相成、互相推动，达成共同促进村镇匹配及旅行行业成长的联合作用，详见图5-1。

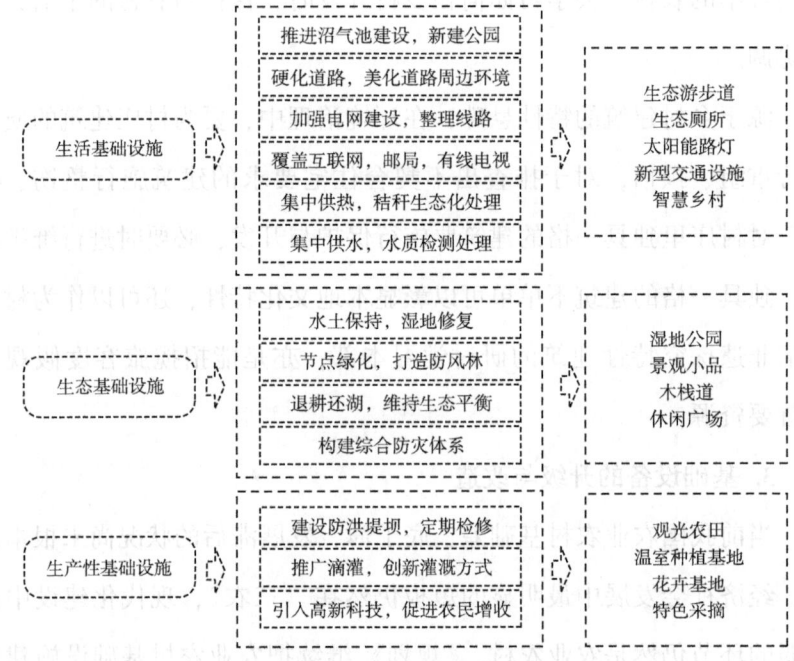

图5-1 乡村资源配置升级内容

4. 村景装饰与美化

开启美丽村景建设计划，全方位打造美丽乡村，进一步改善农村人居环境。村内街道两侧、房前屋后要统一栽植观赏或经济树木、花草，统一挂置花草盆景。对村内主街道两侧的墙壁实施美化，统一规范广告的绘制、悬挂和张贴，绘制文化墙、宣传标语和公共标志。荷花池、稻草屋、摇椅……一个标志性的"特产元素"游乐设施。

5. 亮化：让乡村的夜晚绚丽多彩起来

亮化工程让村镇的夜晚变得绚丽多彩，对村镇的整体景貌进行进一步的提高。运用线杆、路灯等亮化设备的改建、修饰，完备村内主街区的夜间照明，对相应的照明措施进行环保节能改造，再搭配地点适宜的亮化景观，给村民的夜间活动提供荟聚地点。

（二）乡村的文明之美为村镇的"神"

村镇之美的内蕴是文化之美，想要缔造乡村的文明美，就要在文明、法治民风的本源上，深入发掘本地独有的历史文化，并将多种形式，诸如农业节庆、乡村庙会、非遗博览会、村镇运动会等演艺活动整合起来，让文化"活"起来，而不是一个个只存在于口手相授、书间纸上的抽象概念。文化的活化开启了村镇旅游业，旅游业又搬移来流动的人群，流动的人群带来花费需求以及购买力，进而推动了农村文化、传统文化、农耕文明的延续、发展、守护，形成生生不息的良性循环。

1. 增强法律宣传，建设文明乡村

增强农村地区法制宣传教育水平，提高农民法律意识和权利意识，提升村民道德思想境界，这不仅有利于乡村良好风气的形成，同时还开阔了村民视野，有利于进一步推进农村现代化。

2. 完善文化设施，关注精神需求

在乡村经济发展的同时，需要关注村民的精神需求。在村庄内设立图书馆、活动中心、文化交流中心等场所，一方面能够丰富村民的闲暇业余生活，另一方面可以提升村民文化素养，为创造和谐乡村奠定文明基础。

3. 挖掘地方文化，展现文化底蕴

在展现农耕文化的同时，相关部门还应充分挖掘当地特色历史文化，对乡村物质文化遗产进行保护，对非物质文化遗产及即将消失的手工艺、民间艺术进行传承与弘扬，并结合旅游等第三产业的发展，借助现代科技、演艺活动等手段，让文化以崭新的形态融入人们日常生活，增强地方文化自信。

(三) 村镇的生计之美为村镇的"魂"

村镇美的核心是乡村的生活之美。所有乡村修筑的工作、职责，都是为了提高村镇生活品质。在营造桑梓生活气息上，乡村有着天然的优势。具体在以下三个层面有所展示：仰仗民俗文化、农耕文化及乡愁文化，兴建"最原味"的桑梓建筑景观与乡土桑梓生活景象；匹配休闲、娱乐设备，联结休养康体的生活形式，为旅者予以"最闲适"的慢生活体味；运用优越的生态自然景观，自休闲、通行、餐饮等多样化形式来缔造"最绿色"的田园寓居生活，详见图5-2。

最原味	最闲适	最绿色	最人性
农耕文化 乡愁文化 民俗文化 田园建筑景观 ……	休闲配套 娱乐配套 康体养生配套 ……	生态自然环境 低碳环保理念下的餐饮、交通、休闲 ……	搭建交流活动中心 成立社区自主管理组织 提供个性化的便民服务 ……

图 5-2 "最原味、最闲适、最绿色、最人性"的田园寓居生活

1. "最原味"的乡土桑梓生活——让旅者体验原汁原味的村镇文化

乡土桑梓生活是由田园景观与桑梓文化两个核心部分组成的。作为田园景观的载体，田园生活仰赖于农作物抑或农业生产活动，将房屋、道路、田地等以美学的视角恰当整合，达成桑梓间的特色景致。在规划初期便用当代景观生态学的视角来进行"田地艺术"创造，结合对乡村地貌、自然地理气候、乡土生产性景观栽植与民俗器

具等的统筹把控，创设出具有震撼性、富有创造性的村野大地景观，将最具风情的田园景致展示给大家。以乡土区域的本土建筑为模板，结合中国传统建筑文化精粹，适当增补现代建筑元素，展现优异的本土文化特性，设计出新式的"田园民居"。依赖于优异的乡村生态环境，积极整饬环境污染，缩减或用生物的相生相克来替代农药化肥的使用，矫正土地性状，大力推进、扩展绿色、有机循环栽植、养殖业的成长，给住户以原味、安全、绿色、生态的有机食品。

乡村的田园文化可不只是人们固有印象里绿油油的田野、微风吹过的稻田麦浪、青山绿水与鸟语花香，它还囊括了历史文化、民俗文化、农耕文化等多姿多彩的内容，是历史承续经年的文脉累积。把这些静态星散着的田园文化用"博物展馆"的形式予以联合，运用主体游乐以及互动协作的参与举措，将它们展现给公众，有效鼓舞田园文化内蕴的散播与接续，形成新商业业态与游憩形式。

在环绕着田园特定风情的景色环境中感触乡土文化气息，在桑梓文化的浸染下赏析与重识田园景观，文明与景致的彼此交融浸透，打造出"最原味"的乡村桑梓生活景象，对修正乡村风貌、繁荣乡村旅游业具备极强推动作用。

2. "最闲适"的慢生活体味——让旅者忙碌的内心安逸下来

优越的天然环境与生态劳作形式为乡村拓展田园养生予以了良好的前提与环境，康体养生同休闲农业的联合，给予乡村经济新的能量与动力。桑梓间悠闲的养生是一种安逸的慢生活感悟，有赖于村镇天生的资源天赋，参与田园的农耕农作里，达成重返自然、休养生息的宗旨，让旅者忙碌的内心安逸下来。

田园养生休假作为休闲农业的高级形态，不单单是要具备优异的生态环境，还要予以必备的休闲娱乐匹配和康体保健等一系列相应的举措。田园、村庄与自然这三者彼此交融，修建到非农耕区的度假区营造出"避世离俗"的意境，搭载着乡村这一载体，休闲农业的环境与宜居生活会更加完善。在匹配乡村配套设备与建筑设计的时候，要尽量去削减人为痕迹，不去人为改动，保持乡镇建筑的"原汁原味"。当农耕农作与康体养生结合到一起的时候，两者的化学反应更为显著。不单可以扩大农产品的附加值，还能在劳作中找回重返自然的浪漫与乐趣。比如在南方的茶园中参加采茶活动，还可以传授养生茶道、推行茶文化，把枯燥的劳作变成一种趣味横生的生活形式，是田园养生休假的主要步骤。

显而易见，乡村具备给旅者提供能让其忙碌的内心安静下来的"最闲适"慢生活资源，推进田园养生，运用消闲娱乐设备、康体保健设备同劳作、桑梓景致、文化、物产的整合，可有效提高乡村桑梓休假项目的价值。

3. "最绿色"的桑梓人居生活——让回到自然怀抱的旅者身心彻底放松下来

绿色同乡村存在着不可分割的关系。远离闹市的乡村具有较高的森林覆盖率，绿水青山的生态境况成为优异田园生活最基本的保障。绿色、安全的饮食是现代田园生活的基础需要，作为农产品的原产地，乡村可以予以纯天然无污染的健康食品，让人们免去"病从口入"的后顾之忧。另外，乡村地域依旧留存着农耕文化的人同自然和睦共存的观点，人们推崇的互助包容、精耕细作，内敛式的自力更生的生活方式正与当代社会所倡导的低碳环保生活概念殊途同归。

乡村绿色的成长形式与生活方式正是对人们体验田园生活形成

强大吸引力的首要元素。在乡村振兴战略下，侧重环境保护与生态体系的构建是推进经济的紧要前提。生态农业的推进，是乡村绿色建设的产业支持；对低碳环保生活的推崇，是奉行生态文明的应尽举措。只有在乡村绿色发展构造的筹划下，方能够在推动经济的同时，不破坏自然生态体系，确保村镇的原真性，达成"最绿色"田园人文生计的独有体会，让回到自然怀抱的旅者身心彻底地放松下来。

4. "最人性"的村镇社区管理——让寓居村镇的住户充满安全感

确保治安，管理形式从管束型向服务型蜕变是人性化村镇社区管理的重点。

①建立交流活动平台。利用小区图书馆、活动中心等公共活动空间的建造，以及举办各种社区的联谊、交流活动，为小区住户们予以沟通交流的地点同机缘。

②建立小区自主管理组织。下乡的各类英才重塑了村镇小区住户的构造，新乡民有实力，也须要建造自主的管理组织来提升自己生活的简便度，创设心中的梦想家园。

③提供特性化的方便服务。小区住户存在着婴幼儿看护、照料老人、阅读研习、功课指导等不一的需求，不妨在社区组织起志愿者团队或有酬服务团队来处理小区住户不一的需求。是以，乡村小区管理要一直牢记"服务"主旨，为小区内的住户予以美妙的生活境况、和睦温馨的生活气氛以及知心的服务内涵。

三、当代村镇生活形式的刻画将被旅游所推动

（一）多产业、多业态的交融在村镇旅行的推动中达成

自古以来传统的田园生活就是倡导自力更生、男耕女织、自给自

足、日出则作、日落则息，遵从自然法则乃其本质特性。这种在农耕文化下产生的生活形式至今还依然保留着清闲、安逸、平静的生活形态，这与都市紧张忙碌的生活有着根本上的区别，亦是田园生活能招引来诸多旅客的核心所在。在政策与市场的双向带动下，当代桑梓生活不单单须要达成人们对山清水秀以及重返自然的憧憬，还要达成访客们关于游玩、探访、养生等多种层面的需求。村镇旅行的兴起汇聚和整合了充足的产业链，给当代的桑梓生活带来多档次的特性体会。

乡村的佳肴在其得天独厚的环境下，以原生态的农产品为原料进行烹饪，研究干菜、点心、腌制品制作等农家特有的体验，缔造"舌尖上的田园生活"。例如，在东北某乡村的朝鲜族村落里，村民时常推出做朝鲜族特色打糕、辣白菜等活动，吸引了附近乡镇，乃至城市的居民前来参观，带动了当地的经济发展。乡村农舍、园圃场地、绿化地带等都可以作为景观开辟成乡村游览的成品，同步推动游览车、游览船等观光交通业的成长，达成田园生活的休闲娱乐目的。发掘乡村风俗人情与民俗文化，打造如民间手艺馆、展览馆、乡村旅行嘉年华等可参与领略的项目，将田园与文化的美学相交融，达成旅者对田园生活的精神层面体验需要。修筑如乡村会所、田庄等宜居空间，完备养生养老配套，开拓文娱活动空间，整合健康参与、高端度假产业同文娱产业，推进现代桑梓生活品格的提高与完善，详见图5-3。

(二)"以人为本、宜居宜业"的新式乡村旅行

处于国家整治体系末端的乡村管理在基础设施与公共服务配套、监管体系完备程度以及乡民的环保认知等诸多层面都同都市的标尺

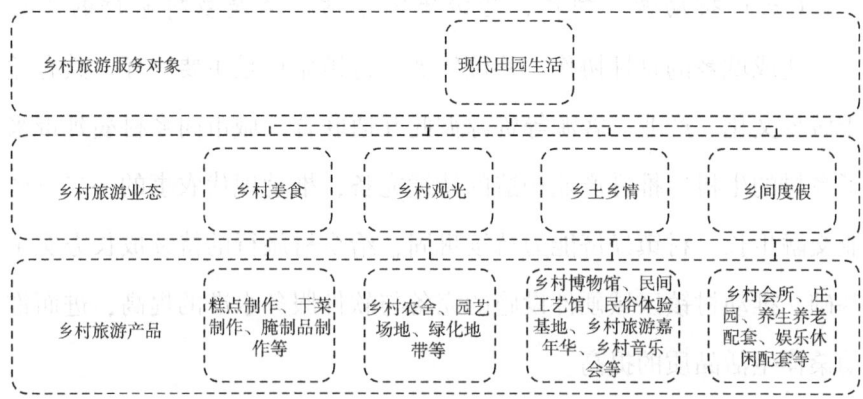

图 5-3 当代田园乡村文旅

有着极大的落差。推进乡村旅行在某种程度上补足了乡村治理中设施的匮乏与体系的欠缺，运用吸引旅行产业链上各个领域实业荟聚，予以村镇发展必要的服务设施匹配，在景观设计上改善村容村貌，从而提升宜居水准与生活质量。乡村旅行带来的就业机会让住户们真切享受到村镇成长带来的福利，能唤醒他们的主人翁意识与归属感，进而自发的提升环保意识，为建设宜居宜业的家园发光发热，贡献自己的力量。

  旅者拥有多样的需求，每个人都有自己想要达到的生活环境与氛围。想要招引更多的旅客，村镇旅行的产品就应当持续更迭，对不同文化背景、年龄、地域的旅客，推行个性化、小众化、特色化的产品。村镇旅行的天然化生态属性，让旅者靠近自然，并能产生与自然和睦共存的心灵体悟，把生态文明与文化旅行深度结合，重申"天人合一"的可持续生长。是以，推进村镇旅行不单是为旅行者服务，也是为自然服务，"以人为本"在这种情况下得到了更高层次的体现。

(三)推动城乡协作,晋级田园生活品质是乡村旅行的核心

达成城乡的良性协作、移位发展,村镇旅行是主要一环。其有益于城乡文化、产业、客源等资源彼此互通联合。城市向乡村蔓延带来了乡村的生机,推进产业构造的持续完备,推动现代农事的一二三产业交融生长。村镇经济能力持续巩固,给乡村旅行的持续成长夯实了基础,推动村镇区域硬件设施的完备与软件服务水准的提高,进而推动桑梓生活品质的提高。

乡村朝都市聚拢,一是村镇成员进入都市感受当代文明,都市同村镇互为目的地和客源地;二是村镇人口在城市中体悟生产及生活形式的变换后,把领先的技能同见解带回村镇,混入村镇旅行的生长中,给当代桑梓生计灌注新的领悟推进乡村发展。譬如,为了迎合休闲娱乐旅客的视界审美需要,对农副产品包装精心设计,用精巧的果篮、花盒提高产品的总体外貌;在村镇饮食制作中,在保障口感的先决条件下,侧重食物色彩匹配及装盘摆设,均衡营养,由此得到消费者的赏识与喜爱。

乡村旅游的推动,能够对农村经济产业构造进行优化,增加农副产品附加值,完备乡村区域基础设施同公共服务设施,矫正居住境况,接续优异的民风文化,推动村镇区域社会经济成果的整体提高。是以,村镇旅行是升级当代桑梓生计经历的核心载体与路径,可以给当代桑梓生计带来绵绵不绝的生机。

第六章　新式村镇人员与社群组成新的村镇村民

习近平总书记指出"人才振兴是乡村振兴的基础",越来越多的青年人跨界来到农村,成为"新农人"。他们的出现,让农村有了新气象,也为乡村振兴增添了新动力。

新农人需要具有科学和文化素养,掌握现代农业生产技能,具有一定的管理经验和管理技能,以农业生产、管理或服务为主要职业,以农业收入为主要来源的农业专业人员,居住在农村地区或集市中。不仅种植良好,而且产品能更好地出售。擅长经营的新型专业农民将为该领域的发展作出贡献,并帮助农民增加收入。

伴随着大批农村青壮年劳动力离开乡村涌入都市,自 20 世纪 90 年代至今,"空心化"乡村成了我国村镇普遍存在的难题,影响了农村成长的步调,乡村的可持续发展也因此形成了隐忧。在现今的我国城乡要素同调互动的新形势下,外出打工的村民纷纷选择回乡创业,都市的资本、人才开始利用种种形式进驻乡村,给自己打开一片新天地。2018 年中央一号文件中也讲到要汇聚全社会力量,强化乡村振兴人才支撑,要把人力资本开发放在首要位置,畅通智能、技术、管理下乡通道，造就更多乡土人才。同年4月26日，农业农村部颁布《关于大力实施乡村就业创业促进行动的通知》，提到围绕打造园区、发展特色产业、培育主体、推动产业融合，促进乡村就业创业水平明显提升。明确到2023年，培养村镇各行各业的杰出人才、导师、领头人的数额以及建造产业革新园区（基地）与革新人员的集训驻地的数额。据此，在乡村振兴的大力推进下，未来乡村必定会达成不同往昔的当代农民新体系。

一、乡村振兴下的新时期农民体系构建

单一地指望原住民人数的扩大是无法推进乡村现代化进程的，需得凭借产业的汇聚、改造、提高来招揽新的人口汇集，达成新的英才支撑体系。编者把当代农民划分成五类：囊括了持有户籍与田地的原住民；持有户籍却进城又返乡的二代农民；产业提高携来的新式专职农民；回乡创新立业，反哺家乡的"情怀乡民"；以养生养老为主旨的"回归乡民"，详见图6-1。

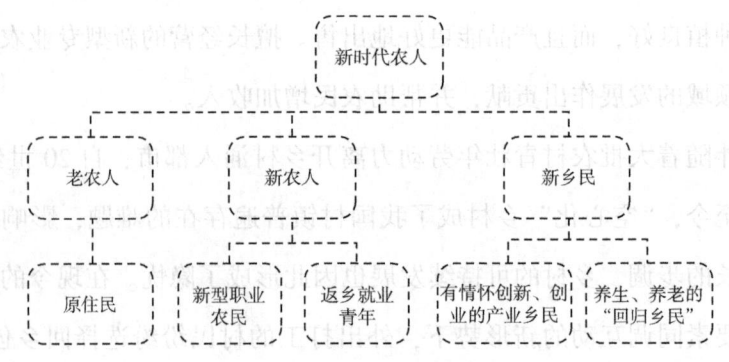

图6-1 新时期农人体系

（一）作为村镇发展的本源能量的"老农人"

"老农人"的概念源自留守农村进行农事劳作的农民集体，他们普遍思维守旧、文化水准较低。乡村振兴战略推进以来，部分务农、有阅历的"老农人"运用讲授集训的方式提高自己的整体素质与技艺水准，将以家庭农场、农民专职协作社和农民企业成员的基础力量出场。传统农民是一种无奈之下被刻上的"身份"，今后，农民会变身成为人们积极拣选的"职业"。整体素质与技艺水准提高的"老农人"会同"新农人"携手介入范围化、团体化运营，推动规范化、专职化生产，为保证国家粮食安全同核心农产品供应予以根源上的支撑，详见图6-2。

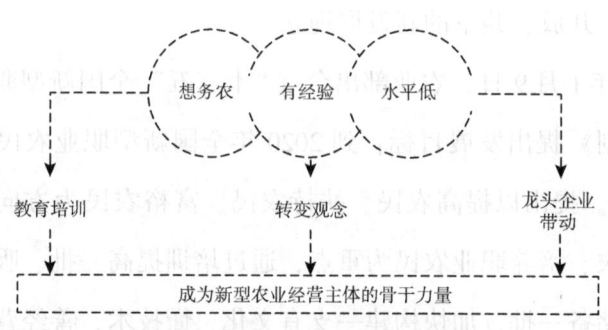

图6-2 "老农人"的本源支撑作用

（二）作为村镇生长市场本体的"新农人"

"新农人"是具备学识、见地、技艺、追求的团体，他们有的是高学历的大学生、海归人员，有的是运营工商业的成功人士，也有军人退役后回乡、入城打工后回乡的平凡后生农民。与老农人相较之下，新农人的选取目标更具有踊跃性。

1. 新型职业农民

新型职业农民是以农业为职业、具有相应的专业技能、收入主要来自农业生产经营并达到相当水平的现代农业从业者。

新型农民与传统农民的差别在于,前者是一种主动选择的"职业",后者是一种被动烙上的"身份"。新型职业农民可分为生产经营型、专业技能型和社会服务型三种类型。

新型职业农民概念的提出,意味着"农民"是一种自由选择的职业,而不再是一种被赋予的身份。从经济角度来说,它有利于劳动力资源在更大范围内的优化配置,有利于农业、农村的可持续发展和城乡融合发展,尤其是在当前人口红利萎缩、劳动力资源供给持续下降的情况下,更是意义重大;从政治和社会角度来说,它更加尊重人的个性和选择,更能激发群众的积极性和创造性,更符合创新、协调、绿色、开放、共享的新发展理念。

2017年1月9日,农业部出台《"十三五"全国新型职业农民培育发展规划》提出发展目标:到2020年全国新型职业农民总量超过2 000万人。提出以提高农民、扶持农民、富裕农民为方向,以吸引年轻人务农、培养职业农民为重点,通过培训提高一批、吸引发展一批、培育储备一批,加快构建一支有文化、懂技术、善经营、会管理的新型职业农民队伍。

同老农人相比,新式专职农民更具备相对应的农业专业才能,凭借农事的生产性运营得到收成,他们往往作为农民职业协作社、家庭农场主、专职大户及农业企业的服务、技艺、运营核心,引导了当代农业发展的趋向(图6-3)。农业领域正变为创业创新的土壤,因特网同当代农业的交融推动出新业态,养育了一批跨区新农人,给当代农事成长投入了鲜活血液。伴着户籍、土地等一系列政策的慢慢敞开,逆都市化大潮日益彰显,新式专职农民会带来村镇成员构造的重组。

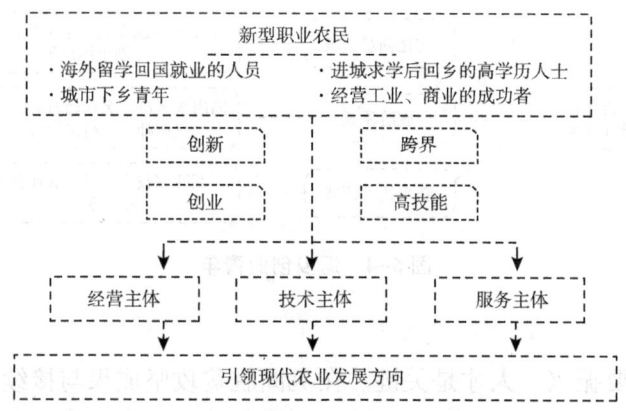

图6-3 新型专职农民的新能量

2. 返乡创业青年

政府立足新发展理念，积极为返乡青年搭建干事创业平台，多措并举为返乡青年提供创业帮扶和就业指导，让一大批想干事、能干事、干成事的青年在家乡这片热土实现创业梦想。对于返乡青年就业创业这一方面，主要从以下三方面开展工作。

①用好政策支持。

②做好技能培训，通过青企协、青联委员的渠道，开展创业青年电商培训、创业青年技能培训、法律知识培训等，让他们在技能方面尽快成长起来。

③做好典型宣传引路，选取一些优秀青年、优秀项目，通过我们的公众号、抖音等平台予以宣传展示，另外评奖评优项目上，也会重点往创业青年上倾斜，也是希望用这种方式能够激发出青年创业的积极性和热情。

政府推动发展乡村的决断乃至都市人的桑梓梦想，激励了资本、技艺、英才对村镇青睐有加,持续招引着村镇青年回乡立业(图6-4)。

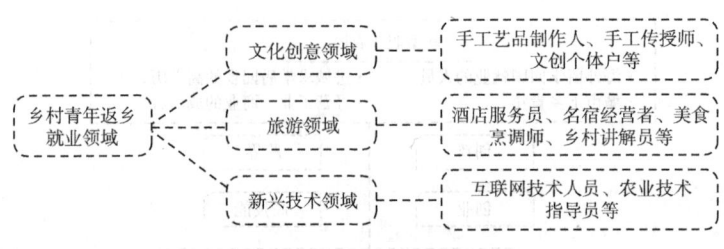

图 6-4 返乡创业青年

乡村要振兴,人才是关键。在巩固脱贫攻坚成果与接续助推乡村振兴的道路上,有文化、懂技术、善经营的青年"新农人"正在成为撬动乡村振兴的有力"杠杆"。一直以来,农村金融始终坚持以服务乡村振兴战略为己任,不断下沉金融服务重心,充分发挥金融服务"三农"主力军作用,用"有温度"的金融服务给农村农业经济发展注入新的活力,精准对接为返乡创业人员,特别是返乡创业青年人提供金融信息咨询和信贷支持,着力于有效解决农村青年在创业过程中的资金难题,全力支持乡村人才振兴、产业振兴,共同铺就美丽乡村建设路。实现了乡村青年的"留下来"和"引回来"。

(三)新时局下人员荟聚的新乡民

1. "回归乡民",有着康体调理的需要

乡村优美的环境、桑梓、山水、自然食材,日出则作、日落则息等充满自然生活意趣的形式,乃至人文文化,对当今部分拥有康体调理需要的人士形成了极大的诱惑力。愈来愈多的人选择重回桑梓生活,养生、养老客群汇聚至村镇,变为新乡民的大部队。

2. "情怀乡民",有着革新创业的需要

胸怀故里的艺术家、新知青、跨界精英等人群是"情怀乡民"

的象征性群众,他们到乡村每每是为了追求设计思路、寻找田园生活。譬如,为搜集与本文相关的信息,编者找到关于全国闻名的浙江丽水的古堰画乡的资料。从自发形成的油画创作地,到后来成型的美术采风、商品油画制作以及创作基地,并扩增至艺术领域,交融了摄影、音乐、民间种种才艺等,创办了民间才艺工坊、拍摄展览馆等场地,为莅临游览、创业、休假的公众供应充裕的领略场合。现今,古堰画乡荟聚了近百位来自福建、海南及温州等地的著名油画家、美术院校学生及摄影师等公众,他们化身为新式村镇农民,同原住民一道重铸村镇的成员构造、文化构造与社会构造。

新乡民多是旅游、康养等服务业发展的结果,是独立于城市人与农村人概念的特殊结构,它不再以乡村传统的户籍、土地进行划分,而是一个地理意义上的居住概念。

是以,老农人、新农人、新乡民形成新型村镇住户的"三驾马车",在村镇的发展进程中形成新的文化沃土与自治构造。

二、三产交融在旅游指引下推动当代农民体系构建

(一) 带来消费人群的旅行产业

产业是农村成长的本源,而传统农业源于其局限性不易为村镇生长予以续航动力。旅行拥有搬运人群、引领消费的根本特性,可以推动都市人群朝村镇区域活动。植入旅游产业的乡村地域,以三产策动一产、推动二产的生长,达到三二一产业携手成长形势。旅游的强联系性和动员性,繁育出大量村镇新兴业种、产业、形式,推进村镇全产业体系的树立,从而带来新的就业契机和任职位置,填充招引新农人及新乡民的续航能力。另据,村镇拥有独到的开展

旅行产业的卓越生态境况及自然资源，是招引摄生养老、旅游参观、休闲文娱等客群的首要旅行吸引力，旅游消费触及诸多产业，是策动村镇社会经济整体成长的有力路径。是以，旅游是策动外来人员，促成外来消费，实现消费驱动村镇生长的最有力、最干脆的手法之一。

（二）带来新业种、新职业的旅行产业

伴随村镇诸如饮食休憩、民居、旅社服务、康体服务、会议会展、零卖服务、文娱产业、亲子教养、村镇网络销售、通行、演艺产业等泛旅行行业的火速成长，村镇展现了诸多的就业机会与任职形式，如农产品的装饰员工与售卖员、手工艺品制造人、因特网技艺人员、手工讲授师、旅店服务员、文创专业户、佳肴烹饪师、村镇解说员、民宿运营者、摄生保健师等。这达成了各行当职员在村镇的荟聚，缔造了以老农人、新农人、新乡民为"三驾马车"的当代农民体系，详见图6-5。

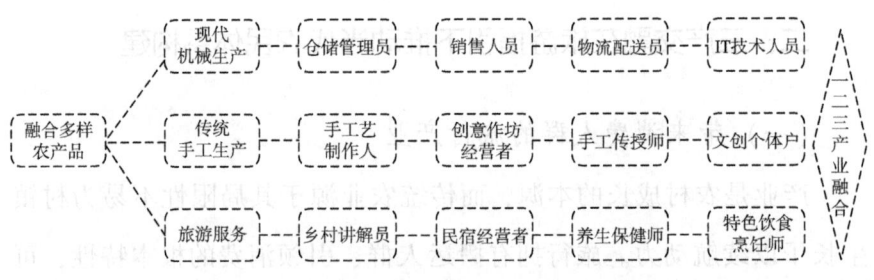

图6-5 多样农产品交融旅行携来的新业种

新农人同新乡民的到来，会激发出更多新的任职形势，增进就业机缘，进而令村镇树立起以产业为本源、人员倒流为中心的新村镇人员生长模式。

三、乡村振兴呼唤新乡贤的出现

乡贤文化是中华优秀传统文化的组成部分，乡贤文化是扎根于中国乡村的母土文化。

在漫长的中国历史进程中，一些在乡村社会建设、风习教化、乡里公共事务中贡献力量的乡绅，都被称为"乡贤"，由此而形成了乡贤文化。

2015年和2016年，中央一号文件两次将"乡贤文化"列入农村思想道德建设中，指出："创新乡贤文化，弘扬善行义举，以乡情乡愁为纽带吸引和凝聚各方人士支持家乡建设，传承乡村文明。"乡贤文化的精神底蕴不仅对社会主义核心价值观落地生根有重要意义，而且就社会价值而言，也有利于促进乡村治理现代化。

乡村治理现代化是国家治理体系和治理能力现代化在农村得以实现的必然要求，在农村精英大量涌向城市，乡村治理主体和手段呈现多元化的背景下，破解农村困局，最好的办法是利用"新乡贤"这一资源。因为"新乡贤"多有成就，又都怀有浓浓乡情，他们身上散发出来的文化道德力量可以教化乡民、反哺桑梓、泽被乡里，对凝聚人心、促进和谐、重构传统乡村文化大有裨益，在反哺乡村、助推乡村治理和精神文明建设中大有可为。乡贤回乡，能充分运用其在创业过程中的经验和智慧，更好地为乡村振兴服务。同时，凭借其在乡里、村里的威望，以自身的文化道德力量教化乡民、重塑乡风，实现乡村振兴的和谐发展。

① "先贤"，指立德、立功、立言"三不朽"，在品德、功绩和学说方面有着卓著成就的贤人志士。

② "今贤",指耕读故土、热爱家乡、反哺桑梓的企业家、道德模范等榜样人物、先进人物、精英人物。

③ "新贤",指来自不同区域,因为共同的期待和梦想,带着家国情怀和责任投身乡村振兴的有志之士。

"新乡贤"这一概念是第十三届中国农村发展论坛在丰顺定义的。新乡贤是心系乡土、有公益心的社会贤达,一般包括乡籍的经济能人、社会名流和文化名人,财富、权力、声望是其外在表现形式,公益性是其精神内核。

新乡贤是指在当代乡村,一些曾为官在外而告老还乡,或在外为教而返归乡里,或长期扎根乡间而以自己的知识才能服务乡间的一些有爱乡情怀的人。这些新乡贤不仅具有传统乡贤的一般特征,如乡土情怀、道德品行、伦理情操等,还有现代的知识、技能和新的文化视野,既可以起到道德指引的作用,同时还可以起到新文化、新观念、新思想、新技能传播者的作用;不仅可以协调和化解乡村邻里之间的矛盾,同时也可以引导舆论、明辨是非、凝聚人心、端正风气。

新乡贤是村落文化和社会主义核心价值观的传播者:新乡贤拥有较高的文化水平和道德素养,他们宣讲传统美德,提倡敬重自然,在乡村社会能够自觉地担负起传播传统村落文化和社会主义核心价值观的责任。新乡贤充当桥梁与纽带的作用,他们是乡村公共事务的参与者。他们可以利用亲情、乡情和自身的声誉威望,调节乡村社会的矛盾纠纷,是乡村自治的重要参与力量。

从利益来看,传统乡贤是村庄利益的直接相关者,新乡贤是村庄利益的间接相关者;从结构来看,传统乡贤是村庄的必然组成部分,新乡贤是村庄的增量行动者;从功能来看,传统乡贤是村庄秩序的守护者，新乡贤是村庄发展的推动者。

精英人才在城镇化历程中逐渐流失变成局限村镇生长的重大障碍。中国现有的村镇管理构造需要新乡贤来到乡村，经过乡村振兴战略重整村镇经济及社会文明。乡村振兴为新乡贤创造了希冀的生长空间，新乡贤是村镇疑难问题的解决人及村镇成长的引导者，详见图6-6。

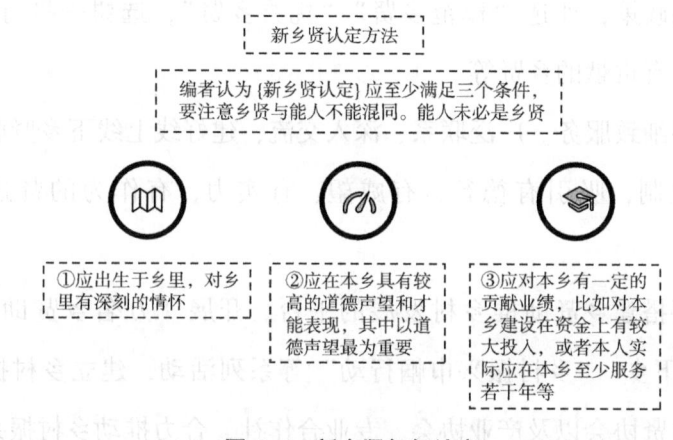

图6-6 新乡贤如何认定

（一）传统乡村的核心人物——乡贤

乡村振兴关键是人才振兴。乡贤在推动产业兴旺、生态宜居、乡风文明、治理有效、生活富裕等方面有着不可或缺的重要作用。

乡贤在人才、资本、信息、技术等方面的回归，能带给家乡先进理念，带动乡村产业发展，促进农村经济繁荣。

乡贤拥有较高的文化知识、审美眼光、个人品位，能带领乡亲提升文化素养，提升村容村貌档次和知名度。

乡贤在当地群众中具有较高的威信和较强的影响力、说服力，能很好地调节邻里矛盾，在基层社会治理中具有独特的"润滑剂"作用。

①要创设载体。大力推进"乡贤经济"，比如：实施"乡村振兴合伙人"计划，鼓励乡贤担任"名誉村长"，建立相应信息平台，解决信息不对称问题。组建"乡村振兴新青年创梦导师团"，到湖南大学、湖南农业大学等高校开展演讲，传播青年投身乡村振兴的好声音。

②要优化政策。完善乡贤回归创业安居政策，探索乡贤回归创业奖励补贴政策，评选"模范乡贤""优秀乡贤"，选树一批有情怀、有担当、有贡献的乡贤等。

③要细致服务。广泛联系、深入交流，建好线上线下乡贤联络联谊服务机制，吸引有德行、有威望、有实力、有作为的贤达人士回归。

④要搭建乡贤助推乡村发展的平台。开展"万名乡贤助千村""新青年下乡""乡村振兴巾帼行动"等系列活动，建立乡村振兴讲习所、乡贤协会以及产业协会、专业合作社，合力推动乡村振兴。

⑤要搭建乡贤助力乡村治理的平台。大力实施乡贤善治安村工程，通过乡情恳谈会、乡贤和事组、专题议事会等形式，支持乡贤参与基层社会治理。

⑥要搭建乡贤引领乡风文明的平台。践行社会主义核心价值观，大力弘扬耕读文化、慈孝文化，推进移风易俗专项行动，坚决整治聚众赌博、封建迷信、婚丧嫁娶大操大办等陈规陋习。

⑦要加强乡贤联谊组织规范化、功能化。建设县乡两级都要建立联络联谊平台，真正把乡贤联谊会建设成为乡贤"大家庭"。要把基层党建引领与人才引进相结合，把乡贤联谊组织建设与基层组织建设相承接，不断强化基层组织作用。

⑧要加强对乡贤返乡创业的宣传引导。加大乡贤先进人物、典型事迹的宣传力度，及时总结推广各地乡贤工作的好经验、好做法，吸引更多人才返乡创业，不断提高乡贤工作整体水平，以此而推进乡风文明、推进乡村振兴，构建"乡贤文化"和"乡贤经济"这一有利于地方经济发展新的生产力关系。

我国古代有着"皇权不下县"的前提，乡贤是传统村镇的核心人物，尤其是在宋之后的明清时期。他们有文化、有功名、有身份、有家产、有声誉、有道德形象，是村镇道德习俗、文化承袭的守护者，是乡村纪律的维系者，是供给乡村公共制品的会集人，是乡村亚文化的诠释者，是乡村非正规权柄的持有者，在维持乡村稳固、承续思乡文化等各个层面都展现了积极效用。乡贤看重教诲，培育出大部分中西文化融合为一的（如蔡元培、林语堂、胡适、梁启超等）划时代社会人才。

除此以外，乡贤关于传统乡村还具备另外功绩：他们推崇传统，是固有家庭伦理关系、道德文化承袭的护卫者；他们满腹经纶，寻求楹联、诗文，侧重史籍文化承袭，并保存了充斥文化内蕴、足以体现华夏文明的屋舍，例如浙江乌镇、福州三坊七巷、山西乔家大院、云南丽江、江苏周庄等；乡贤的出现，令皇权不下县变为可能，令村镇管理的成本减至最少，详见图6-7、图6-8。

(二) 乡村建设需要新乡贤

百年来，随着传统社会的解体，乡贤制度消失，乡村逐步衰败，中国进入了新时代，逐步形成城乡二元结构。城市导向的政策体制，使得乡村资源单向流入城市，经济发展相对落后，公共服务严重缺失，发展机会远少于城市，经济收入远低于城市。乡村的社会评价整

省、市、县三级评选新乡贤机制

在没有异议的情况下，给新乡贤颁发荣誉证书。可分省、市、县三级颁发新乡贤证书。最优秀的是省级新乡贤

评选过程应首先民主评议，由村民、村干部、乡贤会等共同协商推荐，然后上级组织派人再考察，在考察的基础上对认定的新乡贤事迹公示（一定要对事迹公示），然后接受社会监督

公示　　监督

图 6-7　新乡贤评选机制

监督的意义

监督不等于监视，监督的意义在于我怎样去验证我们所出台的政策是否满足新乡贤的工作需求，以至让他们更好地服务于城乡建设。监督是行政管理活动的一个重要组成部分，因此，监督应该遵循一定的原则，以保证监督的合法性和有效性

监督的原则	监督考核	监督的作用
1.合法性原则 2.经常性原则 3.平等性原则 4.广泛性原则 5.有效性原则	1.年度工作总结 2.各级财政检查 3.工作调研 4.工作信息 5.专项追踪问效 6.其他临时工作	1.它可以及时反馈法律、法规实行的社会效果，为法律、法规的制定、修改、废除提供实践依据 2.可以预防和纠正对方的违法行为 3.它是保证执行法律、法规，实现行政目标的具体行政行为

图 6-8　新乡贤的监督机制

体上低于城市，乡村深深地陷入了身份自我否定、文化逐渐衰败、传统道德沦丧的困境。此外，乡村社会精英单向外流，青壮年人群长期外出打工，使得相当一部分乡村沦为"空心村"。

　　中国现行的二元乡村治理结构亟待改变，这就需要一批似于传统乡村的乡贤角色、又具有现代社会身份（如文化、财富等）的人群下乡。2010年以后，新乡贤的产生拥有了基础条件，那就是中国开始形成城乡要素双向流动的新格局，打工农民返乡创业，大规模的城市资本、人才开始下乡，大规模的城市消费以文旅、康养、到乡村寻求第三居所的方式进入乡村，有人称之为"新上山下乡运动"。拥有城市资本、人才、技术、有情怀的新乡贤下乡，通过特色小镇、田园综合体建设，重振乡村文化、经济和社会，详见图6-9。

公示作用
人们常说好事不出门，坏事传千里，我们把especial选的新乡贤的事迹发布公示给大众，无形之中新乡贤就成为当地民众心中新生活的希望和美好未来的精神寄托

① 维持乡村自治
从乡村走出去的精英，或致仕、或求学、或经商，而回乡的乡贤，以自己的经验、学识、专长、技艺、财富以及文化修养参与新农村建设和治理。他们身上散发出来的文化道德力量可教化乡民、反哺桑梓、泽被乡里、温暖故土，对凝聚人心、促进和谐、重构乡村传统文化大有裨益

② 通过制定、执行乡规民约
在乡村的现代化过程中，乡村社会精英持续流失，乡村社会内部缺乏组织、领导乡民进行乡村现代化建设的本土精英

③ 地域的精神文化标记
乡贤文化是中华优秀传统文化的组成部分，乡贤文化是扎根于中国家乡的母土文化。
在漫长的中国历史进程中，一些在乡村社会建设、风习教化、乡里公共事务中贡献力量的乡绅，都被称为"乡贤"，由此而形成了乡贤文化

图6-9 新乡贤公示作用

（三）政策支持民营资本、企业家下乡

近年来，国家出台大量政策，全方位支持民营资本、企业家下乡，投资建设社会主义新农村。政策支持农村发展文旅、康养、文创等产业，鼓励发展休闲农业、乡村旅游、民俗风情旅游、传统手工艺、文化创意、养生养老、中央厨房、农村绿化美化、农村物业管理等新业态、新模式。同时，政策支持农村土地改革，为城市资本下乡创造条件，鼓励和引导返乡、下乡人员按照法律法规和政策规定，通过承包、租赁、入股、合作等多种形式，创办领办家庭农场、林场、农民合作社、农业企业、农业社会化服务组织等新型农业经营主体；

支持返乡、下乡人员与农村集体经济组织共建农业物流仓储等设施。

目前，城市的各类生产要素已经市场化，可以自由进入市场，而农村的所有要素资源尚不能自由进入市场。农村耕地、宅基地、房产、山川、池塘以及土地经营权、宅基地使用权、集体经营性建设用地的收益权都不可抵押、担保融资，不能转让给城里人。党中央、国务院的政策为民营资本下乡投资发展乡村提供了重要的法律和政策基础，为民营资本投入乡村振兴建设提供了一个稳定的预期。

1. 乡村振兴为新乡贤提供广阔的发展空间

①乡村为新乡贤带来更大的发展机遇。新乡贤拥有一定的知识、技术及资源积累，受到城市文明的洗礼，拥有先进的理念。在乡村振兴过程中，面临着产业发展、服务提供、文化生活营造、休闲度假供给等众多机遇。尤其是未来，乡村的田园生活方式将成为中国人尤其是中产阶级养老、度假的主场，有文化、有品位、有特点的项目及产品将面临良好的发展机遇。乡贤在这方面有着独特的优势。

②乡村拥有成就新乡贤的合适土壤。新农村的乡土、文化、精神、生态价值是成就新乡贤的合适土壤。田园生活是中国人的精神归宿，乡村保留书香弥漫和亲近自然的乡土情调，拥有浓浓的人情味，这是其精神价值所在。纵观欧美国家的乡村，其价值并不以种植粮食衡量，而是更多地注重文化价值的体现。我国乡村未来的发展，也不仅仅是以农业生产为主，弘扬根植于乡村中的文化价值和精神价值，为有情怀的返乡青年、企业家提供文化平台，将成为主要方向之一。因此，乡村振兴背景下发展起来的乡村，是成就新乡贤的最佳土壤。

③乡村治理为新乡贤提供发展平台。2018年中央一号文件指出，在深化村民自治实践中，要积极发挥新乡贤作用。新乡贤大多具有一

定的社会地位，视野开阔，怀着反哺家乡的初衷携技回乡，为乡村的发展带来新思维、新技术。在乡村治理中，要充分发挥新乡贤的作用，为基层治理增添新的活力。除此之外，要大力弘扬乡贤文化，增强村民的认同感和荣誉感，这有助于村民主动参与乡村治理中，并吸引和聚集其他成功的社会人士，共同为乡村建设出谋划策。

在乡村建设中，要充分认识新乡贤对现代乡村治理的积极作用，鼓励和吸引新乡贤参与共建。这样不但能够逐步改善乡村经济、社会、生态文明等方面的现状，还能以新乡贤文化重塑厚植于乡村社会的道德规范和文明乡风，详见图 6-10。

新乡贤的政策支持措施
各地应根据本地实际情况制定出台《新乡贤发挥作用政策支持措施》，为新乡贤发挥作用提供最大政策支持，包括人才、资金、土地、管理等方面的政策支持

乡贤政协代表
在乡村治理中，要为新乡贤提供相应管理位置。比如，新乡贤可兼职担任村委会副主任或监事会主任等；或可兼职担任乡人大副主任或副乡长；或可担任县人大代表或政协代表

乡贤品牌打造
在省会城市设立新乡贤展览馆，主要用于展览本省新乡贤的突出事迹

图 6-10 新乡贤政策支持措施

"新乡贤"投身乡村振兴，就如父辈在改革开放年代"吃螃蟹"，商机无限，机遇无处不在，成就理想、造就辉煌指日可待。但不是每个人"撸起袖子加油干了"就都会成功，成功的人要具备六个方面条件：敬畏法律敬畏人心、善待乡亲善待社会、热爱家乡热爱农业、善于学习善于思考、敢于创新敢于担当、懂得合作懂得共享！

第七章　土地：深化土地改革，激活市场

1998年12月27日中华人民共和国国务院令第256号发布，根据2011年1月8日《国务院关于废止和修改部分行政法规的决定》第一次修订，根据2014年7月29日《国务院关于修改部分行政法规的决定》第二次修订，2021年7月2日中华人民共和国国务院令第743号第三次修订。

一、国家建立国土空间规划体系

土地开发、保护、建设活动应当坚持规划先行。经依法批准的国土空间规划是各类开发、保护、建设活动的基本依据。

已经编制国土空间规划的，不再编制土地利用总体规划和城乡规划。在编制国土空间规划前，经依法批准的土地利用总体规划和城乡规划继续执行。

国土空间规划应当细化落实国家发展规划提出的国土空间开发保护要求，统筹布局农业、生态、城镇等功能空间，划定落实永久基本农田、生态保护红线和城镇开发边界。

国土空间规划应当包括国土空间开发保护格局和规划用地布局、

结构、用途管理要求等内容，明确耕地保有量、建设用地规模、禁止开垦的范围等要求，统筹基础设施和公共设施用地布局，综合利用地上地下空间，合理确定并严格控制新增建设用地规模，提高土地节约、集约利用水平，保障土地的可持续利用。

土地是包含地球特定地域表面及其以上和以下的大气、土壤与基础地质、水文与植物以及动物，还包含这一地域范围内过去和现在人类活动的种种结果，就是人类利用土地所施加的重要影响。中国地理学家普遍赞成土地是一个综合的自然地理概念，认为土地"是地表某一地段包括地质、地貌、气候、水文、土壤、植被等多种自然要素在内的自然综合体"。

作为自然物的土地是逐渐由人类生存和发展的最基本生态环境要素转化为人的劳动对象和劳动资料，日益作为人类生活和生产活动的自然资源宝库，而成为一切生产资源和生产资料的源泉和依托；并使自然资源和生态环境要素的土地转化为人工自然资源和人工生态环境要素而成为自然资源综合体，使土地不仅具有使用价值，而且还有了价值（劳动价值）。

农业用地是直接或间接被农业生产所利用的土地，又称农用地。包括耕地、园地、林地、牧草地、养殖水面、坑塘水面和农田水利设施用地，以及田间道路和其他一切农业生产性建筑物占用的土地等。

1985年，世界农业用地约占世界陆地总面积（不包括南极洲）的64.7%；随着社会发展和城市化进程不断推进，这一比例正在以惊人的速度变小。农业用地利用的合理性标准为：要求达到环境、社会、经济、生态等方面效益的统一，以保持良性循环，永续利用。

农业是我国经济的基础,土地制度是农村经济制度的根基。农村土地制度经历了剧烈夸张的两极变化:从私有化的土地改革,到初级合作社,再到土地集体所有的高级社、人民公社,最后到双层经营、统分结合的家庭联产承包责任制。那么,农村土地制度的变迁与发展,不仅关系到农业现代化的有效推进,还对整个社会经济的发展具有举足轻重的作用。编者在给出农业剩余概念和理论框架之后,按时序分析了不同时期农业剩余及分配对农业生产经营制度演变的影响,以及与此相适应的政策措施,并在此基础上尝试给出农村土地制度变迁的内在动力:国家为了推行赶超式工业化战略而不得不控制、增加未能满足工业化需求的农业剩余;为了提取农业剩余,国家控制农村经济经历了一个从强势进入到有限退出的过程,因此主导了农村土地制度的变迁。

根据《国务院关于修改部分行政法规的决定》第二次修订,我国农村土地改革从土地确权到经营权流转,再到所有权、承包权、经营权的"三权"分置,以及"农村土地征收、集体经营性建设用地入市、宅基地制度改革试点"的三块地改革实践,在发展中取得了瞩目的成效。在乡村振兴战略的背景下,农村土地制度改革为"三农"问题的解决提供了基础保障。随着乡村振兴战略的有序推进,国家在农业现代化、智慧数字农业、土地政策、巩固扶贫成果、农业乡村旅游、金融支持服务等多方面都发布了一系列政策。而土地政策是持续性最强,对乡村改革影响最大的政策。可以说,一切乡村发展路径都离不开土地政策的支持,土地政策的改革将加快乡村振兴的步伐。

中共中央办公厅、国务院办公厅印发《深化农村改革综合性实施方案》(以下简称《实施方案》)。编者注意到,《实施方案》明确提出,深化农村土地制度改革,坚守"三条底线",防止犯颠覆性错误,实行"三权"分置(图7-1)。

集体所有权 (坚持根本地位)	农户承包权 (严格保护)	土地经营权 (加快放活)
□ 对承包地发包、调整、监督、收回等权能 □ 有权就征地补偿方案等提出意见并依法获得补偿 □ 建立健全集体经济组织民主议事机制	□ 通过转让、互换、出租(转包)、入股或其他方式流转承包地并获得收益 □ 有权依法、依规就承包土地经营权设定抵押、自愿有偿退出承包地	□ 经营主体在流转土地上,享有占有、耕作并取得相应收益的权力 □ 经营主体享有优先续租的权利 □ 经承包户同意,经营主体可再流转或抵押土地经营权

图7-1 农村土地"三权"分置格局

《实施方案》强调,以土地集体所有为基础的农村集体所有制,是社会主义公有制的重要形式,是实现农民共同富裕的制度保障。深化农村土地制度改革,要坚守土地公有性质不改变、耕地红线不突破、农民利益不受损"三条底线",防止犯颠覆性错误。深化农村土地制度改革的基本方向是:落实集体所有权,稳定农户承包权,放活土地经营权。落实集体所有权,就是落实"农民集体所有的不动产和动产,属于本集体成员集体所有"的法律规定,明确界定农民的集体成员权,明晰集体土地产权归属,实现集体产权主体清晰;稳定农户承包权,就是要依法公正地将集体土地的承包经营权落实到本集体组织的每个农户;放活土地经营权,就是允许承包农户将土地经营权依法自愿配置给有经营意愿和经营能力的主体,发展多种形式的适度规模经营。

就深化农村土地制度改革,《实施方案》提出三方面要求。

一是开展农村土地征收、集体经营性建设用地入市、宅基地制度改革试点。农村土地征收制度改革的基本思路是：缩小土地征收范围，规范土地征收程序，完善对被征地农民合理、规范、多元保障机制，建立兼顾国家、集体、个人的土地增值收益分配机制，合理提高个人收益。集体经营性建设用地制度改革的基本思路是：允许土地利用总体规划和城乡规划确定为工矿仓储、商服等经营性用途的存量农村集体建设用地，与国有建设用地享有同等权利，在符合规划、用途管理和依法取得的前提下，可以出让、租赁、入股，完善入市交易规则、服务监管力度和土地增值收益的合理分配机制。宅基地制度改革的基本思路是：在保障农户依法取得的宅基地用益物权基础上，改革完善农村宅基地制度，探索农民住房保障新机制，对农民住房财产权作出明确界定，探索宅基地有偿使用制度和自愿有偿退出机制，探索农民住房财产权抵押、担保、转让的有效途径。

二是深化农村土地承包经营制度改革。主要包括：在基本完成农村集体土地所有权确权登记颁证的基础上，按照不动产统一登记原则，加快推进宅基地和集体建设用地使用权确权登记颁证工作。明确和提升农村土地承包经营权确权登记颁证的法律效力，扩大整省推进试点范围，总体上要确地到户，从严掌握确权确股不确地的范围。出台农村承包土地经营权抵押、担保试点指导意见。在有条件的地方开展农民土地承包经营权有偿退出试点。

三是健全耕地保护和补偿制度。严格实施土地利用总体规划，加强耕地保护，全面开展永久基本农田划定工作，实行特殊保护。完善土地复垦制度，盘活土地存量，建立土地复垦激励约束机制，落实生产建设毁损耕地的复垦责任。加大中低产田改造力度，以增加高产稳产基本农田、改善农业生产条件和生态环境为目标，完善农村土地整治办法。依法加强耕地占补平衡规范管理，强化耕地占补平衡的法定责任，完善占补平衡补充耕地质量评价体系，确保补充耕地数量到位、质量到位。完善耕地和基本农田保护补偿机制。采取更有力的措施，加强对耕地占补平衡的监管，坚决防止占多补少、占优补劣、占水田补旱田现象，杜绝违规占用林地、湿地补充耕地。进一步落实耕地保护政府领导干部离任审计制度。按照有关法律法规，完善和拓展城乡建设用地增减挂钩、"地票"等试点，推动利用城乡建设用地增减挂钩政策支持易地扶贫搬迁。

二、进一步界定设施农用地范围

依据《土地利用现状分类》（GB/T 21010—2007），设施农用地是指：直接用于经营性养殖的畜禽舍、工厂化作物栽培或水产养殖的生产设施用地及其相应附属设施用地，农村宅基地以外的晾晒场等农业设施用地。根据设施农用地特点，从有利于规范管理出发，设施农用地具体分为生产设施用地和附属设施用地。

生产设施用地是指在农业项目区域内，直接用于农产品生产的设施用地。包括：一是工厂化作物栽培中有钢架结构的玻璃或PC板连栋温室用地等；二是规模化养殖中畜禽舍（含场区内通道）、畜禽有机物处置等生产设施及绿化隔离带用地；三是水产养殖池塘、工厂化养殖、进排水渠道等水产养殖的生产设施用地；四是育种育苗场所、简易的生产看护房用地等。

附属设施用地是指农业项目区域内，直接辅助农产品生产的设施用地。包括：一是管理和生活用房用地：指设施农业生产中必需配套的检验检疫监测、动植物疫病虫害防控、办公生活等设施用地;二是仓库用地:指存放农产品、农资、饲料、农机农具和农产品分拣包装等必要的场所用地;三是硬化晾晒场、生物质肥料生产场地、符合"农村道路"规定的道路等用地。

三、用心守护农户转包权,提速放活土地经营权的农村土地承包运营权革新

生产设施用地和附属设施用地直接用于或者服务于农业生产,其性质不同于非农业建设项目用地,依据《土地利用现状分类》,按农用地管理。

国家实行占用耕地补偿制度。在国土空间规划确定的城市和村庄、集镇建设用地范围内经依法批准占用耕地,以及在国土空间规划确定的城市和村庄、集镇建设用地范围外的能源、交通、水利、矿山、军事设施等建设项目经依法批准占用耕地的,分别由县级人民政府、农村集体经济组织和建设单位负责开垦与所占用耕地的数量和质量相当的耕地;没有条件开垦或者开垦的耕地不符合要求的,应当按照省、自治区、直辖市的规定缴纳耕地开垦费,专款用于开垦新的耕地。省、自治区、直辖市人民政府应当组织自然资源主管部门、农业农村主管部门对开垦的耕地进行验收,确保开垦的耕地落实到地块。划入永久基本农田的还应当纳入国家永久基本农田数据库严格管理。占用耕地补充情况应当按照国家有关规定向社会公布。

个别省、市需要易地开垦耕地的,依照《中华人民共和国土地管理法》(以下简称《土地管理法》)第三十二条的规定执行。

兴建农业设施的,经营者应拟定设施建设方案,并与当地农村集

体经济组织签订用地协议。涉及土地承包经营权流转的，应先行依法签订土地流转合同。兴建农业设施占用农用地的，不需办理农用地转用审批手续，其中，生产设施占用耕地的，生产结束后由经营者负责复耕，不计入耕地减少考核；附属设施占用耕地的，由经营者按照"占一补一"的要求负责补充占用的耕地。

四、保障农户宅基地应用物权的农村宅基地规制革新

农村居民点布局和建设用地规模应当遵循节约集约、因地制宜的原则合理规划。县级以上地方人民政府应当按照国家规定安排建设用地指标，合理保障本行政区域农村村民宅基地需求。

乡（镇）、县、市国土空间规划和村庄规划应当统筹考虑农村村民生产、生活需求，突出节约集约用地导向，科学划定宅基地范围。

农村村民申请宅基地的，应当以户为单位向农村集体经济组织提出申请；没有设立农村集体经济组织的，应当向所在的村民小组或者村民委员会提出申请。宅基地申请依法经农村村民集体讨论通过并在本集体范围内公示后，报乡（镇）人民政府审核批准。

涉及占用农用地的，应当依法办理农用地转用审批手续。

国家允许进城落户的农村村民依法自愿有偿退出宅基地。乡（镇）人民政府和农村集体经济组织、村民委员会等应当将退出的宅基地优先用于保障该农村集体经济组织成员的宅基地需求。

依法取得的宅基地和宅基地上的农村村民住宅及其附属设施受法律保护。

禁止违背农村村民意愿强制流转宅基地，禁止违法收回农村村民依法取得的宅基地，禁止以退出宅基地作为农村村民进城落户的

条件，禁止强迫农村村民搬迁退出宅基地。

随着我国农业现代化发展，传统农业向现代农业转变，特别是近年来农村土地承包经营权流转进程加快，农业生产经营规模不断扩大，农业设施不断增加，农业生产效益得到提高。为适应现代农业发展需要，促进设施农业健康有序发展，完善设施农用地管理，防止以发展设施农业为名，擅自将农用地改为建设用地、扩大建设用地规模。

五、全方位保护农民利益的农村土地征集管理办法

需要征收土地，县级以上地方人民政府认为符合《土地管理法》第四十五条规定的，应当发布征收土地预公告，并开展拟征收土地现状调查和社会稳定风险评估。

征收土地预公告应当包括征收范围、征收目的、开展土地现状调查的安排等内容。征收土地预公告应当采用有利于社会公众知晓的方式，在拟征收土地所在的乡（镇）和村、村民小组范围内发布，预公告时间不少于十个工作日。自征收土地预公告发布之日起，任何单位和个人不得在拟征收范围内抢栽抢建；违反规定抢栽抢建的，对抢栽抢建部分不予补偿。

土地现状调查应当查明土地的位置、权属、地类、面积，以及农村村民住宅、其他地上附着物和青苗等的权属、种类、数量等情况。

社会稳定风险评估应当对征收土地的社会稳定风险状况进行综合研判，确定风险点，提出风险防范措施和处置预案。社会稳定风险评估应当有被征地的农村集体经济组织及其成员、村民委员会和其他利害关系人参加，评估结果是申请征收土地的重要依据。

县级以上地方人民政府应当依据社会稳定风险评估结果，结合土地现状调查情况，组织自然资源、财政、农业农村、人力资源和社会保障等有关部门拟定征地补偿安置方案（图7-2）。

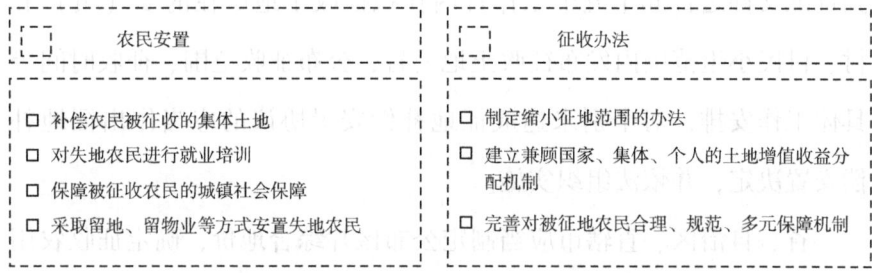

图7-2　土地征集策略革新中的农民安顿与征集措施

征地补偿安置方案应当包括征收范围、土地现状、征收目的、补偿方式和标准、安置对象、安置方式、社会保障等内容。

征地补偿安置方案拟定后，县级以上地方人民政府应当在拟征收土地所在的乡（镇）和村、村民小组范围内公告，公告时间不少于三十日。

征地补偿安置公告应当同时载明办理补偿登记的方式和期限、异议反馈渠道等内容。

多数被征地的农村集体经济组织成员认为拟定的征地补偿安置方案不符合法律、法规规定的，县级以上地方人民政府应当组织听证。

县级以上地方人民政府完成本条例规定的征地前期工作后，方可提出征收土地申请，依照《土地管理法》第四十六条的规定报有批准权的人民政府批准。

有批准权的人民政府应当对征收土地的必要性、合理性、是否符合《土地管理法》第四十五条规定的为了公共利益确需征收土地的情形以及是否符合法定程序进行审查。

征收土地申请经依法批准后，县级以上地方人民政府应当自收到批准文件之日起十五个工作日内在拟征收土地所在的乡（镇）和村、村民小组范围内发布征收土地公告，公布征收范围、征收时间等具体工作安排，对个别未达成征地补偿安置协议的应当作出征地补偿安置决定，并依法组织实施。

省、自治区、直辖市应当制定公布区片综合地价，确定征收农用地的土地补偿费、安置补助费标准，并制定土地补偿费、安置补助费分配办法。

地上附着物和青苗等的补偿费用，归其所有权人所有。

社会保障费用主要用于符合条件的被征地农民的养老保险等社会保险缴费补贴，按照省、自治区、直辖市的规定单独列支。

申请征收土地的县级以上地方人民政府应当及时落实土地补偿费、安置补助费、农村村民住宅以及其他地上附着物和青苗等的补偿费用、社会保障费用等，并保证足额到位，专款专用。有关费用未足额到位的，不得批准征收土地。

六、乡村土地获取的策略分析：设施农用地监督管理

（一）切实加强设施农用地的用途管理

经营者要坚持农地农用的原则，按照协议约定使用土地。设施用地不得改变土地用途，禁止擅自或变相将设施农用地用于其他非农建设；不得超过用地标准，禁止擅自扩大设施用地规模或通过分次申报用地变相扩大设施用地规模；不得改变直接从事或服务于农业生

产的设施性质，禁止擅自将设施用于其他经营。国土资源部门切实加强用地监管，农业部门切实加强对经营者农业经营能力、经营行为和土地流转合同履行情况的监管。

（二）建立设施农用地监管的共同责任机制

县、市国土资源部门、农业部门和乡镇政府都应将设施农用地纳入日常管理，建立制度，分工合作，形成联动工作机制。县、市国土资源部门会同农业部门加强设施农用地审核同意后的跟踪监管，督促指导设施农用地的土地利用，及时做好土地变更调查登记和台账管理工作；乡镇政府负责监督经营者按照协议约定具体实施农业设施建设，落实土地复垦责任。

省级国土资源部门和农业部门应掌握本区域内设施农用地状况，不定期组织开展专项检查，及时总结情况、研究问题、改进管理工作。

（三）设施农用地使用纳入土地巡查和卫片执法检查范围

县级国土资源部门和乡（镇）国土所在土地巡查中要对设施农用地开展巡查，对不符合规定要求使用土地的，做到早发现、早制止、早报告、早查处；市县开展卫片执法检查自查中，对设施农用地的利用进行合规性核实，不符合规定的，计入违法用地予以纠正和查处。各派驻地方的国家土地督察局在有关督察工作中加强对设施农用地的监督检查，对发现的违法用地督促地方政府及时纠正整改。

（四）严肃查处设施农用地中违法违规用地行为

县市国土资源部门在设施农用地跟踪监管、土地巡查和卫片执法检查中，发现违法违规用地行为的，应严肃查处。对于未经审核同意的设施农用地，要依法依规进行处理。不符合设施农业用地规定的，要恢复土地原状；符合规定的，处理到位后确需用地的，按规定完善用地手续。

对于已经审核同意的设施农用地，擅自改变或变相将设施农用地用于其他非农建设的，擅自扩大设施用地规模的，或擅自改变直接从事或服务于农业生产的设施性质、将设施用于其他经营的，应予及时制止、责令限期纠正和整改；对于逾期未予纠正和整改的，要依法做出行政处罚，恢复土地原状。

（五）乡村集体建设用地的管理办法和使用

农村建设用地是指乡（镇）村建设用地，乡（镇）村建设用地是指乡（镇）村集体经济组织和农村个人投资或集资，进行各项非农业建设所使用的土地。主要包括：乡（镇）村公益事业用地、公共设施用地以及农村居民住宅用地。农村集体建设用地分为三大类：宅基地、公益性公共设施用地和经营性用地。

国土空间规划应当统筹并合理安排集体经营性建设用地布局和用途，依法控制集体经营性建设用地规模，促进集体经营性建设用地的节约集约利用。

鼓励乡村重点产业和项目使用集体经营性建设用地。

国土空间规划确定为工业、商业等经营性用途，且已依法办理土地所有权登记的集体经营性建设用地，土地所有权人可以通过出让、出租等方式交由单位或者个人在一定年限内有偿使用。

土地所有权人拟出让、出租集体经营性建设用地的，县、市人民政府自然资源主管部门应当依据国土空间规划提出拟出让、出租的集体经营性建设用地的规划条件，明确土地界址、面积、用途和开发建设强度等。

县、市人民政府自然资源主管部门应当会同有关部门提出产业准入和生态环境保护要求。

土地所有权人应当依据规划条件、产业准入和生态环境保护要求等，编制集体经营性建设用地出让、出租等方案，并依照《土地管理法》第六十三条的规定，由本集体经济组织形成书面意见，在出让、出租前不少于十个工作日报县、市人民政府。县、市人民政府认为该方案不符合规划条件或者产业准入和生态环境保护要求等的，应当在收到方案后五个工作日内提出修改意见。土地所有权人应当按照市、县人民政府的意见进行修改。

集体经营性建设用地出让、出租等方案应当载明宗地的土地界址、面积、用途、规划条件、产业准入和生态环境保护要求、使用期限、交易方式、入市价格、集体收益分配安排等内容。

土地所有权人应当依据集体经营性建设用地出让、出租等方案，以招标、拍卖、挂牌或者协议等方式确定土地使用者，双方应当签订书面合同，载明土地界址、面积、用途、规划条件、使用期限、交易价款支付、交地时间和开工竣工期限、产业准入和生态环境保护要求，约定提前收回的条件、补偿方式、土地使用权届满续期和地上建筑物、构筑物等附着物处理方式，以及违约责任和解决争议的方法等，并报县、市人民政府自然资源主管部门备案。未依法将规划条件、产业准入和生态环境保护要求纳入合同的，合同无效；造成损失的，依法承担民事责任。合同示范文本由国务院自然资源主管部门制定。

集体经营性建设用地使用者应当按照约定及时支付集体经营性

建设用地价款，并依法缴纳相关税费，对集体经营性建设用地使用权以及依法利用集体经营性建设用地建造的建筑物、构筑物及其附属设施的所有权，依法申请办理不动产登记。

通过出让等方式取得的集体经营性建设用地使用权依法转让、互换、出资、赠与或者抵押的，双方应当签订书面合同，并书面通知土地所有权人。

集体经营性建设用地的出租，集体建设用地使用权的出让及其最高年限、转让、互换、出资、赠与、抵押等，参照同类用途的国有建设用地执行，法律、行政法规另有规定的除外。

七、如何获取农用地

（一）通过土地转让

土地转让是土地所有权或使用权有偿或无偿地由甲转给乙的行为。在土地私有制条件下，土地买卖、土地出租等属于有偿转让；土地赠与、土地遗赠等属于无偿转让。实行永佃制时，土地所有权属于地主，农民依约获得永久的土地使用权，包括可以通过继承、出租、出卖的方式转让给他人。我国实行社会主义土地公有制后，国家禁止非法租赁、转让、买卖或变相买卖土地。

①土地所有人将土地所有权有偿或无偿地转移给他人。有偿的是买卖，无偿的是赠与或遗赠。土地使用权转让行为只能发生在土地私有制的社会里，我国在农业、手工业和资本主义工商业社会主义改造基本完成之后，土地变私有制为公有制，因而不允许土地使用权转让。但是土地的使用权可以依法转让，受让人仅对土地享有使用权，而所有权仍属于国家或集体。

②在土地家庭承包经营的情况下，土地使用权转让指承包人自找对象，由第三者代替自己向发包人履行承包合同的行为。转让的合同内容虽无改变，但是变更了承包人，终结了原承包人与发包人的权利义务关系，确立了受让人与发包人的权利义务关系。土地承包经营权转让时，承包方与第三者应订立书面协议。

相关土地使用权转让税率：转让土地使用权，按"转让无形资产"税目缴纳营业税，税率为5%。转让建筑物有限产权或永久使用权，将不动产无偿赠与他人的行为视同销售不动产，按5%的税率缴纳营业税。

（二）通过土地租赁

土地租赁是某一土地的所有者所有权与土地使用者使用权在一定时期内相分离，土地使用者在使用土地期间向土地所有者支付租金，期满后，土地使用者归还土地的一种经济活动。随着土地使用制度改革的深化，我国土地租赁存在着两种不同的方式。

①国有土地租赁。

②土地使用权出租。

国有土地租赁和土地使用权出租都是国有土地有偿使用的方式。在土地管理法规中，国有土地租赁的概念在1998年2月17日发布的《国有企业改革中划拨土地使用权管理暂行规定》（原国家土地管理局第8号令）首次被提出并予以界定的，而且被规定为国家处置土地资产的方式。

1998年12月24日颁布的《土地管理法实施条例》已经将国有土地租赁明确规定为国有土地有偿使用的一种方式。

1999年7月27日国土资源部颁发的《规范国有土地租赁若干意

见》（以下简称《意见》）第一条规定："国有土地租赁是指国家将国有土地出租给使用者使用，由土地使用者与县级以上人民政府土地行政主管部门签订一定年期的土地租赁合同，并支付租金的行为。国有土地租赁是国有土地有偿使用的一种形式，是出让方式的补充。"《意见》第六条规定："国有土地租赁，承租人取得承租土地使用权。"土地使用权出租的标的物具有复合性，即不仅包括土地使用权，还包括土地上的建筑物及其他附着物。当出租地上建筑物、其他附着物时，其范围内的土地使用权随之出租，同时，出租土地使用权时，其地上建筑物、其他附着物也随之出租。土地出租一般是同房屋租赁结合在一起的，单纯的场地出租行为在整个土地使用权出租市场中比较少。

由于在土地使用权出租中，土地使用权及地上建筑物、其他附着物所有权不发生转移，承租人以支付租金为代价取得对土地及地上建筑物、其他附着物一定期限使用的权利，期限通常较短，投资相对较少，方便灵活，出租人则通过承租人支付的租金收回投资，因而土地使用权出租十分普遍，具体形式也有多种多样。如商业柜台出租、各种铺面出租和住房出租等，都包含着土地使用权的出租。

（三）通过土地作价入股

国家以土地使用权作价入股，是指国家以一定年期的国有土地使用权作价，作为出资投入改组后的新设企业。国家以土地使用权作价出资（入股），是指国家以一定年期的国有土地使用权作价，作为出资投入改组后的新设企业，该土地使用权由新设企业持有，可以依照土地管理法律、法规关于出让土地使用权的规定转让、出租、抵押。土地使用权作价出资（入股）形成的国家股股权，按照国有资产投资主体由有批准权的人民政府土地管理部门委托有资格的国有股权持股单位统一持有（图7-3）。

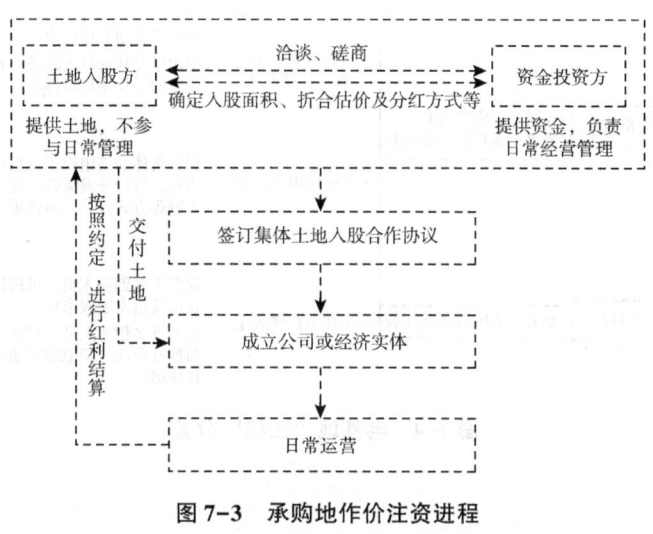

图7-3 承购地作价注资进程

（四）宅基地入市（目前仅限于试点地区）

农村宅基地允许入市是在《关于建立健全城乡融合发展体制机制和政策体系的意见》（以下简称《意见》）：允许村集体在农民自愿前提下，依法把有偿收回的闲置宅基地、废弃的集体公益性建设用地转变为集体经营性建设用地入市。国家发展改革委在解读《意见》时仍然强调，"城里人到农村买宅基地的口子不能开，按规划严格实行土地用途管理的原则不能突破，严格禁止下乡利用农村宅基地建设别墅大院和私人会馆"三大原则。政策力度最大的是，"允许村集体在农民自愿前提下，依法把有偿收回的闲置宅基地、废弃的集体公益性建设用地转变为集体经营性建设用地入市"（图

7-4)。

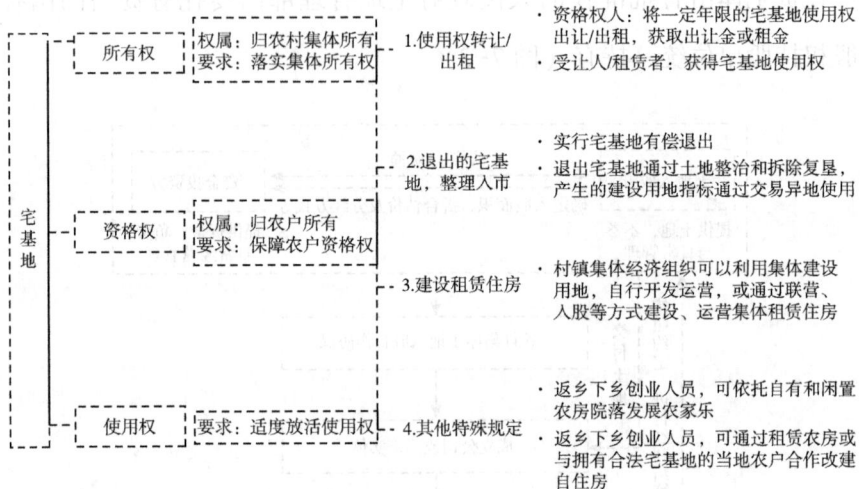

图7-4 宅基地"三权"分置

第八章　开拓通道，巩固加入担保的金融体系

农业金融，有关农业的货币资金的融通。指与农业生产有关的货币流通与信用活动。如农村储蓄存款的吸收和支付，农业贷款的发放和收回，以及两地资金的汇兑往来等。发展农业金融，有利于农业资金周转，促进农业生产的发展。

钱、地、人是乡村振兴策略落地施行的有力支撑。此间，农业乡镇"筹资贵""筹资难"的难题，给乡村成长所带来的约束愈来愈鲜明。在中国传统社会"欺贫爱富"的守旧金融体系中，收成相对较低的农户并非其服务目标。特别是在村镇生产运营形势单调、收成不牢固、缺乏规范化典质物及征信体系的实际前提下，固有金融单位对涉农借贷的审慎立场就可以理解。编者以为，在乡村振兴策略的缓缓推动之下，村镇市场要求的日益完善，全数利好策略的接续加成，以及互联网、AI、区划链等新技术的强悍侵占下，上述发展状况在临近几年会得到有效改良，乡镇金融会迈进黄金村镇时段。本章在归纳华夏村镇金融成长近况的基础上，联合推行，提议了村镇金融的五大革新生长形势，以期给未来的村镇金融革新供给鉴戒。

一、中国农村金融的发展现状

（一）每年增加渐至20%，但缺口依旧很大的涉农借贷盈余总数

农业贷款简称"农贷"。农业银行和其他农村金融机构对农业生产所需资金发放贷款的总称。贷款对象是国营农业企业、集体农业企业和农户。国营农业企业贷款包括：国营农业企业流动资金贷款、国营农业企业投资性贷款、农办工商企业技术改造贷款和家庭农场贷款。集体农业企业贷款包括：集体农业生产费用贷款、集体农业生产设备贷款、乡镇企业贷款、信用合作社贷款和农民个人贷款。

中国人民银行颁布的《中国农村金融服务报告（2016）》揭示，自2007年创设涉农借贷统计伊始，全部金融部门涉农借贷盈余叠加增加361.7%，9年间平均年增幅为18.8%。涉农借贷盈余自2007年底的6.1万亿元扩充至2016年底的28.2万亿元，各项借贷的比例自22%提高至26.5%。可这一规模依旧不能满足广大乡村区域的需要，调查指出，40%以上有金融需要的农民仍无法借贷，金额欠缺很大。这一欠缺的填补，所需的不单单是各金融部门追加发款额，更主要的取决于村镇金融规制的革新。

（二）金融基础设施建设纵然持续完善，可仍是多数金融部门不想参与的心结

金融基础设施的修筑涵盖多个层面，其中支拨体系同信誉体系是影响信贷最主要的成分。关于我国农村地域来讲，这两个层面的成长均相对羸弱。乡镇地区的金融部门运营网点笼盖密度不够大，农民在买卖上依旧是用现金居多，银行卡取代存折正在极力推广。近些年

伴随互联网与移动智能电话的普及，移动支付、网上银行等各类革新型支付形式在乡村得到了火速推进，可是运用目标重点汇聚在40岁之下群体，普及率并不高，特别是边远村镇地区的住户基本得不到服务，有的甚至还不知道什么是网上支付。

征信体系不足素来是我国农村金融成长的最大掣肘。我国大多数村镇区域住户的经济状态、信誉实录皆为一片空白，信息不对等及农民收入的不平稳性，致使许多金融部门在风险的担忧下拒绝下沉村镇。另外，村民寓居星散，信息网罗不易，纵然金融机构同意服务村镇金融这片市场，也面临着昂贵的风险成本。从中国人民银行、中国银监会披露的信息来看，近些年，中国村镇人员的信誉建档户数增长缓慢，直至2016年终，全国累计为1.72亿农户缔造信誉档案，占全国农户数目的近30%（图8-1）。信誉体系愈来愈完备，是中国村镇金融成长的枢纽。

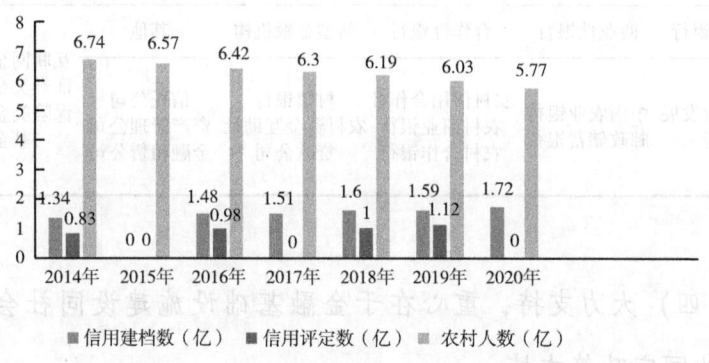

图8-1 近年我国村镇人员信誉建档情况

（三）在互联网技术的加持下，逐渐呈现出多元化格局的供给主体

改革开放初期，所有的村镇金融市场几近被中国农业银行把控。

20世纪80年代中叶，伴着乡镇实业的飞速兴起，村镇金融服务的需要大大增多，金融部门数量开始增加，大致达成了以中国农业发展银行为象征的策略金融、以中国农业银行做象征的贸易金融，乃至以农村信用社做象征的协作金融组合的金融体系。2005年邮政储蓄银行归于农村，2006年之后，村镇银行、借贷公司及村镇资金协作社等新式村镇金融部门慢慢崭露头角。近些年互联网在村镇区域大规模建设，都市文化与村镇固有思想持续摩擦出火花，以此为本源冲破固有金融，兴起了公益理财助农、农村P2P、农村消费经济、农业产业链经济、电商经济等诸多互联网经济形式，变成固有金融的有用填充，有效推进了村镇金融发展。现今中国村镇金融首要供给体系详见表8-1。

表8-1 我国农村经济首要供给体系

银行类					非银行类
政策性银行	商业性银行	合作性银行	新型金融机构	其他	互联网金融机构 证券类金融机构 保险类金融机构 基金会
中国农业发展银行	中国农业银行 邮政储蓄银行	农村信用合作社 农村商业银行 农村合作银行	村镇银行 农村资金互助社 贷款公司	信托公司 资产管理公司 金融租赁公司	

（四）大力支持，重心在于金融基础设施建设同社会资本盘活的国家政策支持

农业金融对国家策略仰仗度较高，临近几年国家在策略层面予以了村镇金融极大的支持。首要展现在以下四个层面。

1. 关于借贷包保体系的构建

2015年农业部、财政部、银监会商榷拟定了《关于财政支持建

立农业信贷担保体系的指导意见》，提议以"地方先行、中央支持、专注农业、市场运作、银担共赢"为纲目，三年内设立健全拥有中国特色、覆盖全国的农事借贷包保体系构架。2017年，银监会、农业部、财政部又颁发了《关于做好全国农业信贷担保工作的通知》，进一步明晰了财务支持策略。

2. 关于信誉体系的缔造

国务院公布的《社会信用体系建设规划纲要（2014—2020年）》，呼吁"开展农村信用体系建设工程""为农户、农场、农民合作社、休闲农业和农产品生产、加工企业等农村社会成员建立信用档案，夯实农村信用体系建设的基础"。2015年中国人民银行颁布了《关于全面推进中小企业和农村信用体系建设的意见》，提议要构建以"数据库+网络"为中心的信誉信息服务平台。

3. 关于普惠经济的成长

2015年底国务院颁布了《推进普惠金融发展规划（2016—2020年）》，以"银行机构、新型金融机构、保险公司"做本体，给小微企业、城镇低收入群众、贫困群众、农民和残疾人、老年人等给予价钱公道、简洁安全的经济服务。

4. 关于社团资金的盘活

2016年11月，国家发展改革委印发的《全国农村经济发展"十三五"规划》，提议加速建设健全农村金融体系等三项详尽举措。2017年，财政部与农业部联合下发了《关于深入推进农业领域政府和社会资本合作的实施意见》，注重引导和鼓励社会资本参与农业绿色发展、现代农业产业园、高标准农田建设、农产品物流与交易平台、田园综合体、"互联网+"现代农业六大领域。2016年中央一号文件、2017年中央一号文件皆提议引导互联网金融、移动金融在农村规范发展。

二、乡村振兴战略助推村镇金融多样化发展

乡村振兴战略提出的时间虽然并不久远，可是从当前村镇成长所表露出来的新特质看，已然能够预见未来的成长走势：乡村的固有经济构造将达成大革新，种植养殖、商业文化运营、农产品制作生产、旅行运营、快运仓储进展等运营行径，伴着村镇一二三产业资产的联通，会出现愈来愈多的资金需要；农业将想要达到适宜的规模化运营，需大中型农具、规模化产出质料、智慧化农事管理体系的采买与搭建；伴着农民的持续丰收，他们对经济的需要也会慢慢从单调的存储转化为产业的增值；转包地、宅基地的"三权"拆分，致使村镇缺乏规范化抵押物的弊端一通百通……农村金融素来都是当代农事与当代村镇成长的首要支持，未来将施展更大的经济发展动力。可这需要更多资金投入，需要更多借贷产品的发布，也需要更多革新形势的探求。

三、中国村镇金融的五大创新生长形势

（一）银行借贷

农业贷款是商品经济一定程度发展的产物。在商品经济不发达的封建社会，农业经营者借入资金多来自高利贷。到资本主义社会，高利贷为借贷资本所代替，农村中信用合作组织也发展起来，农业贷款多由银行和信用合作组织提供。随着农业现代化的发展，农业生产单位所需资金不断增加，发放农业贷款的机构、项目、数量也显著增

加。有的国家不但商业银行、农业专业银行和信用合作组织发放，同时政府还另设专门的农贷机构提供。贷款期限先是短期，以后又增加中期、长期。贷款项目也多种多样，如生产资料的购置，农田水利基本建设，农产品加工、储藏、运销，以及农民家计、农村公共设施建设，等等。

在西方国家以及旧中国，农业贷款一般为抵押贷款，中长期贷款多以土地为抵押，短期贷款则多以预期收获的农产品为抵押。在社会主义国家一般为信用贷款。

银行有着极强的资金接纳和输送的力量，但是自改革开放至今，撇开中国农业银行、中国农业发展银行及邮政储蓄银行在国家政策的推动下，下沉到农村地区来支撑农村成长外，在村镇金融的生长进程中，其余贸易性银行受限于农村缺乏抵押物、借贷本金高、危机大等因素，并不曾展现很大效力，颇有无法施展拳脚及浑水摸鱼的情况。在"三农"政策持续利好，特别是国家施行乡村振兴战略，村镇保障体系、信誉体系等金融基础建设和境况持续完备，乃至田地确权等的鼓动下，限制银行借贷的一些阻力会缓缓减弱，银行借贷会变作村镇金融成长的一种主要形式。就现阶段我国农业经济发展的实际情况看，贷款对象包括以下几种。

①国有农业企业。包括农垦、农业、林业、畜牧、水产、水利、华侨、农机、气象、解放军总后勤部、国防科工委以及其他系统所属的国有农林牧渔场；国有农办工业、商业、物资供销、服务业、交通运输业、建筑业、采矿业、农机修造业等企业；各种农业的企业集团、租赁企业、股份企业、中外合资企业以及实行企业化经营的全民所有制事业单位。

②农业生产集体经济组织。包括农村从事农、林、牧、副、渔业及为农业产前、产中、产后服务的集体经济组织。

③农村生产合作经济组织。包括各种形式，各种规模的经济联合体。

④农户。包括农业承包户，自营户和从事农、林、牧、副、渔、工商业经营的农村居民。

农村信用合作社现行金融统计制度中，把农业贷款分为农业短期贷款和农业中长期贷款。一是农业短期贷款是指贷款期限在一年以内（含一年）的短期农业流动资金贷款，这类贷款主要用于农业生产费用、农副产品加工及运销和农业科技活动等方面；二是农业中长期贷款是指贷款期限在一年以上的贷款，主要是用于农业固定资产投资方面的贷款。

①"银行、政府与包保机构"模式，即银行同政府、农业信贷包保部门联手协作，建立合理的危机分摊体系及益处共分体系，在包保企业对借贷名目实行包保的本源上，银行予以农户借贷，进而减轻银行农业借贷的本金和风险。农业借贷包保公司，是由政府财政支持设立的，为国家级、省级及市县级三级体系。现今国家农业信贷担保联盟有限责任公司已建构，省级农业信贷担保公司已构筑完备施行，并起步朝县市蔓延。伴着包保部门的稳步下降，将达到银担协作互赢、财务金融联合支持的优良情势。

②"银行、政府与保险"模式，即银行同政府、保险公司联手协作，银行发给农户借贷，保障企业对借贷本身的到期践约偿还实力给予保障，并担负借贷协商抵偿义务（若由保障企业优先替告贷人清偿差价部分），当局给予保费津贴、贴息津贴及危机抵偿支持

体制。

③"银行与政府"模式，即银行同政府携手，由政府财政给予银行风险抵偿资金，银行以比值放大借款界限，为借款主体予以借贷服务，当发生不能依约准时偿还时，自危机抵偿金中予以抵偿。素来银行借贷范围愈大，危机抵偿金的比值就愈高，进而得到财务资金给银行借贷的勉励功用。

④"银行与企业"模式，即银行与龙头实业的携手，以龙头实业为重心，给其上下层各枢纽的主体（譬如上层的农户、下层的运营商等）予以金融服务，运用产业链优势掌控危机。龙头实业在这一形势里起到了紧要的效用，一方面其优异的信誉能够为上下层借贷本体授信，另一方面其掌控了上下层运营主体相对正确的信息，能辅助银行进行风险防控，规避可能会出现的风险。同时，资产链式的集资模板，还能把当收账目、预拨款等财产当作抵押，唤醒无形产业的价格。

⑤两权抵押模式，即以村镇转包土地的运营权及农民住宅产业权（通常需要农民住宅拥有权、所拥有的宅基地运用权同步抵押）当作抵押，由银行朝土地经营权拥有者及房屋拥有人发放借贷。2016年国家对试点县（市、区）开展了农地抵押贷款和农房抵押贷款试行，伴着村镇转承土地"三权"拆分的大规模执行，2018年中央一号文件中首提的宅基地"三权"分置，这一金融形势会得到新的成长能源。此外，刨除两权外，大型农用具、预估获利权、林权也能够当作抵押物。

现今，部分有着创新意识的新型平台也把目光转移到这一金融形势上来，譬如京东入股的聚土网隶属的聚土贷，仰仗其土地流动的中枢交易，特意给村镇、农业、农民予金融借贷，只需要有地抑或有房,就能够得到最多 50 万元的低利息借贷。

(二) 小额借贷

作为一种无担保、运用灵便、无抵押、额度小的借贷形式,小额借贷着重对低收入集体及小型实业服务,是对固有金融部门借贷形式的一类重点补足。这一形式的优越之处在于:一是简洁易运作,不需要抵押物,重点靠信誉或担保;二是合用于原本被固有金融部门摒除在外的一般农户,为普惠金融的一类重点形式。

现今这类金融形式的主要供应者涵盖各大银行、村镇的合作社、信用社及小额信贷公司等传统及新式村镇金融部门。农村信用合作社在村镇小额借贷里有着支配效用,也是推动此类交易最早的部门,依靠农户的信誉为根本,向符合前提要求的农户予以不必抵押和担保的借贷。小额信贷公司仅贷不存,是活化民间资金与金融的一个主要形式。近些年在互联网的推动下,小额借贷企业成长飞速,在 2017 年底已有 8 551 家。

(三) 互联网金融

1. 电商平台与村镇金融,电商平台支持下的互联网金融模式

国内常见的互联网金融是以社交网络、云计算、云支付、搜索引擎为平台和工具,来实现支付、资金融通等业务的金融模式。随着人们需求的逐渐增大,国内出现了以京东商城、腾讯财付通、阿里巴巴支付宝为代表的电商金融模式,这些年来,电商金融在国内的发展有目共睹,电商形式也逐渐从单一化向多元化转变。无论是参与深度、参与广度,还是对社会经济的影响,电商金融模式在所有互联网金融都是首屈一指。因此,我们有必要对电商平台下的互联网金融做深入研究,探讨电商金融的风险和发展现状,采取有效措施改善现状、防

范风险，使电商金融逐步完善。

凭借积攒了大量数据和客户的电商平台京东、阿里巴巴、微粒贷及人人贷作代表，仰仗产业链上的核心实业，利用自有的或协作的金融部门获取资金，并依据平台及供应商提供的消费者信誉数据与消费数据，形成信誉风控模型，为各类不同的客户给予网上借贷服务，进而打通农业种植和养殖、农产品销售、农资销售产业链，形成源于电商平台的体系完善的资金闭环，详见图8-2。

这一模式的重点优势在于：第一，不再用传统操作模式下的线下人员四处推广宣传的形式，仰仗于电商平台的大范围客流量，获客成本较小且相对容易；第二，使用电商平台形成的大数据，对客户的信誉、偿付实力等有相对真实的了解，为信誉风控奠定基础；第三，不需抵押物，主要按信用进行借贷，可快速解决农村、农业、农民借贷难的问题；第四，在电商平台上，达成了资金在产业链上的闭路回环。但只限购置电商平台上的农资的这一模式运用对于相对闭塞地区的农户来说并不便捷。

小型企业融资困难，用户贷款困难，是电商金融出现的最重要因素，电子商务平台为供货商提供了完善的供货结算系统，同时向小型企业和个人用户提供金融服务产品，利用金融服务产品便捷、创新的特点，开展面向小型企业和个人用户的融资、贷款业务。这样做不仅可以将供货商和电商平台牢固地捆在一起，还可以为用户提供可持续、有效的金融服务。

2. 大型农业服务商与村镇金融，农业服务商支持下的链式金融形式

农业供应链金融是近年来农业金融服务中出现的新型融资模式，

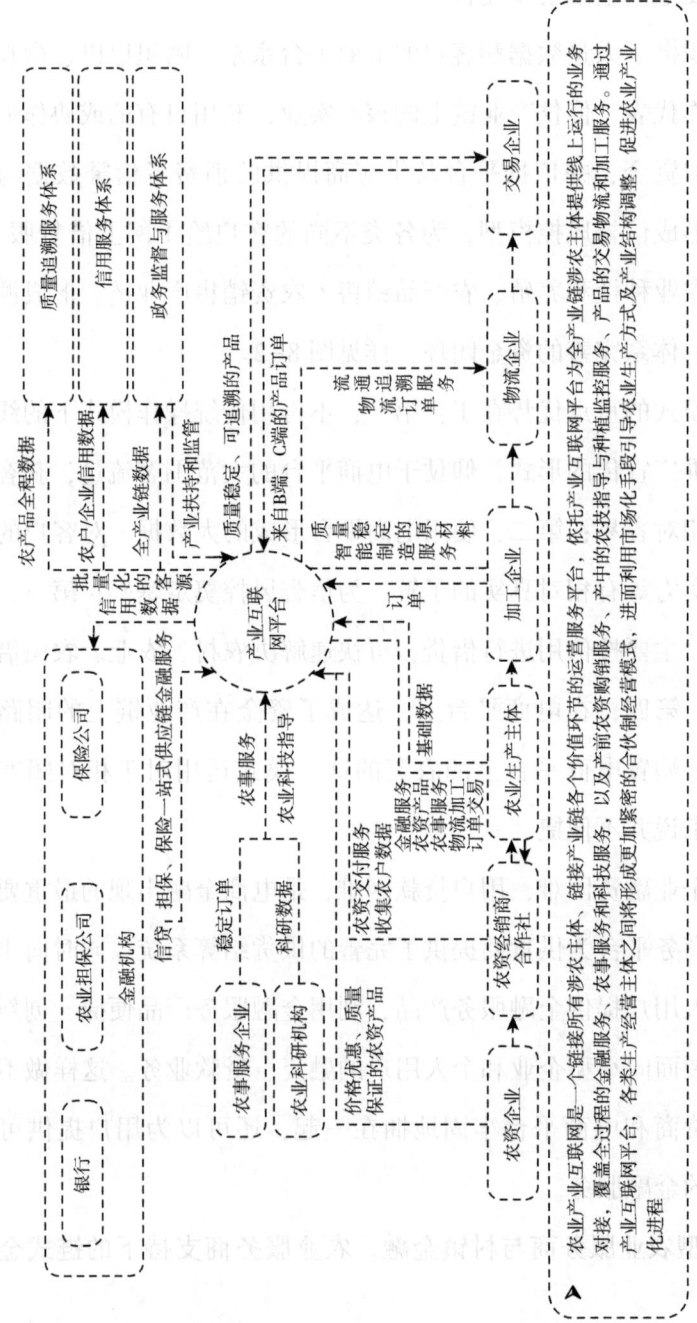

图8-2 电商平台支持下的互联网金融模式

与传统农业贷款融资方式相比，这种融资模式改变了金融机构与农户一对一的传统授信方式，着眼于整个农业供应链，以产业链中的农业企业为中心，以农业合作组织为依托，从农业生产资料购进到农产品生产、加工、销售各环节，为产业链整体运行提供金融支持。在这种模式下，农户不再是分散孤立、高风险、低收益的信贷群体，而是与农业企业利益共享与风险共担的优质客户。因此，农业供应链金融服务能有效缓解农户融资困难以及农村金融抑制加剧的问题。

农业供应链金融是农业产业供应链理论与供应链金融理论相结合，所产生的一种服务于整个农业生产、流通环节的新型金融服务模式。对于农业供应链金融理论内涵的把握需要从农业产业供应链与供应链金融两重维度把握。根据物质有无生物属性将农业产业供应链划分为涉农供应链和工业连接型供应链（或称非农原材料供应链，泛工业型供应链）。这种划分方式对整个供应链的运营及物流管理都产生了根本的影响，但农业供应链的概念如同供应链的概念一样，至今尚未在理论界得到统一。

一般认为农业价值链、涉农供应链、农产品供应链及农业物流网络等概念所指相同，可统称为农业供应链。它包含农业生产的产前采购环节、农副业的种植和养殖环节、农产品加工环节、流通环节以及最终消费环节等，所涉及的所有组织和个人的网络结构，即"从种子到餐桌"的过程。现代农业在经营上，是以市场经济为导向，以利益机制为联结，以龙头企业为核心，实行产销一体化经营。龙头企业是供应链中的核心企业，对整条链起主要的组织管理和控制作用，龙头企业主导整个供应链对市场需求变化进行反应，也是链中利益分配的主导者。农业产业加工后进入流通环节，进入方式有经销商直接采购、批发中心集中交易、物流中心配送等方式。物流的方向是自上游到下游，而资金流向则是相反，由最下游的消费者到最上游的农户，最终消费者是供应链资金流的最终来源。现代农业要求"物商分离"，由第三方物流企业（3PL）来执行产品由分散到集中、再配送到销售终端的过程，借助3PL专业化物流服务，可使得物流成本和服务水平达到最佳的平衡。

大北农、新希望等"三农"服务商凭借着累年深耕农业区域的数据蕴储、线下资源优势，以自身达到的自有供应链为中心，利用互联网技术，打通金融枢纽，给上下游企业及农户予以借款、支付、保险等服务，达成自产业至金融的拓展与延伸，详见图8-3。

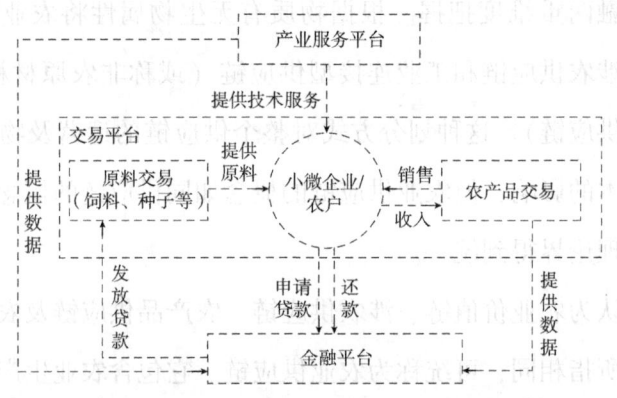

图8-3 农业服务商支撑下的链式金融形式

这一形式的主要优点在于：

掌握更加精确的经销商及养殖户大数据信息，对风险掌控的优点很大。

拥有持久协作的个体经营户、农户、小微企业等客户群体，获客安稳且本金较小。

不需任何的抵押物，依凭本身缔造的产业服务链便可推进，运作便捷。这一模式的限制性在于范围较小，只好仰仗本身业务进展，例如对以饲料制品生产销售及农作物种子培植推广为中心业务的大北农来说，对于某些需要农机设备农户的大型农具配置集资不能达成。

农产品、农业生产资料和农民日用消费品的生产和流通过程中，通过对信息流、物流、资金流的控制，涉及原材料、中间产品、产成品，并最后由销售网络把产品送到消费者手中，将农户、分销商、零售商、最终消费者连成一个整体的功能网链结构体系称为农业流通体系，它包括农产品供应链、农村生产资料供应链和农村消费品供应链。农业供应链金融对重塑农业流通体系的结构、流程、规模和质量具有举足轻重的作用，集中体现在农业流通体系的供应链重塑。

农业供应链金融对农业流通体系还具有其他功能：

①农业供应链金融有助于提供发达的设备装备。表现为农田基础设施好、排灌条件优越、机械化程度高、农业设施先进、农业投入质优价低等。

②农业供应链金融有助于促进技术革新。表现为运用先进科学的生产方法使农产品更为高产优质。

③农业供应链金融有助于提高组织经营管理效率产前、产中、产后的经营管理水平，产、供、销、加等各个环节连接密切，组织方式科学合理，使得整个农产品生产营销系统成本低、效率高。

④农业供应链金融有助于完善服务体系。指政府的支持和服务体系完善，能够帮助农业生产者和经营者克服市场机制的不足，解决那些仅仅依靠市场机制解决不了和解决不好的事项，如农业科研和推广、食品质量监控等。

⑤农业供应链金融有助于增加资金供给不断改进的农业供应链金融体系。有助于农资生产商、农户、中间物流商、加工企业等各环节主体更容易获得资金支持，增加资金供给，有助于化解资金需求得不到满足的困难和矛盾。

综上分析，农业供应链金融是金融机构根据农业产业链结构特征，将产业链上的农户、农业企业、合作组织整体绑定，利用产业链上的农业企业信用与合作组织担保提高农户信用水平，通过设计相应的贷款协议和其他金融服务，将单个主体的不可控风险转变为产业链整体的可控风险，以此满足产业链各环节融资需求的一种系统性融资安排。农业供应链金融的基本含义和主要作用包括把产业供应链上的相关企业、农户作为一个整体，根据交易中构成的链条关系和行业特点设定融资方案，将资金有效注入相对弱势的小企业或农户，提供资金理财服务，提升农业供应链的群体竞争力，拉长农业产业价值链。

3. 信誉借贷与移动支付模式，纯网络金融平台形式

移动支付、账户预存款、货币汇兑、中间业务、供应链金融、互联网信贷、互联网支付货币等由电商和P2P网络提供的金融业务，我们将其统称为电商金融。电商金融和传统金融有着非常明显的区别，两者除了媒介不同外，电商金融操作便捷、成本低、参与度高、透明度强等特点是传统金融无法比拟的。电商金融秉着"协作、平等、分享"的原则，这也是近年来电商金融在国内得以快速发展的重要因素，电商金融正在以自己先进、开放的特点改变着我们的生活。

电商金融纯互联网金融平台运用云计算、大数据、物联网等新技

术，依托平台自有本金（通常以理财形式进行吸纳）或同小贷公司、银行等金融部门乃至资管公司携手，破解固有金融模式在借贷层面的限定，进而给"三农"带来灵便、迅捷、本金较低的小额借贷产品，详见图8-4。

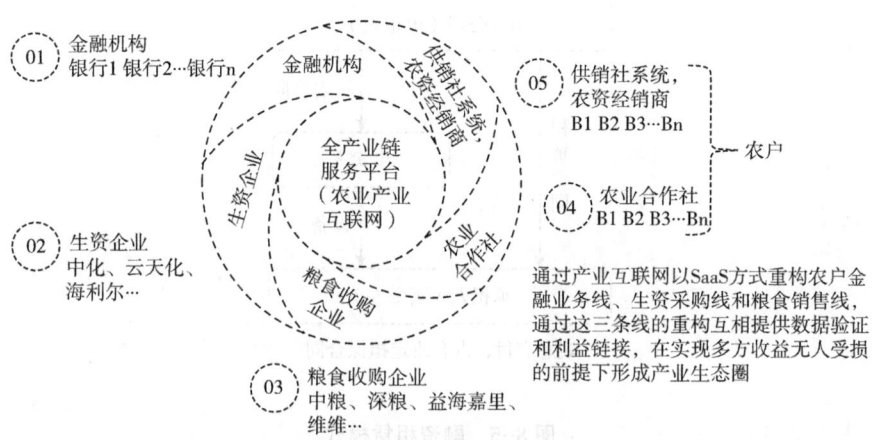

图8-4 纯互联网金融平台形式

这一形式的优点在于方便、能线上操作、灵便、覆盖范围广、不需抵押物，可借贷限额遭信用等级的制约。此外，这一形式的运营有两个关键点的束缚：一是较小成本资金的获得；二是经营方的危机掌控能力。对于纯互联网金融平台来讲，面对缺乏征信系统的农村地区，没有存储了大批数据的电商平台同产业服务平台的支持，风控成本极高，甚至无法掌握相关的征信信息。

（四）融资租赁

融资租赁是国际上最普遍、最基本的非银行金融形式。它是指出租人根据承租人（用户）的请求，与第三方（供货商）订立供货合同，根据此合同，出租人出资向供货商购买承租人选定的设备。同时，出租人与承租人签订一项租赁合同，将设备出租给承租人，并向承租人收取一定的租金，详见图8-5。

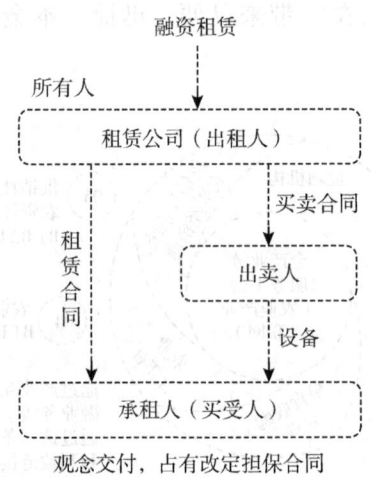

图8-5 融资租赁模式

融资租赁是指出租人根据承租人对租赁物件的特定要求和对供货人的选择，出资向供货人购买租赁物件，并租给承租人使用，承租人则分期向出租人支付租金，在租赁期内租赁物件的所有权属于出租人所有，承租人拥有租赁物件的使用权。租期届满，租金支付完毕并且承租人根据融资租赁合同的规定履行完全部义务后，对租赁物的归属没有约定的或者约定不明的，可以协议补充；不能达成补充协议的，按照合同有关条款或者交易习惯确定，仍然不能确定的，租赁物件所有权归出租人所有。

融资租赁是集融资与融物、贸易与技术更新于一体的新型金融产业。由于其融资与融物相结合的特点，出现问题时租赁公司可以回收、处理租赁物，因而在办理融资时对企业资信和担保的要求不高，所以非常适合中小企业融资。

中国的融资租赁是改革开放政策的产物。改革开放后，为扩大国际经济技术合作与交流，开辟利用外资的新渠道，吸收和引进国外的先进技术和设备，1980年中国国际信托投资公司引进租赁方式。1981年4月第一家合资租赁公司中国东方租赁有限公司成立，同年7月，中国租赁公司成立。这些公司的成立，标志着中国融资租赁业的诞生。

融资租赁是现代化大生产条件下产生的实物信用与银行信用相结合的新型金融服务形式，是集金融、贸易、服务于一体的跨领域、跨部门的交叉行业。大力推进融资租赁发展，有利于转变经济发展方式，促进二三产业融合发展，对于加快商品流通、扩大内需、促进技术更新、缓解中小企业融资困难、提高资源配置效率等方面发挥重要作用。积极发展融资租赁业，是我国现代经济发展的必然选择。

乡村振兴战略第一个五年，融资租赁在我国经济发展中的作用和地位将越来越重要，融资租赁业在中国经济中的分量将越来越大。随着中国经济的持续发展，依托越来越强大的中国实体经济，未来融资租赁业必将成为我国服务业中的主流业态。而随着经营水平和能力的不断提升，将有一批租赁公司能够脱颖而出而跻身中国乃至世界一流企业行列。

融资租用在大型农机设备的采购上是"三农"方面的运用主要展现，2014年农业部推动了关于集资租用大型农业器械的试点工作。施行中，小型农机具采购及配置大棚的修建也逐渐开始采纳这一形式。融资租赁以融资租赁公司（租借人）为枢纽及整体服务商，在承租人交过首付资金后，租借人把余额给予农机厂家或销售商，承租人对此农具有使用权,并用一定时限把余额及利率交给融资租赁公司,还清后便能得到农机的所有权(图8-6)。利率部分通常国家将予以财政贴补。相对价钱昂贵的农具来讲,农人由"全款采购"改为"先租再买",在一定程度上能够减轻资金压力。

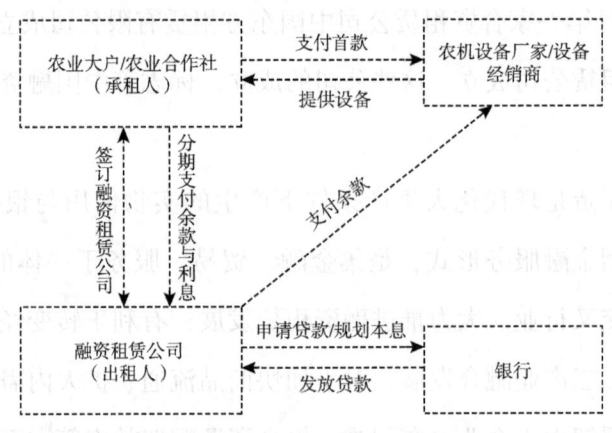

图 8-6　融资租用形式

(五)众筹方式

缺乏资金的公司抑或个人,凭借互联网平台,发布筹措项目,通过有意向人士对企业的使用权、产品或是个人手中的企业股权等的购置,达成资金筹措。2017年"开始吧"上推动的"袁米众筹"项目备受瞩目,推出仅5分钟就认购375万元。有媒体透露,农业类众筹必然会引领此后多年的众筹行业。

这种创新的筹措形式既处理了资金问题,又处理了农产品营销的"通路"问题,让农产品从线下进到城里。同期也能被都市投资人在理念、需求、技术等方面的优势高效融合至产品开发同设想中。

第九章 乡村的管理及公共服务构建安全的村镇社会

乡村管理是乡村振兴必不可少的主要内容之一，不单关系着农村改革成长，更关系到党在农村的执政基础，浸染农村社会局势稳固。要把村镇管理同提升国家治理及管理体系、推动乡村振兴的大局来解析筹谋，持续完善制度结构及策略体系，促进治理村镇的工作方法构建，且一定要务实可行。

现今，"三农"工作核心已然逐步转向全面促进乡村振兴。要积极顺应新情势新条款，对增强和改进村镇治理的重要含义有足够的认知，进一步统一思想、提高认识，真真正正担起村镇管理的使命、职责，把工作进一步加以落实。

这是总书记关心、党中央重视的一件大事，要从讲政治的高度来认识。党的十八大以来，习近平总书记作出一系列对乡村管理工作的重要论述，反复重申要创新乡村治理体系，走乡村善治之路；健全自治、法治、德治相结合的乡村治理体系，让农村社会既充满活力又和谐有序；改善农民精神风貌，提高乡村社会文明程度。近年来乡村治理作为一项重点工作在中央一号文件里反复部署，2019年中共中央办公厅、国务院办公厅专门印发了《关于加强和改进乡村治理的指导意见》。村镇治理是外部性很强的基础职责，是重大的政治、群众、社会性工作。搞好了就是正外部性，农村祥和安稳，农民安居乐业踊跃进取，就能稳固党在农村的执政基础，稳固农村这个策略后院，确保乡村振兴行稳致远。搞不好就成了负外部性，可能致使人心涣散，乃至激化矛盾导致社会不稳定。新中国成立至今，农村可以保持稳定，我们党始终高度注重乡村治理工作是一条极重要的经验。新阶段新征途，我们面临的外界环境愈加错综复杂，改革发展维稳任务愈加艰辛沉重，更需要增进及改良乡村管理，依善治村镇为各种局面给予基础支撑。

这是全面推进乡村振兴、加快农业农村现代化的一件要事，要从系统谋划、统筹推进的角度来对待。乡村振兴五大目标二十字方针的总要求，乡风文明、治理有效便占了两条；村镇五大振兴，文化、人才、组织振兴皆为乡村治理的核心要义；农业农村现代化，乡村治理体系及治理能力现代化是必由之路。全面促成乡村振兴，重心便是抓乡村的构建、发展、治理。这三件要事珠联璧合，要系统筹备、协同促成。既要运用产业发展、乡村建设夯实乡村振兴的物质基础，亦要运用提升和改良乡村整治，给予高效组织策动的社会基础及农民进取向善的内生精神力量。村镇产业发展了，老百姓收益增加了，对美好环境、生活品质的需求自然而然就提高标准和要求了，精神文化生活也需得富足起来，不然农民穷极无聊，不是打牌赌钱想着一夜暴富，便是大兴大办婚丧嫁娶谓之是有排面有地位的象征，以致为非法宗教、封建迷信活动留下滋生的土壤。全面促成乡村振兴，"硬件、软件"皆得抓，不可偏废。

作为农业大国,乡村管理是我国当代治理体系中的首要步骤。伴随国家逐年注重"三农"问题的解决,村镇经济在某些程度上得到了迅速发展。可是,在乡村管理的层面却出现了建设赶不及发展步调的局面,农村空心化问题造成了治理力量不够,传统的管理形式无法满足乡村现代化建设的需求,乡村人口构造重组带来多样化权益要求差距。是以,探寻怎样在乡村振兴策略下革新村镇管理形式,是现今村镇社会成长的主要议题。

一、乡村治理必须要面对的实质难题

乡村管理触及的层面多,必须要处理的难题不少。总的思路及核心使命,中央已然作出全盘布局,中央农办、农业农村部亦会与相关机构发布具体调度,要用心抓好贯彻落实。现今,重点是在乡村振兴的新局面新使命下,如何针对性处置显著问题冲突,以点带面促进乡村治理工作更上新阶梯。

推广运用清单制,着力解决村级组织负担重、运行不规范等问题

现今,一些区域各式各样的考核检查花样百出,让人席不暇暖、村级部门压力极大、村级运行不规范等问题着实显著。这些问题不处理好,村级部门运作无章、疲于奔命,村干部皆变作"表哥""表姐",心力全耗于报花样百出的表、打各种各样的卡、迎各层各级的检查上——尤其是近些年受疫情影响,填各种统计表、情况表,各种有关疫情、安全的检查更是应接不暇,没时间给农民群众提供优质服务,更别提搞乡村振兴了。

整饬形式主义,减轻村级部门负担,规范村级运行,最基本的是设置持久措施,对此各地进行了踊跃探索。就现前来看,清单制便是一种使用面积广、务实有用的措施，纵然详尽形态不一，可结合起来，皆是把基层相对应的管理服务事务细化为账单，明晰职责范围、优化服务流程、齐备评价措施，达到规范化、具象化、精细化的制度措施，可以有效推动村级部门迅速标准运作，提升村镇管理功能，易学、能用、好施行。各地要联合本身现状，踊跃有序推行运用。

重点关注农村移风易俗的推动，解决好高价彩礼、人情攀比、厚葬薄养等显著问题。这些问题，民众反响尤其激烈，社会舆情广泛关注，表面看似是小事，但长期积累可能后果很严重。譬如高价彩礼、大兴大办，看起来不过人情世故，可若是听其自流，便会形成攀比成风、挥霍无度等不正之风，农民会背负惨痛的"情面账"。而其引发的负面新闻也是时常发生的：给了天价彩礼之后全家跟着一起还欠债；想在上海某大型游乐园大操大办婚礼，却要求每个来参与的亲朋随天价礼金，还吐槽亲朋好友是穷亲戚；等等。2019年5月，习近平总书记主持中央深化改革委员会议审议通过了《关于进一步推进移风易俗 建设文明乡风的指导意见》。两年以来，各地各机构进行了踊跃探索，取得了良好功效。却也有部分区域陈规陋习仍然"涛声依旧"，"管一管好几天、松一松又回弹"回潮乃至变本加厉，这些都反映出改俗迁风必得持久管、持续管，在思维上形成自发、在制度上达到规制、在民风上形成氛围，百折不挠、落细落小，确实用新俗改旧风。

提高农民组织化程度，探索如何解决乡村社会"散"的问题。现今乡村治理层面的问题，概括来说便是一个"散"字。某些区域村庄缺乏向心力吸引力，"办事没人跟、说话没人理"，有时候村镇干部甚至有一种自己是"孤家寡人"的感觉。要运用组织、发动农民，重构村级党组织的号召力、引领力、领导力，巩固党在农村的执掌基础。

二、把握乡村发展规律，创新完善乡村治理工作方式方法

（一）乡村空心化问题凸显，乡村治理方式滞后

空心村（土地规划术语），农村建设上，在农民新建住宅的过程中，由于村庄规划严重滞后等原因，农村居民点用地往往不能合理、有效地利用。新建住宅大部分都集中在村庄外围，而村庄内却存在大量的空闲宅基地和闲置土地，形成了内空外延的用地状况，即所谓的"空心村"。经济上，空心村是指随着我国城市化和工业化进程，大量的农村青壮年都涌入城市打工，除去过年的十几天，其他的时间均工作在城市、生活在城市。因此，使得留在农村的人口都是老弱病残的现象。因其农村常住人口有如大树之空心，故名之空心村。

探究形成空心村的原因，乃是我国工业化进程和社会主义性质的产物。时至21世纪，中国的现代化进程，尤其工业化进程不可避免。但是，由于我国的社会主义性质，我国在从农业社会向现代工业社会转化过程中，不可能形成英国等"羊吃人"的现代化过程，因此，只能以这种劳动力的缓慢而大规模地转移来实现。青壮年作为社会成员的主体，其生活和工作的分离，使农村之心空去。因此，从社会学角度来讲，空心村是旧农业社会在当代中国的最后一瞥。

（二）形成空心村的原因，乡村治理问题解析

1. 农村基层政府没有规划意识

各地普遍存在规划意识淡薄情况，没有按照有关规定建立村镇规划建设管理体系，村镇规划建设所有的名存实亡，有的与土管所两

所合一各唱一台戏,有的干脆撤销机构分流人员。有些乡村干部随意批宅基地,对于得到新宅基地的农民又没有按照规定收回他们的旧宅基地;有些农民只要给村里和乡镇交一定数量的钱,或者同相关干部拉拉关系走走后门,就可以自己选择新的宅基地,并且他们所选择的宅基地一般都选在村边靠路、风景好、有商业价值的地方。还有些地方将建房指标分割减小面积或干脆作废,变相纵容、故意怂恿农民超面积建房和未批先建,从而达到"创收"目的。

2. 农民传统的宅基地私有观念浓厚

①许多农民认为,宅基地是私有的,占着了就是自己的,所以千方百计批地建新房,新屋建成后不拆旧房。

②有的农民传统观念根深蒂固,认为老房子是祖业,再穷也不能拆祖屋,阻碍了拆旧建新的实施。

③有的农民认为拆旧建新不划算,新房建起后自己住新房,父母老人住老房子,或者旧房用来堆放杂物及圈养畜禽。

④有的老房子是几兄弟或几户几姓共有,由于经济条件不一样,有的建新房走了,有的还住在老房子,或者全部建新房搬走了,但由于先前居住产生的矛盾、隔阂以及补偿等问题导致房屋所有人之间无法就老房子权属及拆建达成一致,导致无法拆除旧房。

3. 农民缺乏土地法治意识

相当一部分农民没有土地观念,认为我自己的责任田,我自己负责税费,盖个房子是自己的事,与别人不相干,这样责任田或自留地就变成了宅基地,村里的老房子空下来闲置、倒塌。还有一些农民互相调换责任田建设新房,认为罚款就让他罚吧,反正也不在乎这几个钱。

4. 城市化进程加快

有些农民通过经商等手段积累了一定的财富,在城市购买了商品房,还有些农民在城里打工站稳了脚跟,并落了户籍。这些人由于政策允许他们保留原来在农村的宅基地和责任田,所以他们的宅基地并没有上交,形成了空置。还有相当一部分农民通过考学、参军等方式实现了从"农民"到"市民"的转换,不愿将父母接走或父母不愿入城仍住在乡下,怕人说闲话,就通过关系批地建房供养老人,因而将老房子闲置。在一些地方还新建宗祠等形成大量房屋闲置。

5. 自然条件的原因

有些老村庄自然条件并不算好,比如地势低洼、交通不便、通信不畅等,富裕起来的农民开始注重改善自己的生活条件,有条件的人首先选择离开原来的旧宅,另选自然条件较好的地方建新宅,原来的旧村也就成了"空心村"。

(三) 空心村的社会危害,乡村治理中的资源浪费

农村"空心村"的存在浪费了国家有限的土地资源,恶化了农民的生活环境,影响了农村经济的发展,在农村存在巨大的危害。

1. 土地浪费严重

"空心村"占用的土地,耕不能耕,用不能用,造成了土地资源的极大浪费。一方面是农民建新不拆旧,造成土地大量闲置;另一方面是许多村庄出现无处建房现象,土地管理部门被迫在有限的耕地指标中切出一部分来解决缺房户的建房问题。

2. 不利于安全

"空心村"的房子,大都破旧不堪,年久失修,存在很大的安全隐患。

3. 影响环境卫生

"空心村"的废弃房屋由于无人居住,所以也无人修缮,有些已经倒塌。不少村民将老房用于圈养畜禽。由于没有人清理,致使村内垃圾成堆、污水横流、杂草丛生、老鼠遍地、蝇蚊乱飞、粪便成堆。环境卫生的"脏、乱、差",严重影响这些居民的居住环境和身心健康。

4. 潜伏矛盾纠纷

由于"空心村"内的废弃宅基地多年未曾有人使用,到了第三、第四代之后,邻居之间的土地界限必然会有些模糊。随着农村土地的日益紧张,宅基地今后必将升值,到时候这些废弃宅基地可能会引发家族内或家族间以及宗族间的矛盾纠纷。

5. 阻碍了农村经济的发展

"空心村"的存在,使农民居住地分散散乱,农村的村落分布面积过大,村庄外延拉得过长,增加了农村进行水、电、路、通信、公用设施等基础设施统一建设的难度,延缓了农村经济的进一步发展。

2005年我国乡村人员数约是7.5亿,2017年缩减至5.7亿左右,伴随着城镇化率逐年提升,乡村总人口数持续降低,村镇空心化态势日趋严重。绝大多数受教育水准高的青壮年劳动力都跑去都市寻找岗位,致使农村人口在年龄上散布极不合理,放眼望去在村镇活动的除了垂髫孩童就是耄耋老人。这令乡村治理参与本体断代,村领导团队不能注入新鲜血液,成员衰老化严重,治理形势固化,不能顺应新时局下乡民的多样化需要。

治理本体创新认知的匮乏及管理形势的迟延,致使基层治理生态序次持续恶化。部分乡村基层治理职员,管理思想老套,只说

"维稳",不说"维权",只要把人哄住,面上没事就万事大吉了,实质矛盾半点也没解决;另有某些基层治理职员太过仰仗审批、处罚、收费等行政举措,动不动就"把你关起来、罚款××元、交一下××费",愈来愈加剧了社会矛盾。乡村自治层面,行政支配性过强抑制着自治治理水平的发展,表面化同官僚化令其变作村镇管理中的羸弱症结。

由此可知,乡村空心化、治理主体财力匮乏等一系列问题致使村镇管理成效低下,社会冲突不能在根源上解决,村镇管理规制落后于社会金融的成长。

(四)乡村不正之风频频滋长导致社会价值体系面临重构

乡村生活伴着城乡交融发展,人口流动周期的增进灌入了多样文化。可在某些区域,与物质财富的提高相反的是精神生活的退步,乡村中滋生了好些不良社会风俗,如奢侈浪费之风、赌博之风、不孝之风、迷信之风等。村民聚集在一起说的往往是谁家又买了新的奢侈品,把尚且八九成新的旧款扔掉或送了别人;谁又在赌桌上大杀四方,或输或赢;谁把父母丢进破旧的老宅不闻不问任凭他们自生自灭;谁又加入了一个什么"好项目"大家可以跟着一起去赚钱或者买产品,可以强身健体比仙丹还神;谁去拜了哪个灵验的"大仙"求自己能够一朝暴富不劳而获或得到某个帅哥美女明星大款的青睐或升官发财……诸多歪风邪气悖逆于中国数千年来承袭及阐扬的艰苦朴素、勤劳致富、遵纪守法、尊老爱幼等传统文化美德,酿成人际关系紧张,加重乡村社会冲突。乡村社会里,村民的道德观匮乏及世界观歪曲,极易招致治理乱象频发、违法现象层出叠见,极大干扰农村社会经济的平稳发展。是以,运用社会主义精神文明缔造,重构适宜农民需要的村镇社会价值体系，变得极其紧要。

（五）乡村振兴带来的乡村人员构造重组，治理形式亟待革新

在乡村振兴战略的引领与支撑下，未来村镇的人员构造必产生极大转变。村镇不单具备原住民团体，还涵盖或是回乡、或是创业、或是来村镇度假养生等各色团体。不同类别的团体所需要的也不一样，治理形式亦大同小异。譬如，回乡创业团体侧重村镇产业生长及从业境遇；创新立业团体需要宽裕的资金、用地等政策支持；养生休假团体对乡村基础配置及公共服务配置匹配有极高的诉求。另据，外乡人口在乡村区域形成的新职业生活形式，亦致使传统的乡村治理形式不再实用。是以，在乡村人口构造重构的境况下，均衡外埠住户同当地住户产生的利益龃龉，更新符合多样化团体的管理形势，是未来村镇管理面临的极大障碍。

三、中国式现代化的乡村治理

管理有效是乡村振兴的本源。乡村治理是达成国家治理体系及管理职能现代化的重要内涵，也是施行乡村振兴策略的基础，党的十九大报告将"治理有效"作为施行乡村振兴策略的总要求之一。促成乡村振兴优良发展的先决条件是农村基层基础工作，缔造乡村治理新体系是夯实乡村振兴基础的效验之举。

在乡村社会持续重构的情景下，在信息化时期的背景下，固有的乡村治理概念及形式已不能追随现代社会发展的脚步，亟须革新。结合日本、我国台湾乃至广州、成都、深圳等地的探究历程，编者以为，未来的乡村治理可自以下几层面施行冲破，详见图9-1。

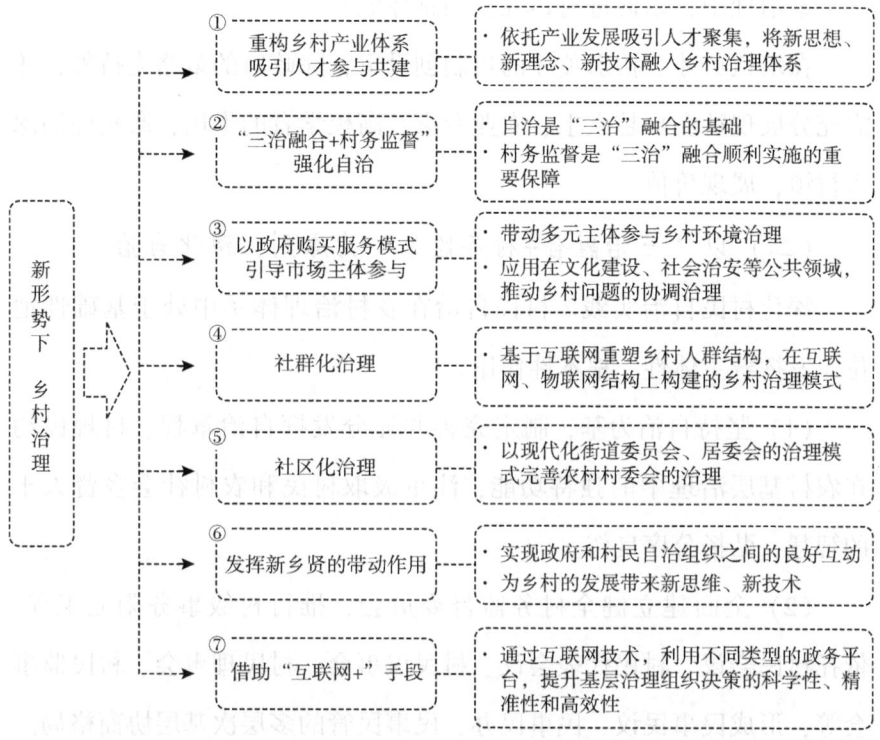

图 9-1 中国式现代化乡村治理

（一）村镇产业体系的重构，招引英才携手共建

政策规制支撑的持现代乡村治理体系纵然主要，可人是治理的基石，关键还是得运用创新产业的成长，招引英才回流，展示人的主体能动效用。

一是要源于当地农民，运用策略扶植、龙头企业的带动、专业进修等，提升他们的知识水准、素养与专攻能力，把他们"留"在农村。

二是运用一二三产业交融的产业汇聚，激励有能力的社会本体下乡创业，施展他们的引导效用，把其新技艺、新观念、新思维聚合到平素治理中，以促进村镇社会的整体成长。

在培植英才、招引英才的机制创设里，除政府的策略支持外，还需充分展现社会卓越人士、农业专家、高校学者的作用，激励他们深入村镇，展现价值。

（二）以"三治融合+村务监督"为原则，深化自治

深化村民自治实践。村民自治在乡村治理体系中处于基础性地位，发挥着主体性、根本性作用。

（1）坚持自治为基，制定完善并充分发挥自治章程、村规民约在农村基层治理中的独特功能，注重汲取村民和农村社会乡贤人士的智慧，弘扬公序良俗。

（2）全面建立健全村务监督委员会，推行村级事务阳光工程。依托村民会议、村民代表会议、村民议事会、村民理事会、村民监事会等，形成民事民议、民事民办、民事民管的多层次基层协商格局。

（3）推动乡村治理重心下移，尽可能把资源、服务、管理下放到基层，继续开展以村民小组或自然村为基本单元的村民自治试点工作，健全和创新村党组织领导的充满活力的村民自治机制。

加强村级权力有效监督。加强村级民主监督组织建设，是进一步加强基层民主政治建设、推动农村党风廉政建设、维护基层稳定的重要保障。一方面，建立健全村务监督委员会，加强村级民主监督。进一步推进村务公开建设，组织并引导村民参与乡村治理，在完善民主选举的基础上，规范民主决策机制，主动接受民主监督，通畅村民与基层党组织和政府的沟通渠道。另一方面，创新村民议事形式，完善议事决策主体和程序，落实群众知情权和决策权。

有史以来，受"皇权不下县"等规制元素的浸染，自治向来是

我国乡村区域的首要管理模式。乡村社会中存在的乡绅及系族权势，以及在这两种权势上发展过来的保甲制度，形成了我国史籍上村镇自治的"三驾马车"。这两种权势及一个制度，是传统社会统辖阶层同民众商权的纽带，对维持乡村社会的安稳拥有极大含义。

伴随我国社会经济延续发展，乡村社会构造产生了极大变更，传统的乡村自治体系由不再适用到分崩离析。2018年中央一号文件指出，要坚持法治、自治、德治相结合，确保乡村社会充满活力、和谐有序。此间，自治是重心，是促使乡民参与乡村事项的重点措施，亦是村镇必须坚持的一种管理形式；法治为自治给予规范及保证，是一种由上到下的以法律为根本的规范管理措施；德治是以人伦道德为准绳，缔造在乡村亲朋社会上的"软"治理，此类自心中情谊里产生的束缚在村镇管理里至关重要。

我国乡村地区存在事项多、干部少的情况，伴随国家对农村发展的支持力度逐步增强，村干部过手的事宜也逐渐加多。是以，"三治"交融新体系功用的施展，需得监管措施的有效协作。村务监管主要对乡村的财务管理、村务等情况进行监管，汇集乡民的相关倡议观点，是均衡乡村地域利益冲突、巩固村民自治地位的核心措施，可以有效地提高村镇管理水准，对推进村镇和睦平稳、提高乡民对下层管理部门的满意度具有关键作用。

（三）以政府购买服务形式引领市场主体参与

长期以来，政府几乎是一手包办了社会成长所需的种种公众服务产品，在公众服务设施的供给进程里，当局投入了大量财力、物力、人力，并暴露出个别职能越权及匮乏现象。然则，政府并无法给予全部的公共服务产品，服务水准亦不能同市场上的专职企业等量齐观。所以，政府购置服务成为当代管理的首要形式。

乡村治理是一个浩大繁复的工程，不单是要政府、村民自治部门及个人的参与，更是要援用市场要素。基层政府可以把一些公众服务的设备运用公开投标、指定委培、约标等形式，援用民间企业，施行市场化运转，足以有效地提高服务质量及成效。譬如，为了改进村镇环保投入不足、人手也不足的境况，基层政府把废弃物治理外包给保洁企业，为乡村垃圾统一汇集、运送、处置，以常态化经营模式保障村镇环境齐整，带动多样主体参与村镇环境整饬。

政府购置服务形式能够起到完备乡村环境治理体系的作用，提高了基层政府整饬乡村环境的实力。这种模式能够运用到乡村治理的各个层面，如就业、教育、社会救助、社会保障、人才服务等各类同保障及改善民生紧密相连的领域，促成村镇问题的协同治理，缓缓提高村镇生计境况的总体品质。

（四）社群化管理模式

乡村的人口寓居相对城市而言较为散漫，传统的治理形式不论是广度还是深度都具有其局限性，有些甚至是隔靴搔痒。伴随互联网技术在乡村的遍及，乡村人员"社群化"走向会让深层次的村镇管理不再是难题。源于互联网技术，村镇管理者同乡民间的沟通桥梁不再是单一且无效的，村庄政务同乡民需要之间可以快速做到精确接榫，进而提升村镇管理的成效与效益。

乡村社区化治理形势的缔造应当自以下三层面入手。

①利用互联网技术创设公开及反馈体系。以前村务的公布一般包括村广播、布告栏粘贴等形式，村民大抵处于被迫接收的处境，"你讲了，我看见了"，继而便再没有后续了。在网络时期，管理者

能够使用自建的论坛、网址或自主研制村庄政务相关的 App 等，令乡民第一时间掌握村务，并可以实时进行探讨、怀疑，形成协同合作的村务管理反馈措施，来提升村镇行政的通透度。

②源自社群自控，构造新的乡民自治体系。在网络里，乡村成员极容易形成自组织参政论政的社群化构造，政府当放手技术上的限制，引领乡民理智思索，达成社群化自控体系，令其变作村镇管理的首位支持能量。

③源于社群观念，构建乡村治理新构造。在"社群化"治理时期，村镇本有的部门构架组成、职员分工等呈现了本质性蜕变。

政府与村民的网络互动进程中，村民的见解怎样反馈？反馈的观点由谁负责解决？社群化自治构造同传统乡村治理构造怎么接榫？村务决议进程会如何准备？这些都需要政府源于社群观念，完善现今的乡村治理构造，匹配相应的职位，以支撑源于互联网的社群化管理体系的良性成长。

（五）社区化管理模式

现今依村镇村委会做主体的治理形式是在固有的乡村发展构造之上搭建而成的，而伴着乡民生计品质的提高，以及有各类不同需求的外埠人群加入，村委会治理模式已然无法达到村镇安居的生活要求，与新形势下现代乡村治理的条款存在极大分歧。都市社区所具备的居委会，它虽然不执掌经济权，却可做到社区知心的服务、良好的治安、惬意的生活等安居价值。引用城镇的居委会治理形式来完善村委会的管理，会作为乡村治理创新的主要方向。

村镇社区化管理模式的核心是建立村委会和居委会的多层治理构造。在原有治理结构中，村委会处理的是自村庄全体发展到乡民纠纷处置的整体事务,而在实质的管理中,村委会的行政职能愈加突出,服务功能常被削弱。援用居委会治理构造,把"村务"同"民务"隔开,"村庄宏观发展"同"村民宜居生活"隔开,让居委会专攻乡村社区事务的构筑,辅助村委会推进社区公益事业,调停乡民纷争,维持小区治安等事宜,以服务视角缔造当代安居社区。

乡村振兴战略前提下,村镇的经济发展构造显现极大蜕变,到乡村来产业、工作、安居的外埠人员持续增多,乡民须要显示出多样化的趋向。施行社区化治理形式,可以令乡村治理在"三治"交融的基础上,愈加注重村民和外埠乡民的生活品质、权利保护、安居环境等民生保障问题;指点乡村社区居民参与社区事宜,提高社区自治部门力量,增进社区活力;利用社区活动及服务,培植人们自强不息、健康文明的思维认知及生活形式;推进平安社区缔造,促成乡村法治文明建设,缔造村镇和睦成长环境。

(六) 让新乡贤在乡村治理中发挥带动作用

乡贤文化是华夏优异传统文化的构成部分,乡贤文化立足于中国村镇之中,扎根在家乡的故土文化。在悠久的中国历史过程中,部分在乡村的民风浸染、社会建设、乡里公众事宜中付出力量的乡绅,都被称为"乡贤",因此而形成了乡贤文化。

乡贤是深受当地民众推崇的,有才能、有品行、有名望的人;乡贤也是乡村中公众认同度极大的人群,把乡贤当成维系政府同村民的纽带,展现乡贤于乡村治理中的效用,可以一本万利地提升治理效率。在村镇社会里,乡贤重点源自乡里的老干部、老党员、老教师等群体,这群人多数对当地的历史文化有较多的理解及认知,并乐于给当地乡民排解纷争。令乡贤充分介入到村务整治及核心问题的决议中，可以作为政府领导同村民自治组织沟通互动的桥梁，促成社会经济活动顺利推动。

如何发挥好新乡贤文化的孵化器作用？

①要进一步加强城市自身的文化建设。文化，核心是精神，所以，城市文化建设，核心是要提升城市精神。一般而言，城市精神应体现：神圣、创造、诚信、宽容等理念。

②城市文化建设要添加新乡贤元素。在城市文化建设中，应大力宣传新乡贤文化，要通过文化的力量，激活城市人奉献家乡的精神。

③要更加注重城市农民工群体的文化建设。建设农村新乡贤文化，不能缺少农民工群体的文化建设。现在的城市农民工，虽然人在城市，但根在农村，将来除一部分能留在城市外，大部分都可能要返回原来居住的乡村。这部分返回的农民工，将成为未来农村文化的引领者，详见图9-2。

启动知识的力量

新乡贤文化建设需要城市知识分子发挥好带头作用。尤其是从乡村走出去的知识分子，更应多回家看看，多了解家乡的情况，多关心家乡的发展，为家乡建设提供智慧和道德力量

乡村最好的顾问

"乡"是情之所系

知识的高度
带动进步的脚步

建立乡村文明
树立道德楷模

图 9-2 新乡贤文化建设

曾经，乡村青壮年劳动力伴随城镇化发展持续提升涌向城市，可

乡村地区在近些年逆城镇化走向的推进下，也逐步涌现出一大批拥有一定的社会地位，高瞻远瞩，带着反哺家乡的初心携技回乡，给乡村的发展带来新技术、新思维的新乡贤。在乡村管理中，让新乡贤充分发挥他们的作用，给基层治理填充新的生机。同时，要完备乡村基础设施同公共服务匹配建设，应用体制体系的完具，缔造优越的社会环境，令乡村留得下乡贤。除此以外，要着重宣扬乡贤文化，加深村民的认可感及荣誉感，这会有益于令村民踊跃参与至乡村治理中，与荟聚而来的其他成功的社会人士，携手为乡村建设出谋献策。

（七）利用好"互联网+"手段

互联网信息技术的持续更替让网络理政在基层治理部门中得到推行，互联网慢慢变为衔接政府同民众的首选路径。部分村委会在施行中构筑了有效的信息交流平台，在平台上，村民不但能够实时知晓国家涉农资金补贴情况、查看土地承包信息、资金发放及使用等相关信息，还可随时咨询政策或进行投诉。有的地区还试行"干部日志"政务平台，即基层部门管理人员把每日的工作情况发布在网上，接受村民督促，这极大地提升了基层管理人员的工作成效。

不同类别的政务平台，让基层治理部门同乡民之间的距离不再遥远。政府应用网络可以明晰各类民意诉求，并有目标性地给予回复。此外，从不同维度为村民意愿及诉求施行挖掘与揭示的大数据解析技术，为基层政府施行决议及民生服务予以了有效的依凭。是以，"互联网+"形式对于基层管理部门来说，不单是技术的革新，还有有益提高治理组织决议的高效性、精准性及科学性，是提升治理能力及水准必要的抉择。

第十章　承载着乡村文明传承与创新的村镇文化

乡村振兴战略二十字方针内容是"产业兴旺、生态宜居、乡风文明、治理有效、生活富裕",这是党的十九大报告中提出的实施乡村振兴战略的总要求。

中华文明生于土地长于土地,乡村文化是华夏文化的源头。自近代史开始,西方文明的侵袭及都市工业的发展,令村镇文化面临着承袭及发展的危机。在百余年的村镇建造史中,传统的乡村文化避无可避地缓缓凋零,传承乏人,新的乡村文化重组一直都是无法形成一个规范的体系。在这一前提下,党的十九大报告正式提出乡村振兴战略,毋庸置疑,乡村振兴的重要组成就是乡村文化复兴。2018年中央一号文件中也提到要繁荣兴盛农村文化,焕发乡风文明新气象,乡村文化会与社会结构优化、乡村产业升级、生态环境提升等要素互为表里,携手完成乡村振兴的时代使命。乡村文化复兴是整体的形象打造,是系统的工程,村镇要形神兼备。浸润、德化、凝聚人心是农村精神文明建设的工作,用力柔和,功夫用足。本书会从文化出发,剖析乡村文化复兴的战略趋向,探讨乡村文化体系的缔造途径。

一、乡村文化的构造及特质

乡村文化相对于城市文化而言,在传统农业社会里,两者只有分布上的差别而无性质上的不同。乡村文化是城市文化的根。乡村文化具有极为广泛的群众基础,在民族心理和文化传承中有着独特的内涵。

乡村文化是传统文化生存的家园,是乡民在农业生产与生活实践中逐步形成并发展起来的道德情感、社会心理、风俗习惯、是非标准、行为方式、理想追求等,表现为民俗民风、物质生活与行动章法等,以言传身教、潜移默化的方式影响人们,反映了乡民的处事原则、人生理想以及对社会的认知模式等,是乡民生活的主要组成部分,也是乡民赖以生存的精神依托和意义所在。较之工业的高度发展,农业的缓慢发展常常给人以安全稳定的印象。

相对于城市的狂躁、复杂与多变,乡村则有着更多诗意与温情,它承载着乡音、乡土、乡情以及古朴的生活、恒久的价值和传统。在城市化背景下,农村的大量消失并不意味着乡村文化的消亡,相反,乡村更加稀缺而珍贵,乡村依然是人们心灵的寓所。

在中国古代社会里,乡村文化是与庙堂文化相对立的一种文化,乡村文化在乡村治理中发挥着重要作用。在人们的记忆中,乡村是安详稳定、恬淡自足的象征,故乡是人们魂牵梦绕的地方。回归乡里、落叶归根是人们的选择和期望。

在现代社会,乡村文化依然是与城市工业文化相对立的一种文化,许多城里人生活在都市却处处以乡村为归依,有所谓"乡土中国"的心态。城镇化是"以城带镇"的发展模式,是由农业人口占很大比重的传统农业社会向非农业人口占多数的现代工业社会转变的历史过程。

随着城镇化进程的快速推进，"城市病"日趋凸显，主要表现为空气等环境条件恶化、水资源紧缺、交通拥堵、优质教育资源紧缺、居住条件恶劣、就业融入困难等。其实城市病不仅如此，还包括更为严重的精神家园的迷失。城镇化使大量乡民突然进入现代生活，不仅造成诸多的不适应，而且使乡土文化遭受前所未有的危机：充满诗情画意的田园风光被喧嚣和紧张的城市气氛所代替，进城期望与生存状况的冲突、乡村记忆与城市体验的冲突造成身份认同的迷茫与困惑。在农民大量进城、农村土地被大片征用、第一产业从业比例迅速降低的现实境况下，如何建设他们的家园尤其是精神家园令人担忧。

编者认为，走出乡村文化生存困境的途径是重构乡村文化，即通过发展农业现代化，提高农民文化自觉意识，以及在文化创新中凸显乡村文化个性；开展乡村文化建设，一方面要提高乡村文化个体的综合素质；另一方面加强乡村、文化基础设施建设，进行系统综合治理；乡村文化建设也应该现代化，但不是简单机械的城市化。乡村文化具有极为广泛的群众基础，在民族心理和文化传承中有着独特的作用。在现时代，尽管工业文明和城市文明长足发展，但乡村文化仍有其独立的价值体系和独特的社会意义、精神价值。维护、传承和创新乡村文化使之与城乡统筹发展相匹配，与文化大发展、大繁荣相适应，是亟待深入研究的时代课题。

乡村文化源于乡村领域特质及社会性质，是乡村领域的村民在生产、人情往来过程中，为达成生存、生活须要，协同创造、群体享有的人类创造物的总额。既囊括符号、物质等物化层面创造物，也涵盖语言、价值、行为等非物化层面制造物。

乡村文化的延续性、乡土性、时代性、共有性四大特质中，最显著的便是乡土性。乡村文化有着"我在这里出生、成长，最终也在这里死去"的乡土认可感，装载着浓浓的乡音、乡情、乡土以及质朴的生活、持久的价值及传统。村镇成员在生活、生产历程里共同形成，并在非强制情形下一起恪守的村镇文化是它的共有性。乡村文化在数百甚至上千年的历史进展中形成延续性，并运用乡村成员的后天研习而不停歇地承续着。乡村文化精神内蕴虽然安稳，却也具备会伴随时代趋势的强大力量而改变的时代性。

在文化层次理论下，乡村文化分成制度文化、物态文化、精神文化、行为文化四类，它们携手构成乡村整体的文化形态。其中，除物态文化外，行为文化、制度文化、精神文化皆是无形的，要借助一定的载体进行呈现，在文化承继及更新层面难度相对较大。

（一）物质文化和物态文化区别

物质文化是指人类创造的物质产品体现出的文化，包括所用的技术和艺术。

物质文化与社会经济活动的组织方式直接相关，借助经济、社会、金融和市场的基础设施显示出来。经济的基础设施包括交通、能源和通信系统。社会基础设施是指学校、医院等公共服务设施等。金融和市场的基础设施是指提供财经服务的机构，例如银行、咨询公司等。

物质文化不是所有物质形态的单纯存在或组合，自然状态下存在的物质，不属于物质文化的范畴。

物质文化是人类发明创造的技术和物质产品的显示存在和组合，

不同物质文化状况反映不同的经济发展阶段以及人类物质文明的发展水平。物质文化不单指"物质",更重要的是强调一种文化或文明状态。

能够感知的、具备物质实质的文化事物便是物质文化,如乡村建筑、村落外观、劳动产品、生产生活资料等。同行为文化、制度文化与精神文化相较,更为直观的物质文化在乡村文化里给人的感官愈加明显。因物质具备可存留性,村镇的物质文化既有当下的生产生活物品,也有历史物质遗存。而历史物质遗存是对某个历史事件、历史时段、历史生活形式的真实呈现,是社会发展及乡村文化承续至关重要的旁证。

物质文化是人类在长期改造客观世界的活动中所形成的一切物质生产活动及其产品的总和,是文化中可以具体感知的、摸得着、看得见的东西,是具有物质形态的文化事物。物质文化是文化诸要素中最基础的内容。物态文化是人类的第一需要,它直接体现了文化的性质、文明程度的高低。

物质文化与"非物质文化"相对。指为了满足人类生存和发展需要所创造的物质产品及其所表现的文化,包括饮食、服饰、建筑、交通、生产工具以及乡村、城市等。

(二)制度文化与其特质

制度文化是人类为了自身生存、社会发展的需要而主动创制出来的有组织的规范体系。主要包括国家的行政管理体制、人才培养选拔制度、法律制度和民间的礼仪俗规等内容。是文化层次理论要素之一。制度文化是人类在物质生产过程中所结成的各种社会关系的总和。社会的法律制度、政治制度、经济制度以及人与人之间的各种关系准则等，都是制度文化的反映。

　　文化是一种社会交流及社会传递，通过特定的途径，被社会成员共同获得。这种获得共同文化的特定途径，其实就是文化得以交流和传递的制度文化。文化的存在只有被认同和学习时才是有意义的。而被认同和学习的实现，必须依靠一套相关的制度规则。在此，制度文化就将文化与制度统一起来了。当制度体现为规则时，它必然反映了文化的价值，文化的精神，文化的理念。而当文化体现为规则时，它必然采取或风俗、或习惯、或制度的形式。从某种意义上可以说，没有文化价值的制度是不存在的，没有制度形式的文化也是不存在的。

　　英国社会人类学家马林诺夫斯基在对文化的基本定义中指出，文化作为有机整体包括了物质、人群和精神三方面。人群是指组织化群体。马林诺夫斯基进一步解释说这样的人类组织单位称为制度。这个概念意味着对一套传统价值的认同，人们为此而结成一体。它也意味着人们之间，以及人与自然或人居环境的特定物理部分之间，都有确定的关系。在自身目的或传统要求的宪纲之下，遵循着其团体的特定规范，使用着受其控制的物质装备，人类共同行动以满足他们的某些欲望，同时也对其环境产生影响。在这个文化整体的结构中，作为组织化的群体或者是制度化的群体，依照对共同价值观的文化认同，并遵循制度规范而共同行动。这种意义上的文化是由思想、价值、观念、习俗和制度，以及物质构成的。规范既有正式的，又有非正式的。正式规范通常以法律的形式固定下来，对违反者有特定的惩罚。非正式规范是不成文的，但往往能够被社会成员普遍理解。最重要的规范往往是社会中绝大多数人公认的规范。这就联系到了价值观，虽然价值观和规范这两个概念是密切相关的，但两者不可混为一谈。规范是特殊、具体的，它受到具体情况的限制，它们通常被视为是行动的指针，决定一个人在特定的情况下应该做什么，不应该做什么，包括社会习俗、伦理道德和法律，等等。

人类的行为受思想、观念、精神因素的支配，然而人类行为实际又是一种群体的、社会的共同行为。所以文化的精神因素必然会反映、萌生和形成习俗、规则、法律、制度等制度因素。当制度诸因素产生和形成之后，就会使人的精神因素通过制度因素转化成为物质成果，也就是人类行为或人类活动的收获。由此可见，制度文化作为文化整体的一个组成部分，既是精神文化的产物，又是物质文化的工具。

作为物质文化和精神文化的中介，制度文化在协调个人与群体、群体与社会的关系，以及保证社会的凝聚力方面起着不可或缺的显著作用，深刻地影响着人们的物质生活和精神生活。概括起来，制度文化有五大基本特点。

①制度文化的内涵包括各种成文的和习惯的行为模式与行为规范。

②制度文化凝聚了社会主体的政治智慧，并通过社会实践的延续而世代相传，从而成为人类群体的政治成就。

③制度文化的基本核心，是由历史演化产生或选择而形成的一套传统观念，尤其是系统的价值观念。

④制度文化作为一种系统或体系具有二重性。一方面，它是人类活动的产物；另一方面，它又必然成为限制人类不规范活动的因素。

⑤制度文化以物质条件为基础，受人类的经济活动制约。因此，人类在社会实践中逐步形成的制度文化，因地域、民族、历史、风俗

的不同，而异彩纷呈，表现为多样性。

制度文化的特点表明，制度文化是一个不断运动、变化着的活的过程。制度文化与物质文化的关系是相辅相成的关系。一方面物质文化的发展推动着制度文化的发展；另一方面制度文化对物质文化又具有强大的反作用，它可以推动、也可以阻碍物质文化的发展。正如邓小平同志所说的那样："制度好可以使坏人无法任意横行，制度不好可以使好人无法充分做好事，甚至会走向反面。"

制度文化是由三个层面构成的：一是传统、习惯、经验与知识积累形成的制度文化的基本层面；二是由理性设计和建构的制度文化的高级层面；三是包括机构、组织、设备等的实施机制层面。其中，制度文化的基本层面是一个自生自发的规范层面，反映着价值观念、道德伦理、风俗习惯等文化因素。制度文化的高级层面则是一个人类有意的、有目的的理性设计和建构的制度层面，反映着一个社区、一个社会、一个国家经法律制度确认的政治、经济、社会、文化等正式制度层面。制度文化的基本层面与高级层面相互统一与协调一致，是实现制度文化功能的关键。制度文化是文化的规则层面和秩序系统。文化作为一个复杂整体，其意义系统必然会体现为一定的规则和稳定的秩序。也就是说，制度文化的这一特征表示，文化不只是人的心理精神活动，而是人类全部活动的整体。所以，人类心理精神活动势必会寻求一个适宜的环境，用以保证和维系精神文化生存。而这个环境，就是指个人之间或群体之间反复博弈的自然选择的秩序，或者是指设计或建构的规则。制度文化是文化的集中体现，反映和维系着文化的物质层面、精神层面构成的整体。文化整体的协调互动必须依赖一个良性有效的秩序，这唯有通过制度文化才能达到。

乡村制度文化是由正式和非正式制度、规则形成的，源于自身稳定及关系协调的规范体系。它涵盖成文的乡约村规等行为规范，也涵盖生产生活组织形式、礼仪规范等未成文的习惯模式，是在物质生活历程里结成的种种社会关系综合体。乡村社会的秩序由薪火相传的乡村制度文化规范着。在外部环境产生巨大变化时，制度文化也许会出现不适应的情况，但其自身会施行对应的调整，直至形成新的平衡。

（三）行为文化

行为文化是人们在日常生产生活中表现出来的特定行为方式和行为结果的积淀，这种行为方式是人们的所作所为的具体表现，体现着人们的价值观念取向，受制度的约束和导向。行为文化是文化层次理论结构要素之一。

乡村社会成员在日常生产生活中点滴衍生出的习惯风俗便是行为文化，例如在固定时间场所聊天、早睡早起、见面问好等生活习性，各色村镇特有的文艺表演与传统节日方方面面。行为文化内化为村镇社会成员的音容举止一言一行，外化为乡村的生活形式，是村镇在历史发展中价值取向的聚集及凝炼，维系着乡村成员待人处世的交往礼仪。

（四）精神文化

精神文化是人类在从事物质文化基础生产上产生的一种人类所特有的意识形态，它是人类各种意识观念形态的集合。精神文化的优越性在于既具有人类文化基因的继承性，还具有在实践当中可以不断丰富完善的待完成性。这也是人类文化精神不断推进物质文化的内在动力。由于文化精神是物质文明的观念意识体现，在不同的领域,其具体文化精神有不同的表现和含义。

精神文化是文化层次理论结构要素之一。作为观念形态的,与经济、政治并列的,有关人类社会生活的思想理论、道德风尚、文学艺术、教育等精神方面的内容。

精神文化和物质文化一样,它也是由人们在日常的生活中总结出的经验理论。具体表现在人的伦理道德、对美的事物的感受、对于艺术的品位和我们的精神世界的追求。也可以说精神文化的范畴就是科学、艺术和道德,用我们现在的物质理论概念来解释就是真、善、美的统一。

精神文化是人的精神食粮,孕育人的精神家园,决定人的精神状态、精神生活、精神本质,人的本质属性体现;精神文化又是社会旗帜、"社会水泥"、社会规范,具有价值导向、精神源泉、民族凝聚的功能属性;精神文化还具有赋予民族国家国魂、集体单位群魂、个体思想灵魂的社会属性。

村镇社会成员在生产生活中树立起来的价值理念为精神文化,涵盖乡村审美、宗教、家族、孝悌等文化。制度、行为、物态等文化自本质上讲皆出自具有价值导向的乡村精神文化。在精神内蕴的基础上,乡村达成凝聚力,并逐步形成发展体系。相应地,各种制度的完备、物质环境的改善也可能反过来扭转乡村的精神核心,令其更有益于村镇社会的发展。

二、中国乡村文化发展与复兴目标

(一) 中国乡村文化当前面临的问题和困境

《中共中央 国务院关于实施乡村振兴战略的意见》指出:"实

施乡村振兴战略,是解决人民日益增长的美好生活需要和不平衡不充分的发展之间的矛盾的必然要求,是实现'两个一百年'奋斗目标的必然要求,是实现全体人民共同富裕的必然要求。"标志着当代中国从农耕经济主导的乡村社会向工业经济主导的城市社会转型出现了拐点。

经过40年的改革开放,我国经济社会发展水平已经有了质的突破,距离国家实现现代化的百年目标越来越近,这是一件令人欢欣鼓舞的大好事。然而,农村的发展却仍然是中国现代化发展的短板,与城市相比,经济社会发展不平衡不充分问题仍然最为突出。不仅表现在农村经济发展水平落后于城市,还表现在农村的治理水平不足以及农村落后的思想观念与传统精神文化、道德伦理的式微。本书所探讨的农村精神文化困境就属于这类问题。传统文化资源的流失与农民精神文化需求的极度短缺,以及全社会对乡村文化价值认识的偏差,导致了乡村文化的空心化、虚无感和缺少与现代文化的对接能力。农村思想文化精神和道德伦理的缺失让全社会感到不安和忧虑。

解读中央的乡村振兴战略,要深刻领会为什么要用"乡村"的概念替代"农村"概念。这就是把乡村看成独立的社会、文化单元,在一个更高更长远的层次上,实现当前乡村的品质发展、融合发展、全面发展,使乡村现代化融入实现"两个一百年"奋斗目标。这个战略的提出和实施,应合了中国当前经济社会发展的需要,昭示了乡村新的文明时代的到来。乡村振兴战略提出的"产业兴旺、生态宜居、乡风文明、治理有效、生活富裕"的内涵中,"乡风文明"不是为经济振兴助力的次要方面,而是乡村建设的初心、旗帜和方向。我们应该认真梳理乡村的历程和文化的基本价值,反思乡村文化的基本规律。从乡村的历史、文化发展的基本规律来探索乡村的未来。

当前乡村文化困境有目共睹。其根源就在于思想观念。不少人以现代化的理论想当然地解释中华五千年农耕文明，认为农耕文明所代表的是落后的生产方式、生活观念，中国要快速实现现代化，必须走城市化之路。城市建设抽走了乡村的劳动力和土地，所以乡村的衰落是必然的，甚至正是城市化、现代化的成果。建设农村、改造农村的目标也是把乡村建设成城市。这样畸形的观念忽略了当前乡村的客观现实，忽略了广大农民的根本诉求，也忽略了民族自身的历史文化。非但没有带动广大乡村，相反给农村带来了破坏，在造成经济社会发展不均衡不充分的同时，也造成了农村传统文化、道德伦理的衰落、农民在精神观念上进退失据。面对强势的"现代"，农民不再珍惜祖辈传下来的文化，失去了往日的自信和自尊，不再固守物质和文化家园，亦步亦趋地跟在城镇化列车后面跟跄前行。现实的乡村无法安顿农民的灵魂，进而也无法安放一个有五千年农耕文明传统的中华民族的灵魂。这就是我们今天面临的乡村文化困境。

在农耕开国的背景下，乡村是中华民族的繁衍及发源地，乡村文化向来是社会文化的核心构成部分。经历过工业革命后，乡村文化精神内蕴遭到旷古未有的冲击，农业自经济主战场脱离。近些年，人们开始伴随持续增大的城市生活重压、接连恶化的都市环境乃至渐渐回归的传统文化，重新审阅起乡村及乡村文化的价值及含义。乡村文化在重创之下面临着人才匮乏、延续危机、同外埠文化难以交融等问题。

乡村文化是运用乡村社会成员的后天习得实现延续。而现今乡村面临产业凋敝、原有成员脱离乡村共同体的窘迫境况，"空心村"

状况日趋严重，乡村传统文化面临断代的危机。这就致使乡村的传统文化后继乏人，乡村的常住居民以耄耋老人与垂髫孩童居多。或许某些乡村还有部分年轻人寓居，可这些年轻人也多在城镇就业，他们并不认同乡村文化有价值，更不想承袭。比如，部分具有地域特性的传统建筑、佳节习俗等代表性文化，因其不曾产生直接的经济效益，年轻人开始摒弃这些传统的建造技艺同佳节习俗，反而效仿城镇建筑进行屋舍重修，随着媒体过感恩节、圣诞节等洋节。虽然2021年，由中共中央办公厅、国务院办公厅印发了《关于实施中华优秀传统文化传承发展工程的意见》，把传承优秀的中华传统文化纳入重要日程中，而一些年轻人也开始把中国优秀的传统文化、汉服等面向大众进行推广，但跟风"洋节、洋景"却还是存在，且不在少数。

村镇文化缺少可以创新的人才。想要持续发展一种文化，必须得摄取新的外在营养，并运用文化共同体成员的交融创新。当今的村镇乡村共同体成员缺乏对共同体文化自信，乡村文化同乡村落后的经济成长及生活条件一同遭其内部成员摒弃。在此等情况下，乡村文化接续都是问题，更说不上对外埠文化的涵化及创新。而伴着时间的逝去，缺乏自我更新能力的文化必定会被湮灭。

乡村文化同外来文化不易交融。在乡村自身造血能力严重不足的情境下，新生的村镇发展力量如企业、产业、创客下乡等开始担负起乡村发展的责任。依现实情状来看，外来人员来到乡村，带来与乡村文化不同的外来文化。可乡村原住民同新住民依旧在各自的领域中生活，在乡村划成分成两个文化族群，原成员认为自己的领地被外人入侵，而新成员又在这里找不到乡土的隶属感。这类文化上的隔离严重阻碍了乡村在社会构造、经济产业层面的发展，他们不易融入新的村镇共同体。

(二) 我国乡村文化的复兴要义

无论从理论上还是实践上，我们都不能用理论说服人们，乡村必须为城市牺牲，传承了五千多年的中华文明必须让位给"现代文明"。历史上没有哪一个国家在现代化的进程中消灭了乡村，更没有哪一种理论说得清中国的乡村在未来的城市化过程中的命运。从情感上说，拥有6亿多乡村原住人口、绵延五千年的乡村文明都衰亡了，拿什么证明中华民族的伟大复兴！

进入21世纪后，中央把"三农"问题始终作为党的工作的重中之重，对"三农"问题的认识也越来越深化、全面，直至形成具有完整体系和长远意义的乡村振兴战略。习近平总书记曾用一个很"文艺"的词表述了乡村文化建设的意义和价值——"乡愁"。这个"乡愁"的意义就是，无论怎样发展，都不能抹杀乡村精神，不能抹杀传统文化和自然生态，既要留住青山绿水，又要传承传统文化。乡村文化复兴的任务，就是让"乡愁"切实落地，让传统文化延续下去、把绿水青山保护下来。

在实现农业现代化和城乡融合发展的历史背景下，乡村文化的复兴，就要是重新激活乡村的活力，让乡村文化在现代文明体系当中找到自己的位置，得以复兴和重建。不是简单地回到从前，更不是推倒重来，再造一个完全不同的乡村，而是在复兴传统的基础上，满足广大农民多样化的文化需求，保障农民的文化权益，重建新的乡村精神和乡村理想，唤起农民的文化自觉，培育新农村建设的合格人才。这才是乡村文化复兴的要义所在。

其实，乡村文化的复兴有以下三个重心。

①承继——重新铸造传统村庄礼存诸野、耕读相济的生存空间,再现绅士及农夫同源、知识分子同耕者并处的社区构造,重铸乡土中国培植英才和文明的能力。

②创新——注重个人空间、建造共同平台,调和融入市场经济同维系特性的两难处境,探求更持续、更自然、更效率的农耕与社区规制。

③可持续发展的能源体系——运用和发扬文化的创造精神及聚集能力,修缮乡村生态环境、经济体系、社会构造,达成乡村同都市动态平衡、文化同其他发展要素有机支撑的可持续发展体系。

三、用乡村文化复兴来实现民族文化复兴的根及脉

(一)实施原则

1. 保持乡村文化的"乡土"之根

中国的乡村文化创造并保存了世界上最有价值的农耕技术、农业遗产,还形成了一整套价值、情感、知识和趣味文化系统,除了领先世界的精细化、生态化的农耕方式,以及生产出高品质的食物外,更在从事农业生产的过程中,总结出一套"天人合一"的哲学思想、"道法自然"修身养性的生活方式,以及对生命本体的参悟智慧。也正是由于这种追求和谐稳定安详从容的农耕文明土壤,才孕育出"天人合一""民胞物与""海纳百川"等特质的中国文化。在与天、地、人的交流中,中国先民创造了敬天法祖、崇德向善、仁义忠孝、节俭循环的生活智慧,形成了丰富多彩的生产生活方式。对世界文明进程作出了不可估量的贡献。不可否认,乡村文化是我们民族文化的根和脉。

乡村文化有别于都市文明，其重心乃"乡土"之根。受都市发展的冲击，乡村的"乡土"性近几年变成滞后的符号在发展中遭摈除。以铺设花样繁多的地砖取代青石板，拿各色珍稀花木换下乡土特有植物，用洋房高楼替代民俗特色建筑……乡村城镇化情势尤其严重。形成了千村一面，一味仿效城市的乡村发展，乃至造成外来文明摈除本土文明的悲剧。乡村之所以是为乡村，其文化中的"乡土性"是灵魂和本源。是以，在乡村文化构筑过程中，一定要协调好外来文化同本土文化的关系，在维系乡村文化"乡土"本源基础上，选取外埠文化可以利用的养分，进而促成乡土文化的更新及发展。

2. 激活乡村社会成员对乡村文化认可及自信

激活乡村文化传统资源，因自然地理条件、生产劳动方式、民族习俗文化、历史发展机缘等形成了两大特点：一是个性化，二是多样化。样态丰富的乡村文化使我们民族拥有了活力无限、源远流长的强大基因库。

特别是进入 21 世纪后，中国已经全面进入世界生产体系，也在全球范围内的文明冲突中逐步走向世界中心舞台。对比世界上发达国家的现代化道路，我们发现了一条共同的规律，就是无论哪一个发达国家，都没有完全消灭传统文化、乡村文化。现代化不是为了消灭乡村，更不是与自然界对立对抗，而是促进城乡融为一体、人与自然多元共生、全社会共同享有发展成果的共建共享。这个思想资源，原本就存在于中国传统文化当中。因此，中国人没有理由不建立对中国特色社会主义理论的道路自信、制度自信、理论自信、文化自信。当我们对自己的现代化道路达到这个认识程度以后，文化主流话语就发生了重大的转化：即从近代以来要建立一个和西方一模一样的

"现代化",到如今建立对自身文化敬畏和尊重的"文化自信",意味着中华民族的民族文化、传统文化价值尤其是乡村文化价值必然回归。

所有的文化皆是人在时间同空间上留下的印痕。村镇文化的发展亦是不能够摆脱人的推动。在乡村文化涌现认可危机的情景下,激励村镇社会成员的文化认可及自信举足轻重。不妨说,一切外在的举措在没有文化共同体成员的文化认同下,皆不能够自根本上挽回乡村文化日趋衰败的现实。是以,村镇文化的建构核心是"自觉",不是"强制",这须得乡村社会成员踊跃发掘乡村文化发展的内蕴活力及生命力,由表及里推动,并予以文化持续发展的庞大动力及经济支撑。从政府视角而言,内化乡村社会成员的文化自觉运用活动参与、政策引导、经济举措等形式更有效。

3. 提升乡村文化在经济建设的内生力量

从现代社会的发展历史看,乡村才是社会发展的根源。如果仅仅以城市化的标准来衡量乡村,可能会得出乡村比城市落后的结论,但以文明观点而论,乡村则有另一套价值。因此,复兴乡村文化,最要紧的不是彻底否定,而是发现、维系和恢复原有的生活方式、情感方式、文化心理、价值观与世界观,使之与现代价值相嫁接、相融合,生长出新的价值。所以,以乡村为本,以农民为本,是发展建设乡村文化的根本依托。

文化的发展离不开经济。我国乡村文化之所以会衰败是由于在国家的发展历程中,一产农业对二产制造业与三产服务业的逊位。是以,乡村文化的振兴首先需得依产业策动乡村社会成员的文化、经济自觉达成乡村产业的振兴,形成乡村文化复兴的内蕴力量。乡村产业的抉择在这一逻辑上当同乡村文化息息相关，并利用产业提高乡村文化的经济变现实力，给乡村社会成员缔造以文化为基础的经济收入。村镇文化守护与复兴在生活富裕、产业兴旺的基础上，会成为内部社会成员的自觉，同时村镇文化的自身强化亦会成为产业新的促成力量，并最终做到文化、产业良性协作的乡村发展形式。

4. 与世界先进文明果实相连接

当前的乡村文化建设，是一种城乡互动视域下的文化，既区别于城市，也区别于传统乡村。虽然目前我国城镇化的大趋势仍然是农村人口转移市民化，但在实践中，我们越来越体会到，城乡一体化不是城乡一样化，城乡有差别，而不是有差距。不是城乡对立，而是融合发展、均衡发展和共同发展。城乡文化交融，应该是互相促进、互相学习、互相补充。因此，促进城乡进一步互动，实现城乡优质文化良性互动、相互融合、共建双赢才是正途。

乡村文化的复兴应该敞开怀抱，接纳时代文明的优秀文化元素，将其中优秀的部分收为己用。工业革命后，依科技为基准的西方文明利用"发源地—大城市—小城镇—乡村"的途径在持续冲击并扭转着世界各地的文化。村镇作为强势文化浸染的末端，多数是对都市已改进过的文化无原则地跟从、效仿。这是一个削弱了文化自身创造、更新的能力，对自身文化施行自我否认的过程。而科技的提升，尤其是互联网技术的发展，给乡村文化复兴带来了旷古未有的机会。在互联网社会，文化的散播路径从单一变为由点到面，空间距离变得不复紧要。是以，村镇文化的复兴除在自身寻动力外，还应紧密关切世界各地的文明成果，涵化接纳，在传统的文化精神同当代的生活形式间达到村镇文明的新生。

(二) 实施途径

1. 给乡村加温，促进城乡文化互动融合

从历史发展趋势看，现代的工业化、城镇化确实是社会进步的表现，是生产力的迅速发展，是社会文明程度的极大提高。但是，现代文明社会自有现代文明的弊病。据中国人民大学温铁军教授的研究，即便是新中国成立以后，也曾经遭遇经济发展的"八次危机"，这些危机都是通过向乡村释放产能、向乡村转移人口、帮助乡村发展来化解的。可以说，中国的乡村在很大程度上，承担了现代化的压力，也是推进现代化的动力。乡村一次又一次向城市输送土地、粮食、人才和劳动力。没有乡村的支持，就没有今天中国现代化的成就。在当前社会格局中，向农村投入物力、财力，不仅是经济建设的需要，更有超越经济价值之上的意义。不但是工业支持农业，城市反哺乡村，而是乡村的多重价值成为新的经济增长引擎。当然，这个引擎不是自然而然地显现的，也依靠创造性转化、创新性发展来激活乡村文化元素，与城市形成互动。

乡村文化互动交融是社会成员之间在价值观点上形成共鸣后的自然结果，并非仅凭行政命令。所以，村镇文化共同体的创设应内化为村镇社会成员间的自觉行径，在政策引领下，利用由上到下、由下到上的双向效应逐渐促进。

在实际操作中，可从以下两方面着手。

①重拾乡村原住民中创设文化的自信及自尊。通过产业蓬勃发展呈现乡村文化的经济价值是创设文化自信最简洁有效的方式，村民在收成提高的同时自然会自发的去维护、承袭其文化形式。如当村镇的传统建筑成为精品民宿后，受到市场青睐，村民们自然而然会参

与到民居建筑的守护中，并终止自家老宅的盲目拆建行为。自然，经济的驱策更多地受限于乡民创设文化自信的表层，真正建设文化自信，必须得乡村教育结构、社会构造、管理规制、服务构造等多层面的协同作用。

②妥善利用民间部门同个人的力量。在文化认知、乡村发展形式等层面有相对深刻的思考及丰富的发展资源。各种各样的乡村发展研究者、民间文化组织、返乡田居者等民间力量，他们参与乡村建设通常是以村镇文化认同为基础，是以，由他们来再次界定乡村文化特质，转化乡民"城市文化先进，乡村文化落后"的见解会愈加有效。

消除旧乡民和新乡民、传统文化同外来文化天然形成的芥蒂在乡村文化互动交融中是关键。而由大量外来人口参与的新乡村建设模式，必将改变传统的村镇依血缘为纽带的这一社会构造。是以，在村规制度、行动利益、村镇物态、精神内蕴等层面新的文化共同体皆会出现新的蜕变，来顺应新的社会关系。当然，文化及文化共同体的形成或许需要数十年，甚至上百年的一个渐生历程，这需要文化建设者自长远着眼，摒弃一击而成的观念，在文化基础层面搭筑可延续的结构框架。

2. 保护自然生态，促进特色文化生态旅游融合

国家生态文明发展方略，对于中国乃至世界的整体命运有不可估量的意义。对于中国的乡村来说尤其如此，因为中国乡村的传统生产、生活方式本身就是"资源节约、环境友好"的生态型模式。在生态文明建设的背景下，有许多重要经验和规律需要挖掘，需要在现代文明话语中进一步科学化、系统化。可惜的是，现代化进程中由于对现代化技术的盲目崇拜，使这一套传统几乎被丢光。今天要重新审

视自身的生态传统，眼于可持续发展的未来，依靠原有的乡村生态优势，借助生态文明战略的东风，直接将它们带入生态文明的阶段。这个优势也被西方学者关注到。如美国生态学家小柯布所提醒的："直接进入生态文明的发展抉择，带给中国一个千载难逢的伟大机会。这个机会是中国独有的领导世界的机会。"

习近平总书记所言"绿水青山就是金山银山"的观念是核心观念，具体落实在生态建设实践中，就是保护好生态环境，实现农业生产的生态化。这也是乡村文化建设的新课题。乡村生态建设不仅可以从中国传统农业文化资源汲取智慧，也将为解决世界性生态难题提供良方。这不仅是一种经济发展思路的转换，也是一次对自身传统文化的再次确认。"生态宜居"的前景就是在加快城市化步伐加快的同时，保持乡村的自然生态，让乡村所蕴含的生态文明价值逐步显示出来。不仅是用乡村旅游的方式吸引都市人观光休闲，而且也将吸引城市人群参与到乡村生活的各个方面，即城乡的深度融合。

编者在对村镇发展近况仔细剖析、深入勘察的基础上发现，达成乡村文化复兴的有效举措之一是构筑文化、生态及旅游的共存构造。一方面，通过打造旅行产品的核心吸引物及外来消费的植入，达到同市场的接榫是旅行产业的重心，如苗族特色的银饰，少数民族特有的手工艺品；而核心吸引力构筑可依凭的根本恰是拥有地域独特性及稀缺性的乡村文化，是以发展旅游、生态同文化保护具备天然的联系。另一方面，创新、创意、科技等因素的植入在旅行产业的发展过程中不可或缺，同时，旅行人群带来大量同传统乡村文化碰撞相融的外来文化因子，会有利于形成新的、顺应时代需要的乡村文化体系，详见图10-1。

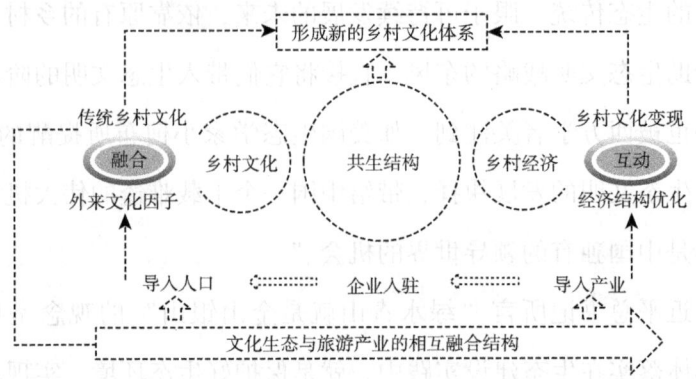

图 10-1 文化生态及旅游产业的相互交融构造

"强者恒强"的效果会自文化及经济的共存构造之中孕育,村镇现今人口单向流出,产业日趋衰败的现状会在文化同经济的协同发展中扭转,而达成产业兴旺,人口并行流动的可持续成长构造。

3. 缔造乡村公共文化服务体系还需多方携手

在中国人的心中都有一块情感的出发地和归属地。这就是"乡愁"和"乡情"。但是,搞建设不是写抒情诗,城市或乡村都不是乌托邦、桃花源,不能过分浪漫化。到今天为止,乡村仍然需要城市文化激发活力,需要先进的经验和方法,以及大量活泼泼的人才。建设乡村新文化,必须动员社会参与。在顶层设计上,在政策制定上,要让更多农民工、大学生、复员退伍军人、退休人员在"乡愁""乡情"的感召下,满怀报效桑梓的志向,携带资金、技术和人力资源返乡、下乡创业发展或下乡居住。他们是新乡贤,是乡村建设的主力军。他们的到来,将激活乡村的新活力,把乡村文化带入新的发展阶段。

乡村振兴的关键是构建同都市均等的民众服务。其中,涵盖文活动、文化设施、文化服务部门等多层次村镇公共文化服务体系内容的构建直接影响着村镇文化复兴的落地及可持续性。而落地建设必须要下乡企业、政府、村集体、乡村住户等各方力量的携手参与。

具备慈善性的乡村公共文化服务，文化设备的修建、文化资源的给予等需要政府自公共财政中拨付。积极构建各色的乡村文化措施，给予无偿资源，为村镇文化服务体系构建打好基础。另据，政府可以为文化融合创造条件，还能够依据传统乡村文化特质施行各种独具特色的文化活动，并自整体上培植村镇文化氛围；下乡企业把企业经济效益同乡村文化有机结合，在给予乡村公共文化服务的同时，展现推广企业文化，达成文化效益与经济效益的双丰收；村集体当深入明晰下乡企业、政府、原住民与外来居民文化各方诉求，均衡各方文化服务资源，作为沟通的桥梁，以达成各方满意的公共文化服务体系。另外，身为文化服务的给予者及消费者的乡村居民作用不可小觑。由于村镇外来住户具备较高的文化修养及慈善事业服务意识，应调动他们的积极性，发挥其在地方戏曲守护及传承、乡土文化发掘、乡土文化研培进修等文化服务事业层面的引领者作用，让其成为乡村文化构筑的工作者与志愿者，详见图10-2。

4. 在政策的引领下构筑乡村文化管理保障体系

触及的文化制度及资金、产业、英才等多方面元素为村镇文化管理保障体系。伴随新的乡村经济构造同社区构造的形成，在文化轨制层面，本有的乡村文化制度已然不适应乡村文化的发展，有关政府部门当转变以往一应俱全的文化管理形式，依据实质简政放权，运用宏观策略释放社会的文化建设能量，并依据回馈随时保障政策的弹性机能。政府在文化产业层面当对重点扶植的相关企业予以土地、财

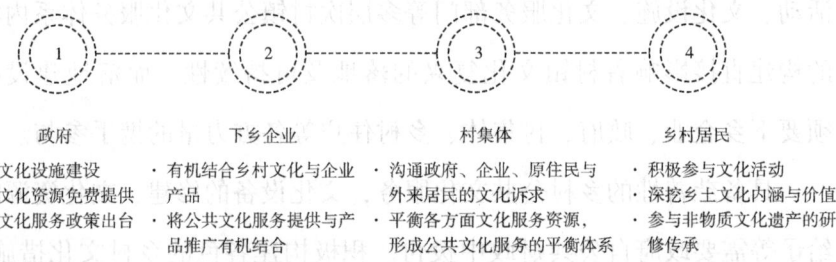

图 10-2　多方共筑村镇公众文化服务

政、审批等层面的政策倾向，并维系可持续性。政府在资金保障层面应创设多样化的乡村文化资金渠道，除在财政拨付层面予以一定倾向外，应当运用同文化基金、金融机构等的携手，给乡村文化予以建设资金，同时还应当踊跃援用教科文组织等社会公益部门，以增补村镇文化的构建力量及资金来源。政府应当在人才管理同保障层面实行文化事业单位的人事轨制改革，为各类文化政策的推行予以人力保障设置职位责任制；另外，还应当重视乡村文化艺术英才的规划、培植及开发，对乡村本有的传统技艺人才予以政策保护，对外埠文化艺术英才予以政策优惠，以保障乡村文化的健康发展。

乡村文化的构筑水准除受规制、资金、文化企业、人才等直接元素影响外，信息化体系、法律保障体系、教育体系等亦在对乡村的文化的建设施行影响。有关部门应团结协作，保障乡村综合体系的平衡及发展。

一言蔽之，乡村文化为乡村振兴的资源及思想的基础，乡村振兴想要活水长流、延续推进，唯有足够认识乡村文化的社会价值、经济价值。

四、从乡村自身农耕文化着手推动文化复兴

乡村传统文化如何与现代文化融合？文化的各个层面是怎样的关系？建设怎样的乡村文化？这些问题根源于对乡村归属与定位的认知。乡村文化建设，首要是乡村本位，让广大农民受益。只有农民受益，才能继续维系乡村的稳定，使乡村得以按照自身的规律向前发展。乡村文化是由农民创造的，又是为农民所用的文化。它的社会功能就是让全社会、特别是农民能分享更多的精神文化和物质文化成果，让每位农民都有足够的获得感，并作为一个社会共同体凝聚起来。只有农民成为乡村文化的主体，乡村文化才能发挥更广泛的作用，进而滋养全社会。这是乡村文化自信的根基。

（一）尊重乡村、农民的文化需求与文化创造

从现代社会的发展历史看，乡村才是社会发展的根源。如果仅仅以城市化的标准来衡量乡村，可能会得出乡村比城市落后的结论，但以文明观点而论，乡村则有另一套价值。因此，复兴乡村文化，最要紧的不是彻底否定，而是发现、维系和恢复原有的生活方式、情感方式、文化心理、价值观与世界观，使之与现代价值相嫁接、相融合，生长出新的价值。所以，以乡村为本，以农民为本，是发展建设乡村文化的根本依托。

只有依托乡村自身、依靠农民自觉行动，才能挽回乡村的衰败，激发农民的自尊和自信，也才能塑造适应现代社会、具有内在动力的乡村文化。当然，乡村文化不能为乡村所独有，但是，乡村文化一定要为生活在乡村的人提供精神滋养，树立为乡村人所认同、所遵从的价值观。进入乡村的任何人，应该对乡村怀有敬畏和尊重之心，在尊

重乡村与农民的前提下，在理解农民的前提下进行建设。对于乡村而言，恰恰还要更加尊重乡村的文化，守住乡村的根基，塑造乡村文化的尊严。

（二）运用传统文化元素，创新乡村治理模式

乡村振兴战略中对乡村治理的设计是三治统一：法治、德治和自治。如何在治理中打通主流文化、本土本地、传统文化之间的通道，让文化发挥沟通、交流和凝聚作用，是当前基层干部、农民最关心的问题。从乡村的实际出发，必须找到村民无法自己解决、只能依靠政府和村庄共同体才能解决的问题根源，在价值观上进行切实的引导，提出符合实际、具有针对性、可操作性的解决措施，捍卫和滋养乡村的文化根基。通过激活乡村自有的文化内涵来动员人民，形成文化的向心力、感召力和无形的约束力。

农耕文化既是中华传统文化的源头，也是村镇文明的重心。2018年的中央一号文件提出，要确实保护好优秀农耕文化遗产，促成农耕文化遗产合理恰当利用，深入发掘农耕文化蕴藏的优秀思想观念、人文精神、道德轨范，充分发挥其在凝集人心、教诲群众、淳化民风中的重要功效。我国农耕文化自新石器时期发源，涵盖农业的起源、种类、工具、节庆、历法、制度、祭祀、习俗等诸多内容与形式。编者以为，农耕文化的承袭，除去要增强建筑、文物、农田的庇护力度外，还需运用创造性介质达成创新性的发展。文化生态旅行就是一种紧要手段，是以，本文注重探求了农耕文化呈现价值的紧要手段。

1. 关于农耕文化的历史承袭及价值蜕变进程

我国古代经典《礼记·王制》中曾有这样的论述："修其教不

易其俗，齐其政不异其宜"，这个意思就是政府治理不要轻易改变本地的风俗和生产生活方式。因为乡村本身是一个传统的熟人社会，在其生存规则中，国家法律是基本底线，日常的行为规范又是以世代相传的不成文的"老规矩"或非正式的"村规民约"为基本制约的。乡村的稳定与和谐，要把以这些非正式规则为基础的，把这些普通村民都愿意共享、与时代相适应的传统文化资源发掘出来，形成德治、法治与基层民主自治体系相辅相成、融为一体的现代治理体系。

中国农耕文化历史悠久，源远流长，内涵丰富，博大精深，是中华民族的宝贵财富。农耕文化的传承和弘扬，有利于拓展农业功能，促进休闲农业和乡村旅游发展、推动美丽乡村建设，让农业更强、农村更美、农民更富。进一步开拓创新，不断丰富内容，努力把农耕文化节打造成文化传播的平台，交流合作的平台，招商引资的平台，壮大产业的平台和繁荣商贸的平台，让农耕文化在发展现代农业、建设美丽乡村中得以进步和升华，为促进农民群众持续增收、农村社会繁荣稳定做出新的贡献。

世界四大文明都是发源于农耕文明，而不是游牧文明或海洋文明？我们发现四大古文明的地理位置中心都位于河流附近，并且有着肥沃的土壤。古埃及文明有尼罗河，古巴比伦文明有幼发拉底河和底格里斯河，古印度文明有印度河，中华文明有黄河、长江。

四大古文明的纬度，都非常巧合地位于北纬20度到北纬40度的位置。古埃及、古巴比伦处于地中海气候区，古印度、古中国处于规律的季风气候区。这两个地区有两个共同的特征：第一，一年生的植物在阳光雨水充足时倾向于将养分储藏在种子里以延续种群，这让人类得以采集到含有大量能量的种子；第二，自花授粉牺牲多样性而复制以数量来取胜的繁衍方式，这形成了稳定而大规模繁衍的性状。这样四大古文明所在地的人们就获得了稳定的碳水化合物来源——小麦、大麦、水稻，也就为定居式的农耕文明奠定了生存的基础。农耕也可以说是农作物与早期人类为了应对地中海气候区、季风气候区自然环境变化而共同进化的结果。

直到两千年前，人类的最主要生活物资都是来自于农作物，人类从事农业生产获得的生活物资数量高于从事游牧业。从事农业的人类最先获得除维持自身生存之外的剩余生活物资，逐步有了资本积累，进而有了人口的增加。另外，正因为人类从事农业生产，改变了之前跟随自然环境随处迁移的生存状态，使得人类必须在某一固定区域永久定居下来，随着时光的推移，逐渐形成了城镇。最终，由于粮食储藏、技术积累等因素，农耕成为了人类文明起源的经济基础，由此诞生了以农耕为基础的四大古文明。

中华文明是典型的农耕文明，农耕文明的主要资源是土地，我们的祖先依赖土地繁衍生息，生于斯、长于斯、死于斯。围绕土地制造工具，进行劳作，日出而作、日落而息。历史上，我们的文明经历无数次的危急时刻，但是饱经沧桑却依然屹立不倒，成了世界四大古文明中唯一没有消亡的。

为什么同样具有农耕文明基因的四大文明只有我中华硕果仅存？因为我们是四大古文明中最彻底的农耕文明。中华传统农耕文明具有包容性、系统性、顺从性、自省性。因为包容，我们能把任何外来文化都能融合改良；因为系统，我们的农耕文化本体是有生机的并且可以有效传承；因为顺从，我们的先民接受规矩顺从规律，不好战，倡导良善文化……所以聚族而居、精耕细作的传统农耕文明孕育了自给自足的生活方式、文化传统、农政思想、乡村管理制度等，与今天提倡的和谐共生理念不谋而合。农耕文明的地域多样性、民族多元性、历史传承性和乡土民间性，不仅赋予中华文化重要特征，也是中华文化之所以绵延不断、长盛不衰的重要原因。

今天，我们提出传承和弘扬中华农耕文明具有重大而深远的意义，它是实施乡村振兴战略、全面建成小康社会、实现中华民族伟大复兴的中国梦的基础。将来，我们的孩子们能否在这片土地上生活得更好、更久？这取决于今天的我们能否对中华农耕文明的深刻认知以及坚持不懈地传承弘扬。

农耕文明本质上需要顺天应命，需要守望田园，需要辛勤劳作。它不需要培养侵略和掠夺的劣性，而是需要掌握争取丰收的农艺和园艺；它无需培养尔虞我诈的商战技巧，而是企盼风调雨顺，营造人和的环境。尽管以渔樵耕读为代表的农耕文明也不都是田园牧歌，也有争斗和战乱，但较之于游牧文明，具有质的不同。

从前大家常说的"不稼不穑、不辨菽麦"是讥嘲四体不勤、五谷不分，脱离生产劳动，缺乏生产知识的农村好吃懒做、游手好闲者和憨秀才之言，现今却成了都市化进程中大部分人的显著特质。愈来愈多人脱离了农业生产，加之以规范化、机械化为重的当代化农业的成长，华夏传统农耕文化日趋远离人们的生活，是以，守护和承袭中国农耕文化变得日渐急迫及重要。

面对如火如荼、裹挟一切、粉碎一切的都市化行动及愈来愈多的空心村，活态保护及一脉相承固然最佳，可日趋式微的中国农耕文化直面极大的被湮没的危机。故乡的泥舍坍弛，城镇化、新农村修建摧毁了老家，房地产修筑变更了家乡的空间区域，我们的工作同生活中不再需要同农具产生任何联系，我们应该用什么样的形式对故乡及农耕文化进行稳妥的保护及承袭？

可见，兴办中国农耕文化博物馆同各地农耕文化展览馆尤为紧要。除去参观及了解农耕文化博览馆，相较普通市民来说，应当有更多加深对华夏农耕文化了解的契机及形式去参与、领略农耕文化，加深对中国农耕文化的兴味及记忆。

想要深切体验农耕文化必须要运用旅行化形式进行创新，把中国农耕文化融进现代人的休闲、文娱乃至寻常生活活动之中。运用喜闻乐道、协同参与的形式，让现代人承袭精耕细作、学习农耕文化常识，及精益求精、勤恳坚忍、只问耕种不问收获的优秀品质，并指引现代人的工作、生活和学习。相较而言，主题游乐等体验形式更便于农耕文化的散播及阐扬。农耕文化各类承袭形式的特质，详见图10-3。

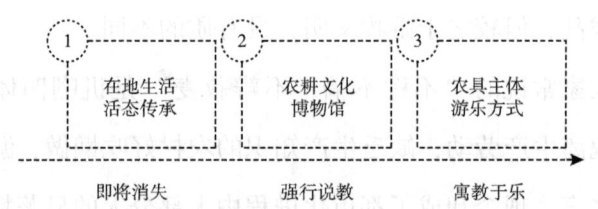

图10-3　农耕文化承袭形式比较

2. 实地教学化创新手法，体验我国的农耕文化

非物质文化遗产，是指各族人民世代相传，并视为其文化遗产组成部分的各种传统文化表现形式，以及与传统文化表现形式相关的实物和场所。非物质文化遗产是一个国家和民族历史文化成就的重

要标志，是优秀传统文化的重要组成部分。"非物质文化遗产"与"物质文化遗产"相对，合称"文化遗产"。

根据联合国教科文组织的《保护非物质文化遗产公约》（以下简称《公约》）定义，"非物质文化遗产"是指被各社区群体，有时为个人视为其文化遗产组成部分的各种社会实践、观念表达、表现形式、知识、技能及相关的工具、实物、手工艺品和文化场所。这种非物质文化遗产世代相传，在各社区和群体适应周围环境以及与自然和历史的互动中，被不断地再创造，为这些社区和群众提供持续的认同感，从而增强对文化多样性和人类创造力的尊重。

《公约》所定义的"非物质文化遗产"包括以下方面：

(1) 口头传承和表现形式，包括作为非物质文化遗产媒介的语言；

(2) 表演艺术；

(3) 社会实践、仪式、节庆活动；

(4) 有关自然界和宇宙的知识和实践；

(5) 传统手工艺。

即：①语言，②民间文学，③传统音乐，④传统舞蹈，⑤传统戏剧，⑥曲艺，⑦杂技，⑧传统武术、体育与竞技，⑨民间美术、工艺美术，⑩传统手工技艺及其他工艺技术，⑪传统的医学和药学，⑫民俗，⑬文化空间。

我国农耕文化现今的推行以传统的展览馆陈列展示为主，无法满足消费者的教学、审美及联动需要，枯燥、呆板的教训式讲评也难以全面展示一个区域农耕文化的全貌。所以，编者自以下八个视角摄取了农耕文化的实景教诲化创新手法。

①把非遗古法原景呈现的非遗活态化。我国是地大物博、历史悠久的农业大国，自然同人文的地区性迥异创造了各色各样的农业文化遗产。体验经济时期，对文化遗产层层保护已然并非最佳的守护形式，依活态化的方法展示乡村民间技艺同农业艺术著作才是最好的抉择，例如荆州的九佬十八匠，利用前店后院的模式，创建了非遗文化的承袭地，访客能够在现场观摩漆器等十几种工艺的巧匠们在用传统的古法打造精巧手工艺品的过程，巧匠们既是在表演，同时也在生产。访客利用观摩制作工艺的繁复流程，能够深入地明晰一个精美手工艺品需要的精力、时间及匠心，缘此能深切地理解什么是工匠精神。

②运用现场参与承袭农耕文化的非遗体味化。深度开掘农耕文化，利用原俗、原乡的农耕体验承袭农耕文明，把农事行为同休闲旅行度假相结合。如遴选部分有趣的农业行为，办好活动组织同安全预案，令访客参与丰富的农业生产活动，进而领略到何为《悯农》一诗中叙述的稼穑艰难，令访客在趣味的农业劳动中明了一粥一饭来之不易，懂得珍惜粮食、敬畏土地、尊重劳动。

③运用新式技术领略中国农耕文化的非遗科技化。伴着人工智能、互联网等现代技术的持续发展，农业也慢慢踏入信息化、科技化的发展时段，这推进了农耕文化的华美转型。VR麦田、田园小火车、无服务生智能餐厅、3D麦田漂流记等新一代新奇的休闲农业产品，皆能够令访客体验多样的农耕文化。

④农业与文艺联结辅助推销的非遗艺术化。所有的艺术皆出自生活，是以，农业与艺术具有天生的渊源。古代的耕具、生活器械、祭奠舞蹈、各种谣谚等，皆是人民在生产实践进程中持续归纳、蜕

变、创造达成的。在愈加注重旅行审美性的眼下，农业变为艺术造景的核心来源之一，如稻田画、稻田迷宫、茶海梯田、麦田怪圈、七彩花圃等盈满文艺气息的农业景观大量涌现。如日本的越后妻有更是将之做到了极致，他将现代装潢艺术同农田景致进行融合，定期进行大地艺术节，唤醒了衰败的乡村，变为举世闻名的艺术节。

⑤农业同文创深层交融辅助"走出去"的非遗文创化。想要将区域特质的农耕文化生动、饱满地展示给消费者，提高农产品的情感同多重消费价值，就需要文化创意同农业因素的融合。这是提升农业附属价值、延展农业产业链、刻画农业品牌形象的有效举措。

我国台湾在休闲农业同特色农产品与文化创意交融的方面很值得我们借鉴。政府首先延聘专业的文创设计部门，以立体性、五感体验、多样化的说故事手法及情感设计的原创能力，对区域范围内的农产品实行探访、汇聚、整理及遴选，发掘当地的特有故事，继而进行全面的统一创设，达成自品牌策划到装潢设计至生产流程的改善。同时，对居民进行技能培训，使他们成为合格的文创制品生产人员，最终给市场及访客推出体系化的文创产品，促成、辅助传统文化"走出去"。

⑥运用农耕文化主题乐园乐学乐教的非遗教学化。凝结了国人几千年的生产及生活智慧的我国农耕文化，充裕的农业科技及农业器械能够被转化及创新利用，变成当下热门的旅行畅销产品。

编者在汇集及整理一些有关当地特色文化资源筹备的材料时，搜集到关于创建一个河南的项目时，筹备者察觉到发明了许多农耕文化器具的伏羲、尧、墨子、张衡、诸葛亮等历史名人皆曾活跃在项目地左近，于是其在项目里筹划了一个微型的古代发明乐园，将农耕文化器械进行改装，变作主题公园的玩乐产品；有人在策划江西的一个项目时，察觉宋应星在当地著成《天工开物》，于是项目组把天工开物中的农耕生产器具进行改装，创新性地建造了一个微型的以农耕天工文化为核心的天工乐园。

⑦多样参与的农业乐园游盛会的非遗节庆化。以农业生产活动为重心，以狂欢活动为呈现形式的农业嘉年华是休闲农业行为，是开拓都市现代农业发展方式、运行模式、实现形式的一种新实践、新探究。农业乐园游活动普遍进行1~2个月，其中的内容涵盖精品农业擂台赛、特色农产品推销、创意农业体验、农业科技展示、采撷体验等多种多样的农业体验及文娱活动。例如少数民族的传统节庆等活动、采摘节、麦田画等。

在短期内，以农事为主题的节庆活动可以形成特色农产品、农业生产技术、农耕活动、民俗文化等元素的汇聚，依托多样化的娱乐形式达到人气吸引，这有益于地方农耕文化品牌的打造及宣发。

⑧华夏农耕文化智慧现代运用的非遗全息化。随着当今科学技术的发展，借助数字化技术为非物质文化遗产提供新的展现与保护形式就是非遗全息化。通过非遗馆等文化主体，通过运用AR、VR技术打造的文化视听盛宴；建设数字化特色产业，打造7D投影技术，制作舞台剧并进行水幕投影；通过全息影像的光影特效……对非物质文化遗产的传播有着重要意义。

将网络通信、地理信息、人工智能等高新技术及植物学、生态学、土壤学等常规农业科学有机联合即为全息农业，在尊崇种种生物自然生长规则的同时，充分开掘运用万物相灭相生的天然机理，勤力于强化人类及动植物自然演化的生命记忆信息，进而打造生物内循环生态链的农业研发模式。全然养殖、智慧栽植、植物网红、四季养生等，皆是全息农业的典型运用形式。

植物网红：运用中医及农学里的植物之间的相辅相成关系，完成空气的香氛化、净化乃至得到附赠的驱蚊隔虫效用。

智慧栽植：运用传统农业里精细手工宛如求道的方式，运用植物之间的相生相克、奇妙的化学反应，把一切蔬果景观化、倍产化。如明前茶，使用一种节节草的溶剂就能让茶叶停止成长，刚摘过之后又能够利用米浆溶液令其快速生长，如此操控，其产量很容易提高3~5倍。此外，运用水果壳、菌类、植物此类的废料，便能够制作出100多种农药，几乎不会污染，能达到食品级的安全水平。

全然养殖：运用植物抗生素、酵素制成饲料来喂猪、牛，养殖成本降至1/2，肉质较现在的任何一类喂养形式都可口。

四季养生：不管哪种动植物皆有其功用、个性、复合性、景观价值，不论哪个年龄段、哪种体质和健康水准的人，在二十四节气里皆能够在这里获得关怀备至的东方生活形式的调养，诸多现代病很容易得到疗养。

全息农业把中国传统农耕文化同现代智慧科技无缝衔接，兼顾生态环境、农业生产及生命健康，全息化是农业适宜消费晋级趋向，达成人们对无污染、无公害等高质地生活因素需要的重要发展指向，有着极大的扩增价值，详见图10-4。

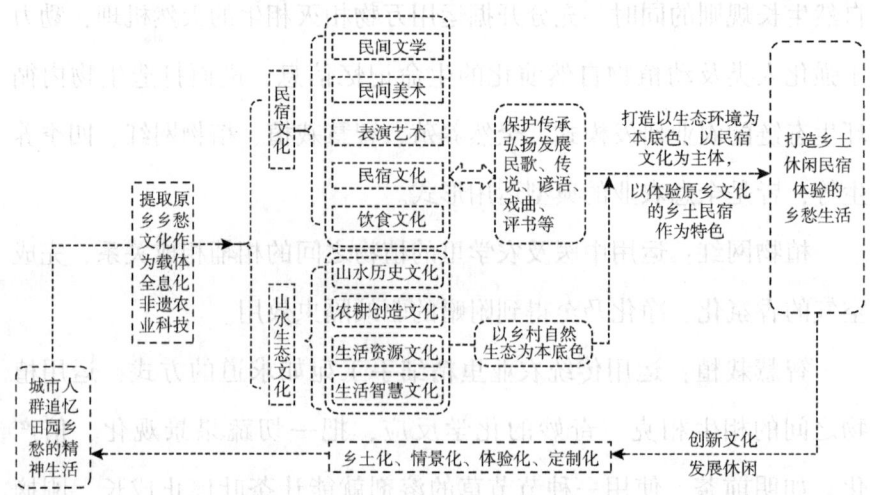

图 10-4　非遗文化实景主题定格

第十一章　巩固脱贫攻坚成果
加快全面推进乡村振兴

2015年11月23日，中共中央政治局审议通过《关于打赢脱贫攻坚战的决定》。11月27—28日，中央扶贫开发工作会议在北京召开。中共中央总书记、国家主席、中央军委主席习近平强调，消除贫困、改善民生、逐步实现共同富裕，是社会主义的本质要求，是中国共产党的重要使命。11月29日，《中共中央　国务院关于打赢脱贫攻坚战的决定》发布。2019年3月5日，国务院总理李克强在政府工作报告中提出，打好精准脱贫攻坚战。10月，国家脱贫攻坚普查领导小组成立。

2020年5月22日，国务院总理李克强在政府工作报告中提出，2020年要优先稳就业保民生，坚决打赢脱贫攻坚战，努力实现全面建成小康社会目标任务。7月，国务院扶贫开发领导小组开展2020年脱贫攻坚督查工作。11月23日，贵州省宣布所有贫困县摘帽出列，至此，中国832个国家级贫困县全部脱贫摘帽。截至2020年年底，1 800余人牺牲在脱贫攻坚一线。

2021年2月21日，中央一号文件正式出炉，主题是"全面推进乡村振兴加快农业农村现代化"；2月25日，全国脱贫攻坚总结表彰大会在京隆重举行，中共中央总书记、国家主席、中央军委主席习近平庄严宣告：我国脱贫攻坚战取得了全面胜利；3月9日，联合国秘书长古特雷斯致函习近平祝贺中国脱贫攻坚取得重大历史性成就；4月6日，国务院新闻办公室发布《人类减贫的中国实践》白皮书。

"十三五"期间脱贫攻坚的目标是，到2020年稳定实现农村贫困人口不愁吃、不愁穿，农村贫困人口义务教育、基本医疗、住房安全有保障；同时实现贫困地区农民人均可支配收入增长幅度高于全国平均水平、基本公共服务主要领域指标接近全国平均水平。脱贫攻坚已经到了啃硬骨头、攻坚拔寨的冲刺阶段，必须以更大的决心、更明确的思路、更精准的举措、超常规的力度，众志成城实现脱贫攻坚目标，决不能落下一个贫困地区、一个贫困群众。

新中国成立以来，中国共产党带领人民持续向贫困宣战。经过改革开放以来的努力，成功走出了一条中国特色扶贫开发道路，使7亿多农村贫困人口成功脱贫，为全面建成小康社会打下了坚实基础。中国成为世界上减贫人口最多的国家，也是世界上率先完成联合国千年发展目标的国家。

2021年中央一号文件提出，把乡村建设摆在社会主义现代化建设的重要位置，全面推进乡村产业、人才、文化、生态、组织振兴，走中国特色社会主义乡村振兴道路，促进农业高质高效、乡村宜居宜业、农民富裕富足……全面推进乡村振兴的号角已经吹响。

真抓实干做好新阶段"三农"工作

2020年12月28—29日，中央农村工作会议在北京召开，习近平总书记在会上发表重要讲话,明年我国将进入"十四五"时期,开启全面建设社会主义现代化国家新征程。在这个重要历史交汇点,召开中央农村工作会议,时机重要,意义重大。这次是我主动提出要来讲讲的,目的是向全党全社会发出明确信号:"三农"工作在新征程上仍然极端重要,须臾不可放松,务必抓紧抓实。

我国正处在向第二个百年奋斗目标迈进的历史关口,在脱贫攻坚目标任务已经完成的形势下,在新冠肺炎疫情加剧世界动荡变革的特殊时刻,巩固拓展脱贫攻坚成果,全面推进乡村振兴,加快农业农村现代化,是需要全党高度重视的一个关系大局的重大问题。

从中华民族伟大复兴战略全局看,民族要复兴,乡村必振兴。我国自古以农立国,创造了源远流长、灿烂辉煌的农耕文明,长期领先世界。纵览历朝历代,农业兴旺、农民安定,则国家统一、社会稳定;农业凋敝、农民不稳,则国家分裂、社会动荡。到了近代,列强入侵,内忧外患,农村荒凉,民不聊生。我们党成立以后,充分认识到中国革命的基本问题是农民问题,把为广大农民谋幸福作为重要使命,致力于使农民从政治压迫和经济剥削下解放出来。早在大革命时期,毛泽东同志就指出,"农民是中国无产阶级的最广大和最忠实的同盟军";"农民问题乃国民革命的中心问题"。1936年,他在延安会见美国作家斯诺时说到,"谁赢得了农民,谁就会赢得了中国,谁解决土地问题,谁就会赢得农民"。新民主主义革命时期,我们党带领农民打土豪、分田地,经过艰苦卓绝的武装斗争,实现了亿万农民翻身得解放。新中国成立后,我们党组织农民重整山河、发展生产,进行了艰辛探索。改革开放以来，我们党领导农民率先拉开改革大幕，不断解放和发展农村社会生产力，推动农村全面进步，实现了由温饱不足向全面小康迈进的历史性跨越。

党的十八大以来，我们坚持把解决好"三农"问题作为全党工作的重中之重，把脱贫攻坚作为全面建成小康社会的标志性工程，组织推进人类历史上规模空前、力度最大、惠及人口最多的脱贫攻坚战，启动实施乡村振兴战略，推动农业农村取得历史性成就、发生历史性变革。农业综合生产能力上了大台阶，粮食产量连续6年稳定在1.3万亿斤以上。农民人均收入较2010年翻一番多，农村民生显著改善，乡村面貌焕然一新。贫困地区发生翻天覆地的变化，解决困扰中华民族几千年的绝对贫困问题取得历史性成就，为全面建成小康社会作出了重大贡献，为开启全面建设社会主义现代化国家新征程奠定了坚实基础。这些成绩是全党全国共同奋斗的结果，大家都付出了艰辛努力。

"农，天下之本，务莫大焉。""务农重本，国之大纲。"历史和现实都告诉我们，农为邦本，本固邦宁。要坚持用大历史观来看待农业、农村、农民问题，只有深刻理解了"三农"问题，才能更好理解我们这个党、这个国家、这个民族。必须看到，全面建设社会主义现代化国家，实现中华民族伟大复兴，最艰巨最繁重的任务依然在农村，最广泛最深厚的基础依然在农村。

尽管我国的"三农"工作取得了显著成就，但农业基础还不稳固，城乡区域发展和居民收入差距仍然较大，城乡发展不平衡、农村发展不充分仍是社会主要矛盾的集中体现。从现在到2035年，也就 3 个五年规划期，要抓紧行动起来。对农业农村现代化到 2035 年、21 世纪中叶的目标任务，要科学分析、深化研究，把概念的内涵和外延搞清楚，科学提出我国农业农村现代化的目标任务。当前，首先要把"十四五"时期农业农村发展规划制定好。

从世界百年未有之大变局看，稳住农业基本盘、守好"三农"基础是应变局、开新局的"压舱石"。对我们这样一个拥有 14 亿人口的大国来说，"三农"向好，全局主动。当前，国际环境日趋复杂，不稳定性不确定性日益增加，新冠肺炎疫情影响广泛深远，经济全球化遭遇逆流，世界进入动荡变革期。对此，我们要有清醒认识，做好打持久战的准备。

构建新发展格局是我们应对世界大变局的战略举措，也是我们顺应国内发展阶段变化、把握发展主动权的先手棋。把战略基点放在扩大内需上，农村有巨大空间，可以大有作为。几亿农民同步迈向全面现代化，能够释放出巨量的消费和投资需求。城乡经济循环是国内大循环的题中应有之义，也是确保国内国际双循环比例关系健康的关键因素。

全党务必充分认识新发展阶段做好"三农"工作的重要性和紧迫性，坚持把解决好"三农"问题作为全党工作重中之重，举全党全社会之力推动乡村振兴，促进农业高质高效、乡村宜居宜业、农民富裕富足。

一、巩固拓展脱贫攻坚成果

经过几十年特别是近 8 年努力,我国如期完成脱贫攻坚目标任务,全党全国、各行各业特别是脱贫地区广大干部群众都付出了艰辛努力。脱贫攻坚取得胜利,充分彰显了党的领导和我国社会主义制度的政治优势,向全世界展现了我们党领导亿万人民创造的人间奇迹。

要深入学习贯彻习近平总书记关于巩固拓展脱贫攻坚成果同乡村振兴有效衔接的一系列重要讲话精神,以更加扎实的工作确保巩固拓展好脱贫攻坚成果,以更加积极的作为确保全面推进乡村振兴落地见效。

要健全防止返贫动态监测和帮扶机制,对易返贫致贫人口实施常态化监测,重点监测收入水平变化和"两不愁三保障"巩固情况,做到早发现、早干预、早帮扶,继续精准施策。对有劳动能力的,要坚持开发式帮扶方针,帮助他们用自己的双手勤劳致富,不能靠发钱养人,防止陷入福利陷阱、政策养懒汉。对没有劳动能力的人口,要做好兜底保障,及时纳入现有社保体系,并逐步提高保障水平。对脱贫地区产业帮扶还要继续,补上技术、设施、营销等短板,促进产业提档升级。易地扶贫搬迁了近千万人,相当于一个中等国家的人口,很多大型集中安置区几乎是平地起新城。要强化易地搬迁后续扶持,多渠道促进就业,加强配套基础设施和公共服务,搞好社会管理,确保搬迁群众稳得住、有就业、逐步能致富。脱贫攻坚形成了庞大的扶贫资产,对这些资产要摸清底数、加强监管,确保持续发挥作用。

二、全面推进乡村振兴落地见实效

过去两年,乡村振兴已经动起来了,各地进行了积极探索,也见到了一些成效，现在到了全面推开的时候了。全面实施乡村振兴战略的深度、广度、难度都不亚于脱贫攻坚，必须加强顶层设计，以更有力的举措、汇聚更强大的力量来推进。

1. 加快发展乡村产业

各地乡村产业都有了一定基础，有些地方新产业新业态发展势头很好、很红火。从全国面上看，乡村产业发展还处于初级阶段，主要问题是规模小、布局散、链条短，品种、品质、品牌水平都还比较低，一些地方产业同质化比较突出。要适应城乡居民消费需求，顺应产业发展规律，立足当地特色资源，拓展乡村多种功能，向广度深度进军，推动乡村产业发展壮大。

发展乡村产业要让农民有活干、有钱赚。很多地方农业产业升级过程中，往往规模越来越大、用工越来越少、农户参与程度越来越低，这是市场自发作用的结果。但是，我们要把握好度，不能忘了农民这一头，要完善利益联结机制，通过"资源变资产、资金变股金、农民变股东"，尽可能让农民参与进来。要形成企业和农户产业链上优势互补、分工合作的格局，农户能干的尽量让农户干，企业干自己擅长的事，让农民更多分享产业增值收益。要把农业现代化示范区作为推进农业现代化的重要抓手，以县为单位开展创建，形成梯次推进农业现代化的格局。

2. 加强社会主义精神文明建设

乡村不仅要塑形，更要铸魂。农村精神文明建设是滋润人心、德化人心、凝聚人心的工作，要绵绵用力，下足功夫。要加强农村思想道德建设，弘扬和践行社会主义核心价值观，推进农村思想政治工作，把农民群众精气神提振起来。要开展形式多样的群众文化活动，孕育农村社会好风尚。要普及科学知识，推进农村移风易俗，革除高价彩礼、人情攀比、厚葬薄养、铺张浪费等陈规陋习，反对迷信活动，推动形成文明乡风、良好家风、淳朴民风。要注重农村青少年教育问题和精神文化生活，完善工作举措，加大资源投入，促进他们健康成长。

党中央决定，脱贫攻坚目标任务完成后，对摆脱贫困的县，从脱贫之日起设立5年过渡期。过渡期内要保持主要帮扶政策总体稳定。对现有帮扶政策逐项分类优化调整，合理把握调整节奏、力度、时限，逐步实现由集中资源支持脱贫攻坚向全面推进乡村振兴平稳过渡。有关部门要对各领域具体政策进行梳理，出台操作性文件和工作方案。要坚持和完善向重点乡村选派驻村第一书记和工作队制度，继续坚持东西部协作、对口支援、社会帮扶等机制，并根据形势和任务变化及时完善。要平稳有序做好各级扶贫办机构职能的调整优化，确保思想不乱、工作不断、队伍不散、干劲不减。要压实责任，把巩固拓展脱贫攻坚成果纳入市县党政领导班子和领导干部推进乡村振兴战略实绩考核范围。

3. 增加脱贫群众收入，缩小区域差距

进一步提升脱贫群众收入，是当前脱贫攻坚工作的重中之重。进一步发挥相关产业带动群众收入的重要作用，帮助脱贫群众收获看得见的收入增长，将常态化帮扶机制落实到位，让兜底保障水平问题提升，是保障新时代脱贫群众收入的重中之重。只有这样才能进一步稳定脱贫群众收入，更好地打赢脱贫攻坚战。此外，还应当健全脱贫攻坚机制，让公益性岗位能够更好地保障群众收入稳步增长。

4. 加快脱贫县稳步发展，缩小发展差距

大力发展乡村产业，为实现脱贫县的全面发展奠定基础，帮助脱贫县找到属于自己的发展道路，帮助脱贫县更好地与其他区域缩小发展之间的差距。乡村产业要振兴，就应当紧紧围绕现代农业进行开发，全面构建起乡村产业体系，进一步实现产业兴旺，将产业发展与农民增收紧密结合起来，保证乡村事业可持续发展的基础变得更加坚实，让产业兴旺成为乡村振兴的重要出路。在今后的发展过程中，应当进一步发挥产业的引领作用，全面实现农业增效与农民增收，为脱贫县的稳步发展带来稳定的支撑。

5. 面向所有农民，推进乡村振兴

推进乡村振兴就是要抓住乡村振兴的中的关键问题，实现抓重点、补短板、强弱项，实现乡村振兴、人才振兴、生态振兴以及组织振兴，在发展乡村的过程中面向所有农民，尊重广大农民在发展乡村过程中的意愿，有效的激发广大农民的积极性、主动性、创造性，让广大农民在乡村振兴的过程中有更多的获得感、幸福感以及安全感。此外，要推进乡村振兴，就要面向所有农民，让所有农民都能够参与到乡村发展的过程中，尊重乡村发展规律，将乡村振兴战略落实到位，进一步明确发展要求，全面做好新时代的"三农"工作，保证新时代乡村振兴工作能够有所参照、有所遵循。

三、旅游精准帮扶政策助推乡村振兴战略实施

旅游精准扶贫凭借其强劲的造血功能和巨大的带动作用，已经成为中国减贫事业的重要力量，不仅是中国精准扶贫和脱贫攻坚的"金钥匙"，也为世界减贫事业提供了有益的经验。

世界旅游联盟在杭州发布《世界旅游发展报告 2018——旅游促进减贫的全球进程与时代诉求》（以下简称《减贫报告》）和《世界旅游联盟旅游减贫案例 2018》（以下简称《减贫案例》）。《减贫报告》指出，旅游业在世界减贫进程中发挥了重要作用；在许多发展中国家和地区，发展旅游业已经成为当地人民摆脱贫困的主要途径；通过发展旅游业和扩大旅游交流，不仅推动了贫困地区经济发展、改善了基础设施和人居环境，而且还提高了当地人的文化素质和受教育程度，促进了他们的社会参与能力、对社区发展的控制能力、对传统文化和地方特色文化的保护能力等的提高，促进了人类的全面发展。

多年来，全国旅游行业通过规划帮扶、咨询帮扶、教育培训帮扶等智力扶贫工程，资金帮扶、投资帮扶、合资合作帮扶等产业扶贫工程，帮助许多贫困落后的乡村地区走上了旅游脱贫之路。通过发展休闲农业和乡村旅游，很多贫困地区的农田、荒山、水域、房舍、农作物、乡村环境等生产和生活资源被多功能和高效地利用起来了；众多农民通过自营、租赁、流转、合作、入股等方式，将这些资源变成了资本，又将资本转化成了高附加值的产品和服务，实现了乡村资源的多元化利用，促进了乡村地区以第一产业为主导的传统农业经济向以旅游业为主导的现代服务经济转型发展，让原本缺乏活力的乡村地区自身具有了造血功能和自我发展能力，推动贫困地区走上产业脱贫之路。从世界旅游联盟同期发布的《减贫案例》及其与国外的对比来看，旅游精准扶贫在世界减贫事业中创造了不同凡响的中国经验。

一是，在政策层面上，将旅游精准扶贫上升为国家战略，通过政府和相关部门制定系列化的旅游扶贫政策和扶贫发展规划、建立旅游扶贫试验区、异地安置和生态补偿等措施，以行政力量和制度优势，调度和整合社会资源进行脱贫攻坚，使旅游扶贫有了有力的政策和制度保障。

二是，在脱贫模式上，探索了一系列具有不同适应性的旅游精准扶贫模式，包括以农民股份制为代表的新型集体经济脱贫模式、以基层政府为主导的特色小镇和农业旅游综合体集中成片带动脱贫模式、以企业租赁和承包经营为主要形式的"公司+业户"脱贫模式、以景区带动周边村庄农户发展农家乐为主要形式的"景带村"脱贫模式、以乡村旅游合作社为主要形式的农民自主合作脱贫模式等。这些模式适用于不同地区和不同的贫困人口，可以形成巨大的规模效应。

三是，在减贫深度上，创造了经济、文化和人的素质全面发展的综合脱贫路径。早在1997年，联合国发展计划署提出了"人文贫困"概念，即人的贫困除了经济落后之外，在参与社会、政治等方面的能力也缺乏机会。而中国的旅游扶贫一直将经济扶贫与扶志、扶智紧密结合，通过旅游交流、文化教育、专业培训、参观考察等手段，让贫困人群实现综合素质的全面提高，即通过旅游扶贫促进贫困人群的全面发展，详见表11-1。

表11-1　重点旅游扶贫政策概览

时间	文件名称	内　容
2018年3月	国家旅游局办公室 国务院扶贫办综合司 中国农业发展银行办公室《关于组织推荐金融支持旅游扶贫重点项目的通知》	为贯彻落实党中央、国务院关于脱贫攻坚和乡村振兴战略的总体部署，深入推进旅游扶贫工作，按照《"十三五"旅游业发展规划》（国发〔2016〕70号）和国家旅游局等12部门印发的《乡村旅游扶贫工程行动方案》（旅发〔2016〕121号）、《国家旅游局 中国农业发展银行关于支持乡村旅游扶贫工程合作协议》的要求，国家旅游局、国务院扶贫办、中国农业发展银行决定遴选推出和支持发展一批金融支持旅游扶贫重点项目

(续表)

时间	文件名称	内容
2018年11月	文化和旅游部 国务院扶贫办 中国农业发展银行 《关于印发全国金融支持旅游扶贫重点项目推荐名单的通知》	实施名单制管理。对57个全国金融支持旅游扶贫重点项目，三部门共同实施名单制管理。中国农业发展银行将重点项目作为创新条线名单制管理的依据。项目所在地省级文化和旅游行政部门、扶贫部门要指导地市对口部门按照"一项目一方案、一项目一政策"的原则，为重点项目制定专项配套支持方案，并根据项目开发建设进度和需要，在产品建设、品牌创建、人才培训、宣传推介等方面给予重点倾斜
2020年10月	文化和旅游部关于政协十三届全国委员会第三次会议第2360号（文化宣传类124号）提案答复的函	《关于加快民族地区旅游发展，助推乡村振兴的提案》

四、乡村旅游带动共同富裕

旅游扶贫，即通过开发贫困地区丰富的旅游资源，兴办旅游经济实体，使旅游业形成区域支柱产业，实现贫困地区居民和地方财政双脱贫致富。

旅游精准扶贫就是精准扶贫战略中的一项，旅游精准扶贫针对这些偏远地区自然环境保存较好，生态环境优越的条件，很好地利用了当地的自然以及文化资源，是帮助这些地区脱贫致富的一条途径。目前，我国的经济发展飞速，但是在一些偏远地区的农村经济发展水平依然较低，这是由于我国地域广阔，人口众多，地区之间的人文，地貌，经济等差异巨大等原因造成的。

贫困问题是世界性难题，一直伴随着人类社会的生存与发展。中国由于历史的和自然的原因，各地区之间和地区内部的经济发展很不平衡，东部和中、西部经济技术水平有很大差别，特别是贫困地区的生产力发展十分缓慢，尤其在改革开放之后，国内的贫富差距越来越大，一些较为偏远的地区因为条件恶劣、交通闭塞以及信息不通畅等原因，仍处于封闭的自然经济状态中。在新中国成立初期，政府就在采取措施摆脱贫困地区的风貌，使其走上脱贫的道路。随着扶贫工作的展开，容易脱贫的人口已经脱贫，尚未脱贫的人口由于致贫原因复杂化等原因使得扶贫难度加大，成为了扶贫工作的"硬骨头"；2013年，国家首次提出精准扶贫，从产业、教育、转移就业等方面实施精准扶贫。旅游扶贫是国家精准扶贫计划中一项十分重要的内容，是精准扶贫的新引擎，旅游业从业门槛低，收益可观，既符合"大众创业，万众创新的需求"，又符合乡村振兴的时代主题，已经有越来越多的贫困地区通过发展旅游业走上了脱贫致富的道路。

切实巩固拓展脱贫攻坚成果同乡村振兴有效衔接，全面推进乡村振兴，要围绕立足新发展阶段、贯彻新发展理念、构建新发展格局带来的新形势、提出的新要求，坚持把解决好"三农"问题作为重中之重，坚持农业农村优先发展。

一要坚决守住不发生规模性返贫的底线。防止返贫监测帮扶机制要运行有力，落实县乡村三级工作责任，对易返贫致贫人口加强监测，做到早发现、早干预、早帮扶。对脱贫县要扶上马送一程，设立过渡期，保持主要帮扶政策总体稳定，积极稳妥推进政策举措、工作机制、机构队伍衔接。多途径推进稳岗就业，尤其是组织好外出务工就业，做好易地搬迁后续扶持，确保脱贫群众持续增收。

二要聚焦加强产业的基础支撑作用。产业兴旺，是解决农村一切问题的前提。脱贫攻坚的根本之策是产业扶贫，乡村振兴的第一要务是产业振兴。没有产业的发展，农业农村更好发展就是空中楼阁。产业发展要坚持规划引领，通过品牌打造带动产业升级；要注重带动农民,在"育主体、带农户"方面下更大功夫,让农户持续受益;要实现从特惠向普惠的转变,全域覆盖、全体受益,为全面推进乡村振兴打下基础。

三要以人才配备、科技支撑为现代农业赋能。持续推动人才下乡,培养更多知农爱农、扎根乡村的人才;强化科技支撑作用,加强农业关键核心技术攻关;建强基层组织,培育造就一支政治过硬、本领过硬、作风过硬的乡村振兴干部队伍。当务之急是要围绕创新驱动发展,进一步完善人才统筹培养使用制度体系、现代农业产业技术体系和农业现代化政策环境建设,进一步发展壮大各类人才队伍,把创新的赋能拓展到田间地头。

四要持续改善人居环境,久久为功建设美丽宜居乡村。深入实施乡村建设行动,进一步整合资源、锁定目标、确定标准,强力推进厕所革命、垃圾清运和污水治理等,持续抓好"五边五治"。夯实护路员、护林员、护河员、保洁员等公益性岗位职责,以日常环境保洁和集中清理整治相结合,切实促进村容村貌干净整洁,促进良好生活习惯和文明习惯的养成,缩小城乡差距,提升农村群众的幸福感和获得感。

五、乡村振兴举措解析

乡村振兴战略是习近平总书记在党的十九大报告中正式提出的,这是实现"两个一百年"奋斗目标的必然要求,是实现全体人民共同富裕的必然要求。

在即将到来的乡村振兴大潮中,编者作为中国乡村振兴课题组成员之一,在把握住乡村振兴战略的本质内涵,把握政策的突破性方向，落地到乡村经济社会发展中，落地到乡村振兴细胞——村庄的发展中，落地到突破体制束缚的跨区域田园综合体和特色小镇中，用顶层设计理念，用区域社会经济发展规划、产业规划、村庄规划、乡村综合项目开发规划等规划设计创新理念与方法，为乡村振兴战略提供有效的服务。

乡村振兴规划，落实到"战略规划及总体规划纲要"层级，旨在从"产业发展、生态保护与建设、人才培养与孵化、文化传承与发展、体制改革与组织建设"等角度解读乡村振兴战略路径和发展措施。

(一) 规划综合分析

1. 现场探访的措施及体系

场地现场踏勘、探访及归纳解析、总结是乡村振兴规划的基础。唯有对现场充分探访，对乡村的各种规划及近况等实行充分解析，才可形成合理、科学、能施行、能落地的乡村振兴规划。县域乡村振兴的规划现场踏勘涵盖产业资源查核，乡镇调研，村庄入户调研，重点企业稽核寻访，自然资源同人文资源查核及问卷调研等多种手法。调研地区产业、村庄核查、资源涵盖乡、镇及重点村庄的现场勘察；包括乡镇、村两级的考核问卷发放、整理、解析及乡镇企业、乡镇村干部、村民的访谈；依据现场查核、寻访及问卷三部分达成县级乡村振兴规划解析的基础凭证，详见图11-1。

2. 规划地域发展情况的基础解析

区域位置，邻近城市群，交通铁路的中心枢纽位置，邻省市距离；气候条件，自然条件；全境辖区面积，下辖镇、乡；总人口等。

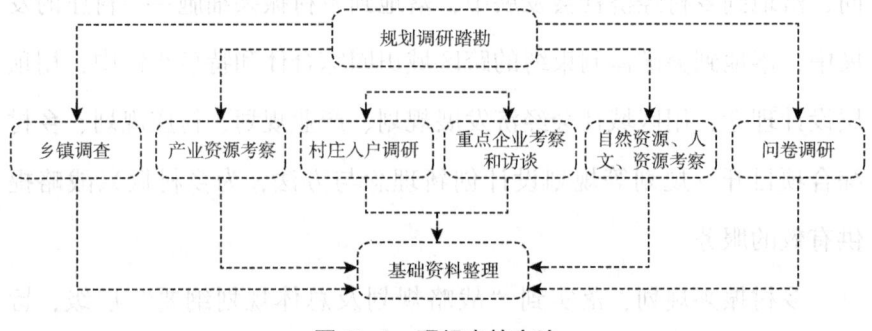

图 11-1　现场查核方法

（二）区域乡村振兴规划战略定位

1. 总体定位

使用"山+""水+""林+""田+""湖+""草+""沙+""旅游+"主体策略，以一二三产业交融、产居交融做路径，妥善规模化运营同技术进修创业繁育相结合，创新打破予以侧改革及村镇体制改革，利用公众服务设备、基础设备及土地运用引导，达成镇、乡、产居汇聚区、桑梓综合体、产业汇聚区、寓居社区的优化布局，创新治理构造，促成文化发展，施行地域乡村生活、产业、治理、文化等的当代化发展。

以生态型有机循环农业做基底，以"水+""山+""草+""田+""林+""沙+""旅行+""湖+"产业做重心，依托生态田园及山水人文资源，高举"绿色地域""生态地域"的品牌，在乡村振兴战略下，运用一二三产业交融发展完成县级农业供给侧构造性改革，运用传统文化的承袭同新式乡村文化、时尚文化的植入完成文化振兴；运用新型职业农民的培植及外来创客创业者的孵化完成县域的人才振兴，运用田园综合体的创设实现县域发展的标的；令区域变为区域内农业产业提高策动乡村振兴的楷模；最终把区域创设成为中国乡村振兴的提高新高地。

2. 目标战略

到 2022 年，乡村振兴的制度框架和政策体系初步健全。国家粮食安全保障水平进一步提高，现代农业体系初步构建，农业绿色发展全面推进；农村一二三产业融合发展格局初步形成，乡村产业加快发展，农民收入水平进一步提高，脱贫攻坚成果得到进一步巩固；农村基础设施条件持续改善，城乡统一的社会保障制度体系基本建立；农村人居环境显著改善，生态宜居的美丽乡村建设扎实推进；城乡融合发展体制机制初步建立，农村基本公共服务水平进一步提升；乡村优秀传统文化得以传承和发展，农民精神文化生活需求基本得到满足；以党组织为核心的农村基层组织建设明显加强，乡村治理能力进一步提升，现代乡村治理体系初步构建。探索形成一批各具特色的乡村振兴模式和经验，乡村振兴取得阶段性成果。

到 2035 年，乡村振兴取得决定性进展，农业农村现代化基本实现。农业结构得到根本性改善，农民就业质量显著提高，相对贫困进一步缓解，共同富裕迈出坚实步伐；城乡基本公共服务均等化基本实现，城乡融合发展体制机制更加完善；乡风文明达到新高度，乡村治理体系更加完善；农村生态环境根本好转，生态宜居的美丽乡村基本实现。

到 2050 年，乡村全面振兴，农业强、农村美、农民富全面实现。全体农民共同富裕高标准实现，农业农村现代化高水平实现。

六、实施乡村振兴战略路径

实施乡村振兴战略的方针、要求、思路和目标，结合乡村实际情况,我们研究发现,乡村振兴战略主要在产业、文化、人才、生态、组织这五方面实施振兴。

(一) 县级乡村振兴策略路径

以"五个振兴"为启程点,项目组构筑出了县级乡村振兴策略路径(图11-2)。

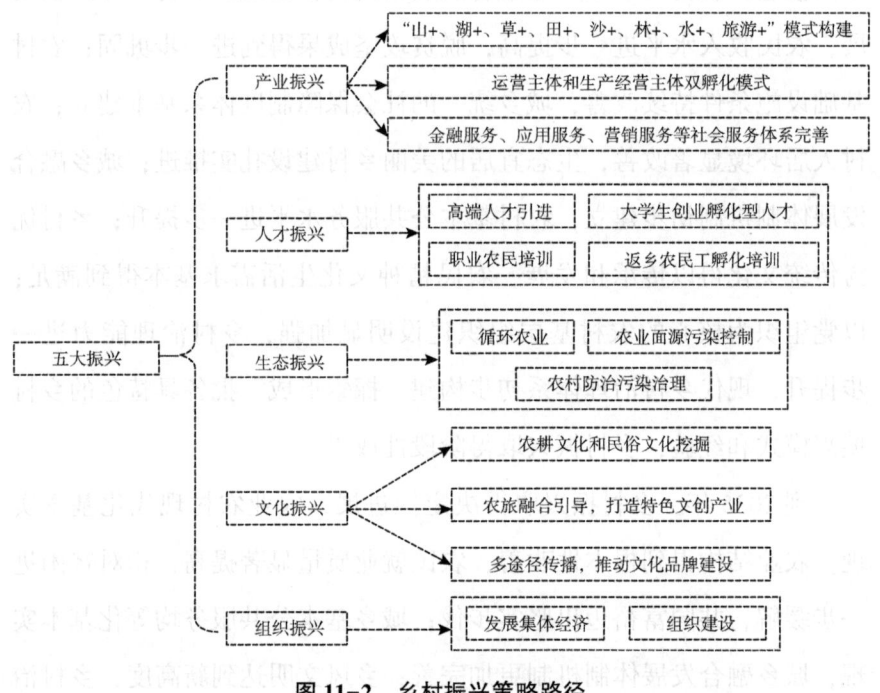

图11-2 乡村振兴策略路径

1. 产业振兴的成长路径

①产业形式构筑及汇聚。以"山+""水+""林+""田+""湖+""草+""沙+""旅游+"产业结构为核心,带动区域产业融合发展。

运用对田园及旅行的综合体达成新型的产业汇聚区,通过产业汇聚形成人流、消费的汇聚，通过产业汇聚策动经济发展，推进新型村庄社区的汇聚发展。进而达成区域的产业振兴全县之路。

②对社会化服务体系进行完备。应用服务体系、金融服务体系、营销服务体系等，构筑产业施行的保障体系。

2. 什么是人才振兴的成长路径

人才振兴涵盖以下四个主要层面，各种类型的高端英才引入；专职农民的集训；农民的技术集训及创业创客主体的孵化。

人才振兴旨在解决技术须要及人才供应的难题。高端人才以引入为主，大学生创业孵化型英才是核心骨干力量；提高、集训一批专职农民（涵盖个体户、农业企业业主、商户等）；增进返乡农民工的孵化集训。县域运用构筑人才智库，创设创业孵化平台，政策、资金等朝高端援引人才倾向，进而达到人才振兴。

3. 如何实行生态振兴

①规划河湖生态守护。充分运用当前湿地区域，施行优质水源地守护工程，推进河湖及生态环境脆弱地区水生态修复及守护。展现出区域湖城一体特质，打造以低碳、生态为核心倾向的新城综合功用区。

②规划林地生态环境修建。适当将沙化耕地、坡耕地、山坡撂荒地退耕还林，有步骤，有计划地终止耕种，因势利导地造林植草，还原植被。合理调度土地使用及栽植构造，因地制宜施行多样化的开发治理形式，大力推进生态产业及循环经济，促进农业产业结构调整。

加大对水区域、主要河流两岸、河湖源头乃至水源河流两岸山地、水力发电站、水库、湖泊左近山地水土涵养林的栽植，以订正水域状况、增进河水常年流量、调治小循环、守护水质。对林地进行林相及树木品类的改造，形成丰富的林地生物，填补林地生态的复杂性。

③构筑循环农业生态发展的形式。构筑以"田+"做产业核心的"田+大型两栖饲养"等循环农业形式；以农业有机废弃物资源运用为重心的循环经济形式，以"林+"做产业核心的，运用林下田地资源、自然条件及林荫空间施行林下养殖、栽植等立体复合生产运营循环农业形式；利用修建秸秆综合运用、牲畜粪便能源化运用等工程，衍生商品有机肥料、沼气、饲料及新式无土栽种基质等新式产业。

④严格控制农业面源污染。实行人畜分隔，严格把控畜养殖染污，依据环境的承担能力适时把控饲养规模，创设限养区、禁养区及非限养区；科学使用农药及化肥，大力推动测土处方施肥同秸秆综合运用技术；极度重视农村饮用水源守护；增强无害化处置污染物力度；优化村镇生活生产环境。

⑤对不同地域农村污染防治及治理实行相应的环境标准，并严格监管。严格依照生态功能区或环境元素，区分生产及生活区。统筹修建生活污水、工业废水集中处置系统及农村生活废物处理设备，守护农村饮用水质洁净安全及农村环境整洁。按"控源—减污—修复"思路引导在山区村庄设小型废水处理站、镇区设废水处理厂，把控由点源引起的水污染。把控农药使用的类别数量。

4. 何为文化振兴的发展途径

文化是民族的血脉，是人民的精神家园。可以说，文化兴，则乡村兴；文化强，则农村强。没有文化的振兴；乡村振兴就失去了魂，经济社会发展就失去了动力。乡村文化是乡村振兴的魂。

①乡村文化是传统文化的土壤。中华优秀传统文化的思想观念、

人文精神和道德规范，植根于乡村社会，源于群众创造，融入乡土文化。在广大农村，人们在长期的生产生活中孕育了纯朴的民风民俗，创造了大量的历史文化和民族文化，如尊老爱幼、邻里和睦、勤俭持家、互助互帮、诚实守信等，是乡村文化的精华，是宝贵的精神财富。

②文化振兴是乡村振兴的灵魂。习近平总书记指出："乡村振兴，既要塑形，也要铸魂"。文化振兴是乡村振兴战略的重要组成部分，是乡村振兴的灵魂，在引领乡村组织振兴、生态振兴、产业振兴、人才振兴中，发挥着十分重要的作用。文化兴则乡村兴，文化强则农村强，没有文化的振兴，乡村振兴就会迷失方向、失去灵魂。

③文化生态是地区综合软实力。随着改革开放的不断深入，经济社会的不断发展，现代化大潮激荡农村，乡村旅游、农村文化、特色产业等各类优质资源变成发展优势，亟须通过文化软实力的提升，引进社会资本进行开发，引领各类优秀人才向农村聚集，实现农村跨越式发展。建设一个自强、活力、健康、多元、包容、繁荣的文化生态，是提升地区综合软实力和竞争力的重要抓手，是推动农村经济社会实现跨越发展的根本路径。

④乡风文明是社会进步的体现。只有乡风文明了，精神文化生活丰富了，农村群众才能保持昂扬向上的精神状态，才能实现社会和谐，实现真正意义上的全面小康。在现实生活中，一些边远村寨文化落后，房前屋后、村寨环境脏乱差，贫穷与愚昧也就如影随形，这样的村寨与我们提倡的和谐社会建设格格不入。而一些村寨得益于文化的繁荣发展，人们思想解放，新科技、新技术、新理念在村寨开花结果，率先进入了社会主义新农村和美丽乡村行列。实践证明，文化

建设在推动农村社会文明进步中具有十分重要的作用（图 11-3）。

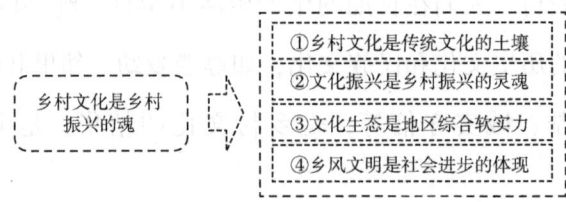

图 11-3　文化与乡村振兴

5. 实现乡村文化振兴实践概念

①保护是前提。新时代的乡村文化振兴，必须高度重视优秀乡土文化的保护，牢固树立"保护就是最好的开发，保护就是最好的发展"的理念，在保护的基础上进行科学合理的开发利用，这也是乡村文化振兴的可持续发展战略。当然，保护不是盲目的保护，必须注重选择那些优秀的、先进的、促进社会文明进步的文化进行保护。

②传承是根本。优秀文化只有永恒发展，才能与时俱进，成为先进文化的代表。这就需要一代又一代地把优秀文化传承下来，在传承的过程中不断吸收新文化，不断融合外来先进文化，在传承的过程中不断创新、丰富、发展、升华、提质，实现与时俱进。传承必须取其精华、去其糟粕，要科学有效的传承。

③创新是关键。没有创新就不可能有发展，没有创新就不可能有振兴。创新，就是在保护和传承的基础上，把传统文化、乡土文化，与现代生产生活中产生的先进文化、外来的先进文化有效衔接，实现融合发展，通过新的实践，创造更加先进、更加优秀的新文化，让乡土文化具有更强的生命力。创新不是想当然地创新，必须是要在有效保护和科学传承的基础上进行创新，否则就成了空中楼阁，失去了根

基。创新还包括对外来先进文化的吸收,这就需要有一套开放、包容的文化发展机制,加强文化交流,在交流中取长补短、相互促进。

④发展是路径。文化作为一种资源、作为一种精神财富,只有通过科学开发利用,才能让沉睡的文化活起来,才能发挥其服务群众、促进和谐、推动发展等应有的效用,才能产生其经济价值、社会价值。如果脱离发展去强调振兴,那只能是纸上谈兵,抛开发展去讲振兴,振兴就失去了方向和动力。乡村文化要振兴,必须要用好发展这个手段,积极探索创新文化发展机制,在科学保护的基础上,注重把文化产业与旅游、体育、信息、物流、建筑等产业融合发展,让文化资源变成发展资源。

⑤振兴是目的。文化的保护、传承、创新、发展是一个有机整体,其最终目的就是振兴。振兴既是一个过程,也是一个结果。乡村文化的振兴,应该是包含多方面的,包括文化机制、文化活动、文化创作、文化形式的振兴,等等。结合乡村实际,就是要打造一个自强、活力、健康、多元、包容、繁荣的"文化生态",形成百花齐放、百家争鸣、多彩齐现的乡村文化大发展大繁荣的良好格局,更好地满足人民群众日益增长的精神文化生活需要,让广大乡村实现物质文明与精神文明的同步发展、同步提升,详见图11-4。

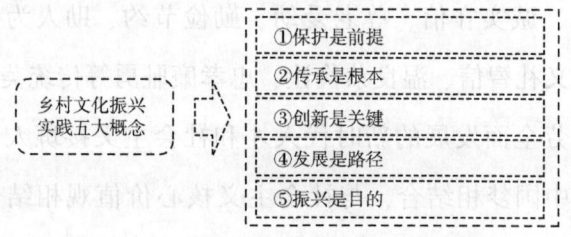

图11-4 乡村文化振兴实践五大概念

6. 实施推动乡村文化振兴的路径

推动乡村文化振兴，必须坚持以习近平新时代文化思想为指导，结合当地农村文化发展的具体实际，在进一步摸清当地文化资源的基础上，坚持"以人民为中心"的发展理念，牢牢把握社会主义核心价值观教育这条主线，找准切入点和着力点，因地制宜实施好"八大系统工程"，推动乡村文化振兴。

①深入实施核心价值观教育系统工程。社会主义核心价值观是中华传统文化的"魂"，推动乡村文化振兴，必须把核心价值观教育这条主线贯穿始终。在加强农村文化阵地建设的基础上，积极探索创新社会主义核心价值观普及教育的载体和方法，推动社会主义核心价值观在乡村群众中入脑入心、落地生根。充分利用好新时代农民讲习所、道德讲堂、村村响工程等平台，推动社会主义核心价值观教育实现全面普及、全面覆盖，培育讲文明、讲礼仪、讲诚信、讲公德、讲奉献的新型农民和新时代公民。

②深入实施传统文化复兴系统工程。加强对国学的宣传，积极提倡和宣传以德树人、以德修身、以德服人等理念，创新农村精神文明建设活动，深入开展美德公民、美德少年、美德家庭、美德社区等系列主题活动，坚持把传统文化教育与现代法治教育结合起来，全面激活知恩感恩、诚实守信、尊老爱幼、勤俭节约、助人为乐、忠孝传家，以及仁义礼智信、温良恭俭让、忠孝廉耻勇等传统美德文化，培养德智体美劳全面发展的新时代人才和社会主义接班人。积极推动传统文化与中国梦相结合，与社会主义核心价值观相结合，与"三线"文化相结合，与新时代精神相结合，让传统文化在现代生活中更好地实现复兴和振兴，更加具有生命力和感染力。

③深入实施农村文化铸魂系统工程。坚持以乡村为单位,结合新时代美丽乡村建设,突出民族特色,激活文化元素,以"四个一"为载体,深入实施农村文化铸魂工程,推动农村文化振兴繁荣。精心谱写一首"村歌",以新时代、新农民、新生活、新气象为主题,讴歌时代、凝聚民心,激发村民热爱家乡、建设家乡的热情。精心编制一支"村舞",反映党对人民群众的关怀,反映新时代新变化,激发村民对新生活、新时代的热爱。精心编制一台"村戏",采取快板、小品、相声、戏曲等表现形式,用本村的人和事精心编制,融入传统文化与现代文化,用"村戏"陶冶村民的情操。精心撰写一本"村志",收集本村的历史变迁、发展变化、经济建设、产业发展、人文风情、先进人物等资料,撰写成"村志",用"村志"传承好本村的文化。

④深入实施多元文化汇集系统工程。坚持以家庭为单位,注重引导和鼓励农户家庭蕴育积极健康向上的家庭文化,以家训、家规、家风、家道等为载体激活家庭文化细胞,以家庭文化汇集成整体的文明乡风。坚持以民族文化为单元,加大对民族民间文化的挖掘整理力度,鼓励各民族群众积极传承优秀文化,创造先进文化,以各民族的优秀文化汇聚成的多彩文化,形成各民族团结和谐、共同繁荣的良好氛围。坚持以新时代改革发展新文化为主体,深入开展文化下乡村活动,加大农村文化交流力度,推动改革开放过程中产生的"三线文化""三变文化"在农村实践中更好地创新发展,让新文化在广大乡村开花结果。坚持以红色文化为主题,加强对红色革命教育基地的建设,深入收集、挖掘、整理水城境内的革命故事、革命遗址等红色文化,用"抗馆实景教学模式"以红色文化感染和教育新时代青年。

⑤深入实施农民文化家园系统工程。积极探索创新农民文化精

神家园建设载体，结合新时代美丽乡村建设，以村寨为单位打造新时代农民文化精神家园。坚持科学规划设计，统筹做好村寨道路、民居建设、公共服务、文化阵地等各个方面的规划。加大民族民间文化的挖掘力度，注重把民族文化、地域文化、历史文化、农耕文化、产业文化融合到美丽乡村建设的各个方面，精心打造文化特色鲜明的民居、广场、公园、院落、景观，让文化元素无处不在，让人一走进村寨就能感受到文化气息。坚持丰富公共文化，加大公共文化建设的投入力度，加强各村文化大院、文化广场、文化中心、体育健身工程以及露天音乐场地、露天舞台、书室、棋室等各类公共文化设施的建设，优化公共文化供给结构，让休闲娱乐、体育健身、读书看报深入群众的日常文化生活。

⑥深入实施文化人才培养系统工程。坚持把农村文化人才的培育作为乡村文化振兴的重要抓手，建立健全农村文化人才培养长效机制，把农村文化人才纳入乡村振兴人才培养的总体规划，结合新型农民培养工程，整合各方面的资源和资金，加大对乡村农民画创作者、非物质文化传承人、手工艺人、文艺创作人员等农村各类文化人才的培养力度。在各类学校开设民族歌舞、绘画、文学创作等课堂，培养一批农村文化人才带头人。以乡村旅游为载体，建设一批农村文化人才培养和实践基地，培养一批技术精湛的能工巧匠。鼓励农村文化带头人、新乡贤、传承人开展传帮带、师带徒、父传子，带动更多的农村群众成为文化人才。充分发挥非物质文化传习所的作用，加大对农村各类非物质文化传承人的培育力度，壮大农村非物质文化传承人队伍。加强乡村文化机构建设，优化机构职能，在编制上、经费上给予足够的保障，着力打造一支适应新时代乡村文化振兴需要的

文化工作人才队伍。

⑦深入实施文化产业发展系统工程。积极推动乡村文化与产业文化融合发展，推动文化与产业同步协调可持续发展。坚持以"三变"为引领，积极探索创新"三变+民族文化"模式，加大乡村文化协会的建设力度，加强文化市场主体培育，把沉睡的乡村文化资源唤醒激活，让文化资源变成资产和股权，变成老百姓实实在在的经济收入。按照文旅一体的思路，充分借助乡村旅游平台，推动乡村文化变成旅游文化，让文化产品变旅游商品，实现文化产业与旅游产业同步发展。

⑧深入实施文物保护传承系统工程。认真贯彻落实《文物保护法》，切实抓好文物的保护和开发利用工作。加大文物普查申报力度，及时申报一批文物保护单位。落实各级党委、政府的文物保护责任，强化监管，坚决打击破坏文物的行为，确保文物不损坏、不流失。加强文物保护能力建设，为文物保护工作提供有力的人、财、物支撑保障，及时抢救文物，防止文物流失。坚持合理开发利用，结合乡村旅游、城镇建设、美丽乡村建设，让收藏在博物馆里的文物、陈列在广阔大地上的遗产、书写在古籍里的文字都活起来，推动乡村文化振兴，详见图11-5。

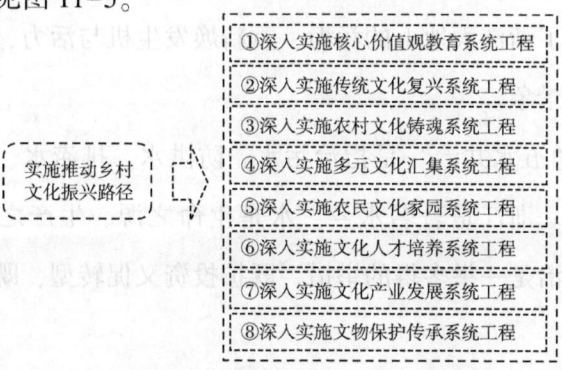

图11-5 实施推动乡村文化振兴路径

(二) 乡村振兴的地域性专项规划

1. 区域

"绿水青山就是金山银山"是时任浙江省委书记习近平于 2005 年 8 月在浙江湖州安吉考察时提出的科学论断。

规划先行,是既要金山银山,又要绿水青山的前提,也是让绿水青山变成金山银山的顶层设计。浙江各地特别重视区域规划问题,强化主体功能定位,优化国土空间开发格局,把它作为实践"绿水青山就是金山银山"的战略谋划与前提条件。从 2005 年到 2015 年,科学论断提出 10 年来,浙江干部群众把美丽浙江作为可持续发展的最大本钱,护美绿水青山、做大金山银山,不断丰富发展经济和保护生态之间的辩证关系,在实践中将"绿水青山就是金山银山"化为生动的现实,成为千万群众的自觉行动。

在经济发展的过程中,浙江一些地方发生了对绿水青山造成破坏的现象,为此,坚守"绿水青山就是金山银山"的理念,必须加强环境的治理与生态的修复工作,重新恢复绿水青山。特别是近年来,浙江省大力推进"五水共治""三改一拆""四边三化"行动、"811"环境污染整治行动等工作,对破坏了的环境进行深入广泛的整治,擦洗了浙江大地上的污垢,重新焕发生机与活力,重塑了绿水青山的美丽景象。

其中,"五水共治"是指治污水、防洪水、排涝水、保供水、抓节水这五项。浙江是著名水乡,水是生命之源、生产之要、生态之基。五水共治是一举多得的举措,既扩投资又促转型,既优环境更惠民生。

水文化的价值在于它让人们懂得热爱水、珍惜水、节约水;进行五水共治，是平安浙江建设的题中核心，直接关系平安稳定、关乎人水和谐。可治理自来水、江水、河水等水资源的污染问题。

浙江因水而名、因水而兴、因水而美。抓五水，是由客观发展规律、特定发展阶段、科学发展目的决定的。水是生产之要，什么样的生产方式和产业结构，决定了什么样的水体水质，治水就是抓转型；水是生态之基，气净、土净，必然融入于水净，治水就是抓生态；水是生命之源，老百姓每天洗脸时要用、口渴时要喝、灌溉时要用，治水就是抓民生。

其中，"三改一拆"是指浙江省政府决定，自2013年至2015年在全省深入开展旧住宅区、旧厂区、城中村改造和拆除违法建筑（简称"三改一拆"）三年行动。通过三年努力，旧住宅区、旧厂区和城中村改造全面推进，违法建筑拆除大见成效，违法建筑行为得到全面遏制。

其中，"四边三化"行动是浙江省委、省人民政府提出的，在公路边、铁路边、河边、山边等区域（简称"四边区域"）开展洁化、绿化、美化行动（简称"四边三化"行动）。

其中，"811"环境污染整治行动是指全省八大水系及运河、平原河网，"11"既指11个设区市，也指11个省级环境保护重点监管区。11个省级环境保护重点监管区包括椒江外沙、岩头化工医药基地，黄岩化工医药基地，临海水洋化工医药基地，上虞精细化工园区，东阳南江流域化工企业，新昌江流域新昌嵊州段，衢州沈家工业园区化工企业，萧山东片印染、染化工业，平阳水头制革基地，温州市电镀工业，长兴蓄电池工业。此次整治行动排出的重点行业包括化工、医药、制革、印染、味精、水泥、冶炼、造纸8个重污染行业，重点企业包括573家省级环境保护重点监管企业以及27家钱塘江流域氨氮排放重点源企业。

2. 水资源保护利用

水是地球生物赖以存在的物质基础，水资源是维系地球生态环境可持续发展的首要条件，因此，保护水资源是人类最伟大、最神圣的天职。

全球淡水资源不仅短缺而且地区分布极不平衡。按地区分布，巴西、俄罗斯、加拿大、中国、美国、印度尼西亚、印度、哥伦比亚和刚果9个国家的淡水资源占了世界淡水资源的60%。约占世界人口总数40%的80个国家和地区约15亿人口淡水不足，其中26个国家约3亿人极度缺水。更可怕的是，预计到2025年，世界上缺水人口将增长一倍，40个国家和地区将面临淡水匮乏。我国人口众多，是世界第一人口大国，虽然我国也是水资源大国，但人均淡水资源只占世界人均淡水资源的1/4。

我国就是一个严重缺水的国家。海河、辽河、淮河、黄河、松花江、长江和珠江7大江河水系，均受到不同程度的污染。

万里海疆形势也不容乐观，赤潮年年如期而至。在美丽的渤海湾，浊流迸溅，海面上漂浮的油污像一柄黑色火炬要烧毁海洋里的生命。

大量淡水资源集中在南方，北方淡水资源只有南方的1/4。除了缺水，水污染问题也较突出。根据2001年对我国七大水系断面监测，达到Ⅲ类水质可以进入自来水厂的最低要求的仅占29.5%，而劣Ⅴ类水质却高达44%；另外，我国浅层地下水资源污染比较普遍，全国浅层地下水大约有50%的地区遭到一定程度的污染，约一半城市市区的地下水污染比较严重。由于工业废水的肆意排放，导致80%以上的地表水、地下水被污染。我国城市供水以地表水或地下水为主，或者两种水源混合使用，而我国一些地区长期透支地下水，导致出现区域地下水位下降，最终形成区域地下水位的降落漏斗。全国已形成区域地下水降落漏斗100多个，面积达15万平方千米，有的城市形成了几百平方千米的大漏斗，使海水倒灌数十千米。我国也是一个缺水严重的国家。淡水资源总量为28 000亿立方米，占全球水资源的6%，仅次于巴西、俄罗斯和加拿大，居世界第四位，但人均只有2 300立方米，仅为世界平均水平的1/4、美国的1/5，在世界上名列121位，是全球13个人均水资源最贫乏的国家之一。扣除难以利用的洪水径流和散布在偏远地区的地下水资源后，我国现实可利用的淡水资源量则更少，仅为11 000亿立方米左右，人均可利用水资源量约为900立方米，并且其分布极不均衡。到20世纪末，全国600多座城市中，将有400多个城市存在供水不足问题，其中比较严重的缺水城市达110个，全国城市缺水总量为60亿立方米。给我国正在实施的可持续发展战略带来了严重影响，而且还严重威胁到城市居民的饮水安全和人民群众的健康。水利部预测，2030年中国人口将达到16亿，届时人均水资源量仅有1 750立方米。在充分考虑节水情况下，预计用水总量为7 000亿~8 000亿立方米，要求供水能力增长1 300亿~2 300亿立方米，全国实际可利用水资源量接近合理利用水量上限，水资源开发难度极大。保护水资源具体有以下措施：

①保护水资源，首先要全社会动员起来，改变传统的用水观念。要使大家认识到水是宝贵的，每冲一次马桶所用的水，相当于有的发展中国家人均日用水量；夏天冲个凉水澡，使用的水相当于缺水国家

几十个人的日用水量；这绝不是耸人听闻，而是联合国有关机构多年调查得出的结果。因此，要在全社会呼吁节约用水，一水多用，充分循环利用水。

②必须合理开发水资源，避免水资源破坏。水资源的开发包括地表水资源开发和地下水资源开发。在开采地下水的时候，由于各含水层的水质差异较大，应当分层开采；对已受污染的浅水和承压水不得混合开采；对揭露和穿透水层的勘探工程，必须按照有关规定严格做好分层止水和封孔工作，有效防止水资源污染，保证水体自身持续发展。

③提高水资源利用率，减少水资源浪费。有效节水的关键在于利用"中水"，实现水资源重复利用。另外，利用经济杠杆调节水资源的有效利用。

实施江河湖水优质水源地保护工程，开展水库等河湖及生态环境脆弱地区水生态修复与保护。

3. 环境质量监测

环境质量，顾名思义即是指环境素质优劣的程度。其中优劣是质的概念，程度是量的概念。具体地说，环境质量是指在一个具体的环境内，环境的总体或环境的某些要素对人类以及社会经济发展的适宜程度。地质环境质量，在一定程度上，是由地球物理因素和地球化学因素决定的。

环境质量评价实际上是对环境质量优与劣的评定过程，而且是一种有方向性的评定过程。这个过程包含有多个层次，如环境评价指标体系和评价标准的确定、环境监测、环境识别等，最终的方向是评定人类活动与环境质量之间的价值关系。

环境质量是环境系统客观存在的一种本质属性，可以用定性和定量的方法，加以描述的环境系统所处状态。是在一个具体的环境内，环境的总体或环境的某些要素，对人群的生存和繁衍以及社会经济发展的适宜程度，是反映人类的具体要求而形成的对环境评定的一种概念。到20世纪60年代，随着环境问题的出现，常用环境质量的好坏来表示环境遭受污染的程度。例如对环境污染程度的评价叫作环境质量评价，一些环境质量评价的指数，就称为环境质量指数。

我们要以保护自然生态环境为出发点，实施最严格环保标准，建立垃圾清运、资源回收、利用处置新体系，实现垃圾减量化、无害化、资源化处理。同时，加强流程管理和环境监测，保持经济发展和生态保护的和谐发展，切实提升环境质量和人民品质。

(三) 当代农业的发展与筹划

1. 当代农业的发展指向

①区域性成长循环农业。一是以"稻田+"为产业核心的循环农业形式。运用稻田水稻栽植做基础，运用在水稻田中开掘深沟，增高增宽田坎，达成"垒泥成基、掘泥成沟、基上栽果、沟中养鱼"的产业形式；因模式里饲养品类涉及各色鱼类、水产及禽类等，利用种类间的恰当搭配，达到循环利用形式，大致实现不用农药、肥料及饲料，这不单大幅降低投入成本提高产出，也将持续订正农业生态环境，达成可持续发展。二是以"果林+"为产业核心的循环农业形式。"果林+"是可充分运用林下土地资源、自然条件及林荫空间进行林下养殖、栽植等立体复合生产运营，使农、牧、林各业达成专长互补、资源共享、协作发展、循环相生的生态林业形式。目前主要有林菌、林药、林蔬、林粮、林禽、林花、林畜及特种饲养等生产形

式。三是农业有机遗弃物资源化运用的循环农业形式。传统的规模化种养殖极易造成农业面源污染问题，规划自秸秆商品化制作、麦秸就地还田等工程，形成"稻田+"大闸蟹、小龙虾饲料制作产业；修建沼气工程，处置规模化饲养场的畜禽粪污，达成商品有机肥料、沼气、饲料同新式无土栽植基质等产业。

②高标准农田的构建。涵盖涉及各种土壤、水利、农田、道路、配电及检测相关工程等内容的高标准农田建设，把农业有机废弃物资源化行使的循环农业形式当作高标准农田建造项目中的土壤改良工程并轨推行，既可解决畜禽粪污资源化运用与农作物麦秸综合使用的问题，又可为高标准农田建造予以优质的生物有机肥，提升耕地质地。

③培植和繁育当代农业新型经营主体。现代农业的特质之一是农业生产组织化。通过发展村集体经济、援用社会资本以及财政资金支撑，培植和繁育出部分农民专业合作社、农业产业化龙头实业、种养大户、家庭农场等现代农业新式运营主体，发展适量规模运营。

④推进产业品牌化县域。现有饲养类（如各色鱼类、水产及禽类等）、栽植类（如各色水果及相关农作物等）系列特性农产品，并产生了豆笋、板鸭等优势产业，新式农业营运主体持续生产安全佳肴会督促品牌化农产品成长，休闲农业也会辅助品牌化农业推进。

⑤创设科技保障体系，扩展技术服务能力，构筑科技支持保障体系。同中国农业大学、中国农业科学院、各省级农业大学等农业科研院校推进技术合作，创设科技人才集训、科技综合服务、耕地质量同农产品质量安全检测、病虫情监测、农业科技繁育等中心，形成绿色农产品栽植、可再生能源产业核心技术研发能力，构筑完备的科技服

务体系，具备为本区域农业产业发展提供技术服务及科技支撑的能力。

⑥当代农业标准化生产示范基地修建。规划创设现代农产品质量检验中心、农业科技繁育中心，主要产品使用"三品一标"验证，100%令园区农产品达到绿色食品标准；引入 ISO 9000 质量体系管理及 CIS 战略，完成农产品的标准化生产，创设自栽植、原料运输、生产过程把控、产品核验，再到配送、发售直至客户终端等各个枢纽关键掌控元素及全链条质量管理体系。

⑦发展农业加工业及农业快运集散中心。利用现代农业快运集散中心、精深加工产业园区等核心工程的创建，深度推进农业同二三产业的交融发展，提升农产品附加值，完善农业服务体系工程。

⑧大力促进休闲农业发展。依凭农业的多样性化，延伸开辟休闲农业观光体验属性，深挖各项产业优势，横向延伸耕种体验、休闲康养、乡村旅居等功效，突出林间田下的趣味生活等中心，完成农工、农旅深度交融。深入开掘农耕文化、民俗文化、传统文化，推动农业同休闲康养、文化创意、会议论坛、国际研学等产业深度交融，推进农业多功能扩展，完善一二三产业交融发展的新形式。

⑨完善现代农业社会化服务体系。一是构筑"互联网+"服务平台。以养殖业种植业为核心环节，上游衔接当地原材料供应商，下游衔接农业服务企业、农业加工实业，面对超市、电商及餐饮、群体消费单位，实行全程关键点的讯息采集并上传，做到农业产前、产中、产后各环节达成全产业链闭环。二是构筑农业服务专业部门。创设农民专业合作社联合社、农机服务专业合作社、产业联盟等服务部门。三是农业服务基础设备创设。构筑各种农业服务基础措施，给予县市

乡村振兴战略集训、新型专职农民集训、农业科技成果展示及运用等服务。

2. 重点区域现代农业规划核心思路及项目设计

以基地的自然山水及桑梓景观为基底，沿"田+"产业主线，依研发交流、休闲体验作主题构建产品脉络。依托当代农业生产—深加工—生态体验游的现代农业全产业链创建，构筑现代农业产业链相关重点内容。

以特性产业为重心，创设农产品品质溯源系统工程、农业生产全过程信息化监控体系，形成数字农业及精准农业，申请全国可追溯信息查询标志，培植农业新式运营主体，引领现代农业朝数字农业、精准农业、"互联网+"方向推进。

更新农业生产形式，转变发展模式，延展产业链条、提高产品附加值，完成自科技研发到零售的环节一体化。

（四）关于产业交融的发展规划

主要以一二三产业交融筹划为主，达成产业交融发展，促成多样化业态发展。

1. 以一产为中心，推动二三产业成长的产业交融形式

以农业种植为核心，推动加工业、服务业发展，促成全产业链发展。依"林+""田+"农业发展构造为重心，达到产业交融发展，详见图11-6。

2. 以二产为中心，推动一三产业成长的产业交融形式

以农产品加工为重心，推进农业栽植、服务业成长，以文化传承为中心，促成手工艺品附带价值提升。以农产品加工做主导，推动相关农产品栽植、手工艺品贩售等产业的携手发展，详见图11-7。

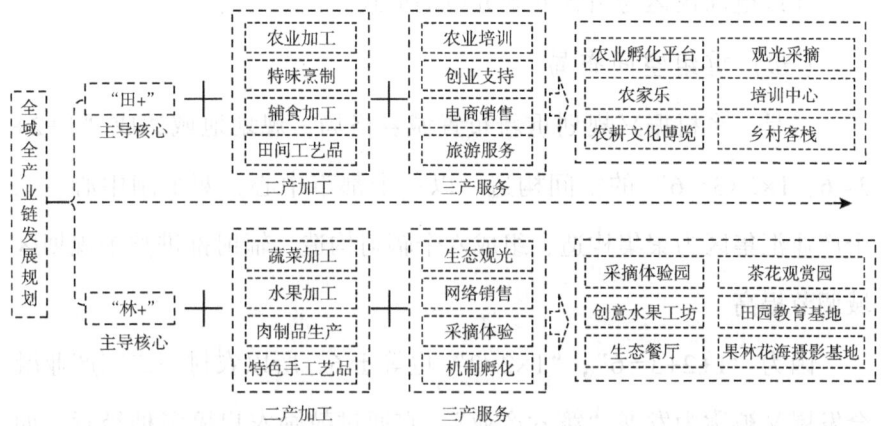

图 11-6 以一产为主导的产业交融形式

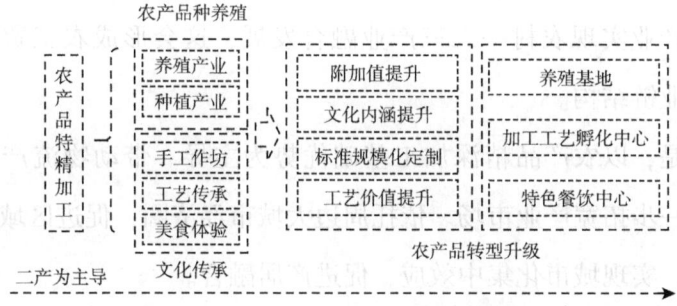

图 11-7 以二产为主导的产业交融形式

3. 以三产为中心，促成一二产业成长的产业交融形式

以服务业为中心，推进农产品种植同加工产业成长。项目地以各地的电商、旅行、科技、文化创意资源做依托，促成农产品消费市场发展，推动加工业、栽植业发展。

①旅游引领的消费汇聚形式。

②以科技手段推进的新产品研发形式。

③以文化创意为中心的消费、人才荟集形式。

④以电商快运为引领的服务策动形式。

(五) 重组空间布局

一是,乡村振兴规划重新布置城乡格局,规划地域达成"1+2+3=6,1×2×3=6"的空间构造。以一个都市中心、两个副中心、三个产业汇集区为聚集构造,组成六个辐射构造,辐射推进整个规划区域调节提高。

因为"1+2+3=6","1×2×3"也等于6,所以农村一二三产业融合发展又被称为发展"第六产业"。它通过鼓励农户搞多种经营,如种植农作物(第一产业),从事农产品加工(第二产业)与销售农产品及其加工产品(第三产业),以获得更多的增值价值。此举将能发展第六产业实现农村一二三产业融合发展,这会形成农工贸一体化的全产业链结构。

二是,以农产品精深加工基础优势为主导。带动物流产业的发展,进一步拓宽产业市场。依托周边大城市经济圈,促进区域产业质量提升,实现城市化集中效应,促进产居融合。

包含规划区域内的综合体的概念,与田园综合体、特色小镇相结合,实现城镇化和综合开发相互结合。

三是,以建制区域为主体形成产业聚集,依托村落间适度调整(拆村并点、空心村搬迁或新建),实现居民集中化迁移,由原来的散居型向相对集中的结构转变,促进产居融合,形成新型社区和服务型社区等。

四是,以向产业升级区(项目)聚集、向产业融合区(项目)聚集、向条件好的行政村(社区)聚集、向资源好的地区聚集的四种聚集方式为指导原则,形成多种适度规模化的村落(社区),

具有适度集中、有效服务半径的一个村庄（社区）结构，进而促进村庄（社区）周边形成集中农业服务，促进交通、产业结构进一步调整，实现村落重新聚集和调整。

农业产业融合田园社区

田园综合体是集现代农业、休闲旅游、田园社区为一体的乡村综合发展模式，目的是通过旅游助力农业发展、促进三产融合的一种可持续性模式。

2017 年 2 月 5 日，"田园综合体"作为乡村新兴产业发展的亮点措施被写进中央一号文件，原文如下：支持有条件的乡村建设以农民合作社为主要载体、让农民充分参与和受益，集循环农业、创意农业、农事体验于一体的田园综合体，通过农业综合开发、农村综合改革转移支付等渠道开展试点示范。

围绕有基础、有优势、有特色、有规模、有潜力的乡村和产业，按照农田田园化、产业融合化、城乡一体化的发展路径，以自然村落、特色片区为开发单元，全域统筹开发，全面完善基础设施。突出农业为基础的产业融合、辐射带动等主体功能，具备循环农业、创意农业、农事体验一体化发展的基础和前景。明确农村集体组织在建设田园综合体中的功能定位，充分发挥其在开发集体资源、发展集体经济、服务集体成员等方面的作用。

综合体，就是指综合规划、综合运营；"田园综合体"中的田园，还表达了人们对美、对文化的追求！

田园综合体的提出是基于一种商业模式方法论。其出发点是主张以一种可以让企业参与、带有商业模式的顶层设计、城市元素与乡村结合、多方共建的"开发"方式，创新城乡发展，形成产业变革、带来社会发展，重塑中国乡村的美丽田园、美丽小镇！

田园综合体经济技术原理，就是以企业和地方合作的方式，在乡村社会进行大范围整体、综合规划、开发、运营。

①首先企业化承接农业。企业承接农业，就可以避免实力弱小的农户的短期导向行为，可以做中长期产业规划，以农业产业园区发展的方法提升农业产业，尤其是发展现代农业，形成当地社会的基础性产业。

②规划打造新兴驱动性产业——综合旅游业，也可称之为文旅产业，促进社会经济产生大的发展。

③在基础产业和新兴驱动性产业起来后，当地的社会经济活动就会发生大的改变，该地区就可以开展人居环境建设，为原住民、新住民、游客这三类人群，营造新型乡村、小镇，形成社区群落。所以也可以这样描述，田园综合体最终形成的是一个新的社会、新的社区。

综上，田园综合体就是"农业+文旅+社区"的综合发展模式。

"田+"田园综合体是以推动农田经济发展为出发点，以带动全区域乃至全国农田经济转型为目标，以三产融合、农旅融合作为拉动，"田+"田园综合体必将为中国田园综合体建设树立典范。"田+"田园综合体不仅重构了农田经济模式，更是为农业供给侧结构性改革提供思路，为全国的农田经济破题。

七、行动计划

实施乡村振兴战略，关系到能否从根本上解决乡村发展的不平衡、不充分的问题，也关系到全国能否在实现共同富裕方面更进一步。深入贯彻落实党的十九大精神,以习近平新时代中国特色社会主义思想为指导,坚持创新、协调、绿色、开放、共享的新发展理念,按照"产业兴旺、生态宜居、乡风文明、治理有效、生活富裕"的总要求,围绕区域"产业突围、转型突破"战略部署,全面推动"三农"发展质量变革、效率变革、动力变革,逐步解决城乡发展不平衡、农村发展不充分的矛盾,让农业成为有奔头的产业,让农民成为有吸引力的职业,让农村成为宜居宜业的美丽家园。因地制宜,精准施策。根据各镇村资源禀赋、基础条件、发展水平等实际情况,因地制宜,找准着力点和突破口,科学制定发展措施,既统一组织实施,又注重差异化发展。点面结合,统筹推进。立足当前、放眼长远,突出重点、把握关键,从群众最需要、最现实、最迫切的突出问题入手,区分轻重缓急,做到点面结合,以点带面,分步实施,统筹推进。以人为本,共建共享。坚持以人为中心,把人民群众对美好生活的向往作为工作奋斗的目标,充分尊重农民的主体地位和现实意愿,引导村民共建共治共享。到2025年基本实现农业强、农村美、农民富。

第三篇

现代农业与休闲规划

第十二章　现代农业开发要点

一、关于什么是现代农业的内蕴解析

在现代的科学技术及工业之上成长起来的农业是现代农业，是萌芽自资本主义的工业化时代，却在第二次世界大战之后才成形的发达农业。其首要特性是由顺应自然变成自发地、广泛地运用现代科学技术，利用自然及转变自然，由仰仗传统经验转为信赖科学，令其建立在各个涉农学科与化学、物理等学科的科学高度成长的基础上，成为科学化的农业；将工业部门制造的大批物质及能量释放到农业生产中，来换取大量农产品，变为工业化的农业；农业生产迈入了专业化、区域化的路程，由自然经济成为高度发达的商品经济，变为社会化、商品化的农业。

作为发展经济学概念的当代农业指智慧农业，是同工业4.0或后工业时期对应的农业现代化。现代农业有别于农业产业化，亦有别于农业工业化，而是智慧农业，是智慧经济做主导、大健康产业为中心的个性化、自动化、生态化、艺术化、规模化、精准化农业。

现代农业是现代产业体系的基础，是有机、健康、循环、绿色、再生、观光农业的合并，是桑梓综合体及新式城镇化的统一，是农村、农业、农民现代化的统一。发展中国家推进现代农业能够加快产业升级、消弭贫困、解决就业问题、减缓两极分化、消弭城乡差距、敦促社会公平、开拓国内市场、达成可持续发展的经济增长点，是发展中国家农业推进的必由之路，是发展中国家完成赶超策略的首要着力点。我国推动现代农业是解决"三农"问题的根本路径，是经济可持续推进、达成赶超战略的根本路径。

创设在现代自然科学基础上一整套的农业科学技术的形成及扩展，令农业生产技术自经验移向科学，在各种涉农学科的科学发展的根源上，各种涉及饲养与栽种等相关的农业科学技术得到了快速提升及普遍使用。

现代机械体系的形成及农业机器的普遍应用，令农业由手工畜力耕具生产转向为机器生产，如技术经济性能优越的农耕机械乃至渔、牧、林业中的各种器械，变作农业的主要生产器具，令投入农业的能源明显增多，核能、电子、遥感、激光技术乃至人造卫星等亦开始使用于农业；优良的、高效能的生态体系逐步形成。

农业生产的社会化水准有极大提高，如农业企业规模的扩增，农业生产的地域分工、企业分工逐步发达，"小而全"的自食其力生产被高度专职化、商品化的生产所取代，农业生产过程同销售、加工乃至生产资料的制造与供给紧密结合，形成了农工商一体化。电子计算机、经济数学方法等当代科学技术在现代农业企业管理及宏观治理中运用愈来愈广，管理水平显著改进。

现代农业的成形及发展，大幅度地提升了土地出产率、农产品商品率及农业劳动生产率，令农业生产、农村面貌同农户举止产生了极大改观。

现代农业是一个动态的与历史的概念,它并非一个笼统的东西,而是一个详尽的事物,它是农业发展史上的一个重要时段。自发达国家的传统农业朝现代农业转化的过程看,达成农业现代化的过程涵盖两个层面的主要内容:一是运用先进的科学技术及生产要素装备农业,达成农业生产的物质条件及技术的现代化,实现农业生产电气化、机械化、生物化、信息化与化学化;二是农业部门管理的现代化,达成农业生产社会化、专职化、区域化及企业化。

①现代农业的本质内蕴可归纳成。现代农业是用现代工业武装的,用现代科学技术装备的,用现代组织管理举措来运营的社会化、商品化农业,是国民经济中具备较强角逐力的现代产业。

②原农业部部长杜青林的概述。现代农业是以保障农产品供应,增加农民收成,促成可持续发展为目标,以提升劳动生产率,资源产出率及商品率为路径,以现代科技及装备为支持,在家庭运营基础上,在市场机制同政府调控的综合作用下,农工贸紧密衔接,产加销融为一体,多样化的产业形式及多功能的产业体系。

③现代农业是普遍使用现代工业、现代科学技术予以的生产资料及科学管理手法的社会化农业。在按农业生产力的性状及状况区分的农业发展史上,是最新发展阶段的农业。着重指第二次世界大战后经济发达国家及地区的农业。其本质特性是:技术经济性能优越的现代农业机械体系广泛运用,形成机器作业大致上取代了人力畜力作业。

④现代农业是指以现代工业武装的,用现代科学技术推进的,用现代运营理论及方法管理的,用高效简便的信息系统及社会化服务

体系服务的，用优越的生态环境支撑的农业。

⑤现代农业一般是指当代经济发达国家创建在高度工业化本源之上的农业。此类能源农业以输入的石油能超过输出的食物能为基本特性，冲破封闭式的农业循环，生产力获得迅速发展。

⑥现代农业主要是说在技术同制度层面持续进步、以相同数量的农业资源可以生产出更多农产品的农业。

⑦所谓现代农业是指以现代科学技术、现代的经营管理模式及现代工业来装备的农业。具体展现在以机械替代人力畜力提升生产效率。

⑧现代农业是指整体农业的生产管理、生产组织、生产工具、生产经营、劳动者的科学文化涵养及思想道德观念，及其农产品的储存、品质、保管及流通等层面，拥有当代世界的先进科学技术水准及管理水准。

⑨现代农业是指运用现代的科学技术及生产管理手法，为农业进行集约化、规模化、市场化及农场化的生产行动，是针对传统农业的概念而言的。现代农业是以市场经济为导向，以利益机制为联结，以企业发展为龙头的农业，是施行企业化管理，产销一体化运营的农业。

作为我国现代化建设的重点构成部分，现代农业是乡村振兴构建的首要任务，是创设运用现代物质条件武装、利用现代科学技术改进、仰仗现代经营模式发展、运用现代发展理念指引的新型农业体系（图12-1）。有赖于科学技术的现代化、生产物质条件的现代化、管理模式的现代化、传统农民的现代化，借助于规模化、专业化生产的优势以及现代化工业机构及服务机构的要素供给、农业支撑守护体系的完善，现代农业具有较高的综合生产率，并达成高度商业化。

```
使用现代物质条件装备   通过现代科学技术改造   依托现代经营形式发展   利用现代发展理念指导
        ⇓                    ⇓                    ⇓                    ⇓
    农用物资              生物技术            新型经营主体         农村一二三产业融合
        ⇓                    ⇓                    ⇓                    ⇓
    农业设施              信息技术            新型职业农民          农旅融合规划
        ⇓                    ⇓                    ⇓                    ⇓
    农业机械           水肥一体化技术          新型商业模式          农业产业规划
                                                                       ⇓
                                                                  乡村振兴战略规划
```

图 12-1　现代农业的四大内蕴

国家科学技术委员会在 1997 年编撰刊行的《中国农业科学技术政策》一书中，把现代农业的内蕴分为产前、产中、产后三大领域来表述（图 12-2）：产前领域，涵盖化肥、农业器械、农药、水利、地膜等；产中领域，涵盖林业、种植业（包括种子产业）、畜牧业（包括饲料生产）及水产业；产后领域，涵盖农产品储藏、产后加工、营销、运输与进出口贸易技术等。可见，现代农业不再受限于传

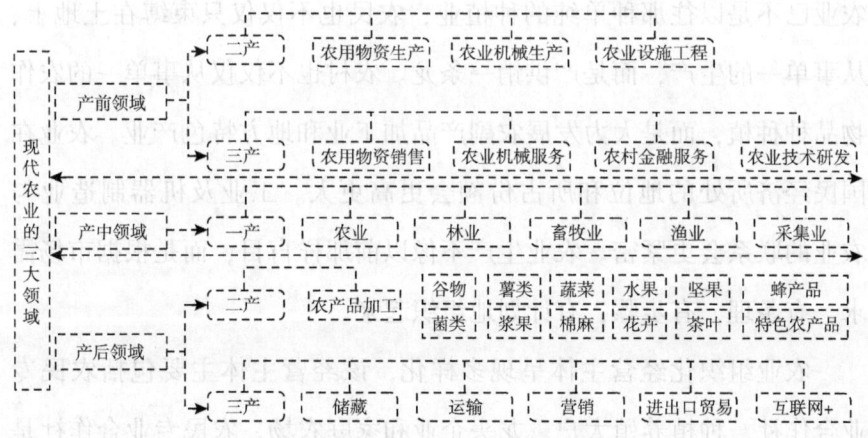

图 12-2　现代农业的三大领域

统的养殖业、栽植业，而是围绕农业生产形成庞大产业集群，在市场机制作用下，农业同其他产业达成稳定的彼此仰仗、相互促进的利益共同体。

二、现代农业开发模式

坚持质量兴农、品牌强农，深化农业供给侧结构性改革，构建现代农业产业体系、生产体系、经营体系，推动农业发展质量变革、效率变革、动力变革，持续提高农业创新力、竞争力和全要素生产率。

坚持家庭经营在农业中的基础性地位，构建家庭经营、集体经营、合作经营、企业经营等共同发展的新型农业经营体系，发展多种形式适度规模经营，发展壮大农村集体经济，提高农业的组织化、专业化、科技化、集约化、社会化、市场化、高效化水平，有效带动小农户发展。

（一）农业组织化与农业生产主体

编者认为农业组织化是发展现代农业水平高低的一个重要因素。农业已不是以往那种单纯的种植业，农民也不仅仅只束缚在土地上，从事单一的生产，而是产供销一条龙。农村也不仅仅从事单一的农作物品种种植，而是大力发展农副产品加工业和地方特色产业。农业在国民经济所处的地位和所占份额会更高更大。工业及机器制造业与农业的联系会更紧密。农业生产不像以前那样盲目，而是根据市场需求，有条理，有步骤，有计划地组织起来。

农业组织化经营主体呈现多样化，该经营主体主要包括农民专业合作社、种植养殖大户、龙头企业和家庭农场。农民专业合作社是农业生产全过程中经营主体法人化的集中体现，是农业组织化经营主体中最基本的存在形式；种植养殖大户是家庭为基本单位发展起来的农业组织化经营主体，较为常见；龙头企业是农业产业化链条的组织核心，是农业组织化经营主体的重要组成部分；家庭农场是一种新兴的农业组织化经营主体模式，能够更大程度地发展生产力。

建立和健全了多种形式的农业经营组织形式，推动了农业经营主体组织化进程。农户企业化包括农户生产经营行为企业化和农户组织企业化。现阶段农户的农业生产经营具有如下特点：土地经营规模较小，土地细碎化程度高，农产品的商品化程度有了很大提高，农业生产专业化程度提高，对社会化服务的依赖增强，雇工经营有了一定的市场。总的来看，农户生产经营企业化程度有了一定程度的提高，已经进入农业企业化的成长期。农户生产经营行为企业化影响因素错综复杂，按照各因素影响程度重要性不同依次是农户的技能、政府对规模经营的支持程度、农户家庭收入结构、土地调整频率等。

农业组织化的模式按照农户是否具有独立性可分为农户作为农业生产经营主体的家庭农场模式和农户作为农业生产车间的一体化模式，这两种模式的适用范围不同，演进路径也不一样。家庭农场在专业化基础上逐步走向合作化，建立各种类型的专业合作组织，农业专业合作经济组织进一步演变为农业企业，这种路径可概括为"农户+公司"模式。它可能对于二、三产业相对比较发达，大多数农户已经退出农业生产，不再以农业收入为主的地区是可行的。一体化模式通过"大农"对"小农"的带动，将农业生产职能与经营职能分开，经营职能留给"大农"，而小农自己已被企业化进"大农"的管理系统，按照"大农"的统一部署从事农业生产，农户与农业企业之间通过一定的利益联结机制结成共同体，可概括为"公司+农户"

模式。对于经济欠发达地区，大多数农户还以农业为主，推行这种"大农"与"小农"并存的二元经营格局可能是现实的选择。

（二）农业专业化与农业生产专业化

农业专业化是农业生产分工的一种形式。主要包括三种：地区专业化、生产单位专业化及工艺专业化。地区专业化是指某一地区专门生产某一种或某几种农产品。某地区土壤、气候等自然条件适宜种植某种作物，就要充分利用其自然条件，以获得比较高的经济效益。生产单位专业化是指某个生产单位专门生产某种作物。如我国农村改革开放取得比较好的地区建立起来种粮专业村、养猪专业户等。工艺专业化又称分段专业化或作业专业化，是指一个生产单位完成全部生产过程的一个环节。如北京鸭的生产，某个单位专门繁殖种鸭，某个单位专门饲养，某个单位专门产蛋，某个单位专门育肥等。农业专业化能够充分利用自然、人力、物力资源，因而能够提高劳动生产率。

农业生产专业化是各个地区、各个农业企业专门从事某种或某几种农产品，或者从事农产品生产全过程中某一个生产环节的生产活动。是社会分工发展的必然结果，是农业进步的基本推动力之一。从生产活动的内容划分，农业生产专业化有三种形式，反映农业生产专业化由低级向高级发展的过程。

通常有三种表现形式：农业地区专业化或农业生产区域化、农业企业专业化或农场专业化、农业作业专业化或农艺过程专业化。实现农业生产专业化，有利于充分发挥各地区、各企业的优势，提高农业经济效益；有利于提高农业机械化水平和农业科学技术水平；有利于提高劳动者的素质。但应注意与多种经营正确结合起来，防止过于单一化、片面化。

(三) 农业生产科技化与农业科技产业化

农业科技,主要就是用于农业生产方面的科学技术以及专门针对农村以及城市生活方面和一些简单的农产品加工技术。包括种植,养殖,化肥农药的用法,各种生产资料的鉴别,高效农业生产模式等几方面。邓小平同志说过:"科学技术是第一生产力",我们赖以生存的基础是农业,从狩猎到养殖,从采摘野果到种植工作者,离不开劳动人民在生产中的探索和研究,今天,我们生活在物质丰富的年代,但是,我们不能忘记农业仍然需要发展,更需要科学。

农业科技产业化是指以科技为主导、市场为导向、企业为龙头,按照现代农业科技发展的整体性、综合性、系统性组织起种农工贸一体化、产供销一条龙、具有现代产业职能特征和运作机制的农业科技生产经营体系。

(四) 生产集约化

农业集约化生产是一种农业生产经营方式。农业集约化生产是指在一定面积的土地上,集中投入较多的生产资料,运用先进的技术和管理办法,以求在较小面积的土地上获得高额产量和收入的一种集经济效益、社会效益、生态效益于一体的农业生产经营方式。

(五) 农业生产社会化

农业生产社会化是指按专业分工和协作联系起来的农产品的社会生产过程。反映不同企业之间、不同生产部门之间以及不同地区之间为进行农产品生产而发生的生产联系。是与农业生产专业化相伴而生的,是商品经济发展的产物。现代农业是高度社会化的大生产,是一个有机的整体,各个生产部门和企业只是其中的一个环节和部分，彼此之间是紧密联结着的。

1. 农业社会化主要表现

①农业企业专业化即农业企业之间分工日益发展，每个企业的生产项目由多到少、由分散向集中。

②农业企业规模扩大，在粗放经营条件下一般表现为耕地（或农业用地）扩大，劳动力增加，简单协作明显；在集约经营条件下，一般表现为资金增加、技术密集、劳动力减少、分工发达，两者均表现为企业商品产值的增加。

③农艺过程专业化即农业生产总过程由一个企业单独完成，转变为由若干专门从事某一环节或某一阶段经济活动的企业共同完成。从而出现了农业前、农业中、农业后部门，出现了分布在这些部门中的社会服务组织。

④农工商一体化即农业生产总过程由农业本身自我完成，转变为必须依赖工业、交通运输业、商业等部门与之密切配合来完成。从而出现农工商在组织上紧密结合的趋势。

⑤农业生产区域化即农业在地区间的分工、协作日益发达。每个地区凭借自己的优势，形成了自己的专业方向和各具特色的生产结构。

⑥农业商品化农业由自然经济、半自然经济向商品经济转化。通过商品生产与商品交换，实现各企业、各地区、各部门之间的分工协作。上述这些转变，使农业生产的目的由满足生产者本身的需要，变为满足社会的需要；使农业生产本身从个人行动变为社会行动；使农产品从个人的生产成果变为许多人、许多企业共同完成的社会成果；使农业中的生产资料由个人提供变为由整个社会提供，从而使农业

生产日益具有社会性。

2. 发展农业生产社会化的主要途径

①实行有利于农业由自给半自给经济向较大规模商品经济转化的各项政策。

②继续稳定和完善以家庭经营为主的多种形式的农业联产承包责任制。一方面，帮助和鼓励农民在家庭经营基础上，通过集约化途径扩大生产规模，提高经济效益；另一方面，鼓励农村分工分业发展，使土地逐步集中，以便越来越多的人脱离耕地从事林、牧、渔业和转入第二产业、第三产业。

③支持专业户的发展，使"小而全"的家庭经营分化为较大规模的专业化家庭经营，并进一步促进生产的集中与联合。

④发展多种形式的为农业商品经济发展服务的社会化组织，在种子、饲料、技术、农机、灌溉、加工、运输、销售、信息、信贷等方面为专业化生产者提供社会服务，建立社会化服务体系。

⑤在农村实行农工商综合经营，支持各种形式的农工商联合经营或一体化组织的发展。

⑥改善农业生产布局。在全局指导下，根据专业化与综合发展相结合的原则，发展农业生产的地域分工；通过建设农产品商品基地等途径，使各地资源优势转化为产品优势、商品优势以及全面的经济优势。

农业市场化是指农业资源配置方式由以政府分配为主向以市场配置为主转化的同时，让价值规律在农业的产供销等环节发挥基础性作用的过程。

第十三章 休闲农业开发理念

休闲农业是以农业生产、农村风貌、农家生活、乡村文化为基础,开发农业与农村多种功能,提供休闲观光、农事参与和农家体验等服务的新型农业产业形态。休闲农业包括农家乐、休闲农园、休闲农庄、休闲乡村和农业嘉年华五种基本形态。

休闲农业是利用农业景观资源和农业生产条件,发展观光、休闲、旅游的一种新型农业生产经营形态。可以深度开发农业资源潜力,调整农业结构,改善农业环境,增加农民收入的新途径。

在综合性的休闲农业区,游客不仅可观光、果蔬采摘、农耕农作体验、了解农民生活、享受乡土情趣,而且可住宿和度假。

生态休闲农业起于19世纪30年代,由于城市化进程加快,人口急剧增加,为了缓解都市生活的压力,人们渴望到农村享受暂时的悠闲与宁静,体验乡村生活。于是生态休闲农业逐渐在意大利、奥地利等地兴起,随后迅速在欧美国家发展起来。关于其概念,休闲农业一词是由农业和旅游两个词组合起来翻译的。同时,对于休闲农业有都市农业和乡村旅游的说法。

一、发展休闲农业开发意义

一是,可以充分开发利用农村旅游资源,调整和优化农业结构,拓宽农业功能,延长农业产业链,发展农村旅游服务业,促进农民转移就业,增加农民收入,为新农村建设创造较好的经济基础。

二是,可以促进城乡统筹,增加城乡之间互动,城里游客把现代化城市的政治、经济、文化、意识等信息辐射到农村,使农民不用外出就能接受现代化意识观念和生活习俗,提高农民素质。

三是,可以挖掘、保护和传承农村文化,并且进一步发展和提升农村文化,形成新的文明乡风。

二、休闲农业未来发展趋势

一是,推进社会主义新农村建设。在工业化、城镇化深入发展中同步推进农业现代化,是未来很长一段时期的重大任务,必须坚持把解决好农业、农村、农民问题作为工作的重中之重,统筹城乡发展。加强社会主义新农村规划建设,完善农村基础设施和公共服务设施,开展农村环境综合整治,建设农民幸福生活美好新家园。

二是,农业多产化。城市居民休闲,形成了乡村旅游的核心结构,包括观光采摘农业、大棚生态餐厅、农家乐、农家大院、民俗村、垂钓鲜食等,带动了观赏经济作物种植、蔬菜瓜果消费、家禽家畜消费、餐饮住宿接待、民俗文化消费的全面发展,同时把第三产业引入农村。

三是,农村景区化。乡村风貌成为旅游本底,用景观的概念建设农村,用旅游的理念经营农业,用人才的观念培育农民,将乡村装点成旅游度假胜地；乡村民居成为观光体验产品，乡村民居与本地资源及文化特色相结合，形成产业型、环保型、生态型、文化型、现代型发展思路。

四是，农民多业化。乡村旅游的发展可以使农民以旅游为主业、种植为副业；农民的身份可以从务农转变成农商并举，农户可以独立经营，也可以形成私营企业；吸引农民大力发展观光农业、生态农业、精品农业。

五是，资源产品化。把农村的生产、生活资料转换成具有观光、体验、休闲价值的旅游产品，并且一定区域内要差异化发展。具体有田园农业旅游、民俗风情旅游、农家乐旅游、村落乡镇旅游、休闲度假旅游、科普教育旅游等模式。

中国休闲农业发展的模式多种多样，主要包括连片开发休闲聚集型模式、"农家乐"模式、农民与市民合作、产业带动、田园养生度假与村镇旅游、休闲农场或艺术观光农园、科普教育与智慧科普、民俗风情旅游、休闲度假模式等。

三、连片开发休闲聚集型模式

以政府投入为主建设基础设施，带动农民集中连片开发现代观光农业。政府投入主要用于基础设施，通过水、电、气、路、卫生等基础设施的配套和完善，引导农民根据市场需求结合当地优势开发各种农业休闲观光项目，供城市居民到农业观光园区参观、休闲与娱乐。该模式依托自然优美的乡野风景、舒适宜人的清新气候、独特的地热温泉、环保生态的绿色空间，结合周围的田园景观和民俗文化，兴建一些休闲、娱乐设施，为游客提供休憩、度假、娱乐、餐饮、健身等服务。主要类型包括休闲度假村、休闲农庄、乡村酒店。该模式在全国各地尤为常见。如上海市郊区、北京市郊区、南京市郊区基本上都在采用该开发模式。

休闲聚集型农业开发是以农业为基础，以宁静、松散的自然氛围为依托，以农事体验、花卉观光、科普、运动等多种多样休闲体验活动为核心的一种开发模式。此模式核心在于通过"主题化"途径打造乡村休闲活动和乡村文化的极致化体验，进而通过休闲消费的聚集来提升运营和盈利能力。主题往往能构成项目吸引核，成为吸引人流的利器，并通过主题型特色体验和特色服务内容的提供，留住人群，刺激消费，推动产业升级。

打造重点：主题聚焦下的休闲农业开发主要有以下三个要点。

①充分挖掘主题资源。基于乡村文化和农业特色，聚焦特色主题进行突破。并通过景观设计和体验情景的融入，让游客感受到主题氛围，并参与其中，满足其体验诉求。

②围绕主题形成产品支撑体系。主题资源及文化的挖掘和定位固然重要，但最终落地是要靠主题型核心产品和项目支撑。

③基于主题形成品牌化发展。在主题体验产品和主题氛围的营造下，通过文创将主题导入"种植、加工、包装、营销"等环节，提升农产品附加值，并借助互联网和微平台，形成互动营销和品牌宣传，拓展游客和消费市场。

产品类型：休闲聚集型开发模式下，结合市场需求和主要功能综合考虑，休闲农业的产品一般分为特色农业类休闲、亲子类休闲、运动类休闲、文化类休闲、科普类休闲及其他特色休闲等类别（表13-1）。

表 13-1　连片开发休闲聚集型休闲农业的重要产品类别及项目

类别	特点	具体项目
特色农业类休闲	特色农产品	花卉休闲游、林果采摘游（草莓、苹果）、休闲牧业游、葡萄庄园、茶园、水草农场、水稻农庄、竹林生态乐园、休闲渔场等
亲子类休闲	儿童游乐+亲子活动	亲子乐园、萌宠乐园、番茄庄园、亲子DIY等
运动类休闲	运动拓展	花田、田间迷宫、赛场、农业主题马拉松、趣味运动会、田园风筝节等
文化类休闲	农俗+民俗风情	农耕文化馆、农耕文化主题农庄、民间技艺、民族村落（中华民族村）、乡土艺术主题民宿等
科普类休闲	自然教育+农业科技展示	农业科普教育、自然教育、科技农业园区、创意农业园等
其他特色休闲		婚礼主题、农业嘉年华、乡村音乐节、乡村市集等

1. "农家乐"模式

农家乐是新兴的旅游休闲形式，一种回归自然从而获得身心放松、愉悦精神的休闲旅游方式。一般来说，农家乐的业主利用当地的农产品进行加工，满足客人的需要，成本较低，因此消费就不高。而且农家乐周围一般都是美丽的自然或田园风光，空气清新，环境放松，可以舒缓现代人的精神压力，因此受到很多城市人群的喜爱。

"农家乐"模式是指农民利用自家庭院、自己生产的农产品及周围的田园风光、自然景观，以低廉的价格吸引游客前来吃、住、玩、游、娱、购等旅游活动。主要类型有农业观光农家乐、民俗文化农家乐、民居型农家乐、休闲娱乐农家乐、食宿接待农家乐、农事参与农家乐。由此可见，农家乐旅游是乡村旅游的一种形式，它是传统农业与旅游业相结合而产生的一种新兴的旅游项目。

我国真正意义上的乡村旅游始于20世纪80年代，它在特殊的旅游扶贫政策指导下应运而生,但由于起步较晚,尚处于初期阶段。我国各地的乡村旅游开发均向融观光、考察、学习、参与、康体、休闲、度假、娱乐于一体的综合型方向发展,其中国内游客参加率和重游率最高的乡村旅游项目是:以"住农家屋、吃农家饭、干农家活、享农家乐"为内容的民俗风情旅游;以收获各种农产品为主要内容的务农采摘旅游;以民间传统节庆活动为内容的乡村节庆旅游。

编者认为"农家乐"旅游的发展要做好做足"农""家""乐"三字文章。

发展"农家乐"旅游不仅丰富了旅游活动内容,扩大了旅游容量;而且带动了农业产业结构调整和农民增收致富,促进农村经济社会的发展。因此,在全面建成小康社会的过程中,因地制宜发展"农家乐",以旅助农,为解决"三农"问题,促进社会主义新农村建设,发挥更加积极的作用,作出更大的贡献。

"农家乐"的核心是凭借以"农"为根、以"家"为形、以"乐"为魂的理念,为乡村"农家乐"提供可持续发展的核心保障。

2. 农民与市民合作模式

随着城镇化的不断推进,大批农业劳动力转移到城镇,为城市建设输入了大量劳动力,推动了我国经济的持续发展。但在城镇化的进程中,也出现了一系列问题:城乡之间的贫富差距逐渐增大;农村荒凉凋敝、人烟稀少;城乡没有有效的链接等。而对于发达国家来说,城市有农田果园的存在,城乡之间的融合,既拓展了农业的功能,也提高了农业的综合效益。

如今已不再是一个简单形式上的区域性农产业结构,而是不断在赋予新内涵和创新活力,将其演绎成为"城乡互动、全域联动、产销对接、合作共赢"的重要载体，发展成为"市民与农民牵手、农村与城市互动"的共同联创的新突破，即在内涵和功能上有了深化和拓展，从而实现了"农民得利、市民得实惠"。

进一步做好城乡融合相关规划，遵循"科学谋划、合理布局、因地制宜、体现特色"的原则，围绕工业向园区集中、土地向规模经营集中、农民向城镇集中等"三个集中"，以完善功能分区和产业布局为重点，统筹土地利用和城乡规划，合理乡村建设、农田保护、产业聚集、村落分布、生态涵养等空间布局，以规划为先导推进乡村振兴战略。

在农民承包地合理流转集中后，建立休闲农园，以"认种"方式让城市居民委托农民代种或亲自种植花草、蔬菜、果树或经营家庭农艺，使消费者共同参与农业投资、生产、管理和营销等各环节，与农民结成紧密联结关系，体验和参与农业经营和农事活动。

3. 产业带动模式

实施乡村振兴战略，要从产业兴旺开始。产业兴旺是乡村振兴的重点、也是基础。这个重点不突出、这个基础夯不实，乡村振兴不了。

乡村休闲农园首先生产特色农产品，形成自己的品牌。然后通过休闲农业这个平台，吸引城市消费者来购买，从而拉动产业的发展。

4. 村镇旅游模式

许多地区在建设新农村的新形势下，将休闲农业开发与小城镇建设结合在一起。以古村镇宅院建筑和新农村格局为旅游吸引物，开发观光旅游。主要类型有古民居和古宅院型、民族村寨型、古镇建筑型、新村风貌型。

5. 休闲农场农园模式

随着我国城市化进程的加快和居民生活水平的提高，城市居民已不满足于简单地逛公园式的休闲方式，而是寻求一些回归自然、返璞归真的生活方式。利用节假日到郊区去体验现代农业的风貌、参与农业劳作和进行垂钓、休闲娱乐等现实需求，对农业观光和休闲的社会需求日益上升，使我国众多农业科技园区由单一的生产示范功能，逐渐转变为兼有休闲和观光等多项功能的农业园区。主要类型有田园农业型、园林观光型、农业科技型、务农体验型。

6. 科普教育模式

利用农业观光园、农业科技生态园、农业产品展览馆、农业博览园或博物馆，为游客提供了解农业历史、学习农业技术、增加农业知识的教育活动。农业园主要类型有农业科技教育基地、观光休闲教育、少儿教育农业基地、农业博览园。如农业科技园区作为联结科教单位科研成果与生产实际的重要纽带，为农业科技成果的展示和产业孵化提供了实现的舞台。我国的一些大学或科教单位建立的农业高新技术园区，与国外的农业科技园区模式极为相似，园区的建立为科教单位和入园企业科技产业的"孵化"和"后熟"，提供了重要的基础平台，大大促进了农业科技成果的转化和辐射推广。

7. 民俗风情旅游模式

民俗风情旅游模式即以农村风土人情、民俗文化为旅游吸引物，充分突出农耕文化、乡土文化和民俗文化特色，开发农耕展示、民间技艺、时令民俗、节庆活动、民间歌舞等休闲旅游活动，增加乡村旅游的文化内涵。主要类型有农耕文化型、民俗文化型、乡土文化型、民族文化型。

8. 休闲度假模式

休闲度假是利用假日外出以休闲为主要目的和内容的，进行令精神和身体放松的休闲方式。随着中国经济不断的持续发展，人们的旅游观念也发生了重大改变，越来越多的人已经厌倦了走马观花式的观光旅游，转而开始爱上休闲、放松和娱乐为主的休闲度假旅游。

休闲观光度假旅游是指欣赏自然景观和文化古迹、领略民俗风情，并以增长见识、开阔眼界和愉悦心情为主要目的旅游。而度假旅游是指以消遣娱乐、康体健身、休憩疗养、放松身心为主要目的，到某一特定目的地进行较少流动性的旅游消费活动。相对于观光旅游而言，度假旅游是一种更高层次的旅游形式，更强调安全、宁静的优美环境、丰富多彩的娱乐生活、增进身心健康的游憩设施和高品质的服务。

第四篇

村庄规划与乡村旅游

第十四章　乡村振兴视阈下的村庄发展规划

村庄涵盖大的自然村落，多为盆地、平原寓居地形，人口居住相对集中，由成片的住户屋舍组成建筑群，平原的村庄屋舍建筑密度比自然村落要大。"村庄"多作为中国北方地域的寓居地形用语，这同北方地域地貌多是平原有关。

在村庄居住的人们主要以农业为主，又称农村或城乡接合部。包括所有的村庄及拥有少量工业企业同商业服务措施，但未达成建制镇标尺的乡村集镇。

在农区或林区，村落素来是固定的；是乡村振兴中重点考查及提高的元素。在牧区，季节性聚落、定居聚落同游牧的帐幕聚落兼容并包；在渔业区，还有依舟为屋舍的船户村。

村庄聚落通常固定的住户点以平面形态可分为团聚型（集村），即块状聚落（团村）；散漫型，即点状聚落（散村）；它受历史、经济、地理、社会诸条件的限制，日久岁深的村落多是团聚型。

村庄规划应在彻底解析发展现状、存在问题的基础上，拟定整体发展、整饬及管控措施，守护提升生态环境、优化空间布局、完备基础设施及公共服务、承袭历史文化及地域文化、改进乡民住宅条件、达成高效精致化管理、兴建祥和的人文环境。

一、乡村振兴与村庄发展

全面建设社会主义现代化国家，实现中华民族伟大复兴，最艰巨最繁重的任务依然在农村，最广泛最深厚的基础依然在农村。

各地近年来都在积极促成村庄规划编制及施行，且取得了一定成果，可脱离农村实质、照搬都市规划形式、指引性及施行性较差等问题广泛存在。编者认为，想实现村镇规划首先要明确乡村振兴下的村庄发展目标：依照党的十九大提出的"产业兴旺、生态宜居、乡风文明、治理有效、生活富足"的乡村振兴战略总要求。维持人口资源环境相平衡、经济社会生态成效相统一，塑造集约高效生产空间，营造安居适度生活空间，守护山清水秀生态空间，续接人同自然有机交融的乡村空间关系。

（一）搞活村镇经济

首当其冲的是产业兴旺。实现乡村产业兴旺，农业是重点、是基础。要紧紧围绕农村一二三产业融合发展，加快构建现代农业产业体系和经营体系，提高农业整体竞争力，在强基础、建体系、增效益、快富裕上做文章。一个村子没有稳固的产业，村民没有稳定的收入，振兴就无从谈起。产业兴、百业兴，产业兴旺是乡村振兴的重点。

促成村镇经济繁荣的根本是产业的发展。村镇的产业发展当依凭民俗技艺、乡土文化、桑梓风光等独有资源，以自身区位向邻近可借势的资源视角出发，确立主导产业，并创设一二三产业融合交融的产业集群构造。

（二）现代化基础设施建设

实现中华民族伟大复兴、全面建成社会主义现代化国家，其根基在于达成乡村振兴；而要达成乡村振兴，措施完善的乡村公共基础设施是根本。

基础设施同公共服务设施的完备是提高生活品质的关键，涵盖便捷的交通、通信，气、水、电的充足供给，完备医疗、住宅、文体设施以及废水、垃圾处理设施等。基础设施当依照现代化都市标尺进行匹配，公共服务设施的设立应合乎当地村民的生产生活习性，凸显地域乡土风貌特性。

1. 推行村镇道路畅通工程

俗话说"要想富，先修路"，在脱贫攻坚战略推进中，村村通工程作为精准扶贫的重要措施推行了很多年，获得了很大的成就，基本上解决部分贫困地区的村民出行难题。可总体来讲，此类道路很多达不到乡村振兴的标准，等级相对较低，有的村子的路甚至坑坑洼洼无人维修。是以，乡村振兴要令大部分较大人口规模自然村（组）通硬化路有序推行。同时要依据产业发展的需要，分类推进，加强农村产业路、资源路、村内主干道及旅行路修筑，保障大型器械、拖拉机以及汽车的畅通，并要促进农村公路修筑项目更多朝进村入户倾斜。要多方位筹措资金，一方面利用成品油税费改革转移支付、中央车购税补助地方资金、地方政府债券等途径，增强对村镇高等级道路的投入；另一方面要运用社会力量，筹措社会资金，例如不动产投资信托基金（REITs）等，支持乡村道路发展。

2. 推行农村供水保障工程

水不单是农业的命脉，更是村民健康、提升村民生活品质的保障。是以，乡村振兴的紧要一环是加强乡村水利基础设施构建。一方面需加强中小型水库等稳固水源工程修筑及水源保护，达到旱涝保收，防治水旱灾害给农业带来的打击；另一方面推行规模化供水工程修筑及小型工程标准化改造，有能力的地区有序推动城乡供水一体化，至2025年农村自来水普及率达到88%，保证村民能够喝上洁净的饮用水；同步还要完善农村水价水费形成体系及工程持久营运机制，保证农民用得好水、用得上水、用得起水。

3. 推行乡村清洁能源修建工程

乡村振兴要加大农村电网修建力度，令农村亮起来，全面巩固提高农村电力保障水准，保证农村生产用电及生活用电不停电、不断电；大力推动燃气下乡，支持修建安全可靠的乡村储气罐站及微管网供气体系，确保乡民用上干净的燃气；推进秸秆资源化使用，大力发展农村生物质能源。

4. 推进乡村公共服务、社会治理等数字化智能化设施修建

推进信息通信基础设施修建，施行数字乡村建设发展工程。推动村级综合服务措施提升工程，令广大农民只跑一次、只跑一处，少走或不走路就可办成事，方便群众办事；加强乡村社会治理基础设施修建，提升老百姓的安全感，把各种矛盾纷争调处、解决在萌发状态，防止形成恶性案件；在乡村兴建譬如种子服务站、科普站、农药化肥服务站等生产性的公共服务措施，及时帮助农民解决生产中出现的问题；加强村级文化体育、客运站点、公共照明等服务设施修建，在人口聚集的乡村兴建图书馆、体育馆、文化馆、展览馆等，给村民带来丰富多彩的文化生活。

（三）优化设施建设

绿色生态建筑助推乡村振兴。党的十九大作出了实施乡村振兴战略，建设美丽中国的重大部署。建设美丽宜居乡村，发展乡村绿色建筑、建设新型乡村宜居住房，是全面小康在农村的形象表达，更是实施乡村振兴战略的重要切入点。为进一步推动乡村振兴战略的实施，2021年2月，国家正式挂牌成立"国家乡村振兴局"；同年6月，我国首部乡村振兴促进法正式实施，作为我国第一部直接以"乡村振兴"命名的法律，其中更特别明确鼓励发展乡村绿色建筑，建造宜居住房。

实施乡村生态环境优化设施建设应从以下三点入手。

①应实现人与自然的和谐共生，一切建设活动应契合地形地貌、河湖水系等山水格局与自然景观，保持生态系统的良性循环；要兴建乡村垃圾清洁化、资源化处理设施。改变乡村垃圾处理方式，投入资金实施垃圾集中收集、处理，建设无害化、资源化垃圾处理设施，让乡村变得更干净。

②通过街巷环境整治、公共空间打造、环境绿化、景观塑造、污染防治等工程，为乡村居民营造一个清洁、优美、舒适、宁静的健康生活环境；要继续推进实施厕所革命，通过各种方式投入，在农村普及冲水式厕所，加大对粪尿污物的资源化、清洁化处理。厕所是观察乡村振兴的一面透视镜，习近平总书记就曾多次对"厕所革命"作出指示。表面上只是干净厕所的投入，实质上是村民思想观念上的一场革命，带动村民传统生活方式的改变，起着事半功倍的成效。

③要实施绿化美化工程。一方面，鼓励村民房前屋后种花种草种树，绿化美化环境，陶冶村民的情操；另一方面也加大对村民的文明

教育，通过村规民约，约束村民不要随地吐痰、随地乱扔垃圾，改变村民的一些陋习。

（四）特色鲜明的乡土文化

同一个人出生地相关的民俗风情、历史地理、传奇故事、古建遗存、村规民约、名人列传、家族族谱、传统技艺、古树名木等有关方面的一种物质或非物质的表现展现便是乡土文化。简言之，一个人降生地土生土长的物质或非物质的民间文化就是乡土文化。乡土文化具体涵盖如下。

1. 乡土村落建筑

民间自发修筑的传统风土建筑，具备民间浓厚的农家小院气息是为乡土建筑。我国的乡土建筑包括乡土住宅、寺庙、祠堂、商号、文教建筑、作坊等。乡土建筑实质上是在其岁月流逝里乡土精神、乡土性及本土文化的外在呈现。

中国地大物博、风俗各异，传统村落各地不一，乡土建筑更是变幻莫测、极为繁复。一个个村落能折射各地不同的文化传承及社会特性。可以把乡土建筑基于建筑功能概括为住宅、祠堂、寺院、书院、戏台、酒楼、商号、牌坊、作坊、小桥等。这些建筑都同几千年来华夏各地的乡土生活密不可分。

我国南方汉族村落中的祠堂通常备受瞩目。作为家族的精神象征与传承，村落治理、议事、发展、运营都同祠堂紧密相连。祠堂建筑本身，以及祠堂中的仪式、祭奠等活动都值得去探究。而在中国北方的村落，更令人注目的是寺院。北方人口起源繁杂，很少有像南方村落一般整个村镇都是血缘亲人，而寺院是村落治理、生产及社交的首要场地。书院的功用也同寺院相近，既是学堂，也是知识分子荟聚、交流及议事的场地。

比如吊脚楼、土楼、木楼、马墙楼、杠式屋、跑马楼、炮楼、锁头屋、洋楼、中西合璧建筑以及名人名居、红色驿站等，各个农村地区几乎自成一色，这些建筑有着悠久的历史传承，也与当地居民的生活息息相关，是乡土文化重要的组成部分。

2. 山水风景

山水一词有三层意思：第一层是指山上流下来的水；第二层是指山和水，泛指山、江、河、湖；第三层是指山水画的简称，指以风景为题材的中国画。山水画是以自然风景为主要描写对象的绘画，是中国传统三大画科之首。

俗话说"一方水土养一方人"，我国农村地区广阔，地方山水风景各异，虽都是山野，但美点不一样。

3. 器物手工艺品

乡村的一些生活器物和手工艺品是很好的文创资源，有的也已经成为非物质文化遗产，是乡土文化传播的主要载体。

乡土文化是中华民族得以繁衍发展的精神寄托和智慧结晶，是区别于任何其他文明的唯一特征，是民族凝聚力和进取心的真正动力。乡土文化无论是物质的、非物质的都是不可替代的无价之宝。其中包含民俗风情、传说故事、古建遗存、名人传记、村规民约、家族族谱、传统技艺、古树名木等诸多方面。乡土文化的守护及承袭是乡村延续的价值中心。应当运用地域文化的开掘、文创设计与活化，形成守护基础上的文化承袭同创新应用；利用村庄风貌特性的延续及创新，刻画携带乡愁印记的文化环境空间；运用管理机制的创设，保障文化的守护与创新活力。

(五) 高效的乡村治理

乡村治理是通过对村镇布局、生态环境、基础设施、公共服务等资源进行合理配置和生产，促进当地经济、社会的发展以及环境状况的改善。不断提高广大农村居民的物质生活水平和精神文明水平，改变"脏乱差"的农村现状，不断加强基层治理。乡村治理应遵循以下基本原则和建构思路。

坚持以人为本，改善民生。始终把农民群众的利益放在首位，充分发挥农民群众的主体作用，尊重农民群众的知情权、参与权、决策权和监督权，引导他们大力发展生态经济、自觉保护生态环境、加快建设生态家园。

利用村规民约的引领、乡贤群体的策动，以自治、法治、德治"三治"融合为准绳，达成以村民为主体、村委会为引领的全民参与形式，科学、高效的乡村管理是乡村振兴的重要保证。

二、村庄的成长标的与达成路径

(一) 科学推行乡村空间格局与土地运用规划

1. 优化村落空间构造

强化国土空间规划管控，妥善解决农村"空关房"和"空心村"问题，因村制宜，分类施策，深入推进土地综合整治，全面优化城乡空间布局，推动城镇化水平得到显著提升。

①因地制宜，顺应民意。始终坚持以人民为中心的发展思想，尊重村庄发展规律和演变趋势，尊重农民群众生产、生活习惯以及乡风民俗，因地制宜、分类推动村庄建设改造，不搞"一刀切"。根据村庄定位和国土空间开发保护的实际需要，编制能用、管用、好用的实

用性村庄规划，抓住主要问题，聚焦重点，内容深度详略得当，不贪大求全。

②依法依规，节约土地。统筹城乡产业发展，优化城乡产业用地布局，引导工业向城镇产业空间集聚，合理保障农村新产业新业态发展用地，明确产业用地用途、强度等要求。加强市域空间分区管控和引导，积极推进农村建设用地"减量化"，合理确定重新选址新建的新型农村社区建设用地规模，节约集约土地。

③统筹兼顾，系统谋划。该局加强村庄分类指导，改善农村人居环境，按照不同村庄分类改善居住条件，促进相对集中居住。推进城乡融合发展和基本公共服务均等化、标准化，让农民群众共享改革发展成果。

④传承历史，塑造特色。充分挖掘历史、地理、文化特色，有机融合乡村与自然的空间关系，保护好历史文化名村和传统村落，体现乡村地区文化特色、时代特征和地域特点，留住乡愁记忆。

科学适宜的空间构造既保障了各功能的有效协作及运转，也决定了村庄的发展境况。村庄规划当在详尽整理现状问题的基础上，合理布置寓居、生产、商业、行政、休闲五大功用，延续村庄传统空间布局、街巷肌理及建筑格局，并在科学实施交通规划的本源上，重点进行街巷走向与宽度、村庄布局形态、公共空间同景观廊道等要素的筹划。

2. 明晰规划项目土地的用途

《中华人民共和国土地管理法》第一章第四条：国家实行土地用途管理制度。

国家编制土地利用总体规划，规定土地用途，将土地分为农用地、建设用地和未利用地。严格限制农用地转为建设用地,控制建设用地总量,对耕地实行特殊保护。

前款所称农用地是指直接用于农业生产的土地,包括耕地、林地、草地、农田水利用地、养殖水面等;建设用地是指建造建筑物、构筑物的土地,包括城乡住宅和公共设施用地、工矿用地、交通水利设施用地、旅游用地、军事设施用地等;未利用地是指农用地和建设用地以外的土地。使用土地的单位和个人必须严格按照土地利用总体规划确定的用途使用土地。

土地是乡村平稳、农业增效、农民增收最基本的生产资料。传统乡村用地布局无章、粗放利用严重,村庄规划当把土地的用处明晰、突出重点,把上位规划判定的掌控指标、规模及格局安排贯彻至地块,竭力达到生活生产相应拆分,合理布局各类用地,同时划分村庄建筑用地控制线、永久基本农田守护控制线及蓝线、黄线、紫线等用地控制界线,严格控制村庄建设用地规模。

(二) 精准掌握产业发展定位,并给予产业用地支撑

1. 掌控产业前进倾向

联合上位规划,在整理产业现状、探访村民发展意愿的基础上,以两个视角统筹斟酌,明晰产业发展倾向:第一,村庄所处的地理区域。比如,毗邻都市集中兴建区的村庄,更适宜发展同城区、镇区产业相匹配的产业。而远离都市集中兴建区的村庄,更适合从自身的特性优势资源出发,寻求产业发展倾向。第二,村庄具有的资源禀赋。以资源为基本,以市场消费做指向,充分激励村民个体的活力,采选既能昭示当地优势、又有市场需要的产品,例如农作物、文娱活动、手工艺品、地方传统节日等推进创新研发。

2. 推动三产联动交融

以农业为基础，以新式运营主体为导向，以利益联结为纽带，利用产业联动、技术浸透、要素汇聚、体制创新等形式，把资本、技术乃及资源元素施行跨界集约化匹配，令农业生产、餐饮、农产品加工及销售、休闲及其他服务业有机地重组到一起，将农业生产、农产品加工业、农产品市场服务业深度融合。农村三产融合发展是以农村一二三产业之间的融合渗透和交叉重组为路径，以产业链延伸、产业范围拓展和产业功能转型为表征，以产业发展和发展方式转变为结果，通过形成新技术、新业态、新商业模式，带动资源、要素、技术、市场需求在农村的整合集成和优化重组。

3. 确保产业用地支撑

各地新增建设用地指标应当向乡村发展倾斜，县域内新增耕地指标应当优先用于乡村产业发展。每年盘活不少于乡村建设用地形成存量指标的10%，以及处置相应批而未供和闲置土地形成的"增存挂钩"新增指标的5%，优先保障农村产业用地。

以适宜集中为原则，清理违规建筑用地，优先使用存量用地，改良待腾退低效产业用地，依据产业发展逻辑，提出新的产业用地格局及发展策略。

（三）完备乡村公共服务及基础设施

1. 乡村公共服务

进一步扩大政府予以村基础公众服务的力度，以政府主导、多方参与的思路，把乡村公众服务与社会管理分成教育、文体、医疗卫生、乡村基础设施同环境建设、就业及社会保障、农业生产服务、社会治理七个类别，形成详尽内容，并区分成政府、村自治机构、市场三个给予主体，同时明晰组织实施办法。

结合不同类型村的人口规模及经济条件，针对乡村公共服务受益的地域性及迥异性，依照统筹推行"三个集中"的原则，以节俭资源、信息共享为重点，整合村级公共服务及社会管理场所、设施等资源，统一筹划，优化性能，集中投入，统筹架设村级活动中心、政务服务中心等公众服务平台，施行基础设施及公共服务设施的合理布局，全面笼盖，并逐渐形成一套适宜乡村居民生产生活模式转变要求、城乡一体的基础公共服务及社会治理标准体系。

2. 乡村基础设施建设

大概可分为"生活、生产、生态"三类，其中，以农田水利设备为代表的"生产"类基础设施修筑，依据农业发展需求，增大资金投入，渐渐达到农业产业化标准；以电力、交通、生活废水收集管网、污水处理设备、无害化卫生厕所改建修筑等生活匹配设施为主的"生活"类基础设施修筑，既要顾及乡村居民生产生活的实质需要，还要依据产业交融发展等元素规模匹配基础设施资源；"生态"类基础设施创设，须全面推动乡村清洁工程、污水整治工程，建立健全乡村居民自我约束体制、清扫清运体制、经费保障体制等长效机制，确实改进乡村人居环境。

（四）创设生态宜居的村镇环境

1. 达成人与自然和谐共存

人与自然和谐共生是2021年世界环境日中国主题，主题旨在进一步唤醒全社会生物多样性保护的意识，牢固树立尊重自然、顺应自然、保护自然的理念，建设人与自然和谐共生的美丽家园。

人为兴建活动当与自然环境有机交融，空间架结构应尊崇山形水势，契合地貌，禁挖山、慎砍树、不填湖，防止对田园景观毁坏性开发及过度改造，形成绿色发展模式及生活形式。

2. 建设适宜人居的景观环境

长期以来，我国农村住宅建设主要采用居民自主设计、自建自住，房屋的工程质量、功能质量与环境质量较差。而传统落后的混凝土现浇建设方式不仅造成房子造型单一、功能简单，居住舒适感差，而且由此造成的建筑垃圾、乡村环境的污染也不容忽视。由于没有正规的设计程序和规范的建造流程，大部分乡村自建房无法保证达到设计强度要求，在抗震性能、安全性能、卫生条件、配套设施等方面存在缺陷，同时在保温效果、绿色低碳方面更难以达到现在的新型绿色住房要求。

编者经过在一线市场的深入调研，通过中国西部人才开发基金会循环经济发展专项基金和课题组组成联合调研组的调查研究和筛选，最终选定符合当前国家大力提倡的低碳环保新建筑材料具有"七防、七无"的独特性（即防水、防火、防冻、防震、防裂纹、防虫蛀、防老化；无钢筋、无水泥、无砖、无梁、无柱、无石材、无构件）。由中星集团自主研发生产的低碳、环保、节能、装配率达到100%的装配式新型建筑材料，符合由工业和信息化部、住房和城乡建设部、农业农村部、商务部、国家市场监督管理总局、国家乡村振兴局等六部门指导的《关于开展2022年绿色建材下乡活动的通知》要求。

利用对现有违规建造的治理、公共空间及弃置地的统一管理、引领及宣传设备的规范设置以及垃圾的日常处置等，营建整洁的街巷环境；明确村边、宅旁、水边、路旁、院内以及闲置地块的绿化美化职责，推动道路林荫化、乡村特性风貌园林化、庭院花果化，打造人与自然和睦相处的生态环境。

3. 推广农牧联合的生态饲养模式

修建规模化生态畜禽饲养场、饲养小区，推动畜禽养殖区同居民生活区科学拆分，以规模化、生态化为导向，推动畜禽粪污从点上污染向集中整治蜕变，提高资源化使用水准。积极研发生物质能资源，发展以农作物秸秆做主要原料的生物质燃料、饲料、肥料等生物质能产业；以守护水域生态环境、改善水域水质为方针，认真推行环保及渔业法律法规。

4. 加强垃圾同污染治理

乡村生活废水整治覆盖率达到80%以上，农膜回收率达到80%以上，垃圾清运率及整治率达到90%以上，农作物秸秆综合利用率达到85%以上，畜禽粪便基本达成资源化运用，匹配粪污处理设备达到100%，公厕普及率达到100%等。此外，推动"减煤换煤、清洁空气"行动，推进运用太阳能、天然气、沼气、电能等洁净能源。

（五）构筑"三治"联合的乡村治理体系

1. 让乡村治理夯实组织基础的政治引领

①强化党建引导机制。对基层党建的"五聚焦五落实"三年行动规划执行严格贯彻，提升农村基层党组织成员的政治功能及组织力，对村"两委"的工作施行规制进行规范，对各种村级组织进行统一领导，注重构筑党建引领自治、德治、智治、法治相结合的乡村治理体制。整体促进新一轮"强基工程"，持续抓党建促乡村振兴，进一步健全农民专业合作社党建同盟施行规制，扩大联村党委效应。

②探求精英振兴机制。对村党组织的"领头羊"进行择优择强

选举，严格贯彻村书记区、街镇共管体制，推动村党组织书记运用法定程序担当村民委员会主任与合作经济组织、集体经济组织负责人。完备村书记激励保障体制，严格贯彻村级组织运作经费，持续激发村干部干事创业的才能水准与内在力量。

③坚持党员示范机制。党员要起到示范带动的作用，选好"领头羊"，注重村民自治组织选举的参与性、代表性、程序性，为村民选出有干劲、有威望、有担当的党员、群众代表，带领大家为幸福乡村、和谐家园共同出力，形成人人参与、出力的浓厚氛围；为村里培育出"志愿者"，建立属于村镇的"人才库"，塑造出具对村镇有着强烈主人翁意识的"村上人"。

2. 让乡村治理步入规范轨道的法治保障

对村镇善治机制进行完善，深化"五有五无网格"的创设与建立，增强基层的组织、工作、基本能力的建设与完善。推进"网格+"体系与三级网格重心的规范化与建设，推行"四全"服务，推动政法网格员进入网格，利用"网格+综合执法""网格+警格""党建+网格"等的建设，为群众办实事。创建"1+4"联动指挥平台并进行升级，整合可以整合的指挥、联动体系，健全网格化治理的相关工作，实行多渠道受理下派与网格员上报等事项的有机整合，完善社会治安重点地域的排查与整饬工作，推进平安乡村建设工作。

引导村民事事以法为准，用法律来解决遇到的问题，尊法守法的理念，延伸法治精神。设立调节站、宣传站，能迅速将政策、时事传遍乡村各个角落，及时调节村民身边的纠纷与矛盾，有效畅通村民各种诉求通道，及时解决村民身边发生的事情。

3. 让乡村治理达成长效体制的德治教化

提升德治教化能力。推进新时代文明实践中心建设，构建"实践中心—实践所—实践站"县乡村三级组织体系，开展新时代文明实践活动。以文明村镇（社区）、文明单位、文明校园、文明家庭创建为载体，积极践行价值观，弘扬优秀传统文化，广泛开展社会公德、职业道德、家庭美德、个人品德教育。完善青少年理想信念教育齐抓共管机制。广泛开展"传家训、立家规、扬家风"等活动。建立健全道德评议机制，大力宣传时代楷模、道德模范、身边好人，倡导邻里和睦文化，褒扬见义勇为、孝老爱亲等先进事迹。加强基层治理诚信体系建设。

利用乡村宗祠"家训堂"，创建"道德讲堂"，将家风传承和社会主义核心价值观有机结合；盘活资源，将有特点非遗老宅打造成"书舍""党建活动室""阅览室""村民读书会"、文化广场等平台，积极拓展村民共享阅读空间，提升村民文化素质。做大好家风品牌，打造以"孝"文化为核心的家风家训特色载体。如：北京仇庄镇。

4. 自治强基，让乡村治理激活内在动力

村民自治，简而言之就是广大农民群众直接行使民主权利，依法办理自己的事情，创造自己的幸福生活，实行自我管理、自我教育、自我服务的一项基本社会政治制度。村民自治的核心内容是"四个民主"，即民主选举、民主决策、民主管理、民主监督，因此，全面推进村民自治，也就是全面推进村级民主选举、村级民主决策、村级民主管理和村级民主监督。

"村民自治"的提法始见于1982年我国修订颁布的《中华人民共和国宪法》第111条，规定"村民委员会是基层群众自治性组

织"。"四个民主"的提法始见于1994年民政部下发的关于开展村民自治示范活动的通知之中。从"村民自治"到"四个民主",我们对基层民主的认识是逐步完善、逐步提高的。

利用各种创新的议事方式与交流平台,健全民主协商,推行村务的公开与议事决策的协定及程序,提高村民的参与度与民主协商能力,健全党组织领导的村民自治功能。明晰基层政府与群众的自治组织权责边界,落实民主监督能力,定制群众的自治组织依法履行职责的事项,让村民与政府携手,依法自治。

5. 让乡村治理焕发生机活力的智治支撑

利用好"互联网+党建"的信息管理系统,发挥"领头羊"等的带头作用,在网上公开村务、党务、财务以及数据共享,提升乡村的数字化治理,推动网格化社会治理的联动指挥平台的智能运用,提高乡村社会治理的现代化水准以及"五有五无网格"的创设。

利用好政务一体化在线服务平台与数据共享交换体制,施行信息技术的便民行动,搭建整合一系列便民服务与公共服务的信息平台,达成公共服务事项"网上办、掌上办"的便民措施。推动益农信息与各电商网点、服务功能等的叠加服务,协助乡村治理的数字化与便捷化。

三、村庄规划的方法与内容

现行的城市规划法律体系中,涉及村庄规划的国家级法规和规章只有《村庄和集镇规划建设管理条例》及《村镇规划编制办法》(试行)两个文件。按照这两个文件的指导,村庄规划一般应参照村镇规划的相关内容进行编制;而实际的操作过程中,各地也通常是按照村镇规划标准进行编制的。

村庄规划是通过规划来使乡村整齐整洁，包括农田规划、排污规划。所有个人建筑不得在规划区以外或建设用地以外随意建设，不得在基础设施不健全的拆迁区内建设，实施坑塘规划建设，控制农业污染。社会、经济、科技等长期发展的总体部署，是指导乡村发展和建设的基本依据。

村庄规划的落地性要求极强，适合以问题为导向，针对现状问题，提出具有针对性的治理策略同方案，详见图14-1。

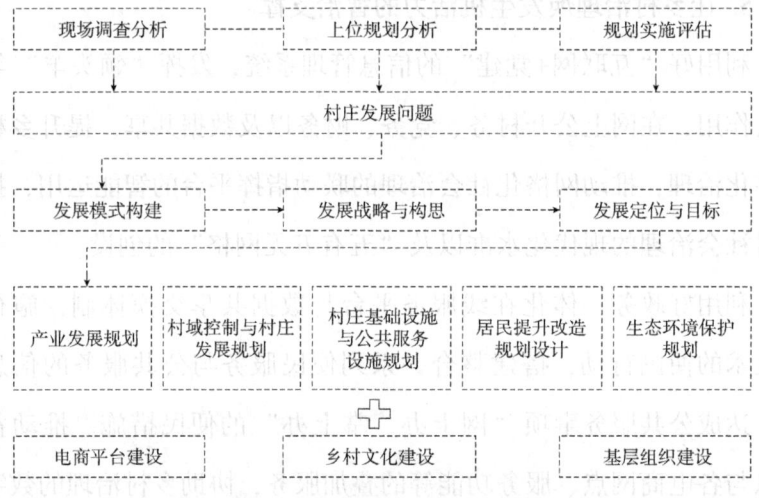

图 14-1　村庄规划基本内容

（一）以问题为导向，村民广泛参与的规划方法

第一，利用实地勘察、入户调研、问卷调查、举行座谈会等多次、多模式的调查，全面、精确地通晓村庄发展近况，深入村庄进行勘查剖析，并尽可能广泛了解村民的需求及意愿。

第二，依靠调查资料，利用多种解析手法，进行问题概括总结。

针对住户收入、住户构造等部分可量化的指标，取用数据解析法，以解析图表的模式实行概括总结；针对基础设施同公共服务设备现状、用地近况、资源现状等可视化的指标，采取图纸解析法，以现状解析图的模式实行概括总结。最终利用多种剖析方法与结论的整合，联合上位规划及村民意愿，归纳村庄现今存在的关键问题。

第三，以五大发展目标达成为基础，以问题为导向，构筑发展形势，形成发展策略及发展思路。

第四，在发展思路敲定的基础上，进行土地利用、落地空间、基础设施、产业、服务设施、景观面貌等的筹划及设计。规划当充分征询民意，尊重村民意愿，守护村民权益，指引乡民参与。

（二）主要规划与内容

1. 自然资源、发展近况、经济资源、上位规划、规划实施的解析评估

从乡村的各项近况以及基础设施、公共服务设施、用地规模等方面来解析村庄成长的近况，对不同类型的乡村进行不同侧重点的现状解析。结合已有的乡村规划内容，明晰本村庄的定位及要求，对当前的规划实施情况进行解析调研，总结归纳典型的问题。

2. 经济的发展走向、乡村社会现状、发展目的、发展定位与其地区布局

归纳解析基础问题，明晰村庄未来的发展策略。对村庄近远期发展目的与定位利用村庄的详细类型及优势基础进行规划，在发展战略的引导下，进行详细规划。

3. 乡村经济各部门发展规模、水平、速度、投资与效益

对乡、镇、县的产业发展等进行定位，探究地域优势资源，明晰产业特质以及发展定位，进行产业的发展规划、举措、路径以及空间构造详细规划。

在村域发展掌控层面，明晰村庄基础农田、安全防灾、生态环境资源、风貌协调区等的范围和把控要求。在村庄发展层面，明晰村庄修建用地控制线、居民点掌控要求、各类设施的用地范围及掌控要求，提出公共设施的范畴、配置及掌控要求。

结合村庄的人口规模及发展实质，建议基础设施、公共服务设施的规划目标和布局计划。基础设施规划要涵盖供水、道路交通、排水、环卫、能源供给、通信设施等。公共服务设施规划要涵盖医疗、教育、文化体育、社会福利等方面。

民居提高改造规划设计：深入明晰村民生产生活须要，结合当地传统建筑的构造及特性，自建筑模式、平面布局、建筑立面改建、公共环境等视角，推行民居的提升改进设想。

4. 制定实现乡村规划的措施与步骤

制定乡村规划，要根据乡村的资源条件、现有生产基础、国家经济发展方针与政策，以经济发展为中心，以提高效益为前提。要实行长远结合，留有余地，反复平衡，综合比较，选其最优方案。明确山、水、田、林等各类景观资源特色，提出具体、切实可行的保护措施和要求。

除生态环境保护规划外，对历史文化资源较丰富的村庄，应提出村庄历史文化资源保护策略。

5. 其他保障举措

为更好地推动村庄发展，整合市场发展需求，村庄规划还应对乡村文化创设、电商平台构建、基层组织建设等软件建设，给予指导意见。

第十五章　乡村旅游规划：乡村旅游的逻辑关系和步骤

乡村旅游规划是旅游规划的一种。从资源的角度而言，是以村落、郊野、田园等环境为依托，通过对资源的分析、对比，形成一种具有特色的发展方向。近期，乡村旅游往往和新农村建设联系在一起。乡村旅游发展是乡村创新经济学理论下的一个成功实践。在我国广大的乡村地区存在着丰富的人文历史资源和生态自然资源，乡村旅游开发和发展存在着巨大的潜力和市场。根据乡村创新经济学理论，因地制宜，实事求是，依据特有的旅游资源发展乡村旅游业是乡村发展的有效模式之一，因为乡村是比较容易培养出特色经济的。

乡村旅游规划作为旅游规划的一种特殊类型，必须遵循旅游规划的一般原则与技术路线。规划技术路线是规划过程中所要遵循的一定逻辑关系，其中包含了规划的主要内容和制定规划的基本步骤。

一、乡村旅游的本质

乡村旅游同乡村发展、农业现代化发展、农民创收、旅游市场走向等各方面皆有着千头万绪的关联，现今学术界对乡村旅行没有完全统一的定义。通过对国内外学者阐述的解析，编者以为，乡村旅行本质上是一种以旅行产业为中心的经济活动，对乡村社会的推进及当地居民收入的提升，皆是基于旅游活动的副产品，只有理顺乡村旅行的"旅游"实质，才能发挥乡村旅游的发展推进作用。可见，乡村旅游是指以休闲、观光、体验、养生为目的，以农业生产、农村风貌、农民生活为基本介质的旅游活动。

近年来，我国乡村旅行发展飞速，但也存在部分问题：一是法规尺度不完善，致使村镇旅游规划同落地推行间具有较大落差；二是乡村旅游构建缺乏统筹，土地使用率低；三是村镇寓居环境品质低，环境恶化，令乡村旅行建设面临严重的资源环境问题；四是乡村照搬都市模式发展，形成了千村一面，文化遗失等问题。

二、乡村旅游规划的基本内容

社会主义新农村构建及乡村旅行研发策划、设计经验及规划，对行业动态与有关政策法规、乡村旅游产业的发展形势、项目谋划、特性休闲及景观建筑设计、农家乐升级、民俗村休假、古村落文化休闲等项目的规划、设计、开发等方面进行了深入探究。

三、关于乡村旅游规划的相关注意事项

乡村旅游异于都市旅行，相对来说，乡村旅游因地域的集中性、体验的差异性、内容的丰富性，其旅游线路大多目的性强、尺度小，且主要是为了满足日趋增长的散客观光者队伍的需要而开辟的。伴着日趋追寻自由及个性的自助旅行方式的兴起，乡村旅行发展潜力极大，要确保乡村旅游业延续发展，建设合理有效的旅游线路必然是

其中一个紧要的保证元素。

村镇旅游线路规划涵盖游览线路上包括的景点（节点）数目、参访若干景点的先后次序（路径）及在何时何处做何事。谋划设计当恪守游客利益最大化、访客成本（所走路途，所花时间及费用）最小化、精品线路推进、景点时空次序渐至佳境、"一两日游"等准则进行。

有别于都市旅游，乡村旅游有其独特的本质特性。"位于村镇地区"和"以乡土性为旅行核心吸引物"是乡村旅行的两个必要条件。自旅游视角而言，乡村区域主要指具备优良的农田景观、生态环境、地方特有小吃、农舍等地方特性建筑、传统生活习俗的地区。乡村性主要展现在三个方面：一是"乡里乡亲"的空间气氛，这是乡村旅行的空间基础；二是村镇的生态环境、田园景致、社会人文环境，以及独特的区域特性文化、生活形式、节庆活动、特色餐饮等，这种乡土的唯一性成为了乡村旅游的重点吸引力；三是由乡村熟人社会所构建起来的家庭、家族、乡邻关系，以及孕育出的乡民所组成的乡土社会文化体系，这是乡村文化游、精神游的基本。

四、乡村旅游规划发展状况与未来策略

1. 成长状况

乡村旅游伴随乡村经济的发展以及游客需要的逐步变化，也正在由初级的观光、游览向学习、考察、观光、参与、休闲、度假的综合走向发展，使得奔走于嘈杂的都市中的居民在尝农家饭，住农家屋，赏农家景，享农家乐，做农家活的悠游中乐不思蜀，进而决定成为乡村旅行的钟爱者。

依据中国目前旅行状况及各大旅行学者的探究成果表明，现今乡村旅行类别可分为以下三点。

①以村镇风情、民俗民风及传统文化习俗为核心的乡村旅行。

②以农业风景乃及田园景致为主的乡村旅行。

③以涵盖体验教育的农庄农场为主的乡村旅行。

2. 发展策略

乡村旅行启动较晚，但源于对其的高度重视，在推动新农村建设中，工业化和城镇化在农村深入发展进而促进了农村的现代化构筑，农业多产化推进第三产业发展的同时成为了乡村旅游的重心，农村景区化令乡村风貌变为乡村旅游的基础。总体来说，乡村旅游在大力推行政府主导型的发展策略下给农村发展旅游经济带来了极大的支撑，旅游资源的开发力度持续增强，基础设施逐步完善，综合效果持续提高，进而大力推进了旅游地农民的积极性，乡村旅行的发展走向呈现大好趋势。

①增强基础设施同服务设施的构建。源于城市地区是乡村旅游的主要客源地，所以在基本的生活条件及用品上要和都市接榫，例如各种居家常用设备与卫生的保证，并能够在都市和旅游地之间建造旅游专线，改进交通设施，交通改进了，访客前往旅游地的道路也就顺畅了，在基础设施完善的条件下才能留住访客，充分发挥乡村旅游的魅力，进而获得经济效益。

②挖掘乡村气息，树立鲜明的乡村景致。要做到不随波逐流，精益求精，努力创新，在游客的意识中留下永不磨灭的印象；还要发掘乡村的文化内涵及底蕴，研发具备文化特点的产品，乡村旅游的模式要侧重综合的发展及深层次的情感交流，不能限定于表面层次的参

观,也不能限定于资源的外表现象,才能研发出具备民间文化特性的,具有独到的乡村气息的旅行产品。

③坚持科学发展观,坚持可持续发展。资源和环境是可持续发展的基础问题,在短期的发展历程中实施合理规划与安排,科学地对环境的载量进行预估,长期的实施发展才会得到效益;还有针对游客的空间移动中运用交通工具会对空气形成破坏层面,可以使用节能减排的交通工具,开辟一条特定的旅游线路;再有针对游客涵养低的问题,可以提升游客对环境的保护意识,在景区内开展宣传教育。

④合理布局规谋划,创设品牌。乡村旅游的发展要遵循政府颁布的规章制度、法律法规,在有法可循的情况下,以市场需求为引领,充分合理地使用资源条件,合理谋划,科学评估,剖析自己在资源特性、地域条件、社会环境以及客源市场中的优势,创设旅游品牌,进而真正形成把资源优势到经济优势的合理转化。

五、乡村旅游规划"五最"基色

1. 乡村风俗民情——最多姿多彩的民族特色与风情

我国民族诸多,各地自然条件迥异悬殊,各地村镇的民情风俗、生产活动、宗教信仰、生活模式,经济状况迥然有别。就民族言之,我国有56个民族,诸如贵州的苗乡、浙江的畲乡、云南的傣乡、湖南的瑶乡、新疆的维乡、广西的壮乡、海南的黎乡、西藏的藏乡等都具备令人神往的民俗风情景致。这些少数民族,或善舞、或能歌、或含蓄温雅、或热情洋溢、或以栽植为主、或以游牧为生、或过着原始的渔猎采撷生活,或以独有的生活习惯世代繁衍生存。这些给旅游者深入体悟华夏风情,探求人类社会的演化历程,带来了极其充裕的源泉。再以盛行于华夏乡村传统的节日为例，汉族有春节、上元节、清明节、端午节、中秋节、重阳节，藏族有雪顿节、浴佛节，彝族有火把节，苗族有"赶秋"，傣族有泼水节，壮族有歌墟；伊斯兰教有古尔邦节、开斋节等，绚丽夺目，令人神往心醉。传统的景洪傣族泼水节，云南大理白族三月街，内蒙古蒙古族的那达慕，贵阳苗族四月八，丽江的龙王庙会等皆是深受中外游客喜爱的乡村民情风俗旅游资源。此外，盛行于我国农村的龙舟竞渡、游春踏青、赛马、摔跤、射箭、斗牛、赶歌、荡秋千、阿西跳月等各具特色的民俗活动都具备较高的旅行拓展价值。

2. 乡村自然景致——最充满地域特色的魅力

我国的乡村由于所处地理位置及自然地理环境的不一，具有多姿多彩、各具特色的自然景致：水乡平畴沃野，水路纵横；棉海稻浪，菜花芬芳；山乡梯田重叠，云缠雾绕，山清水秀林美；海乡依陆临海，海波不溢，阳光海浪沙滩迷人；内蒙古草原的牧乡，宽阔平坦，羊群似云；大小兴安岭的林乡，莽莽林海、茫茫雪原，声势浩大……此外，我国南北气候迥异，在乡村自然景致表现上也更加丰富，如山东半岛及辽东半岛的果乡，广东、四川盆地的蔗乡，江、浙、皖、闽的茶乡，长江中、下游的竹乡，华北平原的棉乡，新疆吐鲁番的瓜果之乡等无不以其村镇风光的独有魅力吸引着中外游人。

3. 乡土文化艺术——最充满乡村情趣与特色

我国的乡土文化艺术古老、神奇、质朴、深受中外访客的欢迎。如风靡于我国乡村的舞狮子、舞龙灯、东北的二人转、陕北农村的腰鼓舞、西南的芦笙盛会，广西的"唱哈"会，里下河水乡的"荡湖船"等脍炙人口。我国广大乡村出品的各色民间工艺品备受访客的青睐,如天津乡间的杨柳青年画、南通的扎染,潍坊年画,常熟的花边,贵州的蜡染,以及各色刺绣、竹编、草编、石雕、木雕、面人、泥人等,无不因其浓厚的乡土特性而深受游人喜爱。华夏乡村自古以来流传有各种神话、史诗、故事、传说、笑话、轶闻,扣人心弦,令人神往。相传于云南民间的阿诗玛、壮乡的刘三姐、苏南水乡的沈七哥、内蒙古草原上的江格尔,都能使游客听之动情,如痴似醉。此外,乡村佳肴口味独到。湖南的臭豆腐以臭著称,四川的麻婆豆腐以辣驰名,内蒙古草原上的涮羊肉味美鲜嫩,新疆的羊肉串香飘十里,这些乡村烹饪文化对广大的外国旅行者尤其具备强烈的吸引力。

4. 乡村民居屋舍——最具备乡村特有的浪漫与格调

乡村民居建筑,不单能给游人以奇趣,而且还可给访客予以憩息的场地。不同风格的民宅,给访客以不一的精神感受。由于受气候、地形、建筑材料、文化、历史、社会、金融等诸多元素的影响,我国乡村民居堪称绰约多姿,别具一格。内蒙古草原上的毡包、青藏高原上的碉房、喀什乡村的"阿以旺"、苗乡的"吊脚楼"、云南农村的"干阑"、黄土高原的窑洞,纳西族的"井干"、东北林区的板屋等可以其特有的建筑模式令访客耳目一新。此外,我国乡村中还有诸多古代民宅与建筑,如有清代民居120多幢的安徽黟县西递村,高门大户,鳞次栉比,布局精致,砖石木雕令人目不暇接,可谓乡村古代民居之宝藏,拥有很大的旅游开发价值。我国农村还有诸多古代工程、桥梁古道、古老庄院、古代河道等,如吴王夫差命人开通的纵贯苏北江淮之间的古邗沟,沿河风车摇转、阡陌纵横、相映成趣;秦汉时四川所辟的蜀道,穿行于川北高山峻岭,广栽松柏,称"翠云廊",宏伟而瑰丽;广西侗乡有一桥上建亭的风雨桥,形态奇特,也是乡民交易集会之所，极具民族特色，为侗乡一胜景。这些民居和乡村建筑等展现了当地的文化艺术特质，乡韵无穷，令人叹为观止。

5. 乡村传统劳作——最体现乡村特色与风格

乡村人文景致中，乡村传统劳作是精彩的一笔，特别是在边远荒僻的乡村，部分地区甚至仍处于原始劳作阶段，保存有古老的耕作、劳动形式。正因如此，它们会令现代文明影响下旅行者产生新鲜感，并被其吸引。这些传统的劳作形式充斥着生活气息，富有诗情画意，使人恋恋不舍，详见图 15-1。

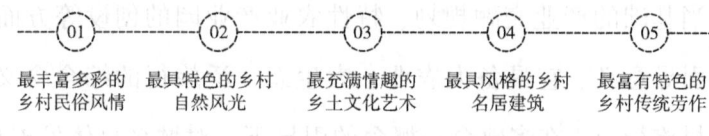

图 15-1　乡村旅游规划"五最"底色

六、乡村旅游筹措具体要点

乡村推行可持续发展策略，就是要以乡村为介质努力寻觅出一条社会、人口、环境、经济和资源彼此协调，既能满足当代人的需求，又不至于对后代人的发展需求能力形成威胁的发展路途。我国建制最小的行政区域单元的群体是乡村，它既要承受左近城镇的辐射，又要村镇居民产生直接的放射作用，乡村的可持续发展是城乡一体化战略的基本准则。

乡村发展谋划是乡村可持续发展的兑现历程及举措。在乡村发展筹划的进程中，要酌量环境、生态及资源的彼此协调性，斟酌资源的有限性及不可再生能力，不可盲目扩增乡村的规模，也不可让乡村拿都市做模板实行复刻。规划的重心是斟酌怎样有效节约用地，守护资源及生态环境；如何提升乡村筹划设计水准，扭转千镇一面的形态等，转变乡村二元经济构造的现状，促成农业人口朝非农人口蜕变。乡村发展谋划恰恰是乡村可持续发展达成的途径，乡村发展规划的目的与指导是乡村可持续发展，二者相得益彰，相互促进。

乡村旅行规划既有地域性宏观规划的引导作用，又有策划构思微观落地的实质意义，尤其是对村落风貌构思改造、生活环境同旅游环境的提升、交通道路的恰当设计、民俗旅行户的贯彻及运营、传统农业当基础的产业交融规划、特性农业产业园的创设等方面皆有很强的引导意义。它具备大农业、大生态、泛旅行的综合含义。所以，乡村旅行应当在多轨合一概念的引导下，对城乡总体发展构造、土地使用、乡村的产业、乡村景致等进行统一的谋划，将乡村旅游纳入地域发展的大布局。此外，在制定规划过程中，应当注意引进产业资源、运营管理部门、旅游 IP、开发建设投融资部门等资源，以顺利对接旅行规划及落地实施。

（一）乡村旅游规划落地解决问题的重点

源于对乡村旅行规划的研究，编者以为应当自以下几个层面进行规划入手："明晰规划定位、冲破规划落地难题、解决规划落地续存的问题、统筹多因素融入乡村旅行"等，详见图15-2。

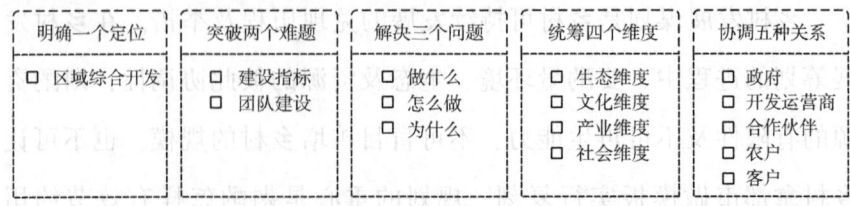

图15-2　乡村旅行规划落地解决问题的重点

1. 明晰规划定位

村镇旅游规划前期，必须要明晰什么是乡村旅游规划、创建营运主体的职责、规划项目的方针。编者以为，乡村旅行项目的实质即在乡村地域以旅行为指引的综合产业的开发营运。这个定位涵盖以下三个关键点。

①乡村区域解析明晰项目区域地点，全域联结整县域的旅游资源匹配情况，周边邻近城市旅游资源的协调联结等。

②以旅行为指引利用旅游的引擎效能，联合项目地的核心差异化特质，迅速形成项目的引爆点。利用旅游的大搬运特质，吸引都市居民到乡村休闲、旅游、度假返城时携带当地出产的安全健康农产品。

③结合产业村镇旅行不是单一的农业及旅游，而是以农业、生态、旅游、养生、文化、美丽乡村构建为引领的多种综合产业的有机荟聚交融。构建土地一、二级开发修筑联动开发，创制差异化的商品体系、创新一种组合型的商业形式。

2. 冲破规划落地难题

乡村旅游筹划先期，有两个难题必须要冲破，即项目地破题及匹配人才智库。首先要对项目地对症下药，明晰项目地的构建指标，即项目地的研发营运主体"想做什么"，联系实际解析"可以做什么"。其次要整合项目地的实质来组织有关行业的专家构建团队，达成规划的智力支持。

规划建设用地指标规划建设用地标准，在计算建设用地标准时。人口计算范围必须与用地计算范围相一致，人口数宜以非农业人口数为准。一是编制和修订城市总体规划应以本标准作为城市建设用地（以下简称建设用地）的远期规划控制标准。城市建设用地应包括分类中的居住用地、公共设施用地、工业用地、仓储用地、对外交通用地、道路广场用地、市政公用设施用地、绿地和特殊用地九大类用地，不应包括水域和其他用地。二是在计算建设用地标准时。人口计算范围必须与用地计算范围相一致，人口数宜以非农业人口数为准。三是规划建设用地标准应包括规划人均建设用地指标、规划人均单项建设用地指标和规划建设用地结构三部分。

3. 解决项目落地存在的问题

党的十九大报告提出了乡村振兴战略，强调应优先发展农业和农村地区。要按照"产业兴旺、生态宜居、文明乡村、治理有效、生活富裕"的总体要求，建立健全城乡统筹发展的体制机制和政策，加快推进农业农村现代化。大力发展乡村旅游，是促进乡村产业振兴、乡村人才振兴、乡村生态振兴、乡村文化振兴的重要途径。

编者认为，要促进乡村旅游的发展，应注重以下六个方面：一是党和政府要先做好规划，统筹开发乡村路径资源；二是着力改善旅游基础设施；三是创新思维加强乡村旅游产品开发；四是政府要加强乡村旅游人才建设；五是加快改善农村人居环境；六是加强乡村旅游推广。要提高乡村旅游开发的质量，充分发挥乡村旅游的综合功能，需要平衡好政府和市场两股力量，协调好乡村旅游与"三农"的关系。

编者认为，要想中国美丽，乡村必须美丽。乡村旅游应协调发展与保护的关系。要牢固树立和贯彻保护生态环境就是保护生产力、改善生态环境就是发展生产力、绿水青山就是金山银山的思想。保持经济效益、社会效益和生态效益的平衡。将资源环境承载能力作为一个整体来考虑，充分保持原有的生态村落风貌，保留乡村景观特色，保持村落的完整性、真实性和延续性。

（1）社会参与。乡村建设是为农民而建，必须"把好事办好、把实事办实""乡村治理要发挥传统德治资源""处理好农民和土地的关系，仍然是深化农村改革的主线"对全国粮食安全、耕地保护、乡村发展、乡村建设、乡村治理、农村改革问题等。一方面，守住底线任务，确保农业稳产增产、农民稳步增收、农村稳定安宁；另一方面，找准进的发力点，在一些重点问题上取得进步、见到突破。通俗讲，即要抓好"四稳"，也就是四项底线任务：粮食和农副产品生产要稳住，脱贫成果要稳住，农村人居环境整治成果要稳住，农村社会要稳住。稳中求进，既要在"稳"的前提下实现"进"，又要在"进"的过程中夯实"稳"，这就要求，要以问题为导向，瞄准农民关心、短板突出的问题，集中发力，精准施策，攻克产业发展、乡村建设、乡村治理中的"老大难"，通过全面的"进"，保障更高质量的"稳"。

（2）市场运作。关于乡村旅游没有一个固定模式，可根据所依托的资源、客源等来分为不同的开发模式。有时候乡村旅游不是单一模式，可以是多种模式融合开发。

①更新理念，构建乡村旅游运营体系。一方面，坚持"市场为主、运营前置"的理念和"没有市场效益的景区就没有出路"的观念，提早谋划景区运营体系，在景区规划设计阶段，围绕景区设定的目标市场，把运营思维贯穿于规划全过程，在了解旅游市场和客源流量的基础上，系统设计景区主题定位、业态产品、配套设施、营销管理等，明确景区业态消费项目，以保障景区持续收益；另一方面，以植入一个主题、导入一个工商资本、建立一个盈利模式、形成一个共

享机制、健全一个服务体系,"五个一"为重点,成立景区市场运营公司,在景区开发建设、运营管理等阶段,抓好核心产品落地、业态项目开发等,结合搭建的运管模式,对景区建设周期、服务质量、市场推介等环节进行有效管控,设计规范化、精细化、流程化的运营体系,通过精准对接客源市场,线上线下营销,以稳定和提高景区客流量,实现景区持续盈利。

②对接市场,激活乡村旅游资产价值。一是让景区资产"活"起来。依托景区运营公司,对景区特色产品进行经营管理,对接旅行社及目标市场,让景区产品在旅游市场上常态"流动",活化景区资产。二是让资产价值"增"起来。采取"请进来"与"走出去"相结合,推进景区市场营销,开展形式多样的宣传营销活动,扩大景区的市场知名度与影响力,提升景区资产的市场价值。三是让资产效益"强"起来。发挥县文旅投、森旅投对接市场的优势,把景区资产纳入文旅企业资产统一管理使用,利用景区资产进行合理融资,破解重点景区投入不足的困境;将景区资产的所有权、管理权、经营权有效分离,以参股合作、托管运营等方式出让经营权,吸引社会资本投资运营景区,增强景区资产效益。

③创建品牌,提升乡村旅游市场形象。一是以规划定品牌。在规划设计之初,依据景区资源特色、规模体量、客源市场等因素,合理定位景区品牌,并按照品牌等级配套业态项目及软硬件设施。二是以产品创品牌。深入挖掘景区特色资源和文化内涵,打造景区核心引爆产品,在完善要素设施、常态化运营管理的基础上,争创景区品牌,让品牌成为景区推向市场的形象标志。三是以管理立品牌。要加强乡村旅游精品线路设计、客源市场分析、交通秩序有序疏导、旅游服务

配套建设，提升景区对外吸引力、美誉度。四是以宣传树品牌。通过线上线下媒介资源，多层次、多渠道宣传景区品牌，特别是对目标市场的宣传推介，不断提高景区的市场知晓率和美誉度，擦亮景区品牌形象。

④配套政策，增强乡村旅游发展动能。一是建立健全以市场运营为导向的景区管理考核评价机制，制定完善旅游业发展扶持奖励办法，在景区招商、品牌创建、人才培养、客源输入等方面给予政策性奖励，着重奖励市场化运营好的景区经营者，以激发景区内在动能，推动景区对接市场，实现更好发展。二是以实施乡村振兴为统揽，从打响乡村品牌、激活乡村资产、兴旺乡村产业、弘扬乡村文化、创意乡村产品、活跃乡村经济等方面，集聚发展项目，配套激励政策，构建全产业链、价值链、功能链的旅游产业体系。三是抓好美丽乡村与乡村旅游的有机融合，持续巩固好美丽乡村成果，并将旅游元素融入美丽乡村后续管理建设中，最大限度整合各类资源，让美丽乡村嬗变为"美丽经济"。四是注重从本土培育旅游人才，以家庭农场主、新型职业农民、乡村旅游合作社成员、返乡创业人员等为重点，加强乡土工匠、乡村厨师、民间艺人、市场策划、营销能人等人才培养，把农村贤能请回来、留下来，不断提高本土人才比例，为乡村旅游提供强有力的人才支撑。

（3）多元投入。"乡村旅游会是乡村振兴的一把金钥匙。"编者最近走访考察了多个地区，去到那些刚刚脱贫、急需振兴扶持的目的地，并找到了一条确实可行，以旅游带动振兴的新路径。结合农业农村部印发的《全国乡村产业发展规划（2020—2025年）》（下称《规划》）指出，乡村休闲旅游业是农业功能拓展、乡村价值发掘、业态类型创新的新产业，横跨一二三产业、兼容生产生活生态、融通工农城乡，发展前景广阔。

对于优化乡村休闲旅游业，《规划》明确提出，聚焦重点区域，依据自然风貌、人文环境、乡土文化等资源禀赋，建设特色鲜明、功能完备、内涵丰富的乡村休闲旅游重点区。注重品质提升，乡村休闲旅游要坚持个性化、特色化发展方向，以农耕文化为魂、美丽田园为韵、生态农业为基、古朴村落为形、创新创意为径，开发形式多样、独具特色、个性突出的乡村休闲旅游业态和产品。打造精品工程，实施乡村休闲旅游精品工程，加强引导，加大投入，建设一批休闲旅游精品景点。提升服务水平，促进乡村休闲旅游高质量发展，要规范化管理、标准化服务，让消费者玩得开心、吃得放心、买得舒心。规划提出，预计到 2025 年，乡村休闲旅游年接待游客人数超过 40 亿人次，经营收入超过 1.2 万亿元；返乡入乡创业创新人员超过 1 500 万人。

（二）统筹多要素融入乡村旅游

我国的乡村旅游的发展尚处于初期阶段，在许多方面发展还不成熟，实践过程中会产生多种问题，可以从以下五个方面入手解决。

1. 规划中融入大生态观

良好的生态环境，是农村的最大优势和宝贵财富。乡村振兴的质量和成色，要靠美丽乡村打底色，要以良好生态为支撑。2021 年 6 月 1 日施行的《中华人民共和国乡村振兴促进法》，围绕加强乡村生态保护和环境治理等内容，单列"生态保护"专章共 7 条，为生态保护确立了重要的法律原则和具体制度。这充分彰显了生态保护在乡村振兴中的重要地位，为加强乡村生态保护和环境治理、建设美丽乡村提供了法律保障和行动指南。

"千里莺啼绿映红，水村山郭酒旗风。"千百年来，一幅幅恬淡静谧、优美宜人的田园图景印刻在一代代中国人的记忆里。美丽的生态环境能给人带来愉悦的心情，让人愿意在此驻足停留。加强乡村生态保护和环境治理，改善农村人居环境，建设美丽宜居乡村，事关农业农村发展的绿色变革，事关广大农民根本福祉，事关农村社会文明和谐。实施乡村振兴战略，一个重要任务就是推行绿色发展方式和生活方式，让生态美起来、环境靓起来，再现山清水秀、天蓝地绿、村美人和的美丽画卷。

乡村生态振兴是普惠的民生福祉，也是发展的深刻革命。建设美丽乡村，并不是单纯追求田园风光之美，而是要在保护环境的前提下进一步发展生产，使群众从绿色发展中得到真金白银。牢固树立"绿水青山就是金山银山"的发展理念，坚持绿色发展，把农业增效、农村增绿、农民增收统一起来。只有在农业发展观上进行一场深刻革命，全面建立以绿色生态为导向的制度体系，大力推行绿色生产方式，推动形成与资源环境承载力相匹配、与生产生活生态相协调的农业发展格局，才能发挥农业先天优势、独有优势和比较优势，提升绿水青山的"颜值"，做大"金山银山"的价值。

乡村振兴战略正在深入推进，也带动着乡村旅游产业的盛行，但很多问题也逐步显现。产业单一、生态破败、无特色、乡村旅游同质化的现象日趋严重并阻碍着乡村旅游业的发展。传统的乡村旅游业也无法适应现代电子商务时代下的现代旅游需求，乡村旅游的转型迫在眉睫，也是必然趋势。

新时代造就了新的乡村旅游新要求，这一切都是时代使然。乡村旅游是乡村振兴的一种手段，产业振兴方式，不一定所有的乡村都能发展旅游，也不一定所有的乡村都能振兴。

2. 筹划中融入"人"的元素

乡村旅游的根本是天、地、人三者共生的艺术，核心着眼点在于乡土文化，在于当地文化的表达、挖掘和内容呈现。它离不开三样内容：农产品、生态、当地文化，这三样少了哪一样，乡村旅游都会缺少灵魂，所以乡村旅游无论如何升级都绕不开此三者。

主体是原住民，然而多批的乡村旅行规划中却出现见物不见人的景象，这无益于乡村旅行的可持续发展。源于乡村旅行规划的规划者以都市人、年轻人为主，他们缺乏对乡村的认知，不能精准掌握乡村的传统风貌及乡土文化，致使乡村旅游谋划缺乏原住民生活的面貌。在东北某个朝鲜族聚落的村镇，原本是单纯的依靠本地的水稻栽植获得收益的。自从乡村振兴理念提出之后，乡镇领导实施村镇完全自主的治理方式，并恰当地引导村自治组织将朝鲜族文化、饮食、活动进行推广。现在，该村定期举行美食节、民俗节等活动招揽来许多城市游客。他们在这里参与打年糕、跳传统朝鲜族舞蹈等活动，既了解了民俗民风，又品尝了美食。

乡村的建筑构造、空间形态、景致环境依凭原住民的构建，同时原住民是承袭非遗传承、乡土文化的介质，他们承载的风俗习惯、饮食文化、宗教礼仪、节庆活动是乡土文化的"源文化"，也是吸引旅游者的重要因素。

乡土文化须要利用原住民来传递，他们的音容笑貌、一言一行、衣着都承载着浓厚的乡土气息，想要真正明晰乡村社会，旅行者只能利用与他们的亲身接触，同他们一起居住在乡村中，感悟原住民的生活气息。

3. 在乡土建筑中融入"地域"特质

地理气候、文化、历史、宗教积淀下来的产物是乡村聚落及其演变发展，村镇建筑则是乡村聚落物质空间的载体。乡土建筑是乡村非物质文化遗产的特有载体，也是乡村旅行中一个紧要的部分，反映出乡村的整体风貌，蕴藏着浓厚的历史与艺术价值，是乡村旅游可持续发展的重要保障，对乡村旅游有重要的推进作用。

但源于乡村建筑同现代生活的冲突、同周围环境的不契合，大部分乡村旅游规划侧重大量复建修缮乡土建筑，不看重对传统建造技艺的承袭，对传统材质漠视，致使乡土建筑本有的历史风貌惨遭肢解，乡村地域特性缺失，乡村整体风貌"如出一辙"。要构建出具备地域性特色的乡土建筑才可让旅行者寻找到不同的乡村体验，乡村旅游才能展现它特有的魅力。

4. 规划中深度挖掘一产价值

第一产业，是指各类职业农民和各类水生、土生等农业原始产品，如粮农、菜农、棉农、猪农、豆农、渔民、牧民、瓜农、茶农，以利用生物的自然生长和自我繁殖的特性，人为控制其生长和繁殖过程，生产出人类所需要的不必经过深度加工就可消费的产品或工业原料的一类行业。其范围在各国不尽相同，一般包括农民和农业、林业、渔业、畜牧业和采集业，有的国家还包括采矿业。我国国家统计局对三次产业的划分规定，第一产业指农民和农业、林业、牧业、渔业等。

5. 规划中要重塑乡村文化

文化旅游和乡村振兴两者之间有一个正交集，也就是乡村旅游。乡村旅游是乡村产业的重要内容，是乡村振兴的重要支撑，同时又是旅游产业的一个重要类别。从产业发展来看，乡村旅游属于第三产业内容，也是第三产业内容的一种形式；从城乡结构上去看，旅游分城市旅游和乡村旅游，随着乡村振兴的全民参与时代到来，乡村旅游占据旅游市场的份额也将会越来越重。

在中华文化漫长的发展过程中，乡村文化是重要的组成部分。乡村是乡愁乡情的重要载体，乡村文化是中华民族的精神世界和心灵归宿。乡村在不同历史时期创造出了多种多样的乡村文化样式，其中包括传统节庆活动、民俗活动、文艺活动、民间手工艺品等。在这些文化形式的背后蕴藏着中华文明的礼仪习俗，是中华民族五千多年精神追求的深沉积淀，是对以农耕文明为代表的中华文明的集中展现。传承优秀乡土文化，不仅可以让乡村展现出独特魅力和时代风采，而且可以重拾乡村文化自信。

第十六章 新田园城市农旅科技融合发展模式

乡村旅游业所具有的综合性和带动性的特点,决定了其先天就具有致富一方的功能。可以灵活运用自然生态资源、历史文化资源、民族民俗资源、红色文化等资源助力乡村旅游业发展。以其强大的市场优势、新兴的产业活力、强劲的造血功能、巨大的带动作用,在我国脱贫攻坚中发挥了显著的作用。巩固脱贫攻坚成果,全面推进乡村振兴,进一步发挥乡村旅游的巨大作用是应有之义。

乡村振兴战略是党的十九大提出的重大战略部署。它的总目标是农业农村现代化,总要求是产业兴旺、生态宜居、乡风文明、治理有效、生活富裕。发展乡村旅游对落实乡村振兴战略的总要求,进而实现乡村振兴战略的总目标具有全方位的推动作用,具体表现在以下五个方面。

①发展乡村旅游可以促进乡村产业兴旺。发展旅游不仅可以实现农业的多重价值,还可以推动乡村产业结构转型升级。

②发展乡村旅游可以促进乡村生态宜居。旅游业的环境影响相对较小,而且它可以通过实现环境的经济价值促进生态保护与修复。

③发展乡村旅游可以促进乡风文明。旅游发展可以推动优秀乡

土文化的复兴与发展。乡村旅游的软环境建设则可以提高农民的综合素质。

④发展乡村旅游可以优化乡村治理。由于旅游业的综合性，农村旅游社区治理可以在较大程度上促进农村社区治理。

⑤发展乡村旅游可以提高农村居民的幸福感。因为旅游业带动的乡村产业结构升级和乡村公共服务提升可以提高他们的收入水平和生活质量。

一、新田园城市的概念

田园城市包括城市和乡村两个部分。城市四周为农业用地所围绕；城市居民经常就近得到新鲜农产品的供应；农产品有最近的市场，但市场不只限于当地。田园城市的居民生活于此，工作于此。所有的土地归全体居民集体所有，使用土地必须缴付租金。城市的收入全部来自租金；在土地上进行建设、聚居而获得的增值仍归集体所有。城市的规模必须加以限制，使每户居民都能极为方便地接近乡村自然空间。

把工业与农业、城市与乡村、城镇居民与农村村民作为一个整体，统筹谋划、综合研究，通过体制改革和政策调整，促进城乡在规划建设、产业发展、市场信息、政策措施、生态环境保护、社会事业发展的一体化，改变长期形成的城乡二元经济结构，实现城乡在政策上的平等、产业发展上的互补、国民待遇上的一致，让农民享受到与城镇居民同样的文明和实惠，使整个城乡经济社会全面、协调、可持续发展。

随着生产力的发展而促进城乡居民生产方式、生活方式和居住方式变化的过程，使城乡人口、技术、资本、资源等要素相互融合，互为资源、互为市场、互相服务，逐步达到城乡之间在经济、社会、文化、生态、空间、政策（制度）上协调发展的过程。

一项重大而深刻的社会变革，不仅是思想观念的更新，也是政策措施的变化；不仅是发展思路和增长方式的转变，也是产业布局和利益关系的调整；不仅是体制和机制的创新，也是领导方式和工作方法的改进。对于创新田园城市化的根本应该废除原有的城乡二元体制制度。改革户籍制度，废除现行的人口流动管理。疏散过分拥挤的城市人口，使居民返回乡村。

建设新型城市，即建设一种把城市生活的优点同乡村的美好环境和谐地结合起来的田园城市。这种城市的增长要遵循有助于城市的发展、美化和方便。当城市人口增长达到一定规模时，就要建设另一座田园城市。若干个田园城市，环绕一个中心城市（人口为5万~8万）布置，形成城市组群——创新城市。遍布全国的将是无数个城市组群。

城市组群中每一座城镇在行政管理上是独立的，而各城镇的居民实际上属于创新城市的一个社区。编者认为，这是一种能使现代科学技术和社会改革目标充分发挥各自作用的城市形式。改革土地制度，使地价的增值归开发者集体所有。

（一）田园城市存续的现状

据统计，截至2021年末，我国城镇化率为64.72%，随着城市化进程的加速，随着城市市郊及非城市地域不断发展，城市与乡村的界限逐渐模糊，由此产生了田园与城市相互融合发展的新模式——新型田园聚集型小城镇，也可以叫郊区城市。就是宽阔的农田林地环抱美丽的人居环境，把积极的城市生活的一切优点同乡村的美丽和一切福利结合在一起的生态城市模式。

创新型田园城市理念的核心思想就在于处理好城市与乡村的关系，改造社会，希望城市和乡村应该像一对夫妻一样友好相处。20世纪80年代后期，钱学森先生提出一种田园城市的景象，他提出的是用天人合一的哲学理念构建未来的城市。核心思想是：城乡一体化的生活，把"一切最生动活泼的城市生活的优点和美丽、愉快的乡村环境"和谐地组合在一起。田园城市实质上是城和乡的结合体。

（二）创新型田园城市建设终极目标

在现代田园城市建设创新当中，可以把发展、绿色、低碳紧密结合起来，同时处理好田园城市与城市的紧凑集约、高效结合起来。建设创新型田园城市不是消灭一片田园、建设一个城市；也不是简单的"田园的面积+城市"。创新型田园城市的发展模式，是以优越的田园生态环境为载体，以高科技生态产业和先进的经营理念为支撑，改造乡村田园房舍，拓展延伸农业产业链，发挥田园城市观光度假、康体养生、农事体验等多元化功能，实现乡村与城市之间的相互交换，构筑乡居生活的平衡。田园城市是以田园为特色，突出城市的内涵，田园城市的发展应以共享、绿色的城乡工作生活一体化的现代生活方式为目标。也就是我们倡导的最终达到目标：离土不离乡、就业不离家、进厂不进城、就地市民化、购物网络化、旅游在自家。

二、新田园城市的发展

（一）宜居宜业宜游的"美丽乡村"建设

创新型田园城市是乡村现代化的起源，是人类的精神家园，在如今乡村振兴大背景下，乡村的功能和形态不断发生变化，不同历史背景下对乡村的定义也有所区别。创新型田园城市是指非城市化地区，严格地讲是指城镇（包括直辖市、建制市和建制镇）规划区以外的人类居住地区（泛指人类活动较频繁的区域），是一个空间地域和社会的综合体。拥有独特的自然风光、绿色生态环境优势和农村宁静美丽的自然风景，在充分挖掘文化，注入新的活力，使其发挥乡村多方面优势，让人们感受其生态之美和人文魅力，将新田园型城市打造成为宜居、宜业、宜游的家园。

达到村容整洁，景色优美，使村民生活在良好的乡村环境中，精神状态充盈是实现美丽中国的最终目标。"美丽乡村"的建设目标还体现在村民的物质生活上，乡村要有良好的经济基础、合理的产业布局，使村民富裕，能够过上物质丰富，幸福美满的生活。所以，"美丽乡村"以生态、文化、经济和幸福生活为美。

（二）"生产生活生态"为主导理念

创新型田园城市建设应把保护和弘扬地域特色文化放在首位，将建设与文化紧密融合，准确把握好乡村文化脉络，以"历史文化立景，乡土文化立牌，科技文化立足，道德文化立规，产业文化立业"为基本建设原则，实现建设活力的"美丽乡村"。

"美丽""乡村""建设"在"美丽乡村建设中"分别代表着目标、主体和实现方式，三者高度整合的表达就是对美丽乡村建设最好的诠释。"乡村"作为"主体"，具有两个层面的含义：一是作为某个乡村的个体，是美丽乡村具体工作的承担者；二是作为某个县域的群体，是美丽乡村建设工作的推动者。"建设"作为美丽乡村的实现方式，通过生态人居建设、生态环境提升、生态经济推进、生态文化培育，实现经济、政治、文化、社会、生态建设的"五位一体"，详见图 16-1。

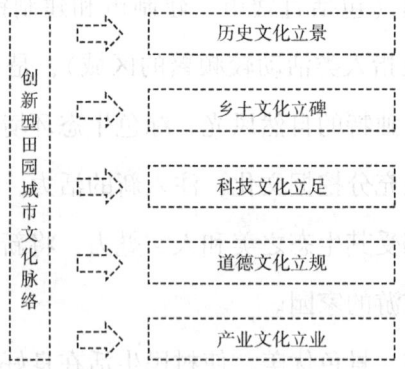

图 16-1　创新型田园城市文化脉络

（三）运营模式

城市运营是指政府和企业在充分认识城市资源基础上，运用政策、市场和法律的手段对城市资源进行整合、优化、创新而取得城市资源的增殖和城市发展最大化的过程。

对于城市来说，城市资源不仅包括如土地、山水、植被、矿藏、物产、道路、建筑物等自然资源，还包含涉及历史文化遗产、社会文化习俗、城市主流时尚、居民文化素质、精神面貌等人文资源。

增强一个城市综合竞争能力，就是既有效增加城市的物质财富，又增加城市的精神内涵。通过城市运营，把城市的自然资源和精神资源有效地推向市场，使城市的综合竞争力得到提高。城市的财富增加，城市居民生活质量和幸福感得到提升，这是城市运营问题的关键，也是城市运营的终极目的。

"AI+城市运营"模式

与当今时代的科学技术和当今人的审美观和思维方法结合。从地域中挖掘有益的基因成为设计的依据，从文化的层面深化和提升，与现代的科技和观念相结合。随着大数据、人工智能、云计算、物联网、边缘计算为代表的新一代信息技术，不仅深刻改变了人们的生产和生活方式，也正在从根本上变革城市的运营、管理、服务方式。使得城市生活更加智能化，并由此催生了智慧城市全新服务模式。以数字化转型为核心的第四次工业革命，已经开始引领城市运营的新方向。智慧技术可以在社会治安、公共服务，特别在公众参与方面，更好的实现管理者和被管理者之间的互动。在遵循城市发展规律和满足社会经济发展需要的前提下，以城市科学、人工智能、信息物理系统、系统工程理论为支撑，由城市大脑统一管理。

在人类智慧空间、信息空间、物理空间的支撑下综合采用人工智能大数据、云计算、物联网、移动互联网、工业互联网、现代通信、区块链等新一代的信息技术，实现实时感知，高效传输。并将空间的整体观和时间的可持续发展观融为整体，构成了设计的哲学基础和理论基础。创新田园城市使建筑跟时代结合，创新田园建筑使城市更美好，创新田园城市使人民生活更美好。

第五篇

乡村综合开发与田园综合体

第十七章 乡村区域整合开发的模式探索

乡村综合体（农村综合体）的本质其实是一个产业集群，力避单一产业免受市场经济负面冲击，通过产业联动效应，来壮大农村集体经济，复兴乡村文化，让"乡愁"看得见，使农村更像农村。

"三农"问题一直是中国新农村建设的重点和难点，乡村综合体则是解决"三农"问题的一把利刃。城市综合体在中国城市化进程中发挥着主力军的作用。那么，在中国新型城镇化进程中，乡村综合体（农村综合体）也应发挥先遣军和主力军的作用，并随着休闲经济时代的来临，大步走上历史舞台。

乡村综合体（"农村综合体"）与"农业休闲综合体"最大的区别是，乡村综合体（"农村综合体"）强调以人居为主体，村区合一，与农民共享改革开放成果，坚决摒弃以往为了旅游开发，把村民赶出景区的非人性化做法，详见图17-1。

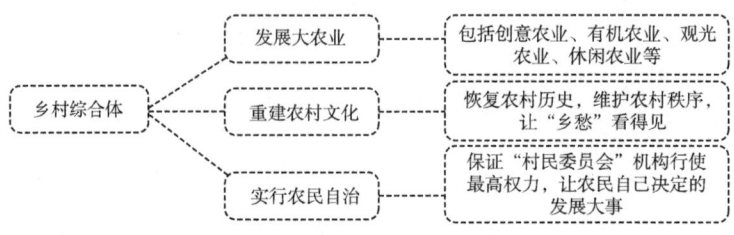

图 17-1　乡村综合体核心模式

一、乡村综合体开发模式

(一) 唤醒酣睡资源的空置资产流转

将乡村空置的资产流转起来,是推进美丽乡村的构建以及开发休闲乡居的首要元素。流动的空置资产既能获取重要的资源,又能增强乡村集体经济,扩增农民的收入水平。把处于"沉睡"状态的田地、房舍等资产唤醒,能够让农民的收益权与财产权不再浪费,而流转的空置资产又能够发扬其价值,让持有者获得一定的收入。

资产流转的本质把空置资产的使用权进行出租、出让,而资产的归属权不变,利用租赁等方法让持有者得到租金、分红等获利形式让闲置的资产重新体现其应有的价值。

资产流转的关键资产流转能否通顺的重心要看租赁方的务农成效,这是维持其对农民租金允诺的现实基础。在充分尊重农民意愿的前提下,予以足够的效益保证,才可以让农民自发参与到资产的流转中来。

资产流转的形式资产流转可以采用多样流转形式,转包、出让、租赁、入股等为资产流转的首要方式。

①出租。是农户同租赁方之间在一定时限内的资产使用权转让,农户自发将全部或部分资产使用权租赁给租借方,承租方给出租方

稳定的收益。租赁的限期一般由双方商榷敲定，最长不超过承包契约的剩余期限。租赁流转的次序一般是村集体统一收购（收回）空置资产；农户在获取一次性抵偿后，甘愿放弃土地、屋舍等的使用权；租赁人和村集体商榷租赁价格、租期（一般是 20 年），并签署租赁契约。

②入股。即农户参与股份制或股份协作制经营，把全数或多数资产的使用权作价成股份，以入股的资产使用权当作分红依据，股红以经营效益的高低判定。该模式展现了旅游业"利益共享"的精神，在旅行研发的同时，兼顾村民的长远利益，使其得到就业机遇或从事经营工作，令他们可以长久共享旅游收益。

③转包。即土地承包方把全数或多数承包地的使用权包给第三方，转包时限在不超过土地承包契约的剩余期限内由双方商榷敲定，转包方同发包方的原承包联系不变，是主要的空置土地流转形式。

④出让。即得到一定量的土地抵偿后舍弃土地承包运营权剩余限期的形式，是主要的空置土地流转形式。这部分被占用了土地的农民，在依据有关规定得到资金抵偿后，就把土地使用权交付发包方或本地政府，进而再转交给承建方，承包方对这部分土地的使用权随即结束，详见图 17-2。

(二) 乡土时尚结合，乡村综合体的整合开发形式

1. 乡村综合体研发主体

①村集体统一重组开发。村集体利用自筹资金的模式，将村里空置的农宅流转过来，实行统一的重组开发。留存农宅外观，为内部施行装修改造，达成高端度假需求。如由村里 12 人发起成立的密云古北口北台乡居农宅专业合作社，成员出资总数 52.7 万元，对村里空

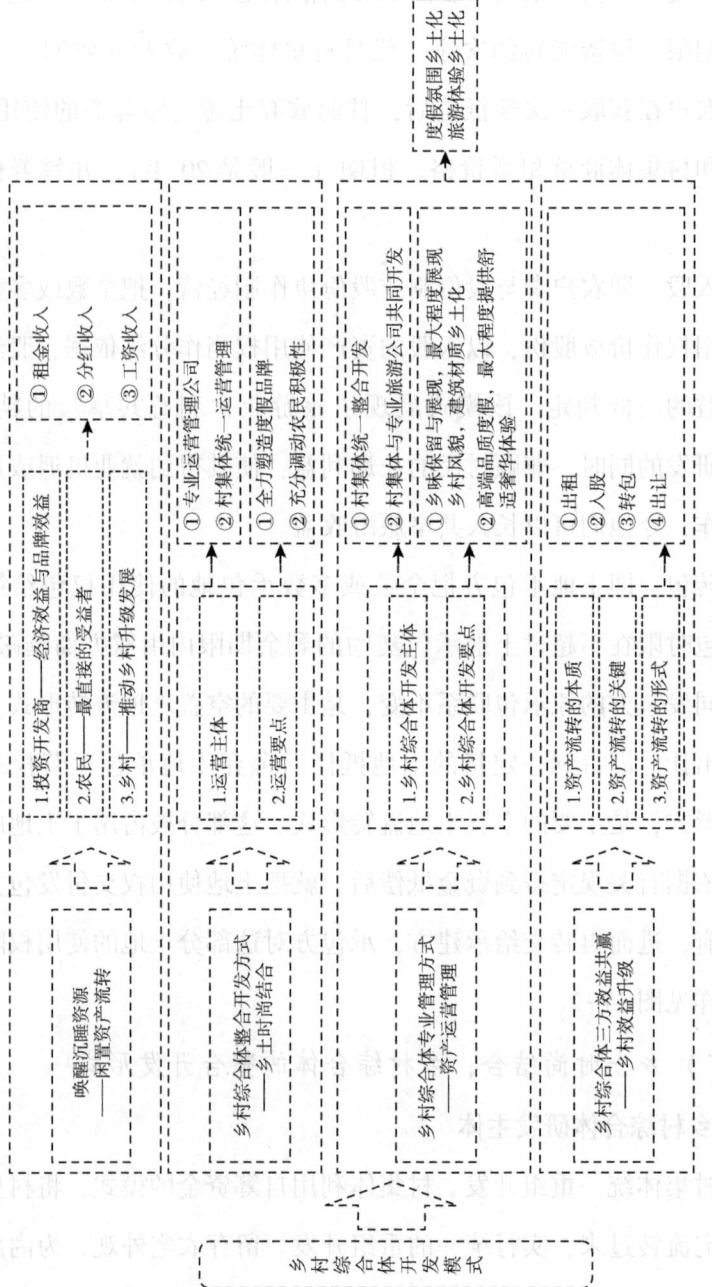

图17-2 乡村综合开发模式

置资产进行统一开发及运营管理。

②村集体及专职旅游公司协同开发。村集体通过援用外来资金的模式，同专业的旅游开发公司携手，对村里的空置资产进行统一的重组开发。这种开发方式不仅解决了资金的问题，而且开发构建相对专业，可以更好的把控市场需求，有目的的开发产品。村集体可同专业旅游公司协同成立旅游合作社，利用合作社进行资源重组及统一开发。如密云山里寒舍，由北京北庄旅游开发公司与村集体携手成立北庄镇干峪沟旅游合作社，合作社为协作开发（股东单位）单位，承担资源重组、开发及进行匹配服务。

2. 乡村综合体的开发重心

①最大程度展现乡村风貌。建筑材料乡土化，保留与展现乡味。休假乡居的改建注重乡土性、文化性，外观古朴陈旧，左近环境融合为一，不唐突，不张扬。改建过程中最大范围地使用当地材料，如木料、石材、稻草等，尽力呈现传统民居形态，营建浓厚的乡味建筑。

旅游感悟乡土化：旅行感悟虽是度假乡居的软性资源，却触碰深入内心的情感反馈。在旅游体验活动的开拓中，要最大范围地运用村落中的乡土资源，如果园、农田、村镇家禽等小动物，乃及生产生活器具、场景等，搭配现代休闲观念，形成极具乡土性的乡村体悟产品，提高游客的度假情致。

度假气氛乡土化：休假乡居，以"乡味"为气氛基底。一方面展示乡村原生态景致，老井古树山花、草屋石磨篱笆，营建出浓郁的乡土意味；另一方面，最大范围地留存乡村本有的生活现状及生活气息，把乡村居民的生产生活情状作为首要的无形资产，喂禽畜的农妇、耕种的村民以及房前屋后休憩的老人，皆是乡村景致的重要组成部分。

②高端品质度假项目,给旅客最大程度带来舒适奢华的体验。休假乡居形式的重要特性是满足度假功能,也是乡村旅行特质的首要表现。在寻求乡土、质朴的同时,兼顾度假的适意与品质。外旧内新、外淳朴内奢华的反差配合,更营造出独特的休闲体验。

(三) 资产运营管理,乡村综合体的专业管理形式

1. 乡村综合体的营运主体

①专业营运管理。企业在对空置资产实行统一修整及开发的基础上,可以援用专业的酒店营运管理公司施行营运管理。这种企业对酒店有着专职的营运管理理念,能够有效、专业地管理乡村酒店,以取得相应的收益。如山里寒舍特意援用了马来西亚的雪邦黄金海岸酒店管理公司为其进行日常管理和营运。

②村集体统一营运管理。村集体可以运用合作社的模式,对休闲乡居实行统一经营管理。由合作社在获益分配上以逐年递加的模式,统一实行结算,统一匹配客源,为入社的空置农宅合作社农户分配红利及租金,进而避免恶性竞争。

2. 乡村综合体营运重点

①全力打造休闲品牌。运营治理过程中,有意识地进实行休闲品牌培植和打造,力图以成功特色的项目研发,创设乡村旅游休闲品牌,以完善的营运治理,打造品牌,并逐步实现品牌的延展及输出,在一定领域内进行品牌复刻。

②充分调动村民积极性。一方面,优先考虑本地现有居民乃及返乡居民就业,并积极组织农民集训,调动农民的积极性,让农民充分参与其中;项目开发充分运用乡村现存资源,在力争不变更居民生产

生活模式的基础上，给农民带来利益；另一方面，从农民视角出发，拟定能够确凿带给农民利益的相关政策，让农民真正得到收益，进而激发农民参与旅游开发的热情。

（四）乡村效益升级，乡村综合体的三方效益共赢

经济效益与品牌效益：投资开发休闲乡居的成功，一方面能够赢得相应的经济报酬；另一方面，伴随项目的研发、投资、经营管理及经销推广的系统化运转，能形成自身的休闲品牌，在一定的地域内会逐步形成品牌号召力，形成连锁营运形式，利用模式复刻取得更大的品牌效益。

最直接的受益者：农民是休闲乡居模式里最直接的受益者。其收来源主要分为三部分，即租金收入、工资收入及分红收入。

①租金收入。农民将空置土地（宅地）、屋舍等资产以租借的模式流转，农园、果园等的运营权也可一齐外包，农民每年回收租金。例如山里寒舍，给予农民的一亩耕地年租金 1 000 元，每个房舍年租金为 6 000 元，每 5 年递增 5%；果园等的租金每 5 年递增 20%。

②分红收入。作为股东，每年不单有固定的租金，年末还能按入股多少及项目的收益获取一定的分红，入股分红有益于社区居民的持续参与，村民可利用土地、房产等形式入股。

③工资收入。伴着大量工作职位的释放，休假乡居形式的开发构建给当地居民提供了大量的就业机会，推动村民就地就业的进程，给村里的原住居民和外来打工的农民提供就业职位，使其成为挣工资的新式农民。

推动乡村升级发展：休假乡居形式的构建过程，会同时推动乡村基础生活必备的服务体系等的修建，促成乡村公共基础设施升级，令

现代、文明的生活形式同农村田园牧歌式的传统生活形式得到有机的交融，促成乡村的可持续发展。

面对城乡一体化进程提速，农业供给侧性改革深化，生产、经营及组织形式的深刻变革，新形势下的乡村振兴已然不再单单是农业或农村发展问题，单调农业农村开拓构建，难以顺应乡村振兴的需要。

在"生态、生活、生产"的"三生"交融发展观念的引导下，乡村全面系统重组的综合开发，尤其是划分一定区域，运用产业和产居的整合，促成公共服务设备的居民同游客共享化、产业发展及寓居社区基础设施一体化、村镇生活服务措施的社会市场服务化、乡村污染整治及生态修复同环境美化安居化、乡村文化承袭与生活前卫化、循环生态农业的品质提升与养生养老参与体验化等，都促成综合开发成为乡村振兴创新突破的辩证要求。

从生产层面来看，前几年还暴露出农业等第一产业发展给农民增收带来负数效应的局面，单一仰仗农业生产带动农民增收已然不能兑现，亟须运用产业的交融，形成新的推动引擎；自生活层面看，城镇化的持续促进，一方面加速了社会功能的匮乏、乡村的空心化以及公共服务设备的欠账；另一方面带来了都市人对乡村桑梓生活的憧憬，两者之间有效衔接将形成正面反馈勉励；自生态层面看，乡村正在逐渐失去阡陌田园、小桥流水的传统形象，农村面源污染治理、垃圾治理、水源安全守护以及有机农业、绿色农业的发展，将搭建起新的生态体系。

所以，乡村振兴不是单一层次提高的跛足构造，而是充分利用产业交融、产居交融的创新发展观念，引领社会资本同集体经济结合，实行区域综合开发，进而打破原有的农业与农村发展构造，形成若干顺应市场需要的新平台、新介质。

2017年中央一号文件，把田园综合体作为重要的形式，引领到乡村振兴之中，历经两年半的探求，有很多好的经验，也有部分不好的倾向和问题。可是，作为乡村区域整合开发的一种创新探索，田园综合体的推动，值得进一步深化探讨、归纳得失。

二、乡村综合体农业产业链系统建设

一是功能片区优化，根据开发能力打造不同标准的现代农业示范园区，满足现代农业生产型产业园的功能要求基础上，应设立休闲农业、创意农业休闲片区，也可配备CSA（社区支持农业）的菜园（菜田）空间。

二是特色农业发展，培育农业特色品牌，打造1~2个经ISO 9001、ISO 14001、ISO 22000、HACCP、GAP、CAC、原产地保护等认证的市级以上农业特色品牌。园区定期开展宣传推广主题活动或节庆活动。

三是培育农业新型经营体系，发展专业大户、家庭农场、农民专业合作社等新型经营主体，强化园区与农户的服务和利益联结，逐步将小农户生产、生活引入现代农业农村发展轨道，带动区域内农民可支配收入稳定增长。

就是基于循环生态农业产业提升、适度规模化经验、乡村创业孵化、集体经济与社会资本结合、新农人引进与老农人培训相结合的创新探索，是基于乡村可持续发展的一个乡村区域综合开发典范。

除了乡村综合体、乡村区域综合开发，还有很多创新突破的新模式。比如休闲农业庄园、农业互联网小镇、民俗乡村养老养生社区、市民农庄聚集区、乡村嘉年华,等等。

政府、集体组织、社会资本、农民、都市人群的五方参与合作,是乡村综合开发的最大特质。乡村振兴,必须调度这五个方面的有效整合,才可能赢得最好的成效。编者以为,应该大力激励和推动乡村区域综合开发的试点探索,实行推广,形成经验。在政府的引领下,汇聚社会较多的资本加入乡村,推动乡村振兴市场化的突破发展,形成乡村有规模的开发。

编者以乡村综合体开发的整合实质将其划分为两个方面,一是乡村综合体产业交融的整合开发,二是乡村综合体产居交融的整合开发。

(一)乡村振兴的基础是乡村综合体产业交融的整合开发

由于都市与乡村之间在就业、经济、社会福利等多层面的不对等,村镇的社会发展处于停滞状态,成了城市生产资源、人力资源的给予者,也变成了都市反哺、政府救济的目标。一直以来,村镇匮乏的就是自身发展能量体系的形成,要想突破,必需首先完成产业的突破。如果在乡村振兴过程中,无法实现兑现产业的有效化、市场化、持续化发展,单单依凭政府的资金保证、政策保障、社会保障,只怕30年后乃至50年后,都无法达成乡村振兴的真正目标,更无法构建起村镇持续健康发展的社会经济构造。

乡村综合体产业交融的核心在于,以现代农业的有效发展为基石,脱出"农"的约束,引领及推进更多的技术、资本、人才等元素朝农业农村流动,运用专业大户、农民合作社、家庭农场、农业产业化龙头实业等金融主体的培植,调动广大农民的创造性、积极性,形成当代农业产业体系，提升农业自身的发展品质；同时由于我国农业生产元素流动体系及农村社会发展的约束，农业自身的增长又具备一定的局限性，是以，应借助新业态、新产业的引入，有效促成农业与第三产业的深度交融，形成农村电子商务、乡村旅行、休闲农业、田园康养等农村新产业新业态，延展农业产业链，提升农业附加值，并运用股份合作、保底分红、红利返还等多种模式，让农民分享到全产业链增值获益。

编者通过对现有一二三产业交融成长的探究，认为现今主要有三种融合形式。

①以原产地的特性种植养殖为依托的"一二三"交融形式。

②以特殊技艺及农产品的精细加工与手工制造为依托的"二三一"交融形式。

③以旅游引领的消费荟聚为依托、以科技措施的运用渗透为依托、以电商物流为引领、以文化创意为核心联动的"三二一"交融发展形式。

(二) 乡村振兴的特性是乡村综合体产居交融的综合开发

乡村在华夏几千年文化中，就一直昭示着一种"桃花源"般的美满家园：屋舍、良田、自斟自饮、袅袅炊烟、耕作、隐居……未来的乡村要创设的就是这样一种人人都可回得去的、承载着梦想的、生态和睦发展的桑梓乡居。是以，在逆城镇化走向下，人们对绿色、田园、乡愁等的追寻，将作为中国农村未来发展的最大推进力。

但生态安居、田园居住，又必须同产业发展紧密结合。若是没有产业发展做后台，单单把农民的住房变成都市人的别墅，则背离了社会发展的规律，是国家严令禁止的，也根本不可能推进乡村振兴的有效延续。多产业发展带来乡村人口的重构，由此产生了多样化的寓居，如养老寓居、旅居、创业者居住、休闲居住等。

1. 乡村综合体产居综合开发关键点

①优化空间构造，在产业发展及生活寓居的联系之间进行有效的平衡。

②对当地人员、外埠创业人员以及外埠休闲度假人口之间的寓居关系进行合理的协调与沟通。

③对农村环境的"脏、乱、差"及农村环境污染进行大力的整饬，村干部实行包保制，确保美丽安居、生态乡村的建设与寓居环境的完善。

④区别于传统乡村，必须要有效结合各类人群的消费、工作、度假、休闲等多样化需求，实现功能的综合匹配。

⑤在完善基础设施、提升公共服务等方面，实现与村民需求匹配的综合构建。

⑥强化安全治理、乡风构建、社会管理，营造文明、有序的生活环境。

2. 乡村综合体产业交融与产居综合开发

包括了乡村发展的各层面。总而言之，将来乡村的发展，将变成生态宜居的、以多产业体系策动的、治理良好的、生活富裕的当代社会地区，是可以予以高品质的基础设施与公共服务，在工作、学习、居住、休闲等各方面可以同都市的生产生活相交融的新式发展区。这些产居交融的新式乡村社区，取代传统的农业产业区、传统村落、传统的农民寓居区，形成新乡村社会形态，变成人们实现桑梓生活梦想的地方。

（三）乡村综合体田园居住区及配套建设是乡村振兴的路径

迈向城镇化结构的重要支撑是创设整洁完备、独具风貌特性的田园社区，完善的寓居区及服务匹配，构筑了城镇化的重点基础。此外，在其环境创建上，必须摒弃一味模仿城市的高楼大厦，而是对乡村的"小桥流水人家"进行充分展现。

一是关于村庄功能的互补，围绕满足村庄原住民与外埠访客需要，完善乡村的当代生活和生产功能，加强相关的公共服务匹配，形成产城一体化的公共匹配服务网络。

二是关于基础设备的共享，立足需要科学合理配置生态停车场、公厕、污水处理等公共基础设备，达成投资构建效益最优化。生态停车场当充分利用村内遗弃地、空地、道路沟沿等合理谋划建设。公厕应修成生态无害化旅行厕所，设备与卫生至少达成 GB/T 18973—2003《旅游厕所质量等级的划分与评定》一星级要求。村庄生活废水依照国家农村地区生活污水处理设施技术标准，联合实际选用处理工艺，合理选取城镇污水处理厂延伸治理、就地修建小型设备相对集中治理以及分散治理等模式。

三是关于建筑风貌的塑造，以极具特色的吊脚楼为例，在设计、开发、打造当地旅游特色的住房户型时，要依照当地特色的房屋样式来选择建筑材料、建筑构件来改造住房外立面，令每一栋建筑都能和自然完美交融。

四是全面推动垃圾分类，将随处可见的垃圾箱、垃圾池予以撤除，改换成垃圾桶或垃圾箱对各种垃圾进行分类，达成一日一清。

五是村庄绿化美化，提倡使用乡土树种，增加珍贵树种造林比重，鼓励有条件的村民庭院种植经济树种。在这里我们可以借用陶渊明的乡村审美概念,把乡村景色审美总结为"自然之美""淡泊之境""悠游之乐"。

1. 乡村振兴的最佳方案是乡村整合体旅游休闲项目构建开发

依据乡村的特点来进行综合产品体系的打造,提炼出适宜的综合体项目发展主体,满足旅客的各种休闲、娱乐需要。

①关于旅游设施匹配。游客服务中心位置适宜,统筹考虑淡季与旺季访客需求,规模适当,设备、功能齐备。区内推荐匹配的交通工具为低排放或清洁能源。注重人性化设备与服务,配备必要的遮阳避雨、无障碍设备、休息座椅等人性化设施,予以人性化爱心关怀服务。开辟与夜生活匹配的乡村酒吧茶吧、康体服务、休闲养生、演艺演出、参与体验活动等场所,挽留城市访客。例如一些南方的乡村景点内,有专门为老人提供的轮椅,为不愿上山赏景的人群提供了锦鲤池、荷花池或可以赏花拍照的花园、采摘蔬果的采摘园等,让各人不同的需求达到满足。

②关于特性餐饮服务。区域内农家乐及乡村酒店提供的餐饮服务须依法取得食品经营许可证,纳入统一管理。菜肴要凸显民间、农家特色,引荐民间菜及农家菜。就餐环境必须有专门的餐厅,干净整洁,条件不具备的也可以利用自家宅院,但须做好防尘、灭蝇、防风沙、灭蚊等工作。例如东北乡村特色的铁锅炖,原本在农村是室外或是在门厅的铁锅土灶上进行烹饪,如今已经改成客人在干净整洁的室内围着火热的砖砌炉灶,服务员用柴火对铁锅内的食物进行炖煮,烟尘顺着密封良好的砖砌炉灶被抽风机顺着烟囱引出,屋内还有灭蚊灭蝇的专用灭蚊灯,条件好的农家乐或酒店还配备了空调。

③关于休闲休假住宿。住宿设施重点为乡村庄园、特色民宿、乡

村主题度假酒店，可以满足游客赏景、宜居等方面需求。匹配暖通设备或换气装置，配套设施完好，能满足顾客需要。例如一些以山景为主打利用项目的村镇，在景区内的山脚下或距景区不远的村子里搭建了特色的农家旅馆，里面从乡村特色饮食到山里出产的山野菜、水果，再到齐全的洗漱用品与取暖设备一应俱全，旅客在流连忘返的同时又享受到宾至如归的服务。

④关于乡村旅行购物。购物场所应合理设置在交通要道、重要景点等醒目、易达的区域，做到集中管理，秩序良好，环境整洁。出售商品应以花木盆景、特色农产品、民间工艺品、传统生活老物件等为主，体现乡土气息、创立特色品牌。例如在五常凤凰山脚下的特色麻糖与当地著名的大米；苗寨的银饰、具备民族风情的绣品、带有广西十八怪的特色零食礼盒等。

2. 乡村综合体田园特色景观风貌建设是乡村振兴的重要元素

①生态修复。习近平总书记在2022年3月30号参加首都义务植树节时指出，森林是"水库""钱库""粮库""碳库"，生动的描述了森林在国家生态安全和人类经济社会可持续发展中的基础性战略性地位与作用。

森林可以向人类可持续提供多种产品，包括木材、能源物质、动植物副产品、化工医药物资等。木材加工及木竹制品已成为我国年产值超过万亿元的产业。在2021年两会期间，习近平总书记参加内蒙古代表团审议时听到基层代表讲述大兴安岭的"森林交响曲"，总书记笑着说，你提到这个生态总价值，就是"绿色GDP"的概念，说明生态本身就是价值。

从"绿水青山就是金山银山"到"良好生态环境是最普惠的民

生福祉",再到"人不负青山,青山定不负人",习近平用最朴素的语言,阐述了人与自然之间的反哺关系,强调了自然蕴藏的巨大生态价值。森林是陆地生态系统的主体,事关国家生态安全,是最大的绿色经济体。

森林就是钱库,其主要是指森林可以向人类持续提供多种产品,包括木材、能源物质、动植物副产品、化工医药物资等。同时,又提供了重要的空气调节、土壤保持、维护生物多样性等生态产品和服务,所有这一切构成了"绿色GDP"的核心内容。重视森林,就是重视经济社会可持续发展。

林业产业是一个涉及国民经济第一、第二和第三产业多个门类,涵盖范围广、产业链条长、产品种类多的复合产业群体,具有国民经济基础性、产品绿色生态性、产业和产品多样性等独特优势和显著特点,在促进精准扶持、繁荣区域经济、增进民生福祉、乡村振兴等方面发挥着重要作用。

②区域内绿道建设。对区域内旅行线路及左近环境整治提升,主干道应为三级以上公路,道路交通标记设立美观、合理,路面宜黑色化处置,适宜路段可选取"海绵城市"透水道路体系,次要道路可乡土生态铺建。区域内道路两侧应栽植经济林果和绿化苗木,因时制宜栽植能够在5~10年后达成林荫大道的乡土树种。区域内植被丰富、树木繁茂,形成四季景致,林木笼盖率高于40%。

③自然景致的开发利用。对山乡水城等极富象征性的独特山水资源进行开发及利用,创设一批名优瓜果园,观赏型农田、观赏苗木、湿地风光区,花卉展示区,山水风光区等自然景观区。例如一些依山傍水的乡村利用自身的环境优势,在不破坏山体与环境的情况

下，修建了玻璃栈道、观景台、秋千路等特色景致，让前来爬山游玩的旅客既能赏到美景，又能与山间的蝴蝶、狐狸、松鼠等动物昆虫近距离接触，下山后还可以在山下的旅馆或村居旅馆里品尝农家美食，体验农家生活。

未来，随着乡村振兴步伐的加快与落地实施，多种多样的综合开发结构将遍布城郊和广大乡村，成为城乡一体化的典型载体，并与传统村落共同作用，汇聚人流、物流、信息流、资金流，推动乡村实现产业兴旺、生态宜居、乡风文明、治理有效、生活富裕。无论未来政策怎么变动，无论是否还有"田园综合体"这一称呼，编者认为与其类似的综合开发结构仍将是未来乡村发展的新型增长点。

案例篇

案例篇

研究案例一 国际慢城及国内运营方式

一、慢城概念的解读

"慢城"是指建立一种放慢生活节奏的城市形态。根据世界慢城联盟的规定,获评的城镇、村庄或社区必须人口在5万以下,追求绿色生活方式,反污染,反噪声,支持都市绿化,支持传统手工方法作业,不设快餐区和大型超市等。"保护与维持纯净的自然环境"是国际慢城的八大公约之一,是成为国际慢城的重要条件。

(一) 慢城的定义

慢城是一种创新的城市模式,它于1999年在意大利兴起。慢城是"Slow Cities or Citta' Slow"翻译而来,目前还没有统一的界定。根据相关文献描述,慢城是:环境清新优美,徒步区和绿地星布棋罗;地方的传统生产工艺与烹调得到大力的支持,鼓励发展有机农业,支援本地的农民和贩卖本地制品的商店餐馆等,拥有服务于本地特色与个性的现代产业;居民生活节奏悠闲,充分享受当地的美食和亲切的人文氛围,热情好客,敦亲睦邻;政府重视环境保护,鼓励环保科技,充分利用当地的资源和新技术为居民生活谋取福祉。总之,这是一种更加宜居的城市模式，具有独特的地域特色，拥有健康的生活环境、可持续的经济和节奏悠闲舒适的社区生活区。

（二）慢城的四大前提

体现对小镇、居民与客人的关心呵护；保持小镇独一无二的个性、特点与自然状态；在不丧失传统遗产的前提下，融入工艺技术；承诺为所有人提供纯净的环境，公平的交易与健康的食品，并且为子孙后代着想，一直保持高品质的生活。

（三）慢城的八条公约

人口不超过 5 万；深切地致力于保护与维持纯净的自然环境；大力倡导与推行符合可持续发展要求的技术；培育本地文化，保护当地风俗习惯与文化遗产；推行健康的饮食方式与生活方式；支持当地手工艺人与本地商业的发展；热情接待外来客人；鼓励积极参与公共活动。

（四）慢城的五大行动准则

推行以可持续发展与生活品质的项目；启用小镇范围内一切资源与力量；带领当地居民齐心协力为提升小镇建设而努力工作；为实现慢城的具体目标与标准而努力奋斗；愿意与慢城网络中的其他小镇成员交流思想与实践经验。

（五）慢城需要达到的特殊要求

保护环境与可持续发展；使用本地产品（土产）；热情好客；基础设施与配套服务，道路安全与自行车道；历史性建筑（古建或民居）；新技术；体现历史文化的价值与多样性；独特的小镇标识。

为了保证这些规定得到遵守，"慢城"运动联盟会派专人对成员进行考察，每年还在不同城市举行年会，就城市发展中的行政、技术甚至科技问题进行讨论，为相互间交流"慢城"发展心得提供平台。

（六）演化后的新七条规定

慢城市的人口总数应该不超过5万；

慢城市必须在所有的公共设施和尽可能多的私人设施上张贴"蜗牛"标识，以直观形式主义倡导"慢生活"理念；

慢城市必须限制汽车的使用，汽车在城市街道行驶速度不得超过20千米/小时；

慢城市必须有一个噪声管理系统，广告牌和霓虹灯要尽可能少；

慢城市必须有一套环保的城市污水生态处理系统；

慢城市在全球化的背景下，必须保证城市的个性，特别是保护具有地区象征性意义的产品；

慢城市必须定期接受"慢城市国际协会"的检查，以保证上述指标被严格执行。

（七）高淳桠溪慢城介绍

南京高淳国际慢城旅游度假区位于南京市高淳区桠溪街道西北部、游子山国家森林公园东麓，是国家AAAA级旅游景区、中国最佳生态休闲胜地、中国十佳村镇慢游地、全国农业旅游示范点、华东最美金花胜地、江苏省省级旅游度假区、江苏省自驾游基地、江苏省四星级乡村旅游点，并列入新金陵四十八景。

南京高淳国际慢城旅游度假区观光道路全长48千米，覆盖面积达80平方千米，其中核心区面积50平方千米，是一处整合了丘陵生态资源而形成的集观光休闲、娱乐度假、生态农业于一体的农业综合旅游观光景区。

2010年，高淳国际慢城被国际慢城联盟组织授予"国际慢城"

称号,成为中国首个国际慢城,并将国际慢城联盟中国总部设置在此。2012年6月荣获"中国十佳村镇慢游地"称号。2012年12月荣获"2012中国最佳休闲胜地"称号。2014年3月获评"华东最美十大金花胜地"第一名。2014年11月被评为"国家AAAA级旅游景区"。2015年荣获"中国人居环境范例奖"称号。

编者2019年9月21日受南京市高淳区委组织部来函邀请参加"蟹"逅慢城中国第十九届农民丰收节活动。会后与时任区委书记吴勇强在张四海、毛峰、卞爱艾、李求贵、潘照华等同志的陪同下前往慢城调查研究。详细听取了关于慢城的建设和运行情况。编者就慢城的开发案例得到了详细数据资料。在这里也借用"慢城"的理念以及成功案例作为研究案例之一。南京高淳国际慢城——桠溪生态之旅风光带位于南京市高淳区桠溪街道西北部,是一处整合了丘陵生态资源而形成的集观光休闲、娱乐度假、生态农业于一体的农业综合旅游观光景区,也是南京最长的自驾游景区。桠溪生态之旅2010年被国际慢城组织授予中国首个"国际慢城"称号。区内"生态之旅"观光道路全长48千米,起伏跌宕、蜿蜒曲折,盘旋于顾陇、瑶宕、穆家庄、蓝溪、桥李、荆山村之间,区域面积达2.5万亩,涵盖了瑶池、桥李两大观光园区和大官塘、早园竹基地、黑桃皇后大棚葡萄园、有机茶叶园、瑶池瓜子基地、桃花村、天地戏台、状元山、兴地农果园、台钓基地、荆山竹海等众多景点,区内景色自然天成,质朴秀美,并将民间传说、文化古迹、自然风光有机结合,充分彰显了桠溪得天独厚的生态特色。

2010年11月,在苏格兰国际慢城会议上,南京高淳桠溪"生态之旅"被世界慢城组织正式授予"国际慢城"称号。高淳"国际慢城",跨越了高淳区桠溪街道的6个小村庄,这里只有2万左右的人口。由国际慢城组织颁发的"蜗牛"标志,也登上了桠溪生态之旅沿线的指示路牌。

高淳国际慢城旅游度假区规划面积19.923平方千米,东至高淳晶定线县道,西至宁高路(S55),南至高淳301县道,北至高淳区桠溪街道与溧水区晶桥镇交界线。

高淳国际慢城旅游度假区将利用丰富的生态资源和全国首个国际慢城品牌,围绕慢生活、慢休闲、慢运动主题,打造融农业观光、生态体验、吴楚文化展示、健康养生等功能于一体的高品质生态休闲旅游度假区。

二、由"慢城"到"慢村"定义演变

(一)慢村概念的形成

"慢村"就是在充分地接触和了解了乡村文化及各方面特色之后,在充分尊重乡村原有氛围及文化的基础上,运用现代的手段,创造一个能够适应现代乡村发展,能够为村民提供更加适宜的生活环境的美丽乡村。

不论是"慢城"还是"慢村",都是希望在保护和维系特有的地方文脉和产业的前提下,提高生活环境质量,创造适宜居住的城市或乡村。

(二)"慢村"是乡村振兴与逆城镇化潮流点上的创新形态模式

慢城模式从开始提出发展至今,已经在世界上形成了一个特有的城市网络体系,而在慢城的界定中,也包含了对村镇建设方式的探索，2010年我们国家也出现了第一个慢城——南京市高淳县桠溪镇。桠溪镇的建成也让更多的人关注"慢城"理念。"慢城"是在充分尊重城市产业、文化的基础上，通过利用现代化的生态的手段来建设一个充满人文氛围，环境良好的宜居城市。

从我国城镇化发展来看，慢村是乡村振兴与逆城市化潮流契合点上的重要创新形态之一，其背后是对农村、农民、农业，以及工业化城市发展问题的深刻思考与主动出击。投资方不仅仅需要恪守投入产出比的企业发展红线，还要做乡村发展的推动者、乡村资源的整合者、乡村资产升值的主要受益者、乡村公益的践行者、品牌价值的拥有者。

（三）慢城特色与美丽乡村

1. 慢村执行标准与中国最美乡村标准吻合

"保护与维持纯净的自然环境"是国际慢城的八大公约之一，是成为国际慢城的重要条件，正着力打造中国长江之滨最美丽乡村的高淳，具有三分山、两分水、五分田的生态黄金比例，山水城林融为一体，让这一江南小城另具韵味。早在2005年，"生态立县"就写入了全县发展战略，经过数年的不懈努力，高淳生态环境质量指数一直位居江苏省前列，空气质量指数在全省县（区）位列第三。目前，高淳是国家卫生县城、国家园林县城、国家级生态示范区，高分通过了国家五大类22项指标的严格考核，成为江苏省第一个国家生态县。

"生态之旅"位于高淳桠溪街道，作为中国第一个国际慢城有其独特的环境优势，这一地区地处苏皖两省溧阳市、高淳区、溧水区、郎溪县四区县市交界处。这里是茅山、天目山山脉的汇合地、是太湖、长江水系的分水岭，植被覆盖度高，物种丰富多样，生态环境优越。"生态之旅"区域内人口约2万,6个行政村分布在一条长达48千米的风光带两旁,沿线时而依山傍水,时而穿林越山,沿途郁郁葱葱,鸟语花香,尽显田园风光,山林情趣,不但能让游客领略到登山览胜、赏竹观松的乐趣,更能让游客感受到四季瓜果香、把酒话桑麻的农家风情。

2. 乡村绿色发展与慢村理念吻合

慢城并非意味着不发展,慢城倡导人们保持传统社区生活和节奏,建设可持续发展的家园,这与高淳追求"宜居城市"、谋划"绿色崛起"的发展理念不谋而合。在招商过程中,高淳对有污染、附加值低、高污染、高能耗的项目坚决否定,而对能为最美乡村提供经济保障的产业,则加速发展。高淳作为江苏省生态农业先进县、江苏省无公害农产品和水产品整体推进县,拥有国家级农业龙头企业2家,有机、绿色产品44个,注册各类农产品商标200多个,高效农业比重达到52.8%,是江苏省重点水产品生产基地和绿色食品生产区。在产业布局中,加大保护乡村生态风貌,杜绝到处乱开发的理念已深深根植于当地干部群众心中。

3. 乡村文化保护与慢村理念吻合

高淳有着历史文化名城珍贵的历史遗存,境内薛城遗址已有6 000多年历史,伍子胥在高淳开挖世界第一条人工运河——胥河,孙权在高淳建有保圣寺塔,周瑜曾在高淳操练水兵。吴风楚韵的历史文化积淀,造就了高淳诚信朴实的淳朴民风。"跳五猖""大马灯""送春"等众多古老的文化活动在高淳得到传承,高淳对民俗文化资源的保护和发掘,正迎合了慢城运动主倡原生态文化保护的理念。

"生态之旅"的沿线的文化资源也十分丰富,有省非物质文化遗产"卞和望玉"的望玉山、省文保单位牛皋抗金的南城遗址、市文保单位永庆寺、刘伯温开挖的大官塘、岳家军的操兵场遮军山、张巡纪念馆等景观,"生态之旅"将生态优美的自然风光和人文景观串联起来,赋予了生态之旅的文化内涵,沿途不仅可以享受大自然的馈赠,也能感受历史文明的绚烂。

中国第一个世界慢城的诞生让世人惊叹,让埋头奋进中的国人瞩目,让工业化泛滥的城市反思。高淳在生态发展的道路上与慢城相遇,对于高淳不仅是荣誉,还是一个新的契机、新的起点,高淳将一如既往坚持科学发展,推进绿色发展,为建设经济繁荣、生态文明、文化灵秀、和谐安康的幸福高淳而奋进!

自党的十九大提出乡村振兴战略起,农文旅融合、乡村旅游、田园生活、民宿村等重点词语借势融入乡村产业发展中。农文旅产业整体发展升级,交出了具有"乡村、文化、山、水、林、湖、草、田、园"特色的阶段性发展答卷。

4. 农村闲置农房、土地"变身"民宿创业基石

在特色田园乡村建设过程中,紧抓高淳作为全国农村承包土地经营权抵押贷款试点等机遇,以村集体经济组织控股领办、以土地承包经营权作价入股、以全村农户为合作社成员、以多元化出资形式实现振兴,让农民从股金、薪金、租金"三金"中受益,更多地享受集体经济发展的成果。

吸引了一些本地外出大学生、外出务工者返乡就业创业,实现人口、资源、技术、资金等要素回流,真正走上乡村振兴、农民富裕的发展路子。让往日只有老人孩子的"空心村"恢复了生机,也真正让村里人的生活成为了乡村旅游及研学体验的重要组成部分。多方力量参与到乡村旅游业发展与乡村振兴之中,实现乡村与企业的互惠互利。立足于改善人居环境、盘活宅基地等方面,引入民宿产业、餐饮业、文旅等,带动一二三产业融合发展,详见案图1-1。

第三产业 ③	第二产业 ②	第一产业 ①
乡村民宿、餐饮休闲、健康服务、酒店服务、慢村嘉年华、农民丰收节、会议会展、文旅产品、零售服务、乡村电子商务、亲子教育、演艺产业、研学游学、非遗文化传承、交通运输……	农产品深加工（健康饮品、精油、食品等）手工艺制作、非遗手工传承（旅游商品）……	种植（有机蔬菜、粮食）养殖（肉、禽、蛋、奶）水产（鱼、虾、蟹、珍珠）林业（果、山珍、中药种植）……

案图1-1　一二三产业融合发展

研究案例二　共享经济衍生共享农庄发展模式

一、共享经济解读

共享经济是指拥有闲置资源的机构或个人，将资源使用权有偿让渡给他人，让渡者获取回报，分享者通过分享他人的闲置资源创造价值。

在共享经济中，闲置资源是第一要素，也是最关键的要素。它是资源拥有方和资源使用方实现资源共享的基础。共享经济概念下的闲置资源可以理解为：该资源原本为个人或组织自身使用，在没有处于使用状态或被占用的状态时，即为闲置资源。共享概念早已有之。传统社会，朋友之间借书或共享一条信息、包括邻里之间互借东西，都是一种形式的共享。

共享经济的本质——整合线下的闲散物品或服务者，让他们以较低的价格提供产品或服务。对于供给方来说，通过在特定时间内让渡物品的使用权或提供服务，来获得一定的金钱回报；对需求方而言，不直接拥有物品的所有权，而是通过租、借等共享的方式使用物品。除了闲置资源外，较低价格、特定时间、所有权、使用权、让渡等也是共享经济的关键词。

较低价格是共享模式能够"挤占"其他经济模式的核心优势。 主要体现在两方面：一方面，资源使用方付出的价格低于市场上其他渠道所需要付出的价格；另一方面，资源拥有方得到的价格低于闲置资源为自身服务时所能创造的价值。特定时间指的是资源处于闲置状态的时间，这是资源用于共享时的一个限制条件。

对于拥有资源所有权的一方而言，闲置资源在共享经济模式下，让渡使用权，可以实现更大的经济价值。共享经济从两个方面创造价值：一方面，资源拥有方利用闲置资源获得收益；另一方面，资源使用方以较低成本获得资源，满足自己的需求。

共享经济将激活金融业。 "钱"的共享可以促进社会财富流动，提高社会财富的循环效率，扩大人们消费需求，满足更多人的利益。在这样的前提下，提供金融服务的专业的持牌机构，需要转型为基于互联网的信息提供平台。就是消除资金提供方与资金需求方之间冗长的中介环节，让双方最直接地交易。

共享经济将成为社会服务行业内最重要的一股力量。 在住宿、交通、教育服务以及生活服务及旅游领域，优秀的共享经济公司不断涌现：从宠物寄养共享、车位共享到专家共享、社区服务共享及导游共享，甚至移动互联网需求的 WiFi 共享。共享空间代表 Airbnb，共享度假的代表 VaShare，游戏有 steam、AUV 共享游戏，面向全球的在线工作平台 AAwork，共享资金价值代表 Prosper，共享饮食的 Eatwith 等。新模式层出不穷，在供给端整合线下资源，在需求端不断为用户提供更优质体验。

二、共享农庄的政策解读

（一）关于加强顶层设计，制定共享农庄建设标准

国家高度重视休闲农业发展，出台了一系列政策措施，促进乡村休闲旅游业发展。

强化政策创设。2016年，农业部会同14部门制定印发《关于大力发展休闲农业的指导意见》（农加发〔2016〕3号），明确提出要加强统筹规划、强化规范管理、创新工作机制，推进农业与旅游、教育、文化、健康养生等产业深度融合，将休闲农业产业培育成提升农业、繁荣农村、富裕农民的新兴产业。近期，国务院印发了《关于促进乡村产业振兴的指导意见》，提出要优化乡村休闲旅游业，建设一批休闲观光园区、乡村民宿、森林人家和康养基地，建设一批休闲农业示范县。

推动标准制定和修订。农业农村部制定了《休闲农庄建设规范》《休闲农业术语、符号规范》《农家乐设施与服务规范》等标准规范。同时，指导各地因地制宜制定地方标准，如海南省制定了《海南共享农庄建设规范》，四川省制定了《四川省休闲农业与乡村旅游服务规范》。

探索新型发展模式。文化和旅游部、农业农村部等17部门联合印发《关于促进乡村旅游可持续发展的指导意见》（文旅资源发〔2018〕98号），提出要倡导运用连锁式、托管式、共享式、会员制等现代经营管理模式发展乡村旅游，共享农庄模式是国家鼓励促进乡村产业振兴的有效形式。

（二）关于落实用地政策，因地制宜规划共享农庄建设

共享农庄指把农村闲置住房进行个性化改造，形成一房一院一

地，并根据需求改造为市民田园生活、度假养生等多种模式，再通过互联网对外出租。国家发布政策："共享农庄"明确宅基地的集体所有权和农民使用权没有变化，只是将经营权让渡出来，同时帮助农民增收。"共享农庄"模式充分尊重农村发展现状与传统民俗风情，在不影响正常农村生产生活环境的情况下，引导农民盘活资源、参与创业或发展第三产业，增加农民收入，增强市场与经营意识。

同时，"共享农庄"提倡因地制宜，在统一规划下小规模、创新性发展农庄经济，避免了城镇化过程中对农业生产环境的侵害，能让无法规模城镇化的区域也享受人居升级，还可以逐步实现农民增收与科技导入、城乡交流融合。"共享农庄"的使用权共享，也就是说承租人可以是个人，也可以是几个好友、亲属一起承租共享农庄来降低成本；收益由合作各方共享，资产增值收益大部分归属农民，平台获得信息中介服务费用，日常经营与承包经营权流转中的税费归属政府。

针对休闲农业用地问题，农业农村部会同和自然资源部、发展改革委出台相关政策，努力增加用地供给。

强化用地统筹。2017年，国土资源部、国家发展改革委出台了《关于深入推进农业供给侧结构性改革做好农村产业融合发展用地保障的通知》(国土资规〔2017〕12号)，提出要发挥土地利用总体规划的引领作用，乡（镇）土地利用总体规划预留不超过5%的规划建设用地指标，用于零星分散的单独选址农业设施、乡村旅游设施等建设。

创新用地方式。国务院印发《关于促进乡村产业振兴的指导意见》提出，加大对乡村产业发展用地的倾斜支持力度，探索针对乡村产业的省、市、县联动"点供"用地,支持乡村休闲旅游和产业融合发展。推动制定和修订相关法律法规,完善配套制度,开展农村集体经营性建设用地入市改革,增加乡村产业用地供给。

完善用地政策。农业农村部正会同有关部门和单位,研究制定完善设施农业用地管理办法和农村一二三产业融合发展合理用地需求。

(三)关于完善财政金融政策,促进共享农庄健康发展

农业农村部会同人民银行、银保监会、文化和旅游部等部门单位贯彻落实党中央、国务院的部署,加大财政金融支农力度,促进休闲农业等乡村产业发展。

加大资金投入。2018年,中央财政通过农业生产发展资金安排108.19亿元,支持包括共享农庄在内的产业融合和优势特色产业发展,通过延伸农业产业链,提升价值链,不断拓展农业多种功能。文化和旅游部通过旅游发展基金补助地方项目资金、文化和旅游提升工程中央预算内投资等财政资金,对基础设施、公共服务设施建设等项目予以支持。

加强信贷支持。2019年,银保监会印发《关于做好2019年银行业保险业服务乡村振兴和助力脱贫攻坚工作的通知》(银保监办发〔2019〕38号),要求银行业金融机构做好包括共享农庄在内的各类现代农业主体金融服务,合理开展面向新型农业经营主体的融资租赁和信贷担保业务,下放涉农信贷审批权限,简化涉农业务流程,促进乡村旅游提质升级。文化和旅游部通过与国家开发银行、中国农业银行等合作,着力推动金融创新,加大信贷投放。

创新投入方式。2017年,财政部联合农业部印发《关于深入推进农业领域政府和社会资本合作的实施意见》(财金〔2017〕50

号),提出在农业绿色发展、现代农业产业园、田园综合体等领域要优化财政资金投入方式,探索推广政府和社会资本合作模式。

(四)关于鼓励各界投身农庄建设,打造多元化的共享农庄

引入社会资本。《国务院关于促进乡村产业振兴的指导意见》指出,要优化营商环境,引导工商资本到乡村投资兴办农民参与度高、受益面广的乡村产业。同时强调,工商资本进入乡村,要依法依规开发利用农业农村资源,不得违规占用耕地从事非农产业,不能侵害农民财产权益。

引导创客下乡。文化和旅游部推出100家有示范作用的"中国乡村旅游创客示范基地",要求基地针对大学生、返乡农民工、青年创业团队等人群,通过减免房租税收、搭建融资渠道、建立扶持机制等措施,积极推动各类创客到乡村创业创新。

带动贫困户就业。农业部会同14部门印发《关于大力发展休闲农业的指导意见》(农加发〔2016〕3号)明确,探索社会资本参与贫困地区发展休闲农业的利益分享机制,引导和支持社会资本促进贫困地区农民就业增收。

三、共享农庄建设的现状与问题

"共享农庄"指把农村闲置住房进行个性化改造,形成一房一院一地,并根据需求改造为市民田园生活、度假养生等多种模式,再通过互联网对外出租。随着农村人口的大量进城,农村被闲置的资源越来越多,房屋、宅基地等都是极庞大的市场,城市中的房屋闲置促使一些短租平台的出现,但是农村的闲置资源还没有一个大的平台来进行整合。

现在房地产、工程等行业的投资热潮正在减弱，在这些行业积累了一定资本的经营者也在寻求转型，因此他们开始关注更传统的农村市场。

养老问题也日渐呈现，儿童教育这方面也备受关注，这些问题的交汇，促使"共享农场"的前景十分可观。

（一）共享农庄经营模式介绍

1. 产品定制型

对消费者认养的农作物建立档案，严格按照约定标准进行生产。产品成熟后，按照消费者的要求进行个性化包装、处置，既可以配送到指定地点，也可以进行代销，将销售收入返还消费者。

2. 休闲养生型

鼓励农村集体组织和农民以出租、合作等方式发展特色民宿客栈，共享农场民宿，吸引消费者前往农庄休闲养生度假。打造"民宿+农地"休闲养生产品，把经营权租赁给城市居民，用于农业生产或农事体验。

3. 投资回报型

消费者和投资主体通过共享等方式得来的资金发展"共享农场"，农庄为消费者及投资者提供农资供应、技术指导、产品销售等配套服务，消费者及投资者按约定获得了实物和投资收益回报。

4. 扶贫济困型

引导消费者及投资主体与贫困村或贫困户直接对接，消费者认养贫困户的农作物或者承租贫困户的农地、农房，贫困户通过出租土地、房产或以土地、房产入股获得财产性收入以及通过打理农庄获得务工收入，打造贫困户和消费者利益共同体，实现贫困户持续稳定增收。

5. 文化创意型

立足特色资源，吸引各类艺术家、创客利用品牌设计、故事挖掘、艺术再造、农业科普等文创艺术方式，打造特色农庄。

（二）共享农庄的盈利点

1. 产品

一些水果基地使用采摘活动来销售农产品。这比寻找渠道销售卖更有价值。共享农场大多走标准化有机种植路线，在会员的见证下，产品质量有目共睹，在高度重视食品安全的今天，优质农产品的价值只会不断提升……不仅卖农产品可以赚钱，还能发挥农产品的附加值，比如加工、配送、餐厅……都可以涵盖其中。应运而生的"互联网+"成为共享经济的有力推广工具，实现"共享经济"的蜕变，详见案图2-1。

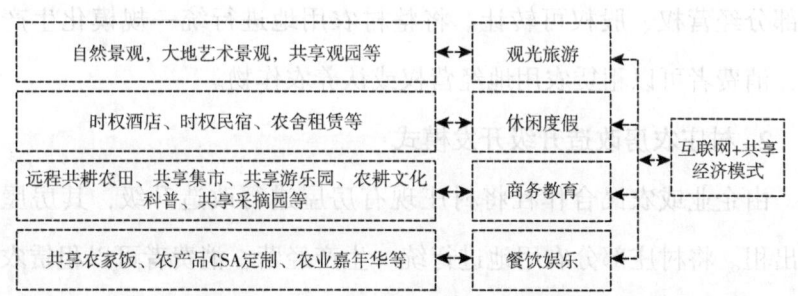

案图2-1 "互联网+共享经济"的模式设计

2. 租赁

依靠租赁赚钱是农业资源共享模式的最可靠保障，通过提供租赁服务可以实现资源的价值。其中，最常见的就是土地租赁、农机租赁。

共享农场永远不缺可以租赁的资源,只要农场还有闲置资源,就能租赁出去,既能赚钱又有社会效益。

(三) 乡村振兴大背景下共享农庄如何发展

休闲农业、共享农庄即将进入黄金发展期。"共享农庄"就是将有条件的村庄、农场、基地通过基础设施、产业支撑、公共服务、环境风貌等建设,实现农村生产生活生态"三生同步"、一二三产业"三产融合"、农业文化旅游"三位一体"的一种新型产业模式。共享农庄是以共享经济为理论支撑,互联网为技术支撑,中高收入家庭及"候鸟"群体需求为市场支撑,以私人定制服务为核心,联合政府、企业、农户等多元力量,培育的农旅融合发展新业态。

1. 整村综合开发模式

在政府政策允许内由企业或农民合作社对整村进行统一规划、统一建设,利用村庄空闲地等建设民宿和其他相应设施,民宿的全部或部分经营权、股权可转让。将整村农用地进行统一规模化生产经营,消费者可以租赁农用地经营权或认养农作物。

2. 村庄农房改造升级开发模式

由企业或农民合作社将村庄现有房屋进行改造升级,其房屋可以出租。将村庄部分农用地进行统一生产经营,消费者可以租赁农用地经营权或认养农作物,企业或农民合作社为消费者提供系列服务。

3. 基地开发模式

企业或农民合作社利用农业基地内农业附属设施用地等建设管理用房,或利用基地已有的建设用地建设民宿,民宿的全部或部分经营权、股权可以转让。消费者可以租赁农用地经营权或认养农作物,企业或农民合作社为消费者提供系列服务。

从共享农庄的本质来看，共享农庄是共享理念、平台化思维与度假结构、农庄开发结构彼此融合的实体呈现。因此，共享农庄的落地开发模式应在充分考虑政府、企业、村集体、农户、消费者各方利益基础上，从资源挖掘到农庄运营的一体化开发过程中，对农庄的度假结构、整体开发结构、共享模式进行综合性落地开发（案图2-2）。好的顶层设计应实现区域的社会效益、经济效益、文化效益的最大化。

案图 2-2　共享农庄综合性落地开发

共享农庄以乡村旅游度假居住为前提，以田园生活为依托，以多维度的消费需求为导向，重点打造生态环境、农家餐饮、田园劳作、乡村文化、乡村生活方式等度假内容，形成集住宿、餐饮、休闲、观光于一体的度假支撑能力。农庄整体开发结构则需要统筹考虑从土地获取到产品运营的全过程，包括农户与整体关系的处理，农庄基础设施与公共服务设施的建设，农庄集散结构的搭建，共享平台的搭建运营，项目的投入产出预算等各方面内容。共享模式则包括共享理念在农庄开发、建设、推广、运营等各阶段的渗透，以及与各主体间共享机制的构建。

运用共享农庄模式可以有效整合生产资源，推动规模化农业生产，打通产业链上下游，形成一二三产业融合发展，有效推动工农互促、城乡互补、协调发展、共同繁荣，走出一条符合国情、推动社会经济良好发展的特色之路。

四、共享模块的形成

（一）共享结构

共享农庄：指把农村闲置住房进行个性化改造，形成"一房一院一地"，并根据需求改造为市民田园生活、度假养生等多种模式，再通过互联网对外出租。"共享农庄"模式充分尊重农村发展现状与传统民俗风情，在不影响正常农村生产生活环境的情况下，引导农民盘活资源、参与创业或发展第三产业，增加农民收入，增强市场与经营意识。

农庄的共享主要在农户与旅游者之间得以实现，体现在游客共享民宿、共享农村的餐饮及生活方式、共享农户的生产资料（包括农田、农具、果蔬种植等）以及共享农产品等主要结构上。消费者共享农庄资源，形成农庄的共享结构模式，农庄共享主要体现在：股权共享、资产共享、生产资料共享和生活资料共享。

共享房屋：共享房屋是指在线短租业务，共享房屋开始在很多平台上线，涵盖了公寓、别墅、民宿等短租类住宿产品。在共享房屋的概念进入中国市场之前，分享自家住房给陌生人住的理念，就已经在旅游爱好者中获得了不少拥趸，尤其受到旅游沙发客们的推崇。旅游者通过购买房屋一定比例的使用权，从而获得一定期限内一段时间的使用权，同时还享有转让、馈赠、继承等系列权益。通过时权交换公司这个平台还可以实现分地域时权的交换。

共享田园：通过市场运营、政府协作、村民参与的方式，将乡村闲置资源与城市需求进行优化匹配，让城市市民到乡村旅游、认领土地、资源互换，共享田园美好生活，促进城乡融合和资源互动。潜东村相继推出共享稻田、共享厨房、共享民宿、共享书房等项目，这些兼具乡村旅游、体验、文创功能的特色乡村产业和运营模式，进一步拓宽了村集体资产增值和农户增收的渠道。这种共享可以是时权共享、产品共享、生活共享、股权共享（农民、合作社、投资人、消费者的股权结合）、资产共享和生产生活资料共享等。通过这种共享模式可以实现土地的流转、土地品种选择权、土地种植权、农产品采摘权及处置权（案图2-3）。

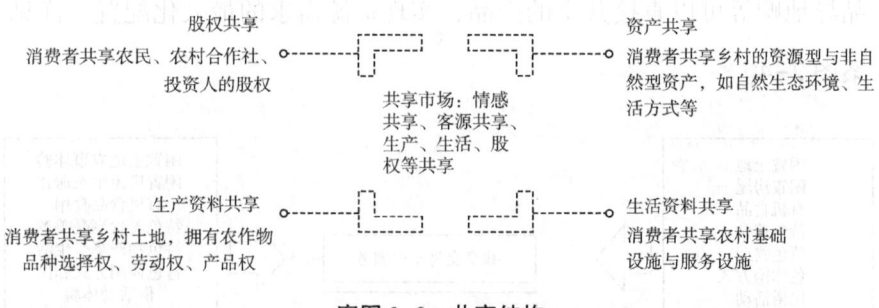

案图2-3 共享结构

(二) 共享模式

共享交易平台作为一种媒介，主要对接的是乡村闲置资源与消费者需求，从而实现闲置资源的社会共享，具体说就是乡村提供土地、房屋、食品等，消费者通过这个平台实现这些资源、产品的共享。而共享农庄提供的就是这样一个平台，通过协调农户、企业、政府的不同角色，整合资源，构建交易平台，实现乡村与消费者之间的共享。共享农庄是在农户、企业和政府共同支持下建立的，其中农户提供资源支持，企业对共享农庄进行顶级的规划设计和开发运营，政府支持引导共享农庄建立并提供保障。

（三）农庄共享交易平台服务

农庄共享交易平台是基于互联网、物联网技术以及VR等新技术，以企业和政府为支撑，实现农庄闲置资源的转化，并对接消费者，实现资源需求最大化的配置，最终转变为消费者共享消费产品的有效交易平台。特色美食、闲置房屋、闲置交通工具、闲置农田、特色物产、特色休闲娱乐方式和民俗活动等所有乡村闲置的资源都可以成为农庄的共享资源，而农庄共享交易平台服务的作用就是将这些闲置资源产品化，成为诸如农庄私厨、时权民宿、农事体验、农产品异地购等可以直接共享的产品，实现资源需求的最大化配置。详见案图2-4。

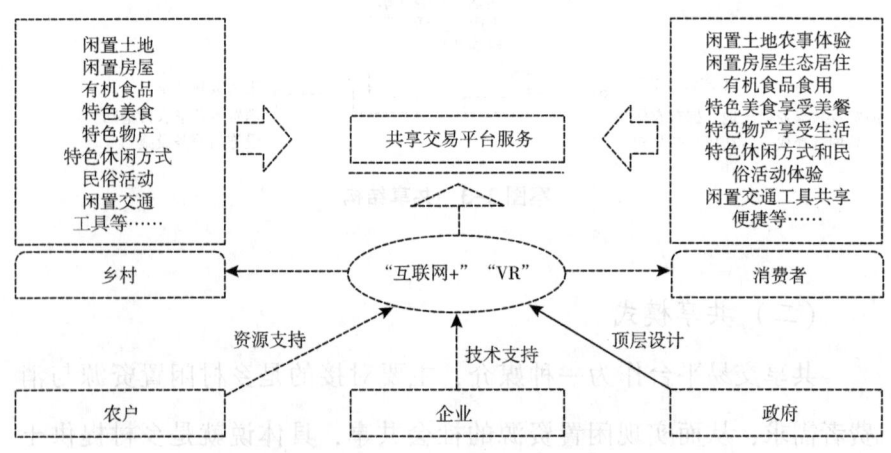

案图2-4　农庄共享交易平台服务结构

以共享理念为设计核心，政府、企业、村集体、农民、消费者将直接或间接地参与共享农庄的运营。考虑到共享农庄的经济性质，一般共享农庄的直接运营者以企业为宜。企业在开发运营过程中应兼顾各方利益与诉求，在充分领会共享经济理念基础上，对区域原有经济模式进行创新，在资源共享、技术创新、运营模式改革方面探索新的发展方向。同时，为乡村资源的拥有者与需求者搭建共享平台，实现农民有收益、游客有快乐的双赢。在此过程中，政府共享其已有的市场渠道，村集体、农民辅助运营推进，消费者共享农庄品牌，帮助农庄推广。

研究案例三　江西上饶生态农业小镇规划项目

云谷田园生态小镇位于江西省上饶市广信区皂头镇窑山村国家现代农业科技园区核心，全镇总面积42.17平方千米。项目坐落于上饶市皂头镇东南部，北邻丰溪河，西临幸福河，东至七峰村。上饶市作为高铁十字交叉的重要交通枢纽，项目属于上饶市"十五分钟经济圈"内，毗邻G320，三清山机场2017年5月通航，交通优势愈发凸显。目前，以项目为中心，"半小时交通圈"可覆盖上饶市区、上饶县、广丰区、铅山县等地近300万人口。

总面积约14 000亩。总体定位为以优美的山水田园自然景观和丰富的文化旅游资源为基础，以农业观光休闲、农耕文化体验、乡村民俗旅游、户外运动和养生度假为主打产品，集精品农业、生态旅游、文化休闲、商业开发于一体的大型农文旅综合体，实现农村生产、生活、生态"三生同步"，构建一二三产业高度融合的绿色产业经济新体系，打造一个产区、景区、村庄"三位一体"的田园综合体。项目地多散点分布，山地多，耕地少，是典型的山村，也是一个典型的旅游依托型村庄。项目鸟瞰图见案图3-1、案图3-2。

要实施更多有温度的举措，落实更多暖心的行动，用心用情用力

案图 3-1　窑山村整治后一角

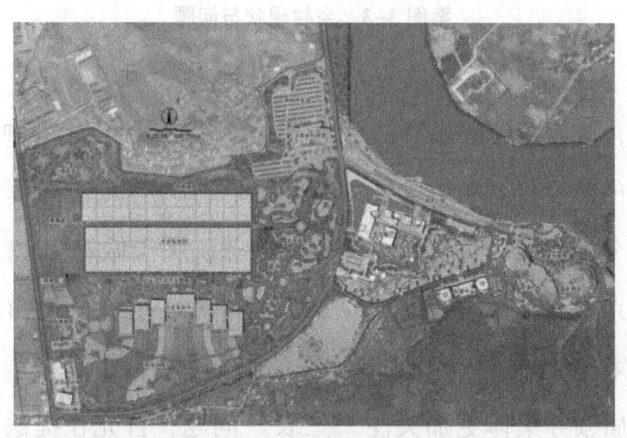

案图 3-2　窑山村核心产业布局

解决好人民群众的急难愁盼问题，积极探索共同富裕的实现途径，详见案图 3-3。

"三农"问题是农业文明向工业文明过渡的必然产物。党的十六大后，一系列高层会议和政策举措已勾勒出中央新领导集体施政思路的概貌。由于新领导集体面临的问题和担负的任务与以前相比有

案图 3-3　乡村现状与问题

很大不同,他们的施政思路展示出不少"新的东西"。其中,对"三农"问题的态度极其引人关注。

2022年2月22日,《中共中央　国务院关于做好2022年全面推进乡村振兴重点工作的意见》即2022年中央一号文件发布。这是21世纪以来第19个指导"三农"工作的中央一号文件。

新一届领导集体更加关注"三农"问题,首先在提法上对其有了全新的表述,称其为"全党工作的重中之重"。从容应对百年变局和世纪疫情,推动经济社会平稳健康发展,必须着眼国家重大战略需要,稳住农业基本盘、做好"三农"工作,接续全面推进乡村振兴,确保农业稳产增产、农民稳步增收、农村稳定安宁。我们要坚持以习近平新时代中国特色社会主义思想为指导,贯彻落实好中央一号文件的重要部署,奋力开创全面推进乡村振兴新局面。

"三农"问题是指农村、农业、农民这三大问题。其独立描述是指在广大乡村区域,以种植业(养殖业)为主,身份为农民的生存状态的改善、产业发展以及社会进步问题。系统地描述是指 21 世纪的中国,在历史形成的二元社会中,城市不断现代化,二、三产业不断发展,城市居民不断殷实,而农村的进步、农业的发展、农民的小康相对滞后的问题。

"三农"问题是农业文明向工业文明过渡的必然产物。它不是中国所特有,无论是发达国家还是发展中国家都有过类似的经历,只不过发达国家较好地解决了"三农"问题。

首先是作为第一产业的农业,无论它是处于传统农业阶段还是现代农业阶段,与二、三产业相比,它不仅要面临巨大的市场风险,还要面临很难预料的自然风险。其次是受土地收益递减规律的影响,农民的收入总是受到一个上限的制约,追加在农业上的投入与产出不一定成正比,即使农民增加再多的投入也无法突破这一上限,而二、三产业却没有这样的上限,其投入与产出成正比。虽然现代科技使农业获得惊人的发展,但依靠科技进一步提升农产品产量与质量的空间越来越小。最后是由于中国现已基本实现了小康,一些大中城市甚至越过小康,进入相对富裕阶段,加上大多数农产品属于最基本的生活必需品,需求弹性小,随着消费者收入水平的提高和恩格尔系数的降低,居民对农产品的直接消费量不可能有很大的增加,有的甚至会减少。因此农业的弱势地位决定了从事农业生产的农民收入低下。

"三农"问题历来是中国社会经济生活中的一大基本问题,由这一问题折射出来的制度成因也是多方面的。既有反映国民待遇的法权落实问题又有产权明晰问题;既有行政权障碍问题,又有知情权、发展权障碍问题;更有城乡分割的二元体制因素。但要探析与"三农"问题形成相关的终极制度原因，根植于中国历史文化中的社会等级制度当为其要。事实上，二元社会体制本质上反映的是按社会等级高低决定发展的先后顺序、接受各种公共服务的多寡以及就业的选择机会等。就农民而言，除了土地可算作是有保障的生活来源外，其他社会公共服务和福利保障少而又少；相反，中国农村多数县乡财政的窘况和供养人员过多，不仅危害了对农民的公共服务，而且更加重了农民的负担。因此可以说，"三农"问题的根本制度原因是社会等级制度及其思想观念影响下的社会运行机制与运行方式。二元体制的影响并未完全消除，农村医疗、养老、社会保障制度仍极不完善，政策缺位。

一、产业发展思路

在指导方针上，要改变城乡发展中长期存在的"重城市轻农村、重工业轻农业、重市民轻农民"的传统观念，确立以工促农、以城带乡、相互促进、协调发展的全局意识，做到城乡发展一盘棋，从思想上切实把"三农"工作摆在重中之重的位置。在发展模式上，要扭转局限在"三农"内部解决"三农"问题的思维惯性，确立用工业化富裕农民、用产业化发展农业、用城镇化繁荣农村等综合措施解决"三农"问题的系统观念，以工业化的视角和系统工程的方法谋划农业的发展。在发展战略上，要统筹工业化、城镇化、农业现代化建设，加快建立健全以工促农、以城带乡长效机制，全面落实强农惠农政策，加大对"三农"的支持力度，重点做到"三个倾斜"：一是向农村基础设施倾斜，着力改善农村的生产生活条件，提高农业和农村的发展能力；二是向农村社会事业倾斜，着力提高农村文化、教育、卫生保障水平；三是向农村基层公共服务倾斜，理顺基层的事权与财权关系，完善基层政府和基层组织的职能，着力提高农村基层组织的行政管理和服务水平。

村级集体经济是促进农村经济社会发展，实现农民共同富裕的重要物质基础。发展壮大村级集体经济实力，可采取以下途径。

1. 盘活沉睡资产

培育村级集体经济增长点，开拓新的发展领域，首先要考虑的是集体经济的原有资产积累，对其进行改造，以扩大规模。盘活闲置存量资产，对集体原有闲置的办公楼、厂房、祠堂和废弃学校等设施，通过整修或翻建，提高存量资产的利用率，培育稳定、可持续收入来源。盘活"四荒"资源，对村集体统管或农户承包的荒山、荒水、荒地、荒滩等，可由村集体统一牵头，单独或联合农户参股开发，创办农业基地，通过发包经营增加集体经济收入。提高资产经营效益，通过对村集体统一经营或临时发包经营的采石场、沙场、茶果园、经济林、水面等经营性、资源性资产，采用公开招投标方式推行专业承包，实现收益最大化，提高资产的经营效益。

2. 提高土地经营效益

土地是农村集体资产中最重要的资源，在农村实行集体化道路的过程中，要全面开展村级土地、房屋资产的清查，积极开展宅基地、农用地整理，增加有效用地面积，拓展集体资源的运作空间。在具备一定条件的农村，村集体可以建造标准厂房、专业市场、仓储设施，开展物业租赁经营等，从而提高集体土地经营效益。

3. 大力发展二、三产业

从当前全国所有富裕村来看，它们都具有雄厚的集体经济，即村办集体企业和第三产业。二、三产业的发展壮大是农村首先富裕的重要条件。农村实行集体化以后，参加集体劳动的毕竟是少数，还有大部分农村劳动力就业需要解决，为此集体一方面要鼓励、引导一部分有一定资金和技术的农民外出打工或经商，另一方面就是要大力发展二、三产业，让农民就地务工，走"亦工亦农、工农并举"的道路。

4. 加大对村级集体经济的扶持力度

各级政府要加大对农村集体发展农业产业化、山区开发、绿化造林、生态保护、农业综合开发、小流域治理等财政资金的扶持力度，要与发展村级集体经济结合起来，提高扶持资金使用效益。对集体经济相对薄弱、增加集体经济收入又有明显带动作用的荒山（地）开发、农业基地建设等项目，可按村级集体经济组织自身实际投资额的一定比例给予补助。各级财政、工商、税务部门对集体经营收入、收益分配、项目建设的税收，属地方财政可支配部分，可实行免征政策。各级金融机构要把扶持农业综合开发、农业产业化经营作为信贷支农的重点，加大对村集体经济组织项目的信贷投入，并实行优惠利率。

应对项目地的"三农"问题，首先必须解决产业发展问题，没有产业发展，仅仅依靠政府输血，新农村建设必然失败。窑山村位于国家农业现代科技园区范围之内，其周边区域的类似资源开发多选择依附三清山的旅游路径。因此，编者认为，窑山村需要在差异化竞争的基础上走旅游发展之路实现特色化发展：以旅游产业设计为核心，以农业现代科技为引领，构建窑山村"造血"体系，一举解决经济与产业问题，部分解决人口问题。

二、农文旅融合助推窑山村振兴

根据项目地发展现状,编者认为,窑山村适合构建农文旅融合即"农业+文创+旅游"的发展模式,要持续加深农文旅在广角度、深层次、宽领域的融合意识和融合理念。

1. 提高融合意识,挖掘乡村振兴潜力

一是提高思想认识。要把农业农村迫切需要解决不平衡不充分发展的时代要求、人民群众日益增长的精神文化需求与农文旅融合促进产业结构优化、改善乡村环境、推进城乡融合发展的重要性、必要性结合起来,融入领导干部业务培训课程体系,通过强化思想认识,激发新担当新作为。

二是营造舆论氛围。强化政策宣传、专题宣传,引导形成农文旅经营者、从业者和农民积极响应、主动参与的实践养成;加强对省内外以旅游开发促进文化价值再生、价值联动的农文旅融合优秀示范案例宣传。

三是优化营商环境。要以产业为核心、文化为灵魂、旅游为主线、党建为引领,通过强化问题导向,厘清工作定位,提高政策引导,创新管理模式,完善服务体系,为农业部门、文化旅游部门之间的合作营造良好政策环境。

即在"农业+文创+旅游"的产业引导下村庄整体提升的统筹发展模式。项目地具有良好的生态环境和一定的旅游发展基础,利用生态资源、农业资源发展文旅接待,将项目地文旅发展划分为景区模式、核心服务区模式、交通节点模式和延伸发展模式四个类型,从全局的角度出发,将项目规划定性为农文旅融合发展是释放农村活力、发展现代农业、促进农民增收的有益探索，也是推进乡村振兴的创新实践。从而促进村庄建设的提升，详见案图3-4。

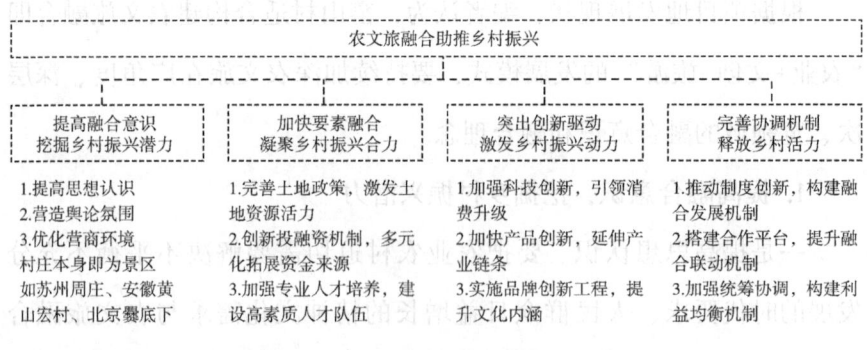

案图3-4　农文旅融合助推窑山村振兴

2. 加快要素融合，凝聚窑山村振兴合力

农文旅融合是通过三者的融合，释放土地、资金、人才等窑山村振兴关键要素的活力，创造"1+1+1>3"的效果。一是完善土地政策，激发土地资源活力。要坚持稳定农村基本经营制度，完善农村承包地"三权"分置土地制度改革，以农村土地经营权融资担保和入股农业产业化经营等政策体系，创新土地流转方式，开展多种形式适度规模的农文旅经营。二是创新投融资机制，多元化拓展资金来源。通过金融助力机制创新，支持和引导金融机构提高农文旅项目金融投入，鼓励民间资本注入，加快形成财政优先保障、金融重点支持、社会积极参与的多元化农文旅资金投入格局。三是加强专业人才培养，建设高素质人才队伍。鼓励企业和科研院校联合，建立产学研一体化农文旅融合专业技术人才培养机制；提高对高层次专业人才下乡的政策激励，鼓励专家学者、党政干部、企业家等各类人才加入农文旅融合发展队

伍；打好"乡贤牌"，激活乡贤资源、凝聚乡贤智慧、汇集乡贤力量，鼓励引导乡贤参与农文旅融合发展。

3. 突出创新驱动，激发窑山村振兴动力

必须把创新摆在突出位置，构建农文旅融合发展新模式、新业态，激发窑山村振兴内生动力。一是加强科技创新，引领消费升级。要加快建立支撑窑山村文化发展的科技创新服务平台，利用数字化技术收集、管理农村非物质文化遗产信息，建立规范化、特色化农村资源数据库，支持文化科技项目攻关和文化IP打造，推动夜间经济、乡间经济、网间经济等"三间"发力，提升参与性、娱乐性、互动性消费体验，以科技创新驱动农文旅消费升级。二是加快产品创新，延伸产业链条。按照提高附加值、延长产业链的原则，充分利用"互联网+"、物联网、云计算、大数据等现代信息技术盘活农村资源，借助上饶广信区皂头镇国家现代农业科技园现有条件因地制宜策划了云谷田园农业小镇，农产品精深加工，加快构建现代农业服务业体系，打造集生产、储运、加工、营销于一体的特色农业全产业链大格局。三是实施品牌创新工程，提升文化内涵。深入挖掘乡村文化内涵，对田园风光、农业研学旅游基地、企业团建会务、城市近郊夜游、红色文化、乡村文化等具有开发基础和潜力的资源进行梳理整合，找到文化供给和市场需求的切入口，挖掘特色经济价值，因地制宜打造"一村一品"特色文化品牌，以品牌创新为乡村特色文化产业振兴赋能。

4. 完善协调机制，释放窑山村振兴活力

农文旅融合离不开顶层设计、制度保障、合作平台，更离不开政府各部门、投资者、经营者和农民等多方面的协同推进。一是推进制度创新，构建融合发展机制。建立健全融合发展组织领导机制，建立重大事项联合审议、决策制度，完善农文旅融合发展政策协同体系，形成党委政府牵头、职能部门齐抓共管、社会广泛参与的协同组织机制，确保农文旅融合政策、举措落地落实。二是搭建合作平台，提升融合联动机制。把市场需求与当地农林牧副渔等自然生态资源、乡村文化特色结合起来，联合农、林、住建、交通、文旅等部门，开辟农文旅融合项目"绿色通道"，按照"全景式打造、全产业发展、全社会参与、全方位服务、全区域管理"原则，多领域宽范围协同推进窑山村振兴。三是加强统筹协调，构建利益均衡机制。既要大力支持企业经营生产又要规范企业经营行为，并通过信息公开、民主决策等方式，保护农民的土地、资金、生态等合法权益，同时鼓励农民积极主动参与农文旅融合发展获取更大实惠，逐步构建兼顾公平的利益均衡机制，详见案图 3-5。窑山村建成后的生态餐厅详见案图 3-6、窑山村温泉度假酒店详见案图 3-7，两联一进共建扶持产业详见案图 3-8、案图 3-9。

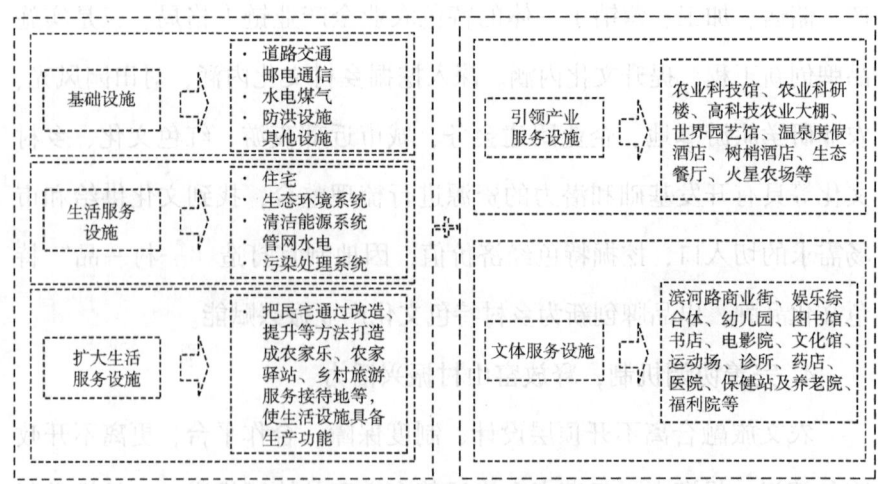

案图 3-5 项目地生活水平提升方式

案图 3-6　窑山村建成后的生态餐厅

案图 3-7　窑山村温泉度假酒店

案图 3-8　两联一进共建扶持产业

案图 3-9　两联一进共建扶持产业

研究案例四　国学诗经小镇文化院落里的故居情怀——诗经小镇民宿设计

广义国学是指中国历代的文化传承和学术记载，包括中国古代历史、哲学、地理、政治、经济，乃至书画、音乐、易学、术数、医学、星相、建筑等。狭义国学则是指中国古代学说，其代表是先秦诸子的思想及学说，包括儒家思想、道家思想、兵家思想、法家思想、墨家思想等。

国学，是以先秦经典及诸子百家学说为根基，涵盖了两汉经学、魏晋玄学、隋唐佛学、宋明理学、明清实学和同时期的先秦诗赋、汉赋、六朝骈文、唐宋诗词、元曲与明清小说并历代史学等一套完整的文化、学术体系。中国历史上"国学"是指以国子监为首的官学，自"西学东渐"后相对西学而言泛指"中国传统思想文化学术"。

《诗经》是中国古代诗歌开端、最早的一部诗歌总集，收集了西周初年至春秋中叶（公元前11—前6世纪）的诗歌，共311篇，其中6篇为笙诗，即只有标题，没有内容，称为笙诗六篇（《南陔》《白华》《华黍》《由庚》《崇丘》《由仪》），反映了周初至周晚期约五百年间的社会面貌。

《诗经》的作者佚名，绝大部分已经无法考证，传为尹吉甫采集、孔子编订。《诗经》在先秦时期称为《诗》，或取其整数称《诗三百》。西汉时被尊为儒家经典，始称《诗经》，并沿用至今。诗经在内容上分为《风》《雅》《颂》三个部分。《风》是周代各地的歌谣；《雅》是周人的正声雅乐，又分《小雅》和《大雅》；《颂》是周王庭和贵族宗庙祭祀的乐歌，又分为《周颂》《鲁颂》和《商颂》。

孔子曾概括《诗经》宗旨为"无邪"，并教育弟子读《诗经》以作为立言、立行的标准。先秦诸子中，引用《诗经》者颇多，如孟子、荀子、墨子、庄子、韩非子等人在说理论证时，多引述《诗经》中的句子以增强说服力。至汉武帝时，《诗经》被儒家奉为经典，成为《六经》及《五经》之一。

《诗经》内容丰富，反映了劳动与爱情、战争与徭役、压迫与反抗、风俗与婚姻、祭祖与宴会，甚至天象、地貌、动物、植物等方方面面，是周代社会生活的一面镜子。

《诗经》是中国第一部诗歌总集，最早的记录为西周初年，最迟产生的作品为春秋时期，上下跨度五六百年。产生地域以黄河流域为中心，南到长江北岸，分布在陕西、甘肃、山西、山东、河北、河南、安徽、湖北等地。

诗经小镇位于河北省沧州市河间市诗经村乡，诗经村乡位于市境东北部，距市政府11.4千米。京（北京）开（开封）公路过境。古洋河由南向北蜿蜒流经东部。乡政府驻西诗经村。面积57.9平方千米，人口2.93万（2002年）。辖18个行政村。西诗经村是民国初代理大总统冯国璋的故里。

《诗经》立足于社会现实生活，没有虚妄与怪诞，极少超自然的神话，描述的祭祀、宴饮、农事是周代社会经济和礼乐文化的产物，对时政世风、战争徭役、婚姻爱情的叙写，展现的是周代政治状况、社会生活、风俗民情，"饥者歌其食，劳者歌其事"的精神传统为后世所代代继承和发扬。《诗经》中关注现实的热情、强烈的政治和道德意识、真诚积极的人生态度，为屈原所继承和发扬，被后人概括为"风雅"精神。《诗经》文化来源于生活，又服务于生活，既高度概括生活经历和故事，又有对感官体会、内心感悟的总结和提炼，也有对美好生活的憧憬，而这些正是民宿所要追求的故事、梦想、体验、感悟、升华、回归。结合村庄地形地貌、民居现状、农业资源、生态环境等特点，编者以"诗经+"为核心，以村庄为组织单位，将项目地打造为有核心产业支撑的农文旅产业特色民居村落。其中，将诗经村拓展形成以研学旅游为主题的民宿村落，将民宿村拓展形成以养生养志为主题的民宿村落。

一、研学旅游主题民宿村落

（一）总体定位

村落民宿设计旨在营造诗经文化之都的读书氛围，这与打造全国研学旅游示范基地的目标相匹配。民宿设计借助改造、修缮、重构等形式，统一对村庄现有诸多传统民居进行整体规划设计，保留原建筑的历史肌理，延续传统院落民居的发展格局，并积极融入以国学类、历史典故类等为主的诗经文化，从而达到"外朴内奢"的空间风貌。同时，以"国学教育+非遗文创"为核心产业，合理搭配配套服务产业和延伸产业，构建完整的民宿产业链，从而打造一个集旅游研学、文化创意、亲子教育、文化养生、农业休闲等于一体的民宿村落。

（二）诗经村民宿产业概况

1. 诗经村民宿产业链

编者通过整合和改造民宿村已有的房舍、农田、河流、水库等资源，打造项目地的旅游吸引核，从旅游六要素中细分民宿生活体验项目，发展休闲度假、国学教育、非遗文创、粗粮加工等多元化民宿经济，从而催生旅游导览、交通接驳、客房餐饮等就业机会，促使民宿产业链向横向和纵向全方位拓展，详见案图4-1。

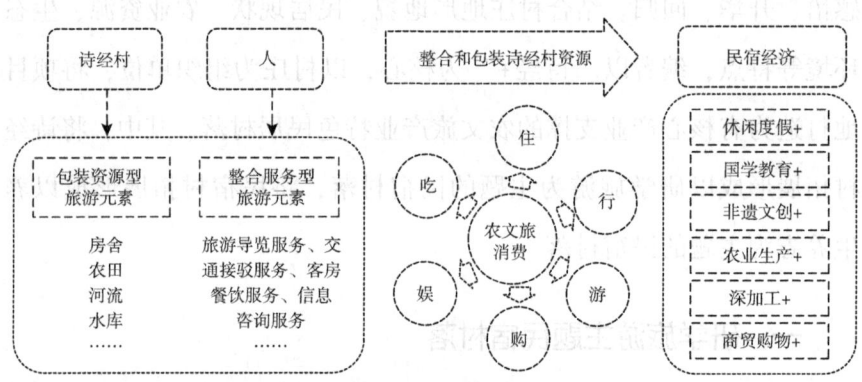

案图4-1 诗经村民宿产业链

2. 诗经村民宿产品体系

编者围绕民宿村的主导产业，如亲子教育、非遗文创、农业种植等，结合旅游产业，开发观光游览、文化教育、科普会展等体验项目，融合创意思维，设计田园热气球、清酒工坊、亲子生态餐厅等旅游产品，构成集科普、休闲、旅游、文化、农事体验为一体的民宿产品体系。

(三) 诗经村民宿设计

诗经村民宿设计采用修旧如旧的手法，保留原住民居的传统特色，对村庄内的传统民居进行统一改造，以"外朴内轻奢"的表现形式，充分融入诗经文化和文化旅游度假主张，重构传统村落的生活形态和生活方式，为诗经村注入新的活力和动力。部分诗经村农文旅设计见案图4-2。

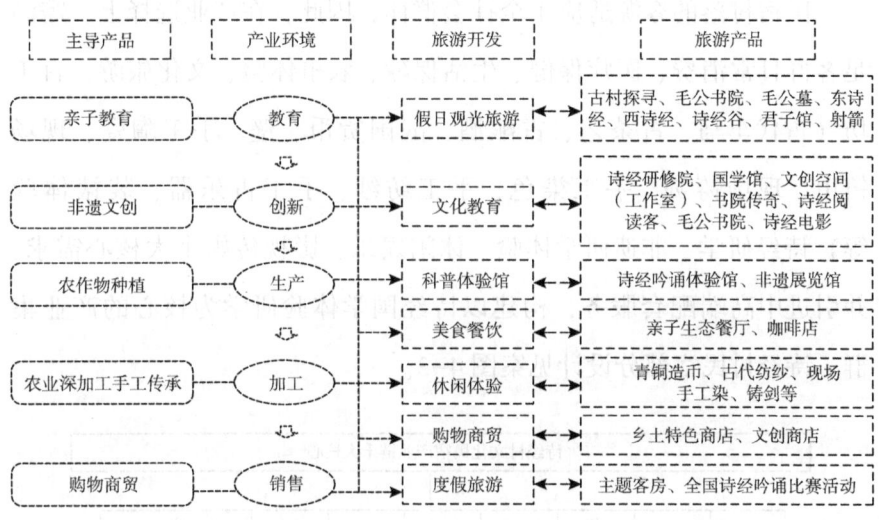

案图4-2 诗经村农文旅设计

二、养生养老主题民宿村落

(一) 总体定位

村落民宿以诗经文化非遗主题作为总体定位，设计时充分利用诗经村相对独立的环境，让游客在悠闲自得中享受一方宁静和愉悦。古村作为中原文化古村落的典型代表，空间格局保留了原有的聚落完整性，街巷功能与原住民生活息息相关，是传统可持续人居发展模式的体现。在建筑设计上，保留和延续古村的历史拙朴感，运用乡土元素修旧如旧，融入国学类、养生类、心灵感悟类等为主的诗经文化，营造悠然宁静的生活氛围。村以"古诗经研学+古铸币+古纺纱+手工染+铸剑+中医养生养老+健康医疗+文创+科普"为主导产业，带动配套产业和延伸产业发展，形成一个集诗经研学、养生养老、健康医疗、休闲度假、农事体验等于一体的诗经民宿村落。

（二）诗经村文化民宿产业链十大核心

民宿村落的客源适应于全社会群体，因此，在产业选择上，需满足客群日常消费、医疗保健、生活保障、农事体验、文化旅游、百工坊（古代车马、古茶艺、古酿酒、战国货币、壁、手工陶瓷、现场铸币、现场铸剑、手工染色、手工纺纱、手工古乐器、装裱体验等）诗经研学、非遗研学体验、休闲娱乐、影视传媒十大核心需求，并引进中高端配套服务，构建以诗经国学体验研学为核心的产业集群。诗经村民宿部分设计见案图4-3。

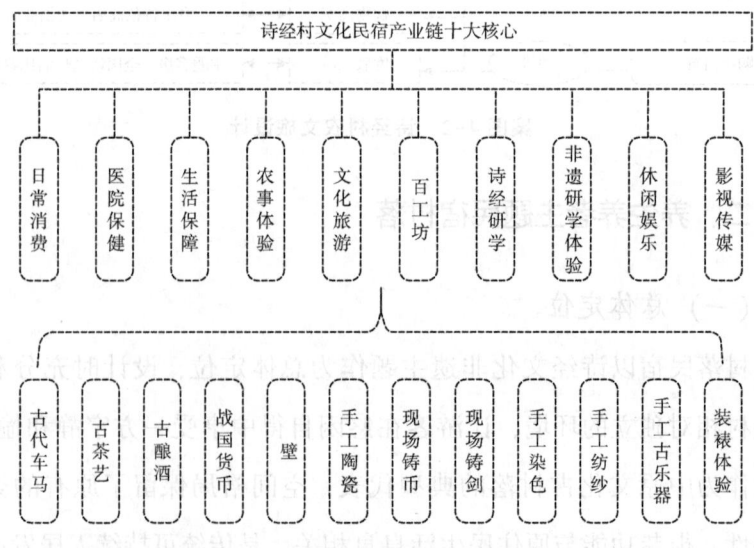

案图4-3 诗经村文化民宿产业链十大核心

（三）诗经村民宿设计

传统民居在改造设计中延续村落古朴的气质，将"古朴"与"幽"贯穿建筑的每一个部分，以错落的庭院方式，把建筑点缀在自然环境当中，使客人从踏入院门的那一刻就体会到一个幽静自然的世界。诗经村民宿部分设计见案图4-4至案图4-7。

案图4-4　毛公书院效果

案图4-5　部分民宿设计图

案图 4-6　诗经村大门设计效果

案图 4-7　诗经村部分民宿鸟瞰效果

三、诗经村文化民宿落地模式

（一）运营落地

诗经村文化民宿的落地，需要在诗经研究院的框架下，成立诗经村文化民宿运营管理（部），建立一支专业的管理团队，统一负责整体运营管理，并逐渐形成选址、建设、运营、品牌推广等相关规范，加强与酒店预订平台、旅游基金会合作。此外，通过深度融入当地的社区，加强彼此之间的合作，实现社会效应与经济效应的最大化，详见案图 4-8。

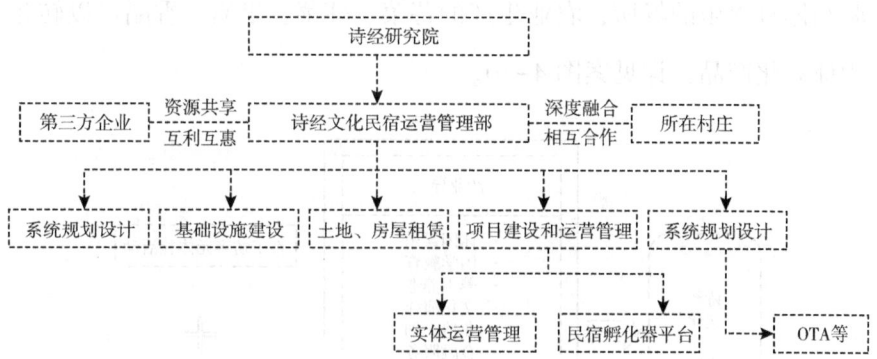

案图 4-8 诗经村文化民宿运营落地模式

（二）空间落地

诗经村文化民宿的空间落地，是通过完善配套服务设施，将"诗经文化+地域乡土文化"有效融入民宿空间，从建筑、景观、室内三个维度加以体验，从而营造良好的体验场景和度假氛围，详见案图 4-9。

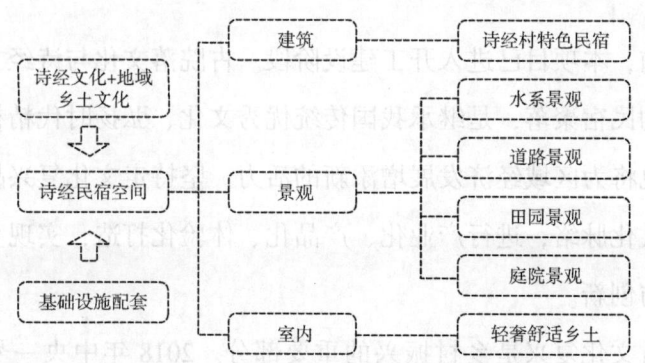

案图 4-9 诗经村文化民宿空间落地模式

(三) 产业落地

诗经村文化民宿的产业落地，是通过民宿的聚集效应，实现区域产业导入和产业整合，从而带来多元的体验活动和内部产业的交互。例如，农业可以直接为用户提供优质农业产品，同时农田也是农事体验和体育娱乐的场所，农业生产的荇菜、莼菜、果酒、香醋可以转化为证券化产品，详见案图4-10。

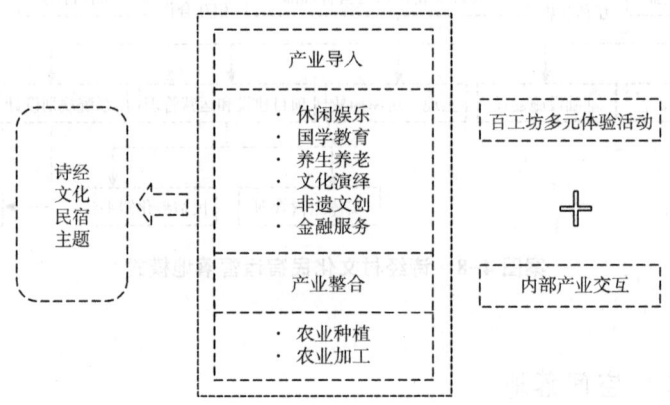

案图 4-10 诗经村文化民宿产业落地模式

四、后期效果

目前，本项目已进入开工建设阶段。古院落文化与诗经文化深度融合下的民宿聚落，是继承我国传统优秀文化、弘扬时代精神的重要手段，也将为区域经济发展增添新的活力。坚持走文化复兴战略。梳理乡村文化脉络，进行产业化、产品化、体验化打造，实现乡村文脉的传承与创新。

乡村文化复兴是乡村振兴的重要部分。2018年中央一号文件中也提到要繁荣兴盛农村文化，焕发乡风文明新气象，乡村文化将与乡村产业升级、社会结构优化、生态环境提升等要素互为表里,共同完成乡村振兴的时代使命。乡村文化复兴是一个系统工程,乡村不仅要塑形,更要铸魂。农村精神文明建设是滋润人心、德化人心、凝聚人心的工作,要绵绵用力,下足功夫。

研究案例五 以"产业互联网"为代表的"农业产业链统一大市场的云农业"

全面实施推进乡村振兴战略,可借鉴产业发展较好的以下几个案例。

乡村振兴产业振兴是关键,乡村产业包括传统产业、现代产业、特色产业、商贸服务业等。随着"地球村"的加速、高科技的涌现、经济的飞跃、文化的融合、恩格尔系数[恩格尔系数(%)=食品支出总额/家庭或个人消费支出总额×100%]的下降,大多数传统产业将完全被现代产业颠覆或取代,现代产业将成为是市场主体。如何立足当地特色资源,实现传统产业与现代产业有机融合,优化产业布局,完善利益联结机制,调动群众积极性,推动乡村产业发展壮大?这是各级政府及社会有志之士均需要深度思考的问题。

《全国乡村产业发展规划(2020—2025年)》提出:特色产业是乡村产业的重要组成部分,要在原发掘的乡土特色产品、建设的特色产业基地、打造的特色产业集群、创响乡特色品牌基础上,进一步挖掘区域特色资源,开发特殊地域、特殊品种等产品,以特性和品质赢得市场。产业振兴是乡村振兴的重要一环,通过梳理目前国内乡村振兴中产业发展较好的经典案例，总结出乡村产业振兴的几种模式。

产业互联网是指以生产者为主要用户，通过在生产、交易、融资和流通等各个环节的网络渗透从而达到提高效率、产能、节约资源等行业优化作用，通过生产资源配置和交易效率的提升推进产业发展，通过传统模式和互联网的交融，寻求全新的管理与服务模式，为消费者提供更好的服务体系，创造出不仅限于流量的更高价值的产业形态。

中国农业是经济发展、社会安定、国家自立的基础。要立足中国的基本国情来认识农业发展问题的重要性与紧迫性，并采取有力的措施予以保护和支持。在国家提倡"粮食安全""乡村振兴""数字中国"的战略背景下，为继续巩固和提升"三农"发展，应大力发展数字化农业建设，这既是大力推动的重要领域，也是政府部门及市场主体的迫切需求，更是落实乡村振兴战略、保障粮食安全的关键。未来，数字农业的发展必将助推全国数字经济的腾飞。

一、当前面临的主要问题

（一）国家粮食安全的问题

目前，我国粮食生产资源约束增强，粮食供求平衡压力增大，粮食安全形势不容乐观。主要表现：一是，国内农业基础设施相对薄弱，耕种机械化程度不高；二是，自然环境中的水土环境污染加重产生的影响；三是，粮价上涨并没有使得农民增收，对粮食生产促进作用有限；四是，农村市场劳动力逐年缩减，缺少劳动力；五是，工业化、城市化加剧带来的粮食生产用地减少；六是，根据市场供求变化建立的应对机制等体制和政策因素尚不完善；七是，国际宏观环境因素的影响。

(二) 政策资源未能合理化利用

我国制定出台了大量的农业政策支持性文件，但在落实执行方面，却未能进行合理化利用。主要表现：一是，产业链人为割裂、机构重叠、职能交叉的管理机制，中间环节较多，效率低下，造成资源巨大浪费，不能适应我国农业发展新阶段和农业产业化经营的需要；二是，村民对各种惠农政策不能及时全面掌握；三是，各项监管措施不能做到制度化、常态化；四是，农业项目配套资金难以落实，且财政支农资金使用分散且交叉重复并存，导致投入的浪费以及重复投入。

(三) 农业产业链迫切需要建设农业服务统一的数字化大市场

实现乡村振兴离不开农业产业发展，而农业产业数字化是农业产业发展的重要途径。因此，建设农业服务统一的数字化大市场是农业产业的迫切需要。主要表现：一是，市场的基础设施比较薄弱，市场发育不健全；二是，农业服务体系能力弱；三是，地域农业还有各部门各政府设立的各种技术、制度等壁垒和障碍；四是，没有健全的质量标准体系，缺乏一个比较完备的、系统的信息体系。

(四) 农业科技成果转化率低，农技指导不到位，缺乏赋能手段

整体看，农业在科技成果转化、农技指导、以及有效的科技手段上还有待提升。主要表现：一是，农业现代化生产和装备水平整体偏低，科学技术向农业科技成果实际转化率低；二是，生产经营者对先进的农业生产技术掌握与操控性差；三是，数据基础薄弱、信息化系

统不够完善、数据应用水平不高。

(五) 农业产业面临的发展制约

目前，中国农业现代化发展在加快推进的同时，也呈现出制约发展的低产低效、难运营、没出路，依赖进口等问题，其主要原因：一是，产业化规模较小，集中度低；二是，机械化程度低，人工成本高；三是，组织化与产业协同力度不足；四是，中间环节多，供应链效率低；五是，标准化与品牌化发展滞后；六是，金融服务难以满足生产需要；七是，产业决策机制不合理；八是，产业价值分配不合理；九是，利益联结缺乏紧密性；十是，农业生态环境呈恶化趋势。

(六) 面临国际市场的挑战

国际政治、经济环境日趋复杂，经济全球化进程加快，尤其是加入WTO后，中国农业面临国际形势日益严峻，粮食产品进口存在巨大不确定性，农业生产和农民收入受到了一定的影响（案图5-1、案图5-2）。

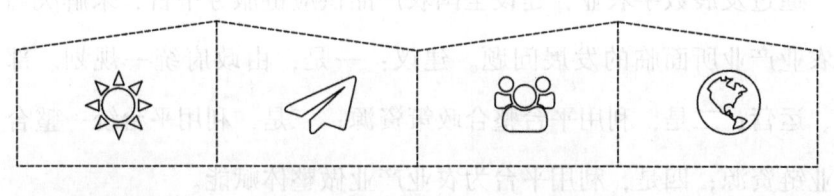

农业种植生产	农业产业体系	农业社会化体系	农业保障体系
受自然环境、国际市场、政策影响，缺少可持续盈利能力，无组织管理体系，在产业链没有话语权，利益被各环节压榨	全产业链价值分配不合理，长期以买卖关系共存，各环节互相伤害，信誉体系缺失，缺少利益联接机制，各环节无有效沟通	农业社会化服务不键全，各生产要素无连接，缺少有效服务主体，形成信息、技术、人才的壁垒，没有整体解决方案	农业产业保障不健全，没有服务标准、生产标准的制定权利，难以形成一二三产业融合

案图 5-1 产业核心问题

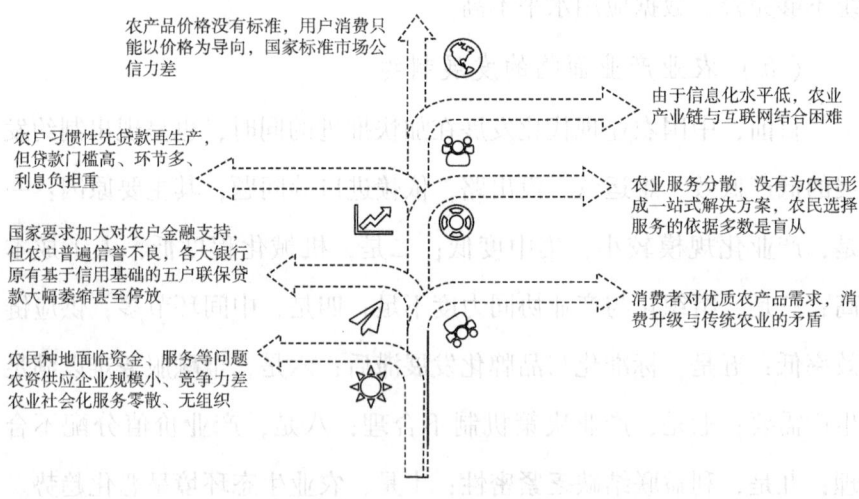

案图 5-2　产业共性问题

二、解决方案

（一）构建全国统一规划、统一部署、统一大市场云农业服务平台（案图 5-3）

通过发展数字农业，建设全国农产品供应链服务平台，来解决当前农业产业所面临的发展问题。建议：一是，由政府统一规划、部署、运营；二是，利用平台整合政策资源；三是，利用平台统一整合产业链资源；四是，利用平台为农业产业做整体赋能。

（二）统筹农业政策、支持平台建设发展，构建农业一站式服务体系

各类涉农补贴政策很难精准落地或落地效果不佳，很多补贴没有补贴到实际种植主体手中，没有起到促进粮食生产和农民增收的引导作用。基于此，通过建立大数据底座，对政府数据、产业数据、平台大数据等数据进行统一整合，并借助平台数据处理分析能力对

平台用户提供统一的各类涉农补贴政策支持,让补贴政策真正做到落实到位。

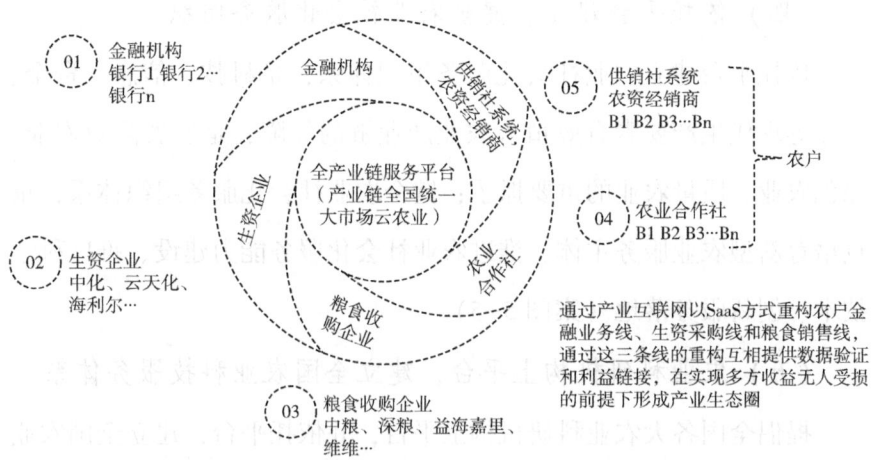

案图 5-3　构建产业链全国统一大市场云农业平台

(三) 打造产业数字引擎、发展智能城市、成就数字经济、创建混合所有制供应链服务平台

坚持政府主导、产业联合、协同发展、市场化运营相结合的原则,由政府组织成立国有控股的混合所有制运营公司,定位为农业产业运营市场主体,承载数字农业发展职能以及乡村振兴等建设任务,并运用现代农业科技把闲置的资源整合起来效益最大化,给中国的老百姓翻身的机会,让农民富起来,国泰民安,国富民强。依托农产品供应链服务平台进行宏观调控、政策导向、资源整合、服务管理。在上游种植端,为农田土地整理、种业、化肥、设备设施、金融服务等生产环节赋能;在下游销售端,为农产品销售、存储、物流、交割、战备等环节进行赋能。解决农业发展中的低产低效、难运营、没出路、依赖进口等弊端,最终促进全农业产业链升级改造,加快农业

产业链中的供给侧结构性改革,发展大农业,提升产业升级,保障国家农业安全防御经济体系的安全性、流动性、效益性(案图5-4)。

(四) 依托平台建立、健全农业社会化服务组织

依托平台建立农业社会化服务组织体系,是科技、信息、资金、人才等现代生产要素有效植入农业产业链的保障,是发展高效农业、绿色农业、质量农业的重要抓手;健全农业社会化服务组织体系,重点培育新型农业服务主体、推进农业社会化服务能力建设、推广科学技术、创新服务落地(案图5-5)。

(五) 农业科研机构上平台,建立全国农业科技服务体系

提倡全国各大农业科研机构上平台,并依托平台,建立全国农业科技服务体系,提高农业科技服务效能,解决科技服务有效供给不足、供需对接不畅等问题,推动、巩固、拓展脱贫攻坚成果同乡村振兴有效衔接。

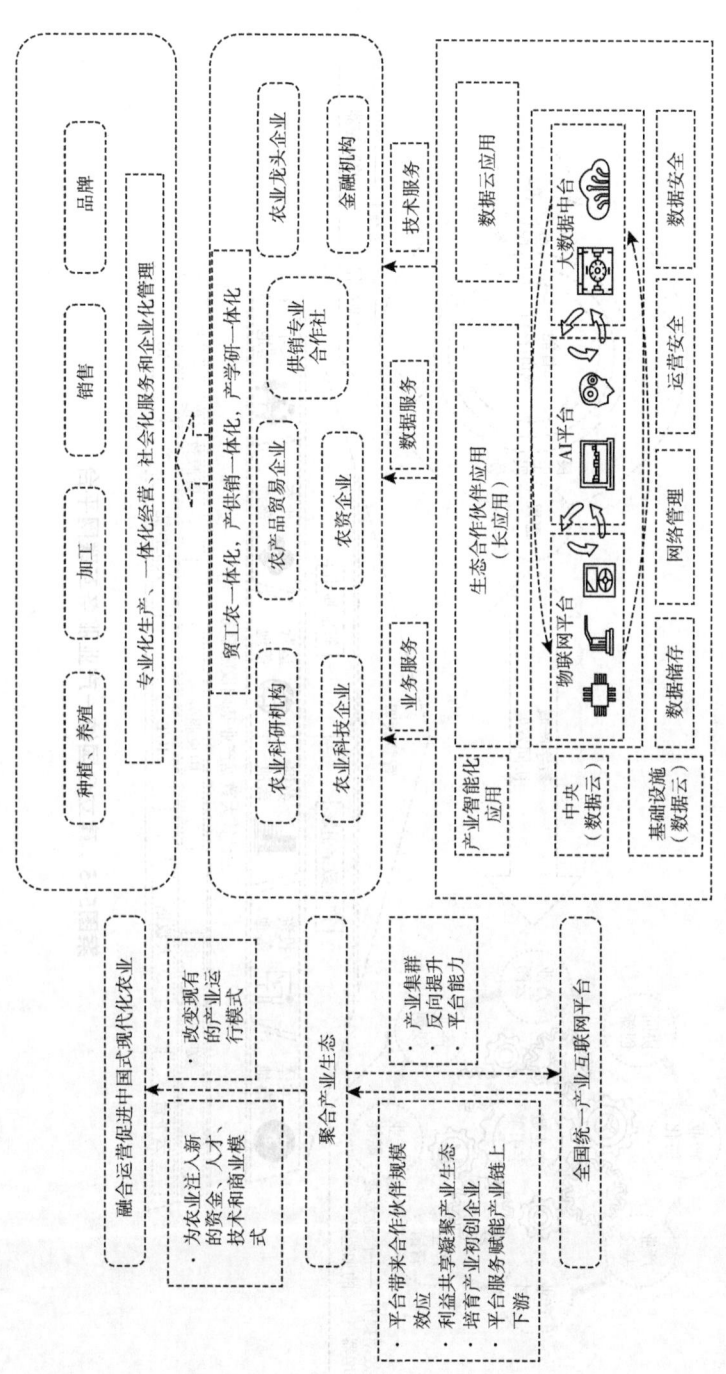

案例图5-4 打造产业数字引擎、发展智能城市、成就数字经济、创建混合所有制供应链服务平台

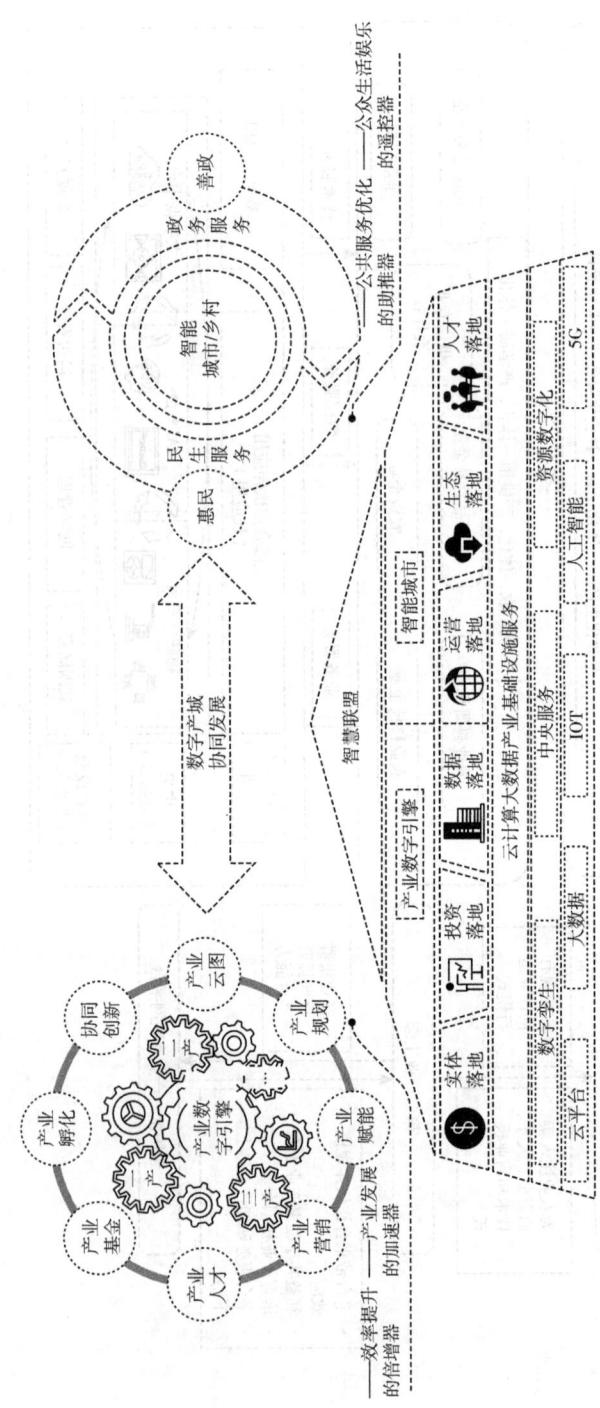

案图5-5 建立全国统一产业服务互联网平台

研究案例六 以"运城苹果"助推"经济内循环"的产业模式

运城苹果是山西省运城市特产，全国农产品地理标志。种植区域的气候属暖温带大陆性半湿润气候，年平均气温13.8℃。年平均日照为2 366.2小时，符合苹果的生长气候条件。运城苹果的种植区域水资源比较丰富，地下水为淡水，配套深井，可以将黄河水引来用于灌溉运城苹果。果型端正高桩、果色鲜艳、果肉白色、口感香脆甜爽、汁液多、酸甜可口、芳香味浓，无涩感，果面光洁细腻、耐储存。

2017年12月22日，农业部正式批准对"运城苹果"实施农产品地理标志登记保护。

山西省运城市地处北纬35度黄土高原区的优势地带，拥有得天独厚的自然、地理条件。土层深厚、光照充足、海拔高、温差大，是公认的苹果"黄金生产带"。20世纪90年代中期，运城市就开始大力发展苹果产业，距今已经有二三十年的历史。果农具有丰富的种植经验，整体素质较高。2003年，运城市农业局为了加快该地区的苹果产业发展，也为了进行更好的管理，研究编制了《优势农产品布局规划》。根据该文件的指导，农业部将运城市的平陆、临猗、万荣、芮城、盐湖五县（区）列为黄土高原优势苹果产业带重点县，而闻喜、河津、永济三个地区被列为黄土高原苹果优势产业带基地县。这些年来，在运城市政府的大力支持和国家的政策扶持下，在2015年，运城苹果就已经远销海外，到今天，运城市已经成为我国重要的苹果生产基地之一。

近年来通过打造"运城苹果"品牌，带动当地苹果产业不断做大做强，有力带动了当地农民收入增长，目前运城苹果种植面积约为185万亩，年产量80多亿斤，有果业企业、合作社上千家。2018年运城市果农人均收入突破6 000元，重点果区的果农人均收入突破万元。

运城市地处世界公认的苹果"黄金生产带"，拥有着得天独厚的地理条件。这个地理条件让运城市成为了全国出名苹果生产地。2019年，运城市苹果种植面积约为89 300公顷，同比增长了2.1%，占据了全省种植面积的58.7%。苹果总产量约为330万吨，同比增长了0.12%，占据了全省苹果产量的74.11%，相较于2015年，增长了1.68%。由案图6-1可以分析出，运城市目前已经成为山西省最大的苹果栽培区。

运城市苹果以绿色、甘甜、香脆为主要特点，深受国内外消费者的喜爱。就国际市场而言（案图6-2），运城市苹果的主要出口流向有东南亚、南亚、中亚和欧美一些地区，其中东南亚地区的销售额度最大。就国内而言，销售地区主要集中在北京、上海、浙江、广东等地区。据统计，2019年全市出口苹果约为27.3万吨，出口创汇约1.5亿元，拥有极大发展潜力。

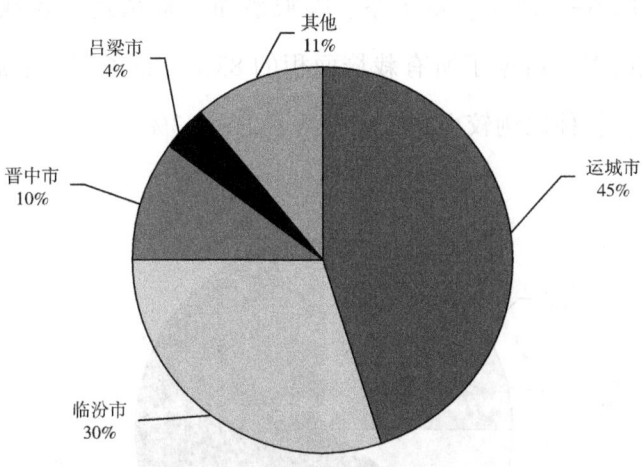

案图 6-1　2019 年山西省各地区苹果种植面积占全省比例

资料来源：山西运城果业局

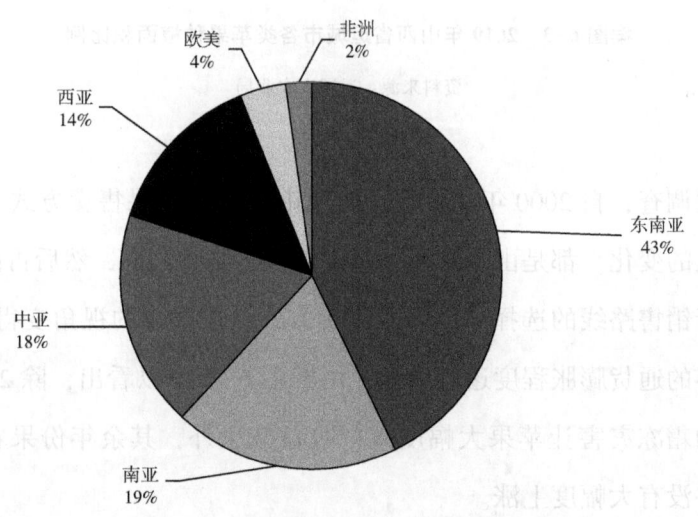

案图 6-2　2019 年运城市苹果出口地区分布

资料来源：山西运城果业局

目前，山西省进行规模化培育的苹果种类大约有 10 种，主要有富士系、嘎啦系、元帅系及其他小规模品种。在栽培品种的面积方面，如案图 6-3 所示，富士系、嘎啦系和元帅系是主要栽培品种，栽培面积居多，占据了所有栽培面积的 83%，而华冠、秦冠等我国自主品种，栽种比例较小，仅仅占据了 2% 和 3%。

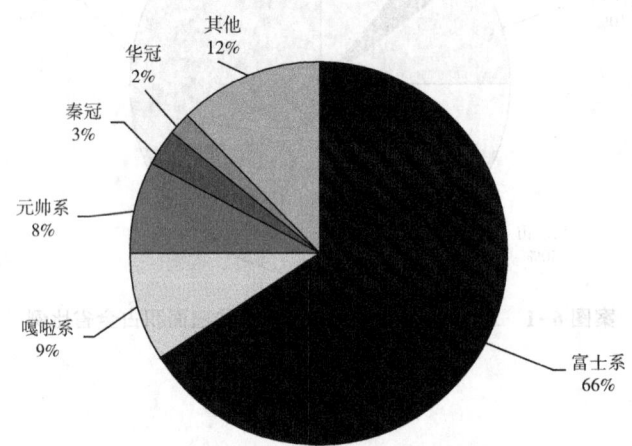

案图 6-3　2019 年山西省运城市各类苹果种植面积比例

资料来源：运城市农业局

据调查，自 2000 年到今天，运城市地区的苹果售卖方式一直没有太大的变化。都是由果农自行将苹果售卖给收购商，然后再由收购商进行销售路线的选择。单一的售卖方式，让果农的视角变得狭隘，近几年的通货膨胀程度逐年增加，由案图 6-4 可以看出，除 2018 年罕见的霜冻灾害让苹果大幅度减产收益减少外，其余年份果农的收入却并没有大幅度上涨。

传统的销售方式，让运城地区的苹果产业发展缓慢，种植面积的增加却没有明显提高果农的收益。增加销售渠道，让更多的利益进入农户的口袋，是目前必须要解决的问题。

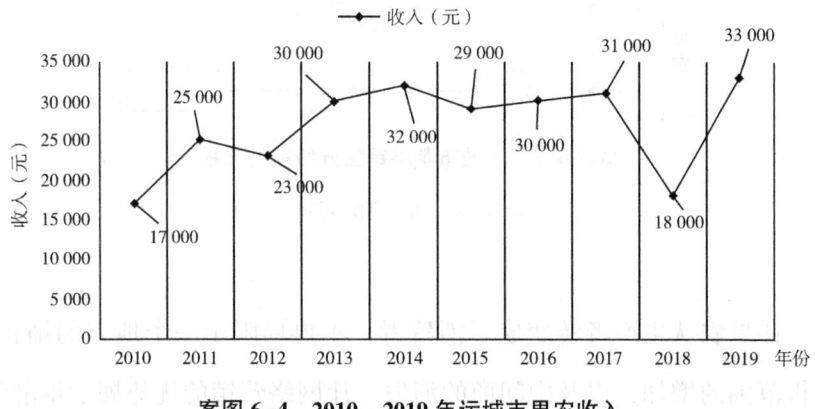

案图 6-4　2010—2019 年运城市果农收入

资料来源：编者调研得知

当前要解决的主要问题

（一）减少中间商介入

运城市的苹果种植产业相对成熟，但销售渠道及相关旧处于加工产业依旧处于较为弱势的阶段。对于果农来说，大部分会将苹果直接卖给收购商，由收购商在进行之后的销售。这个过程一般会经过两三个中间商，才会到达消费者手中。中间的利润被剥削了三四层，甚至，最低的收购价格为 0.6 元/斤，这已经是接近成本的价格了。

因此，如案图 6-5、案图 6-6 所示，果农可以改变这种销售模式，直接将苹果售卖给代理商，然后由代理商进行出售，这样，减少了中间商的存在，果农能够得到更多的利益。也可以经由村子出面，建设加工厂，然后将本村的苹果全部卖给加工厂，这样果农的收益被明显提高，地区的苹果产业也得到进一步优化。

（二）网络销售

互联网时代到来的今天，农村电商存在着极大的商机。网络销

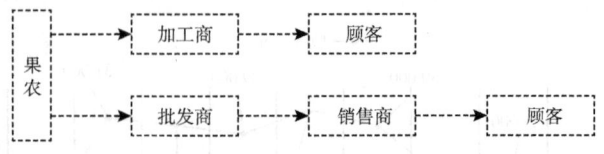

案图 6-5　运城市苹果销售升级前的流程

资料来源：编者调研得知

售，让果农从生产者转变成了消费者，不再局限于一个地方的销售。销售范围的增加，以及中间商的消失，让网络营销的优势展示得淋漓尽致。

以乡县为基础站，建设农村合作社，并采用电子营销战略。以乡县内的电子科技公司为中心力量，与阿里巴巴、京东等电商公司合作，实现线上与线下相互融合的销售模式。占据网络销售平台，将运城市苹果的品牌打响，在全国销售范围内，占据有地位。

（三）外包销售

根据天水的苹果产业升级的启发，为了让运城市的苹果产业合理发展，并解决滞销的风险，可以采用外包销售的策略。由于大量的同种类苹果在同一时间上市，让市场上的供给需求得不到平衡。因此，可以同当地的学院、研究所、加工商、新能源开发商、国外收购商等客户签订外包协议，将一个地区的苹果全部外包出去，根据需求进行种植。这样，当地的苹果产业能够进一步升级，果农也不用担心苹果滞销的风险，也对减轻本地市场压力作出一定贡献。

（四）农超对接

农超对接，指的是农户和商家签订意向性协议书，由农户直接向超市、菜市场等地方直供农产品的新型流通方式。这种流通方式，让个体农户和市场直接对接起来,实现了商家、农民和消费者的共赢。

农超对接在国外被普遍采用,目前,亚太地区采用这种销售模式的比重达到了70%,欧美市场更是到了80%,但在中国市场,却仅仅只占有15%。运城市周边农村居多,近几年由于政府的大力支持,交通十分便利。如果能够实现农超对接,那么不仅能够带动城市的苹果市场,也让运城市地区周边农村一些滞销的水果能够进行贩卖,不仅解决了贮存条件不良的难题,也为辛勤劳作的果农带去了不菲的收益,详见案图6-6。

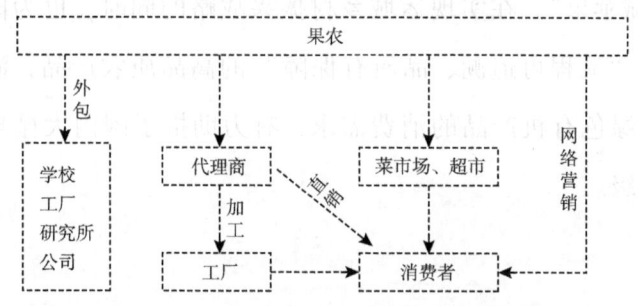

案图6-6 运城市苹果销售升级后的流程

资料来源:编者调研得知

"实行统一管理,施有机肥,不打化学农药,果园有机质含量达1.8%以上。这样种出来的苹果着色更红,含糖更高",临猗县角杯乡上豆氏村果农吴中定说。

"对运城果农来说,不少新理念、新技术成了他们的'家常便饭';从无公害到有机苹果,高品质果品的比例大幅提升。这些成为运城苹果提升核心竞争力的关键。"运城果业发展中心主任潘建祖说。

"运城苹果好吃、好看、好卖,我们布拉戈维申斯克的市民都喜欢它。"在运城采购苹果的俄罗斯商人亚历山大·哈巴洛夫说。

从开花到下树采摘，一个苹果要经过疏花、疏果、套袋、脱袋、转果等12道工序，这就是运城苹果管理的标配，"运城苹果"这个响当当的品牌就是从标准化果园里精心管理出来的。根据市场要求，运城市倒逼苹果生产质量安全监管体系建设，使苹果生产有记录、流向可追踪、信息可查询、质量可追溯。运城还将注册果园园主组织起来，与阿里巴巴、京东等电商巨头合作，让运城苹果通过电商渠道，实现了线上线下经营。

"运城苹果"，在实现运城乡村振兴战略的同时，也为国内大循环提供了"流程可追溯、品质有保障"的高品质农产品，满足了城市居民对绿色有机产品的消费需求，有力助推了国内大循环的发展和产业升级。

研究案例七 以"竹泉村"为代表的"外部资金撬动模式"

竹泉村位于山东省临沂市沂南县铜井镇,距县城 12 千米,距离临沂市区约 65 千米,约 1.5 小时车程。由明朝末年河南巡抚高名衡的堂兄弟高名寔迁此地隐居建成,迄今已有四百多年的历史。竹泉村背倚玉皇山,中有石龙山,左有凤凰岭,右有香山河,前有千顷良田。因村中有一清泉,泉边多竹,得名竹泉村。竹泉村的竹林、泉水、古村落的自然形态和各种民俗项目的展示保护是当下中国美丽乡村建设的典范,详见案图 7-1、案图 7-2。

案图 7-1 竹泉村一角

案图7-2　竹泉村荣誉墙

村庄占地面积1 800亩，包括竹泉村景区、红石寨景区、桃花峪溶洞景区和原始森林景区等。2007年，青岛龙腾集团确定独资开发竹泉村，并决定投资1.56亿元进行整体打造。

一、开发理念

竹泉村在开发之初，秉承"先保护、后开发"的原则，确定了建设新村，腾空古村的"一古一新"理念：古是指最大限度保留古村原有风貌系统，打造旅游接待服务吸引核；新是指按照乡村振兴的标准并结合居民现代生活需求建设新村，安置村民，详见案图7-3。

竹泉村依托沂蒙古村生态环境和民俗系统为资源优势和文化特色，打造沂蒙特色显著、泉乡个性凸显、竹乡景观诱人、农家风情留人的，融体验、度假、休闲和观光功能于一体的沂蒙山乡综合性旅居目的地。

案图 7-3　竹泉村古建修复图

二、获得荣誉

竹泉村于 2009 年被山东省旅游局命名为逍遥游示范点、自驾游示范点；2010 年被评为国家 AAAA 级旅游景区，2014 年由农业部、住建部、国家旅游局、国家新闻出版广电总局、中央电视台授予沂南竹泉村"中国十大最美乡村"的荣誉称号。2016 年 11 月，竹泉村被住房和城乡建设部等部门列入第四批中国传统村落名录公示名单。

三、产业规划

1. 发展乡村生态旅游业，引爆村庄发展

利用村庄世外桃源般美景和独特沂蒙乡村文化，开发具有沂蒙特色的乡村休闲旅游业。按照乡村文化旅游目的地的要求，提升自然休闲内涵，开发生态旅游业态，引导传统农耕逐步向农业观光、农事体验、农居度假等附加值高的乡村旅游发展。

2. 培育特色文化村，树立村庄品牌

编制古村落保护开发规划，强化村庄保护。在充分挖掘和保护古村落民居、古树名木和民俗文化等的基础上，美化村庄人居环境，将历史文化底蕴转变为具备生活体验内容的特色文化村。挖掘沂蒙传统农耕文化、山水文化、人居文化中的生态思想，打造成为弘扬农村生态文化的重要基地。

3. 发挥更大的社会效益，进一步带动当地经济发展

深入推进标准化创建，发挥示范带动作用。充分利用各类营销宣传渠道，推动生态文明建设，为当地村民开拓新的收入增长点，助推地方经济发展。

四、运作模式

1. 实施政府指导、市场运作与村民自主有机结合的整体运作模式

青岛龙腾集团作为竹泉村投资开发的主体，决定了由市场主导的首要原则，开发、经营和管理均采取市场化运作。县、镇两级政府分别成立旅游开发建设指挥部，选派专人专岗，出台扶持政策，协调处理关系，解决制约因素。

2. 规划先行，统筹兼顾景区的开发建设

秉承"保护性开发"的原则，高起点规划，将生态保护和地方历史文化内涵的发掘作为规划的重点，坚持在传承中发扬、在保护中开发。通过有效的开发，形成新旧两个竹泉村，景观相互映衬，功能互为补充，形成互利共赢的局面。

3. 因地制宜,打造发展新模式

利用竹林、泉水、古村落的资源优势,以古村生态和沂蒙民俗为文化特色,大力开发乡村休闲旅游业态。推进"一古一新"两个竹泉协调发展,古村保留原有风貌,打造成为旅游接待休闲产业聚集地,新村按照现代新生活标准,为村民提供宽敞舒适的居住环境。村民利用宅院,发挥专长,围绕"古村"开展旅游生意。两村和谐发展,村民安居乐业。这种超前的规划理念、新颖的产品设计,多赢的开发方式被誉为"竹泉模式"。

4. 以人为本,生产、生活、生态和谐发展

一是居住环境得到改善。新村按照高标准的规划设计,对生活用电、自来水、路灯架设、路面硬化、水冲厕所、沼气等设施进行统一的配套建设,并栽植绿化树木,形成规划整齐、环境整洁、配套完善的生态宜居村落。二是生态环境得到保护。确定控制区域,对控制区内地下水开采、矿产资源利用、植被保护等进行严格管理。在景区的精心管理下,村内竹林面积逐步扩大,品种逐年增多,原有的臭水沟变成绿柳垂阴、鱼虾戏水的景观河道。三是村民的文明程度得到了极大提高。游客的增多带来了更多的信息,改变了村民的观念。城市游客的增多,使村民剩余而零星的农副产品成为商品,不仅增强了村民的商品意识,更增强了村民根据社会需求生产商品的意识。四是劳动就业得到改善提高。景区开发建设,对规划区内的农民土地采取了租赁政策,村民有了旱涝保收的土地收入,同时景区建设和管理需要大量的劳动力和辅助劳力,又有一大部分村民有了新的经济来源。旅游区的经营,又带动了周边特别是竹泉新村的第三产业,如零售商业、餐饮业、"农家乐"服务业等。

5. 管理规范，公共服务体系完善

竹泉村安全管理制度、环境卫生等各项制度健全，并设有应急预案，通过几年的完善，已逐渐形成一套具有普遍性和标准化的制度体系。有标准的游客服务中心和医疗救护点，能集中处理垃圾，所有污水经处理达标后才排放，形成了整洁、完善的环境基础设施。

6. 保障项目投入，推进建设制度

公司按照涵盖农村基础设施建设标准体系、环境提升标准体系、服务保障标准体系、产业经营标准体系和公共服务标准体系的美丽乡村标准体系，每年安排专项资金投入美丽乡村建设，同时，努力争取各种渠道的政策资金，为美丽乡村的开发建设提供资金保障，力求打造生态旅游精品。

7. 积极参与旅游标准化示范企业创建，提供项目支撑

2015 年，景区所在的沂南县被原国家旅游局列为旅游标准化试点县，竹泉村被列为第一批试点单位，各项标准建设正在不断提升和完善，旅游环境得到进一步优化，服务质量进一步提升，为生态文明（美丽）乡村标准化示范区建设提供了有力的支撑。

附录

附 录

附录1 国家乡村振兴重点政策扶持项目与文件一览表

序号	扶持项目和工程	发文部门	政策名称	政策要求	扶持资金
1	国家现代农业产业园	农业部 财政部	《农业部财政部关于开展国家现代农业产业园创建工作的通知》	按照"一年有起色、两年见成效、四年成体系"的总体安排，建成一批产业特色鲜明、要素高度聚集、设施装备先进、生产方式绿色、经济效益显著、辐射带动有力的国家现代农业产业园	根据产业园的规划面积、园内农业人口数量、地方财政支持情况等因素，中央财政通过以奖代补方式对批准创建的国家现代农业产业园给予适当支持

431

（续表）

序号	扶持项目和工程	发文部门	政策名称	政策要求	扶持资金
2	国家现代农业庄园	国家旅游局、农业部	《国家旅游局农业部关于组织开展国家现代农业庄园创建工作的通知》	到2020年，建成100个国家现代农业庄园，基本形成布局科学、结构合理、特色鲜明、效益显著的庄园经济带	各级旅游和农业主管部门要联合出台扶持政策，整合财政资金，引导社会资本，集中多方力量，重点支持现代农业庄园建设和发展
3	特色农产品优势区	国家发展改革委、农业部、国家林业局	《特色农产品优势区建设规划纲要》	到2020年，围绕特色粮经作物、特色园艺产品、特色畜产品、特色水产品、林特产品五大类，创建并认定300个左右国家级特优区	建立健全事权和财政资金投入保障机制；鼓励地方按照政策规定整合相关涉农资金，集中力量支持特色产业发展的关键领域、关键环节、关键区域
4	农业绿色发展先行区	农业部等八部门	《关于启动第一批国家农业可持续发展试验示范区开展农业绿色发展先行先试工作的通知》	通过3年左右的努力，农业绿色发展理念深入人心，因地制宜总结一批农业绿色发展模式和技术集成，提炼推广一批农业绿色发展制度，努力形成农业绿色生产方式和绿色生活方式	省、市、县各级农业等主管部门要积极争取对试验示范区的政策扶持，现有农业资源与生态环境方面的资金应向试验示范区倾斜，为先行先试工作提供保障

附录1 国家乡村振兴重点政策扶持项目与文件一览表

（续表）

序号	扶持项目和工程	发文部门	政策名称	政策要求	扶持资金
5	农业可持续发展试验示范区	农业部等八部门	《关于印发国家农业可持续发展试验示范区建设方案的通知》	到2020年，试验示范区的农业产业布局与资源环境承载力逐步匹配；到2030年，全国范围内供给保障有力，资源利用高效，产地环境良好，生态系统稳定，农民生活富裕，田园风光优美的农业可持续发展新格局基本确立	现有各类农业资金与生态环境资金项目应向试验示范区倾斜；积极引导各类资金投入试验示范区建设
6	农村一二三产业融合发展先导区	农业部	《农业部办公厅关于支持创建农村一二三产业融合发展先导区的意见》	按照"一年有规划、两年有起色、三年见成效"的总体安排，力争在全国范围内培育打造和创建一批产业融合方式先进，经济效益显著，农民集群发展高效，与农民利益联结紧密的融合发展先导区	各地要以融合发展先导区为平台，以创新型农业经营主体为依托，在不改变农资金用途和管理要求的基础上，统筹使用各项涉农资金，用于融合发展先导区项目建设

（续表）

序号	扶持项目和工程	发文部门	政策名称	政策要求	扶持资金
7	农村创业创新园区（基地）	农业部等二十部门	《关于促进农村创业创新园区（基地）建设的指导意见》	到2020年，在全国建设一大批标准较高、服务优、带动作用强的农村创业创新园区（基地），为返乡下乡人员创业创新提供高效便捷的场所和服务	支持农村创业创新园区（基地）积极筹措资金，积极为园区（基地）经营主体争取资金支持
8	农业产业化联合体	农业部等六部门	《关于促进农业产业化联合体发展的指导意见》	坚持市场主导，坚持农民自愿，坚持民主合作，坚持兴农富农	将现有支持龙头企业、农民合作社、家庭农场发展的农村一二三产业融合、农业综合开发等相关项目资金，向农业产业化联合体内符合条件的新型农业经营主体适当倾斜
9	高标准农田	国农办、国家发展改革委等八部门	《关于开展农业综合开发高标准农田建设模式创新试点的通知》《关于扎实推进高标准农田建设的意见》	实施藏粮于地、藏粮于技战略，以确保谷物基本自给、口粮绝对安全和保障重要农产品有效供给	各地要结合实际，以县为单位，探索多种形式的资金整合模式

(续表)

序号	扶持项目和工程	发文部门	政策名称	政策要求	扶持资金
10	农产品质量安全追溯示范试点	农业部	《农业部关于加快推进农产品质量安全追溯体系建设的意见》	建立全国统一的追溯管理信息平台，制度规范和技术标准，选择苹果、茶叶、猪肉、生鲜乳、大菱鲆等几类农产品统一开展追溯试点，逐步扩大追溯范围	支持引导社会资本参与追溯体系建设，形成多元化的资金投入机制，完善追溯技术研发与相关产业促进政策
11	农作物秸秆综合利用试点	农业部 财政部	《农业部财政部关于开展农作物秸秆综合利用试点促进耕地质量提升工作的通知》	围绕加快构建环京津冀生态一体化屏障的重点区域，选择农作物秸秆焚烧问题较为突出的河北、山西、内蒙古、辽宁、吉林、黑龙江、江苏、安徽、山东、河南10省（区）开展秸秆综合利用试点	农作物秸秆综合利用试点采取"以奖代补"方式，中央财政根据试点省秸秆综合利用情况予以适当补助，补助资金由试点省根据试点任务自主安排

(续表)

序号	扶持项目和工程	发文部门	政策名称	政策要求	扶持资金
12	农产品电子商务工程	商务部 农业部	《商务部农业部关于深化农商协作大力发展农产品电子商务的通知》	开展农产品电商出村试点,打造农产品电商供应链,推动农产品产销衔接,实施农村电商百万带头人计划,提高农产品网络上行的综合服务能力,强化农产品电子商务大数据发展应用,大力培育农业农村品牌,健全农产品质量安全检测和追溯体系,开展农产品电子商务标准化试点,加强监测统计和调查研究	创新投融资机制,充分发挥信息进村入户试点、电子商务进农村综合示范及相关政策资金融合,电子商务进农村综合示范及相关政策资金作用,带动地方财政和社会投资,以奖代补、贷款贴息、政府购买服务,鼓励政府和社会资本合作等
13	信息进村入户工程	农业部	《农业部办公厅关于开展信息进村入户工程整省推进示范的通知》	在辽宁、江苏、江西、河南、四川和吉林、黑龙江、浙江、重庆、贵州等10省市开展信息进村入户工程整省推进示范,并鼓励其他省份自行开展整省推进工作	各省(区、市)农业部门要积极争取省级财政资金支持,同时,通信、保险、银行、电商等企业合作,因地制宜采取PPP等方式建设运营益农信息社

436

（续表）

序号	扶持项目和工程	发文部门	政策名称	政策要求	扶持资金
14	新型职业农民培育工程	农业部	《"十三五"全国新型职业农民培育发展规划》	到2020年，新型职业农民队伍不断壮大，总量超过2000万人，务农农民职业化程度明显提高	中央财政继续通过专项补助支持新型职业农民培育工作，各地也要加大投入，提高标准，实行差异化补助
15	一村一品示范村镇	农业部	《农业部办公厅关于申报第七批全国一村一品示范村镇的通知》	示范村镇由县级农业主管部门进行申报。示范村镇主导产业应是特色种植业、养殖业、传统手工业、文化传承，也可以是乡村休闲、农业社会化服务等乡村电子商务行业	品牌建设试点示范村镇在优势品牌打造、产品宣传推介、人员素质提升、农业社会化服务等方面进行补助，每个项目资金申请额度为10万~15万元
16	农业大灾保险试点	财政部	《关于在粮食主产省开展农业大灾保险试点的通知》	在13个粮食主产省200个产粮大县，面向适度规模经营农户开展农业大灾保险试点	对试点县面向全体农户的、保险金额覆盖直接物化成本部分的基础农业保险保费，在省级财政补贴至少25%的基础上，中央财政对中西部地区补贴47.5%，对东部地区补贴45%；对试点县面向适度规模经营农户的、保险金额覆盖地租成本部分的专属农业保险保费，中央财政对中西部地区补贴47.5%、对东部地区补贴45%

(续表)

序号	扶持项目和工程	发文部门	政策名称	政策要求	扶持资金
17	乡村就业创业促进行动	农业农村部	《关于大力实施乡村就业创业促进行动的通知》	力争到2020年，培训农村创业创新人才40万人，培育农村创业创新带头人1万名，宣传推介优秀带头人典型300个；培育100名国家级、1 000名省级和1万名市县级农村创业创新导师；建设300个国家农村创业创新园区（基地）、100个全国农村创业创新人员培训基地。建立促进就业创业的政策体系、工作体系和服务体系，促进乡村就业创业规模水平明显提升	积极争取金融、投资和相关部门的支持，完善乡村就业创业合作机制
18	家庭农场	农业部	《关于促进家庭农场发展的指导意见》	紧紧围绕提高农业综合生产能力、促进粮食生产，要增效和农民增收来开展，重点鼓励和扶持家庭农场发展粮食规模化生产	加强与有关部门沟通协调，推动落实涉农建设项目，财政补贴、税收优惠、信贷支持、抵押担保、农业保险、设施用地等相关政策，帮助解决家庭农场发展中遇到的困难和问题

438

(续表)

序号	扶持项目和工程	发文部门	政策名称	政策要求	扶持资金
19	农业互联网小镇	农业部	《关于开展农业特色互联网小镇建设试点的指导意见》	力争到2020年,在全国范围内试点建设,认定一批产业支撑好、体制机制灵活、人文气息浓厚、生态环境优美、信息化程度高、多种功能叠加、具有持续运营能力的农业特色互联网小镇	创新投融资机制,拓展融资渠道,鼓励利用财政银行和其他金融资本,鼓励社会资本,动社会资本,鼓励银行和其他金融机构加大金融支持力度
20	田园综合体	财政部	《关于开展田园综合体建设试点工作的通知》	围绕田园综合体的建设目标和功能定位,重点抓好生产体系、产业体系、经营体系、生态体系、服务体系、运行体系等六大支撑体系建设	中央财政从农村综合改革转移支付资金、现代农业生产发展资金、农业综合开发补助资金中统筹安排,试点项目资金和项目管理具体政策由地方自行研究确定
		国家农业综合开发办公室	《关于开展田园综合体建设试点工作的补充通知》	国家农业综合开发重点支持河北、山西、内蒙古、福建、山东、四川、广西、海南、重庆、四川、云南、陕西10个省份开展田园综合体建设试点,每个试点省份安排试点项目1个	2017年,河北、山东、四川等粮食主产省安排中央财政资金5 000万元,山西、福建、广西、海南、重庆、云南、陕西等非粮食主产省安排中央财政资金4 000万元

439

(续表)

序号	扶持项目和工程	发文部门	政策名称	政策要求	扶持资金
21	土地整治规划	国土资源部、国家发展改革委员会	《全国土地整治规划（2016—2020年）》	高标准农田建设加快推进，耕地数量质量保护全面提升，城乡建设用地整理取得积极成效，土地复垦和土地生态整治力度加大，土地整治制度能力建设进一步加强	以高标准农田为例，规划期内建成4亿~6亿亩高标准农田，根据以往实际投入测算，亩均投资1 800元，总投资需7 200亿~10 800亿元
22	跨省域补充耕地指标调剂	国务院办公厅	《跨省域补充耕地国家统筹管理办法》	耕地后备资源严重匮乏的直辖市，由于城市发展和基础设施建设等占用耕地，新开垦耕地不足以补充占用耕地的，可申请国家统筹补充；资源环境条件严重约束、补充耕地能力严重不足的省，由于实施重大建设项目造成补充耕地缺口的，可申请国家统筹补充	国家统筹补充耕地经费标准根据补充耕地类型和粮食产能确定。补充耕地每亩5万元（其中，水田每亩10万元），补充耕地标准粮食产能每亩每百公斤1万元，两项合计确定国家统筹补充耕地经费标准

附录1 国家乡村振兴重点政策扶持项目与文件一览表

（续表）

序号	扶持项目和工程	发文部门	政策名称	政策要求	扶持资金
23	国家级海洋牧场示范区	农业部	《国家级海洋牧场示范区建设规划（2017—2025）》	到2025年，在全国创建区域代表性强、生态功能突出、具有典型示范和辐射带动作用的国家级海洋牧场示范区178个	整合渔业现有的支持政策，在有关项目和资金安排上对海洋牧场建设予以重点倾斜
24	国家农业科技园区	科技部等六部门	《国家农业科技园区发展规划（2018—2025年）》	到2020年，构建以国家农业科技园区为引领，以省级农业科技园区为基础的层次分明、功能互补、特色鲜明、创新发展的农业科技园区体系；到2025年，把园区建设成为农业科技成果转化与孵化25移转化的创新高地，农业高新技术产业及其服务业集聚的核心载体，农村大众创业、万众创新的重要阵地，产城镇乡融合发展与农村综合改革的示范典型	结合中央财政科技计划（基金、专项等）管理改革，通过技术创新引导专项（基金）、"三区"人才计划、"三区"人员专项计划等，支持科技园区开展农业科技成果转化、创新创业示范

441

（续表）

序号	扶持项目和工程	发文部门	政策名称	政策要求	扶持资金
25	国家中医药健康旅游示范区	国家旅游局，国家中医药管理局	《关于开展国家中医药健康旅游示范区（基地、项目）创建工作的通知》	用3年左右时间，在全国建成10个国家中医药健康旅游示范区，100个国家中医药健康旅游示范基地，1 000个国家中医药健康旅游示范项目	省级旅游和中医药管理部门应对获得国家中医药健康旅游示范基地、示范项目的单位在专项资金、规划编制、人才培训、宣传推广等方面给予大力支持
26	中国乡村旅游创客示范基地	国家旅游局	《国家旅游局办公室关于开展中国乡村旅游创客示范基地推荐认定工作的通知》	项目范围为乡村旅游资源丰富，基础扎实，态势良好，并制定出台了务实、优惠的招募和引进乡村旅游创客具体政策的行政村或乡村旅游集聚区	示范基地建设好的地区，各级旅游部门要在项目、资金、培训、宣传和品牌建设等方面给予倾斜
27	雪亮工程	国家发展改革委等九部门	《关于加强公共安全视频监控建设联网应用工作的若干意见》	到2020年，基本实现"全域覆盖、全网共享、全时可用、全程可控"的公共安全视频监控建设联网应用，全视频监控治安防控、优化交通出行、服务城市管理、创新社会治理等方面取得显著成效	各地应将重点公共区域的视频监控系统建设、联网和维护经费列入本级政府财政预算，建立与经济社会发展相适应的经费保障机制；相关部门应指导本行业、领域依法依规履行安全责任，确保资金投入

442

(续表)

序号	扶持项目和工程	发文部门	政策名称	政策要求	扶持资金
28	智慧健康养老应用试点	工业和信息化部等三部门	《关于开展智慧健康养老应用试点示范的通知》	一是支持能提供成熟智慧健康养老产品的企业；二是支持为辖区内居民提供智慧健康养老服务的街道或乡镇；三是支持推广智慧健康养老产品和服务，形成产业集聚效应和示范带动作用的示范基地	鼓励各级政府部门和社会各界加大对应用试点示范工作的支持力度。从政策、资金、资源配套等多方面扶持示范企业做大做强
29	电子商务进农村综合示范	财政部	《关于开展2017年电子商务进农村综合示范工作的通知》	示范地区电商服务站点行政村和建档立卡贫困村覆盖率均达到50%左右，农村网络零售额同比增长20%，农产品网络零售额同比增长30%，电商培训人数3 000人次以上	鼓励各地优先采取股权投资、政府和社会资本合作（PPP）、以奖代补、贷款贴息等支持方式，通过中央财政资金引导带动社会资本共同参与农村电子商务工作

(续表)

序号	扶持项目和工程	发文部门	政策名称	政策要求	扶持资金
30	深度贫困地区教育脱贫攻坚	教育部、国务院扶贫办	《深度贫困地区教育脱贫攻坚实施方案（2018—2020年）》	到2020年，"三区三州"等深度贫困地区教育总体发展水平显著提升，实现建档立卡贫困人口教育基本公共服务全覆盖	对通过职业教育东西协作到东部地区省（市）接受中职教育的建档立卡贫困家庭学生，西部地区省（市）从财政扶贫资金中按照每生每年3 000元左右的标准给予资助，东部地区省（市）从东西扶贫协作财政援助资金中按照不少于每生每年1 000元的标准给予资助
31	农村留守儿童关爱保护和困境儿童保障示范	民政部	《关于开展全国农村留守儿童关爱保护和困境儿童保障示范活动的通知》	建立运行监测预防、强制报告，应急处置，评估帮扶，监护干预"五位一体"的救助保护机制	县级政府通过统筹现有资金渠道，积极引入社会资本等方式支持农村留守儿童和困境儿童相关工作

附录1 国家乡村振兴重点政策扶持项目与文件一览表

（续表）

序号	扶持项目和工程	发文部门	政策名称	政策要求	扶持资金
32	农村医疗	国务院	《关于整合城乡居民基本医疗保险制度的意见》	推进城镇居民医保和新农合制度整合，逐步在全国范围内建立起统一的城乡居民医保制度	
	远程医疗	国务院办公厅	《国务院办公厅关于推进医疗联合体建设和发展的指导意见》	大力发展面向基层、边远和欠发达地区的远程医疗协作网，鼓励地方的公立医院向基层医疗卫生机构提供远程医疗服务，提高区域内疑难重病诊疗能力、县级医院综合能力以及远程医疗协作水平	
	基本公共卫生服务项目补助	财政部、卫生部	《关于促进基本公共卫生服务逐步均等化的意见》《基本公共卫生服务项目补助资金管理办法》《基层医疗卫生机构财务制度》	到2020年，基本公共卫生服务逐步均等化的机制基本完善，重大疾病得到有效控制，危险因素健康水平得到控制，城乡居民健康水平进一步提高	

(续表)

序号	扶持项目和工程	发文部门	政策名称	政策要求	扶持资金
33	农村物流网络节点体系建设	交通运输部	《关于进一步加强农村物流网络节点体系建设的通知》	加快建成一批农村物流功能突出、服务"三农"效益显著的网络节点,推动实现"建设标准化、管理规范化、服务多元化",全面提升农村物流服务水平	各级交通运输主管部门应加大对农村物流网络节点体系建设的支持力度,积极筹措资金
34	四好农村路	交通运输部	《关于推进"四好农村路"建设的意见》《"四好农村路"督导考评办法》	到2020年,全国乡镇和建制村全部通硬化路,养护经费全部纳入财政预算,具备条件的建制村全部通客车,乡、村三级农村物流网络基本建成覆盖县,实现"建好、管好、护好、运营好"农村公路的总目标	加快建立以公共财政分级投入为主、多渠道筹措为辅的农村公路建设资金筹措机制

附录2 专家解读《中华人民共和国乡村振兴促进法》

2021年4月29日,《中华人民共和国乡村振兴促进法》(下称《乡村振兴促进法》)由第十三届全国人民代表大会常务委员会第二十八次审议通过,该法自2021年6月1日起施行。

《乡村振兴促进法》是我国第一部直接以"乡村振兴"命名的法律,也是一部全面指导和促进乡村振兴的法律。

在未来,它将如何促进乡村振兴,如何规范乡村振兴战略中的种种现象和行为?新京报邀请了中国农业大学教授、农业与农村法制研究中心主任任大鹏,讲述《乡村振兴促进法》起草前后的故事,辨析《乡村振兴促进法》中备受关注的焦点问题。

《乡村振兴促进法》是一部什么样的法?

新京报:《乡村振兴促进法》中的"促进"该怎样理解?

任大鹏:法律从调整的方法区分,有主体法、行为法、促进法等不同类型,《乡村振兴促进法》属于典型的促进法,因而更多是规定国家、各级人民政府及有关部门,围绕乡村振兴战略应当履行的职责进行规范。

新京报：怎样看出促进的主要对象是政府及有关部门？

任大鹏：这部法律中，"国家"一词出现了 52 次，"政府"一词出现了 77 次，"各级人民政府"一词出现了 35 次，"部门"一词出现了 13 次。据此可以看出，本法的重心就是规范各级人民政府及有关部门，在实施乡村振兴战略中的行为和应当承担的责任。从法律意义上讲，这既是政府及有关部门的权力，也是其应当承担的义务，政府应当履行的义务没有履行的，也是违法行为。

新京报：如果没有履行义务，是否要承担相应的法律责任？

任大鹏：《乡村振兴促进法》除了为政府及有关部门设定职责外，还专章规定了监督检查制度，从考核评价、评估、报告、检查、监督等方面明确了责任追究体系，以确保政府及相关部门依法履行职责，使本法规定的主要制度得以全面贯彻实施。

《乡村振兴促进法》促进哪些事务？

新京报：这是第一部直接冠以乡村振兴的法律，与其他涉及农业农村相关的法律有何不同？

任大鹏：到目前为止，我国已经颁布了近 30 部与农业农村密切相关的法律，这些法律，通常是对农业农村发展、尤其是农业产业发展的某一方面制定相关的制度规范，缺乏农业农村全面发展的总体性保障制度。

党的十九大报告提出实施乡村振兴战略，各部门、各地方、各相关机构都以极大的热情投入乡村振兴实践中，通过立法方式促进乡村振兴战略实施，既是党中央的要求，也是实践的迫切需要。

《乡村振兴促进法》是关于乡村振兴的全局性、系统性的法律保障。根据党中央提出实施乡村振兴战略的总体要求和目标，围绕乡村振兴的法律制度需求，《乡村振兴促进法》确立了重要的法律原则和具体制度。在本法第一条规定的立法目的中，特别强调了三个全面，即促进农业全面升级、农村全面进步、农民全面发展，体现了党中央近年来关于实施乡村振兴战略的重要指导思想。

新京报：具体来说，《乡村振兴促进法》将促进哪些方面的事务？

任大鹏：第一，法律规定的促进对象，不仅涉及传统的种植业、养殖业，还包括支持特色农业、休闲农业、现代农产品加工业、乡村手工业、绿色建材、红色旅游、乡村旅游、康养和乡村物流、电子商务等农业新产业、新业态的发展。第二，法律规定的促进对象，不仅是农村基础设施的改善，还包括了农村社会生活和人居环境改善，第三，法律规定的促进对象，不仅是农民收入的增长，还涵盖了农民的教育、医疗、科技、文化等需求。法律确立的制度内容，既涵盖到乡村产业发展，也包括了人才支撑、乡村文化繁荣、乡村生态文明建设、乡村组织建设，也包括了城乡融合发展。

法律规定的制度措施，既包括明确各级政府的职责和监督检查，也有具体的扶持手段。这些规定，对于稳定有力和可持续促进乡村振兴，提供了一揽子的制度规范，是实施乡村振兴战略的最重要的制度保障。

《乡村振兴促进法》是怎样写成的？

新京报：据了解，在这部法律的起草过程中，您也参与了多次讨论，在讨论中，有没有分歧较大、讨论比较激烈的内容？

任大鹏：在这部法律的起草过程中，社会各方面高度关注，不少学者也通过不同方式发表了很多观点，有些观点之间的分歧确实还很大。例如，在本法的起草过程中，大量机构、部门和学术团体，都召开过各种类型的研讨会，在研讨过程中，大家对这部法律的定位和法律调控方法理解不一致，经常争论得面红耳赤。不少人针对立法机关公布的征求意见稿提出了尖锐的批评，认为这部法律草案中的内容过于笼统、宽泛，很多内容在政策文件中已经有了表述，立法者并没有将政策精神精准转化成法律语言，导致法律可操作性不够。再如，有学者认为乡村振兴的主体是农民，因此促进乡村振兴，应当更多规定农民享有的权利，充分体现农民在乡村振兴中的主体地位，但草案却更多规定的是政府的权利。当然，对此也有学者持相对的观点，认为既然是促进法，本来就是明确各级政府及有关部门的职责，明确具体的促进措施，从促进法的属性看，没有必要为各类主体设定具体的权利义务。

新京报：在此前，乡村更多是一个通俗的说法，《乡村振兴促进法》中明确了乡村的定义，这意味着，它将成为一个法律名词，这个定义是怎样确定的？

任大鹏："乡村"定义的诞生，确实经历了很多讨论甚至争论。草案第二稿的表述是"本法所称乡村，是指城市建成区以外具有自然、社会、经济特征和生产、生活、生态、文化等多重功能的地域综合体，包括乡（民族乡、镇）、村（含行政村、自然村）等"。在讨论中，对这一表述有3种不同意见，有人认为不需要确立乡村的法定概念；有人认为规定为地域综合体就可以了，不需要列举；还有人认为行政村的表述不够规范，因为村并不是行政组织，也不具有行政管理职能。最终，在充分讨论之后，颁布的法律中对乡村的定义表述为"本法所称乡村，是指城市建成区以外具有自然、社会、经济特征和生产、生活、生态、文化等多重功能的地域综合体，包括乡镇和村庄等"。

我认为，立法过程要体现严谨性和规范性，同时也需要体现科学性和民主性，大家从不同角度对法律草案进行争论，恰恰说明各界对这部法律的高度关注和期待，正是由于起草过程中的广泛争论，才可以确保法律的制度设计更加能够符合乡村振兴战略实施的制度保障的需求。

哪些问题是讨论的焦点？

新京报：除了类似乡村定义这样的争论外，有没有一些比较大的领域，是立法过程中关注较多、争议也较多的？最后又是怎样达成一致的？

任大鹏：法律规定的内容，是广泛吸收各方面意见包括专家学者意见确定的。在法律起草过程中，专家学者们从各自学科的角度对法律草案提出了很多意见，有些意见被吸收，还有一些意见存在偏颇或与法律的总体制度设计目标不一致，因而没有被吸收。据我了解，专家们在立法过程中，争论的焦点问题有不少，如本法与《中华人民共和国农业法》等法律的关系，再如农村土地制度、尤其是农村集体建设用地改革成果如何在法律中得以体现？还有进城落户的农民的土地权益保护、农民在乡村振兴中的主体性以及对乡村振兴的扶持措施等。

关于农村集体建设用地的管理问题，在修改后的《中华人民共和国土地管理法》（下称《土地管理法》）中已经有了明确规定，本法只需要作出原则性规定，具体内容可以引到《土地管理法》中。与《土地管理法》第六十三条规定的集体经营性建设用地入市的制度比较，本法更强调了集体经营性建设用地可以依法通过出让、出租等方式交由单位或者个人使用，优先用于发展集体所有制经济和乡村产业。

关于进城落户的农民土地权益保护，《中华人民共和国农村土地承包法》中规定了不得以退出土地承包经营权为进城落户条件，《乡村振兴促进法》第五十五条第二款规定，不得以退出土地承包经营权、宅基地使用权、集体收益分配权等作为农民进城落户的条件。为体现农业农村优先发展原则，《乡村振兴促进法》对于土地使用权出让收入的重点使用范围，还做了具体规定。

关于对乡村振兴的扶持措施，学者们期望的是建立乡村振兴的科学的支持保障制度体系，防止地方政府基于地方领导的理解不同而重复建设或者做花样文章，不能体现对实施乡村振兴战略薄弱环节的有效支持或者脱离农民的实际需求。针对这一问题，《乡村振兴促进法》第八章专门规定了扶持措施，从财政资金投入保障、资金整合使用、土地使用权出让收入的重点用途、专项资金基金、融资担保机制、涉农企业融资机制、金融服务体系、保险服务体系和土地政策倾斜等多方面提出了系统的支持保障措施。

新京报：农民是乡村振兴的主体，新法在这方面有何保障措施？

任大鹏：关于农民主体地位的问题，在立法过程中也是学者们普遍关注的问题。乡村振兴，实施主体和受益主体都是农民，因此各项决策须以保障农民利益为出发点和最终目标，但在征求意见的法律草案中更多规定的是各级政府，有学者认为没有充分体现农民的主体性。事实上，法律关于农民为主体的原则一直是强调的。

在《乡村振兴促进法》第四条规定的实施乡村振兴的原则中，

特别规定了第二项原则，即"坚持农民主体地位，充分尊重农民意愿，保障农民民主权利和其他合法权益，调动农民的积极性、主动性、创造性，维护农民根本利益"。

除原则规定外，其他制度中也有大量关于农民为主体的规定，例如，第十二条第一款规定，农村集体产权制度改革须确保农民收益；第二款规定，农村一二三产业融合发展应当坚持农民为主体；第二十一条规定，建立农民收入稳定增长的机制，第二十三条提出，供销社要加强与农民的利益联结；第三十条规定，要丰富农民的文化体育生活；第三十七条规定，农村环境综合整治的共建共管共享机制建立，需要有农民参与；第五十一条规定，村庄撤并等乡村布局调整必须尊重农民意愿；第五十四条规定，农民的社会保障制度；第五十七条规定，进城务工农民的权益保护，等等。

《乡村振兴促进法》有何亮点？

新京报：在您看来，新颁布的《乡村振兴促进法》，哪些部分最值得期待和肯定？

任大鹏：第一个方面，关于乡村振兴中坚持党的领导，有一系列的规定，法律的第三条、第四条、第四十一条、第四十二条分别对乡村振兴中党的自身建设、党在实施乡村振兴战略中的领导地位、乡村社会治理体系中党委的领导地位和农村基层党组织建设等方面都做了明确规定。一般来讲，关于党的自身建设问题，主要由《中国共产党农村基层组织工作条例》等党内法规来规定，但实施乡村振兴战略，不仅仅是各级政府的责任，也是党的中心工作之一，党中央多次提出五级书记抓乡村振兴，但如何在促进乡村振兴的过程中强化党的领导地位和组织、制度保障，本法中作出了相应规定。

第二个方面，关于乡村振兴中的土地制度问题，在《乡村振兴促进法》中有很多创新。农村土地问题既关系到乡村的产业发展，也关系到构建城乡一体的土地制度，以此维护农村集体经济组织和农民利益，还关系到农村事业公共事业的发展。长期以来，农村土地尤其是农村集体建设用地制度不完善，严重影响到乡村一二三产业融合，《乡村振兴促进法》中对此有很多详细的规定，如第六十七条第一款要求，依法采取措施盘活农村存量建设用地，激活农村土地资源，完善农村新增建设用地保障机制，满足乡村产业、公共服务设施和农民住宅用地合理需求。第六十七条第二款明确规定，县级以上地方人民政府应当保障乡村产业用地，建设用地指标应当向乡村发展倾斜。土地所有权人可以依法通过出让、出租等方式将集体经营性建设用地交由单位或者个人使用，优先用于发展集体所有制经济和乡村产业。

第三个方面，是关于新型农业经营主体培育的政策，尤其是关于农民合作社发展的政策如何稳定的问题。在过去，部分合作社内部运行机制的不规范、空壳社现象的广泛存在，一些媒体和社会公众对合作社的"污名化"评价，都制约了合作社的发展。《乡村振兴促进法》肯定了农民合作社作为新型农业经营主体的重要地位和作用，对农民合作社的发展提出了方向性、原则性和规范性要求。该法的颁布实施，意味着农民专业合作社的发展会有更为宽松的政策环境。在促进农民合作社发展方面，《乡村振兴促进法》有三个方面的具体要求，一是第十七条规定的，鼓励农民专业合作社发挥在农业技术推广中的作用；二是第二十一条第三款规定的，国家支持农民专业合作社等主体，以多种方式与农民建立紧密型利益联结机制，让农民共享全产业链增值收益;三是第四十六条第二款规定的,县级以上地方人民政府应当支持发展农民专业合作社等多种经营主体,健全农业农村社会化服务体系。其中,与农民建立紧密型利益联结机制是对合作社发展的根本目标,而技术推广、社会化服务是实现这一目标的重要措施。

乡村振兴中,政府有哪些义务和责任?

新京报:对于政府行为,《乡村振兴促进法》有哪些规定?

任大鹏:《乡村振兴促进法》是明确政府在乡村振兴战略实施中的职责的法律,也是规定政府义务与责任的法律,因此法律中规定了大量防止政府及其部门滥用权利的制度。

法律全文中"政府应当"的表述出现了51次,都是为政府设定的法定义务。这些义务涵盖了维护农民权益、保护耕地和保障粮食安全、引导新型农业产业发展、完善农民返乡就业扶持政策、建立农民收入稳定增长机制、统筹农村教育和医疗工作、组织开展新时代文明实践活动、健全完善农村公共文化体育实施运行机制、保护农业文化遗产、农业面源污染防治、国土综合整治和生态修复、改善农村人居环境、农村住房管理和服务、构建简约高效的农村基层管理体制、指导支持村民自治、支持农民合作社和集体经济组织发展、加强群团组织和执法队伍建设、优化乡村发展布局、统筹乡村公共基础设施、促进城乡产业协同发展以及建立和落实乡村振兴扶持各项措施,等等。

另外,针对实践中个别地方政府滥用权利损害农民利益的现象,法律也做出了严格的实体性限制和程序性限制。例如,一些地方强行推进乡村撤并逼农民上楼等现象,社会反响强烈。针对这一问题,法律第五十一条明确规定,严格规范村庄撤并,严禁违背农民意愿、违反法定程序撤并村庄。个别地方要求农民进城落户必须交回其承包的土地或者退回宅基地，为农民进城落户设定了不合理的门槛，违背了农民意愿，损害了农民的财产权利，为此，法律第五十五条第二款明确规定不得以农民退出承包地、宅基地等作为进城落户条件。

新京报：如何约束和监督政府行为，如果政府不履行义务，或履行不积极，是否要承担法律责任？

任大鹏：这一问题应当从几个层次理解。首先，法律规定的各级政府职责，都具有强制性，监督检查制度就是法律强制性和约束力的重要体现；其次，本法中规定了相应的考核评价制度、评估制度、报告制度、监督制度和追责制度，是对政府及其有关部门的行为进行约束的重要手段，法律规定应当履行的义务有关部门没有履行的，需要承担相应的行政责任。另外，《乡村振兴促进法》是关于实施乡村振兴战略的促进法，主体内容是明确政府及其部门促进乡村振兴的支持对象、支持范围、支持手段、支持措施等制度，在责任制度的设定上不同于民法中的民事责任，也不同于其他行政法中的行政责任，而是通过党的领导地位、行政管理体制的层级约束、人民代表大会的监督约束等保障法律的实施。

村庄撤并还会泛滥吗？

新京报：《乡村振兴促进法》规定，严格规范村庄撤并，严禁违背农民意愿、违反法定程序撤并村庄。如何理解这一条款？有学者提出，如果不违反法定程序，但违背农民意愿，是否就可以进行撤并呢？

任大鹏：一段时间以来，村庄撤并现象确实引起了社会的高度关注。问题的焦点并不是该不该撤并,而是撤并引发对农民利益的现实侵害和潜在风险。

村庄格局的形成是一个复杂的过程,调整村庄布局也有其现实需求。首先,随着农村人口结构变化,部分村庄出现空心化现象,一些自然村人口过于稀少,村民居住过于分散,道路、饮水、天然气等公共服务成本过高,影响到村民的生活质量提高;其次,过小的村庄单元增大了行政管理成本,受地方财力限制,村干部津贴难以提高,影响到村干部为村民提供服务的积极性;最后,以村庄为单位的公共基础设施和公益服务设施利用率过低。诸如此类,这些问题都需要通过调整村庄布局,完善村庄功能等方式实现。

但是,调整村庄布局,并不意味着只能通过村庄撤并的方式开展,更不应通过强制农民退出宅基地、逼迫农民上楼的方式进行。过去之所以出现强行撤并的问题,主要是一些地方政府在实施村庄撤并中,更多看重的是腾退出的建设用地指标,通过建设用地出让等方式增加地方政府的财政收入,这一过程对农民利益构成严重侵害。

为此,法律第五十一条规定,县级人民政府和乡镇人民政府应当优化本行政区域内乡村发展布局,按照尊重农民意愿、方便群众生产生活、保持乡村功能和特色的原则,因地制宜安排村庄布局,依法编制村庄规划,分类有序推进村庄建设,严格规范村庄撤并,严禁违背农民意愿、违反法定程序撤并村庄。确实需要通过撤并方式调整村庄布局的,必须同时符合两个条件,一是符合农民意愿,二是符合法定程序。

产权改革如何推进？

新京报：《乡村振兴促进法》提到，要"完善农村集体产权制度"，当前我国农村集体产权比较普遍的问题出在哪里？如何完善？

任大鹏：经过此前多年的实践，我国的农村集体产权制度改革已经取得明显成效，《乡村振兴促进法》充分肯定了产权制度改革的方向，并提出了进一步推进农村集体产权制度改革的法律措施。法律第十二条第一款规定，国家完善农村集体产权制度，增强农村集体所有制经济发展活力，促进集体资产保值增值，确保农民受益。

具体的层面，农村集体产权制度改革，主要包括六个方面的内容。一是开展集体资产清产核资，二是明确集体资产所有权，三是强化农村集体资产财务管理，四是有序推进经营性资产股份合作制改革，五是集体经济组织成员身份的界定，六是引导农村产权规范流转和交易。其中，集体经济组织成员身份的界定，集体资产的保值增值的方式以及股份合作制改革形成的收益，如何公平惠及到农村集体经济组织的成员，是比较复杂的问题。

从实践看，各个地方对于集体经济组织成员身份界定的模式多种多样，多数地方在实现集体经济发展壮大时，更多采取的是将集体资产在折股量化的基础上委托经营，收益分配的规则和方式也很不一致。是否必要以及如何建立成员身份界定的统一标准，如何拓宽集体经济实现路径，如何构建集体成员公平分享集体收益的法律机制，这些问题，需要在改革进程中深入探讨。

当前，我国立法机关正在制定《农村集体经济组织法》，上述问题将会在该法中作出明确规定。

城乡公共服务如何均等化？

新京报：《乡村振兴促进法》规定，要"推进城乡基本公共服务均等化"。城乡空间特点不同，城市集中居中，各种公共服务可以集中供给，乡村居住比较分散，提供同样的公共服务，成本可能比城市高很多，怎样看待这个问题？

任大鹏：均等化，是对城乡居民共享基本公共服务的原则和方向性要求。在城乡基本公共服务均等化方面，通过多年改革已经在很多方面取得了重要成果，例如，在义务教育领域，2016年5月20日，中央深改组审议通过了《关于统筹推进城乡义务教育一体化改革发展的若干意见》，提出了十个方面的改革和发展举措。从现在看，义务教育领域的公共服务均等化目标已经基本实现。

再如，在城乡居民基本养老保险方面，国务院2016年1月12日发布《国务院关于整合城乡居民基本医疗保险制度的意见》，相关部门也陆续制定了相关的措施。

总体上看，由于历史原因和区位条件制约，农村地区是基本公共服务的短板，尽快弥补短板是实现城乡融合发展目标的客观要求。法律第五十条规定，逐步健全全民覆盖、普惠共享、城乡一体的基本公共服务体系。这一规定的意义，一是明确了基本公共服务均等化的方向和目标，二是强调逐步健全，需要根据各地的经济社会条件努力完善，而不是不切实际地一刀切。

《乡村振兴促进法》还有哪些空白？

新京报：在《乡村振兴促进法》出台前，您对它有何期待，公布后，这些期待实现了吗？

任大鹏：对这部法律的制定，我期待能够重点解决以下六个方面的问题：一是解决城乡之间、区域之间、产业之间的发展差距问题；二是能够突出对相对贫困地区和弱势群体的倾斜政策；三是能够兼顾乡村振兴中的多元目标；四是严格限定政府行为防止政府及其部门滥用权利损害农民利益；五是做好本法与其他有关法律的衔接；六是相关措施要更好体现可操作性。

从颁布的法律看，对于以上方面的内容在法律中都有相关规定，但有些方面还不充分、不够具体。

例如，根据我们在四川、贵州等地的调查，一些地方的村庄公共服务和公益事业发展的用地严重不足，部分村的党群服务中心，包括农村基层党组织和村委会等办公场所，所用的土地，是通过流转农民的承包土地建设的，从土地权属、土地的规划用途等方面都存在法律风险。法律第六十七条规定了"县级以上地方人民政府应当推进节约集约用地，提高土地使用效率，依法采取措施盘活农村存量建设用地，激活农村土地资源，完善农村新增建设用地保障机制，满足乡村产业、公共服务设施和农民住宅用地合理需求。"但是通过调整国土空间规划方式满足，还是通过集体建设用地内部置换解决？抑或是通过有关部门登记认可解决？法律规定并不具体。

再如，在养殖业、乡村休闲农业发展过程中，一些地方在环境政策和土地政策的落实过程中，超越法律行政法规的边界，对相关产业的发展限制过严，严重损害了农民的权益，因此，我期望能够在本法中，对地方政府的行为做出限制，明确地方政府及有关部门，在政策实施过程中，不得超越法律和行政法规规定的权限和边界，关于这一方面，在颁布的法律中也缺乏明确规定。

附录 2 专家解读《中华人民共和国乡村振兴促进法》

任大鹏：中国农业大学人文与发展学院教授，中国农业大学农业与农村法制研究中心主任，中国农业经济法研究会副会长兼学术工作委员会主任，中国农村合作经济管理学会常务理事。

附录3　23个中央一号文件概要
（1982—2021）

1982年　正式承认包产到户合法性

1982年1月1日，中共中央批转1981年12月的《全国农村工作会议纪要》，这也是我们通常所说的改革开放后第一个中央一号文件，其主要内容就是肯定多种形式的责任制，特别是包干到户、包产到户。

这份文件提出，包产到户、到组，包干到户、到组，都是社会主义集体经济的生产责任制，明确"它不同于合作化以前的小私有的个体经济，而是社会主义农业经济的组成部分"。并第一次以中央的名义取消了包产到户的禁区，且宣布长期不变。文件的另一要点是强调尊重群众的选择，不同地区，不同条件，允许群众自由选择。同时还提出疏通流通领域，把统购统销纳入改革的议程，有步骤地进行价格体系的改革。

1983年　放活农村工商业

1983年1月2日，中共中央印发《当前农村经济政策的若干问题》。从理论上说明了家庭联产承包责任制"是在党的领导下中国农民的伟大创造,是马克思主义农业合作化理论在我国实践中的新发展"。这份当年的中央一号文件提出了"两个转化",即促进农业从自给半自给经济向较大规模的商品生产转化,从传统农业向现代农业转化。

文件提出,我国农村应走农林牧副渔全面发展、农工商综合经营的道路;适应商品生产的需要,发展多种多样的合作经济,合作经济的生产资料公有化程度,按劳分配方式以及合作的内容和形式,可以有所不同;要坚持计划经济为主,市场调节为辅的方针,调整购销政策,改革国营商业体制,放手发展合作商业,适当发展个体商业。并强调,稳定和完善农业生产责任制,仍然是当前农村工作的主要任务。

1984年　发展农村商品生产

如果说前两个"一号文件"着力解决农业和农村工商业微观经营主体问题,那么,此后的"一号文件"则要解决发育市场机制的问题。此前20多年,农村实行统购派购制度,农村产品交易均由公营商业高度垄断,而资金、土地、劳动力流动又受到多重限制。农村经济迫切要求放松历史上多年形成的政府垄断、管制,及其他阻碍农民进入市场的规定,以利于发展商品生产,摆脱穷困。

针对这些情况和基层诉求,1984年确立农村工作的重点是:在稳定和完善生产责任制的基础上,提高生产力水平,疏理流通渠道,发展商品生产。当年的"一号文件"即《关于1984年农村工作的通知》中提出,延长土地承包期,土地承包期一般应在十五年以上……允许有偿转让土地使用权;鼓励农民向各种企业投资入股;继续减少统派购的品种和数量;允许务工、经商、办服务业的农民自理口粮到集镇落户。

1985 年　取消统购统销

农产品统购派购制度，过去曾起了保证供给、支持建设的积极作用，但随着生产的发展，它的弊端就日益表现出来。因此，在打破集体经济中的"大锅饭"之后，还必须进一步改革农村经济管理体制，在国家计划指导下，扩大市场调节，进一步把农村经济搞活。

1985 年的中央一号文件名为《关于进一步活跃农村经济的十项政策》。文件明确提出，"从今年起，除个别品种外，国家不再向农民下达农产品统购派购任务，按照不同情况，分别实行合同定购和市场收购"。于此，30 年来的农副产品统购统销制度被取消。

1986 年　增加农业投入，调整工农城乡关系

我国农村在实行了联产承包责任制之后，1985 年又在改革农产品统购派购制度、调整产业结构方面迈出了重大的一步。成效十分显著。但由于未能及时调整工农、城乡的利益分配关系，农业生产中出现了一些问题。对此，1985 年年底的农村工作部署，强调"摆正农业在国民经济中的地位"。会议形成的 1986 年中央一号文件即《关于 1986 年农村工作的部署》。

文件明确指出：我国是十亿人口、八亿农民的大国，绝不能由于农业情况有了好转就放松农业，也不能因为农业基础建设周期长、见效慢而忽视对农业的投资，更不能因为农业占国民经济产值的比重逐步下降而否定农业的基础地位。

2004 年　促进农民增加收入

2003 年 12 月 31 日，《中共中央　国务院关于促进农民增加收入若干政策的意见》出台，并于 2004 年 2 月 9 日公布。时隔 18 年之后

中央就"三农"问题再次下发一号文件。

当时农业农村发展的一个突出问题是，农民增收困难。城乡居民收入差距由 20 世纪 80 年代的 1.8∶1 扩大到了 3.1∶1。农民增收困难不仅制约了农村经济发展也影响了整个国民经济的增长。不仅是重大的经济问题，而且是重大的政治问题。

《意见》提出，要"坚持'多予、少取、放活'的方针，调整农业结构，扩大农民就业，加快科技进步，深化农村改革，增加农业投入，强化对农业支持保护，力争实现农民收入较快增长，尽快扭转城乡居民收入差距不断扩大的趋势"。文件共 22 条，提出了一系列含金量高、指向明确的实实在在的政策措施。

2005 年　提高农业综合生产能力

2004 年中央一号文件下发后，各地区各部门认真贯彻落实中央决策，有效保护和调动了农民积极性，农村呈现出良好的发展局面。但农业依然是国民经济发展的薄弱环节，投入不足、基础脆弱的状况并没有改变，粮食增产、农民增收的长效机制并没有建立，保持农村发展好势头的任务非常艰巨。

加强农业基础，繁荣农村经济，必须继续采取综合措施。2005 年 2 月，《中共中央　国务院关于进一步加强农村工作提高农业综合生产能力若干政策的意见》下发。文件指出，当前和今后一个时期，要把加强农业基础设施建设，加快农业科技进步，提高农业综合生产能力，作为一项重大而紧迫的战略任务，切实抓紧抓好。并强调，要"以严格保护耕地为基础，以加强农田水利建设为重点，以推进科技进步为支撑，以健全服务体系为保障，力争经过几年的努力，使农业的物质技术条件明显改善，土地产出率和劳动生产率明显提高，农业综合效益和竞争力明显增强"。

2006年 社会主义新农村建设

2005年10月,党的十六届五中全会通过的《中共中央关于制定国民经济和社会发展第十一个五年规划的建议》,提出了建设社会主义新农村的重大历史任务。2006年2月21日,《中共中央 国务院关于推进社会主义新农村建设的若干意见》发布。

文件指出,建设社会主义新农村是中国现代化进程中的重大历史任务。农村人口多是中国的国情,只有发展好农村经济,建设好农民的家园,让农民过上宽裕的生活,才能保障全体人民共享经济社会发展成果,才能不断扩大内需和促进国民经济持续发展。

文件全文共32条,八个部分。文件强调,必须坚持以发展农村经济为中心,进一步解放和发展农村生产力;坚持"多予少取放活"的方针,重点在"多予"上下功夫,要动员各方面力量广泛参与。

2007年 积极发展现代农业

2007年1月29日,《中共中央 国务院关于积极发展现代农业扎实推进社会主义新农村建设的若干意见》公布。文件明确指出,社会主义新农村建设要把建设现代农业放在首位。

社会主义新农村建设得到了基层的热烈反响。但是,在实践中也存在一些偏差。强调新农村建设要把发展现代农业放在首位,有利于各地认真地贯彻十六届五中全会提出的精神,把社会主义新农村建设扎实、健康地向前推进。

文件提出,要用现代物质条件装备农业,用现代科学技术改造农业,用现代产业体系提升农业,用现代经营形式推进农业,用现代发展理念引领农业,用培养新型农民发展农业,提高农业水利化、机械化和信息化水平，提高土地产出率、资源利用率和农业劳动生产率，提高农业素质、效益和竞争力。

2008年 加强农业基础建设，加大"三农"投入

2008年1月30日，《中共中央 国务院关于切实加强农业基础建设进一步促进农业发展农民增收的若干意见》公布。2007年召开的党的十七大，明确提出"要加强农业基础地位，走中国特色农业现代化道路，建立以工促农、以城带乡长效机制，形成城乡经济社会发展一体化新格局"。今年中央一号文件的主题，既贯彻了党的十七大精神，又深化了去年中央一号文件关于把发展现代农业作为新农村建设首要任务的要求，抓住了保持经济稳定和促进农业发展的关键环节，亦可统筹兼顾农村各方面的工作。

全文涉及的政策性要求和措施有40多处，其中让农业和农民直接受惠的可以概括为"三个明显""三个调整""四个增加""四个提高"和"两个大幅度"。体现了中央关于给农民的实惠要逐步增加，随着国家财力的增长对"三农"的支持力度要进一步加大的要求。

2009年 促进农业稳定发展农民持续增收

2009年一号文件《中共中央 国务院关于2009年促进农业稳定发展农民持续增收的若干意见》呈现四大新亮点。一是农民种粮支持力度再度加大。包括加大对农业的基础设施和科技服务方面的投入，加大对农业的各项直接补贴等。二是加大力度解决农民工就业问题。文件提出，城乡基础设施建设和新增公益性就业岗位，要尽量多使用农民工；采取以工代赈等方式引导农民参与农业农村基础设施建设。三是农村民生建设重点投向农村电网建设、乡村道路建设、农村饮水安全工程建设、农村沼气建设、农村危房改造等5个领域。四是农地流转强调进一步规范。对于十七届三中全会提出的毫不动摇地坚持农村基本经营制度方面，2009年一号文件首先强调要落实和保障农民的土地权益，重点做好两方面工作：对集体所有土地的所有权进一步界定清楚，并且保障其权益；对承包地地块的确权、登记和颁证工作。

2010年　在统筹城乡发展中加大强农惠农力度

2010年年初，《中共中央　国务院关于加大统筹城乡发展力度进一步夯实农业农村发展基础的若干意见》发布，在保持政策连续性、稳定性的基础上，进一步完善、强化"三农"工作的好政策，提出了一系列新的重大原则和措施，包括健全强农惠农政策体系，推动资源要素向农村配置；提高现代农业装备水平，促进农业发展方式转变；加快改善农村民生，缩小城乡公共事业发展差距；协调推进城乡改革，增强农业农村发展活力；加强农村基层组织建设，巩固党在农村的执政基础等。

文件特别强调了推进城镇化发展的制度创新。提出积极稳妥推进城镇化，提高城镇规划水平和发展质量，要把加强中小城市和小城镇发展作为重点。深化户籍制度改革，加快落实放宽中小城市、小城镇特别是县城和中心镇落户条件的政策，促进符合条件的农业转移人口在城镇落户并享有与当地城镇居民同等的权益。

2011年　加快水利改革发展

2010年，我国农业农村发展的形势相当好。粮食产量创历史最高水平，农民人均纯收入历史上增加额度最大。但是农业农村形势也面临着一些严峻挑战，其中一个就是农业的水利设施明显不能适应农业稳定发展、经济平稳较快发展的需要。所以中共中央、国务院把 2011 年一号文件的主题定为加快水利改革发展。1 月 29 日，《中共中央 国务院关于加快水利改革发展的决定》发布，这是新中国成立 62 年来中央文件首次对水利工作进行全面部署。

文件提出要把水利工作摆上党和国家事业发展更加突出的位置，着力加快农田水利建设，推动水利实现跨越式发展。提出力争通过 5 年到 10 年努力，从根本上扭转水利建设明显滞后的局面。

2012 年　加快推进农业科技创新

2012 年 2 月发布的《中共中央 国务院关于加快推进农业科技创新持续增强农产品供给保障能力的若干意见》，突出强调部署农业科技创新，把推进农业科技创新作为"三农"工作的重点。

以中央一号文件的形式统一全党意志大力推进农业科技改革发展，在我国的农业发展历程中是首次，在科技发展进程中也是首次，有许多创新之处。其中最受广大农业科研和农技推广人员欢迎的政策亮点有两个：一个是关于农业科技公共性、基础性、社会性的"三性"论述，这一论述给广大农业科技人员吃下了定心丸；另一个就是关于基层农技推广体系改革与建设"一个衔接、两个覆盖"的政策，即：乡镇农技人员工资待遇要与当地事业单位的平均收入相衔接，当年基层农技推广体系改革与建设示范县项目基本覆盖所有农业县，农业技术推广机构条件建设项目覆盖全部乡镇。

2013 年　进一步增强农村发展活力

2012 年 11 月 8 日，党的十八大召开。两个月后的 2013 年 1 月 31 日，新世纪以来连续第十年聚焦"三农"的中央一号文件《中共中央 国务院关于加快发展现代农业进一步增强农村发展活力的若干意见》发布。

伴随工业化、城镇化深入推进，我国农业农村发展正在进入新的阶段，呈现出农业综合生产成本上升、农产品供求结构性矛盾突出、农村社会结构加速转型、城乡发展加快融合的态势。文件对"加快发展现代农业、进一步增强农村发展活力"作出全面部署，要求必须顺应阶段变化，遵循发展规律，增强忧患意识，举全党全国之力持之以恒强化农业、惠及农村、富裕农民。按照保供增收惠民生、改革创新添活力的工作目标，加大农村改革力度、政策扶持力度、科技驱动力度。

2014 年　全面深化农村改革

2013 年，我国农业农村发展持续向好、稳中有进。这时我国经济社会发展正处在转型期，农村改革发展面临的环境更加复杂、困难挑战增多。必须进一步解放思想，稳中求进，改革创新。

2014 年 1 月，《中共中央　国务院关于全面深化农村改革加快推进农业现代化的若干意见》发布。指出全面深化农村改革，要坚持社会主义市场经济改革方向，处理好政府和市场的关系，激发农村经济社会活力；要鼓励探索创新，在明确底线的前提下，支持地方先行先试，尊重农民群众实践创造；要因地制宜、循序渐进，不搞"一刀切"、不追求一步到位，允许采取差异性、过渡性的制度和政策安排；要城乡统筹联动，赋予农民更多财产权利，推进城乡要素平等交换和公共资源均衡配置，让农民平等参与现代化进程、共同分享现代化成果。

2015 年　认识新常态，适应新常态，引领新常态

2015 年中央一号文件《中共中央　国务院关于加大改革创新力

度加快农业现代化建设的若干意见》指出,当前我国经济发展进入新常态,正从高速增长转向中高速增长,如何在经济增速放缓背景下继续强化农业基础地位、促进农民持续增收,是必须破解的一个重大课题。

文件深入分析了当前我国农业面临的矛盾和问题,说明了依靠拼资源、拼消耗的传统农业发展方式已难以为继。要主动适应经济发展新常态,按照稳粮增收、提质增效、创新驱动的总要求,继续全面深化农村改革,全面推进农村法治建设,推动新型工业化、信息化、城镇化和农业现代化同步发展,努力在提高粮食生产能力上挖掘新潜力,在优化农业结构上开辟新途径,在转变农业发展方式上寻求新突破,在促进农民增收上获得新成效,在建设新农村上迈出新步伐,为经济社会持续健康发展提供有力支撑。

2016年 用发展新理念破解"三农"新难题

2016年1月,《中共中央 国务院关于落实发展新理念加快农业现代化实现全面小康目标的若干意见》发布。要求各地区各部门要牢固树立和深入贯彻落实创新、协调、绿色、开放、共享的发展理念,大力推进农业现代化,确保亿万农民与全国人民一道迈入全面小康社会。

文件提出,用发展新理念破解"三农"新难题,厚植农业农村发展优势,加大创新驱动力度,推进农业供给侧结构性改革,加快转变农业发展方式,保持农业稳定发展和农民持续增收。

2017年 深入推进农业供给侧结构性改革

2017年2月,《中共中央 国务院关于深入推进农业供给侧结构性改革加快培育农业农村发展新动能的若干意见》发布。文件明确指出，要把深入推进农业供给侧结构性改革作为当前和今后一个时期"三农"工作的主线。

经过多年努力，我国农业农村发展已进入新的历史阶段。农业的主要矛盾由总量不足转变为结构性矛盾，突出表现为阶段性供过于求和供给不足并存，矛盾的主要方面在供给侧。迫切要求深入推进农业供给侧结构性改革，加快培育农业农村发展新动能。

文件指出，推进农业供给侧结构性改革，要在确保国家粮食安全的基础上，紧紧围绕市场需求变化，以增加农民收入、保障有效供给为主要目标，以提高农业供给质量为主攻方向，以体制改革和机制创新为根本途径。并强调，农业供给侧结构性改革是一个长期过程，必须直面困难和挑战，尽力降低改革成本，积极防范改革风险。

2018年 对乡村振兴进行战略部署

党的十九大提出，实施乡村振兴战略。2018年2月，《中共中央 国务院关于实施乡村振兴战略的意见》发布。围绕实施好乡村振兴战略，文件谋划了一系列重大举措，确立起了乡村振兴战略的"四梁八柱"，是实施乡村振兴战略的顶层设计。文件有两个重要特点：一是管全面。文件按照党的十九大提出的关于乡村振兴的20个字5个方面的总要求，对统筹推进农村经济、政治、文化、社会、生态文明和党的建设，都作出了全面部署。二是管长远。文件按照党的十九大提出的决胜全面建成小康社会、分两个阶段实现第二个百年奋斗目标的战略安排，按照"远粗近细"的原则，对实施乡村振兴战略的3个阶段性目标任务作了部署。在历年中央一号文件中字数最多。

2019年 优先发展做好"三农"工作

2019年2月19日印发《中共中央 国务院关于坚持农业农村优

先发展做好"三农"工作的若干意见》，全文共分八个部分，包括：聚力精准施策，决战决胜脱贫攻坚；夯实农业基础，保障重要农产品有效供给；扎实推进乡村建设，加快补齐农村人居环境和公共服务短板；发展壮大乡村产业，拓宽农民增收渠道；全面深化农村改革，激发乡村发展活力；完善乡村治理机制，保持农村社会和谐稳定；发挥农村党支部战斗堡垒作用，全面加强农村基层组织建设；加强党对"三农"工作的领导，落实农业农村优先发展总方针。

2020 年　如期实现全面小康

2020 年 1 月 2 日印发《中共中央　国务院关于抓好"三农"领域重点工作确保如期实现全面小康的意见》，对"三农"工作作出了全面部署。聚焦两大任务、两个抓好、两个确保。两大任务：打赢脱贫攻坚战，补上全面小康"三农"领域突出短板。两个抓好：抓好农业稳产保供，抓好农民增收。两个确保：确保脱贫攻坚战圆满收官，确保农村同步全面建成小康社会。

2021 年　全面推进乡村振兴加快农业农村现代化

2021 年 1 月 4 日印发《中共中央　国务院关于全面推进乡村振兴加快农业农村现代化的意见》，这是 21 世纪以来第 18 个指导"三农"工作的中央一号文件：四项政策助力实现巩固拓展脱贫攻坚成果同乡村振兴有效衔接，七个方面促农业现代化，八大措施强建设，五项举措强领导。

我为乡村振兴立言

"坚定理想信念是终身课题,需要常修常炼,民族要复兴,乡村必振兴,要信一辈子、守一辈子。"习近平总书记教导我们说。

脱贫攻坚取得胜利后,要全面推进乡村振兴,这是"三农"工作重心的历史性转移。全面推进乡村振兴落地见效,要加快发展乡村产业,加强社会主义精神文明建设,加强农村生态文明建设,深化农村改革,实施乡村建设行动,推动城乡融合发展见实效,加强和改进乡村治理。

——加快发展乡村产业

乡村振兴,关键是产业要振兴。要鼓励和扶持农民群众立足本地资源发展特色农业、乡村旅游、庭院经济,多渠道增加农民收入。

加强易地搬迁后续扶持,因地制宜发展乡村产业,精心选择产业项目,确保成功率和可持续发展。要把群众受益摆在突出位置,从产业扶持、金融信贷、农业保险等方面出台政策,为农村经济发展提供有力支持。

加快发展乡村产业,顺应产业发展规律,立足当地特色资源,推动乡村产业发展壮大,优化产业布局,完善利益联结机制,让农民更多分享产业增值收益。

——加强社会主义精神文明建设

农村精神文明建设很重要，物质变精神、精神变物质是辩证法的观点，实施乡村振兴战略要物质文明和精神文明一起抓，特别要注重提升农民精神风貌。

要推动乡村文化振兴，加强农村思想道德建设和公共文化建设，以社会主义核心价值观为引领，深入挖掘优秀传统农耕文化蕴含的思想观念、人文精神、道德规范，培育挖掘乡土文化人才，弘扬主旋律和社会正气，培育文明乡风、良好家风、淳朴民风，改善农民精神风貌，提高乡村社会文明程度，焕发乡村文明新气象。

加强社会主义精神文明建设，加强农村思想道德建设，弘扬和践行社会主义核心价值观，普及科学知识，推进农村移风易俗，推动形成文明乡风、良好家风、淳朴民风。

——加强农村生态文明建设

新农村建设一定要走符合农村实际的路子，遵循乡村自身发展规律，充分体现农村特点，注意乡土味道，保留乡村风貌，留得住青山绿水，记得住乡愁。

希望乡亲们坚定走可持续发展之路，在保护好生态前提下，积极发展多种经营，把生态效益更好转化为经济效益、社会效益。

加强农村生态文明建设，保持战略定力，以钉钉子精神推进农业面源污染防治，加强土壤污染、地下水超采、水土流失等治理和修复。

——深化农村改革

解决农业农村发展面临的各种矛盾和问题，根本靠深化改革。新形势下深化农村改革，主线仍然是处理好农民和土地的关系。最大的政策，就是必须坚持和完善农村基本经营制度，坚持农村土地集体所有，坚持家庭经营基础性地位，坚持稳定土地承包关系。要抓紧落实土地承包经营权登记制度，真正让农民吃上"定心丸"。

深化农村改革，加快推进农村重点领域和关键环节改革，激发农村资源要素活力，完善农业支持保护制度，尊重基层和群众创造，推动改革不断取得新突破。

——**实施乡村建设行动**

守正笃实，久久为功，扎实推进"千村示范、万村整治"工程，创造万千美丽乡村。农村环境整治这件事，不管是发达地区还是欠发达地区都要搞，但标准可以有高有低。要结合实施农村人居环境整治制定行动计划和乡村振兴战略，进一步推广好的经验做法，因地制宜、精准施策，不搞"政绩工程""形象工程"，一件事情接着一件事情办，一年接着一年干，建设好生态宜居的美丽乡村，让广大农民在乡村振兴中有更多获得感、幸福感。

实施乡村建设行动，继续把公共基础设施建设的重点放在农村，在推进城乡基本公共服务均等化上持续发力，注重加强普惠性、兜底性、基础性民生建设。要接续推进农村人居环境整治提升行动，重点抓好改厕和污水、垃圾处理。要合理确定村庄布局分类，注重保护传统村落和乡村特色风貌，加强分类指导。

——**推动城乡融合发展见实效**

把乡村振兴战略这篇大文章做好，必须走城乡融合发展之路。一开始就没有提城市化，而是提城镇化，目的就是促进城乡融合。要向改革要动力，加快建立健全城乡融合发展体制机制和政策体系。要健全多元投入保障机制,增加对农业农村基础设施建设投入,加快城乡基础设施互联互通,推动人才、土地、资本等要素在城乡间双向流动。要建立健全城乡基本公共服务均等化的体制机制,推动公共服务向农村延伸、社会事业向农村覆盖。要深化户籍制度改革,强化常住人口基本公共服务,维护进城落户农民的土地承包权、宅基地使用权、集体收益分配权,加快农业转移人口市民化。

推动城乡融合发展见实效,健全城乡融合发展体制机制,促进农业转移人口市民化。要把县域作为城乡融合发展的重要切入点,赋予县级更多资源整合使用的自主权,强化县城综合服务能力。

——加强和改进乡村治理

夯实乡村治理这个根基。采取切实有效措施,强化农村基层党组织领导作用,选好配强农村党组织书记,整顿软弱涣散村党组织,深化村民自治实践,加强村级权力有效监督。

加强和改进乡村治理,加快构建党组织领导的乡村治理体系,深入推进平安乡村建设,创新乡村治理方式,提高乡村善治水平。

理论之树常青,理论之树常新。进入乡村振兴元年"全面实施乡村振兴战略"这一蕴含鲜明的时代特征的社会实践,在众多省、市、县、乡各级政府快速推进,成为当前中国一个重要战略和社会实践。加强关于乡村振兴的理论调研,无论从构建和谐社会的要求还是解决社会现实矛盾的需要方面考虑,都具有深远意义。乡村振兴战略理论与实践,是当前重大命题,也是探索与创新不竭的领域,其具有的长远性、持续性、传承性、发展性,已然是今后一个时期"中国乡村治理"主题性命题。本书的撰写,仅仅是抛砖引玉,期待更多优秀的乡村振兴之实操之作呈现,指导和助推乡村振兴战略的伟大实践。

  撰写《乡村振兴领导干部工作指南》一书过程中，还得到了国家有关部委、著名高校、政策研究机构的配合，得到了农业农村部信息司、山东省乡村振兴局、河北省乡村振兴局、乡村振兴学院、中国西部人才开发基金会、人民日报新闻信息中心等单位的大力支持，得到了各级领导和各方面人员的大力支持。尤其在写作期间，朋友们不惜耗费宝贵时间和精力，帮编者核对重大事件的原委和重要文献的出处，提供建设性修改意见。他们的倾情付出令编者难以忘怀。在此我们表示诚挚的感谢和敬意；本书为了尽快与读者见面，行文仓促，加之编者水平有限，疏漏之处在所难免。在准确性和时效性之间，只能做到尽量平衡。《乡村振兴领导干部工作指南》期待乡村更美丽，人民更幸福。在新时代新征程上赢得更加伟大的胜利和荣光，我们共参与、齐奋斗、同祈福。这是伟大新时代实施乡村振兴战略、全面建成小康社会赋予我们的责任和使命。

叶 宽
2022 年 1 月 6 日于北京